COCINA CRIOLLA

Este libro fué ilustrado y diseñado por Joseph L. Smongeski. El señor Smongeski diseña libros para la editorial D. C. Heath and Company. Sus libros han sido incluídos en varias exhibiciones de libros de Nueva Inglaterra. Es, a la vez, pintor de reconocidos méritos, siendo miembro de *Who's Who in American Art*. Su puesto en D. C. Heath and Company le ocupa todo el tiempo, pero dedica sus horas libres al dibujo y a la pintura de óleos y acuarelas, ya sean paisajes, retratos u otras composiciones.

Smongeski estudió Pintura y Bellas Artes en el *Art Institute* de Chicago. El museo de Boston y Blanid Tardif de Belmont, Massachusetts han exhibido sus trabajos. También se han exhibido en la ciudad de Nueva York, en Madison y Milwaukee, Wisconsin, y en varias ciudades del estado de Massachusetts.

Acuarela por Miguel Pou

Cocina

Criolla

por

Carmen Aboy Valldejuli

PELICAN PUBLISHING COMPANY
GRETNA 2001

Library of Congress Cataloging in Publication Data

Valldejuli, Carmen Aboy, 1912-
   Cocina criolla.

   Includes index.
   1. Cookery, Creole. 2. Cookery, Caribbean. I. Title.
   TX716.A1V29   1083   641.59729   83-17178
   ISBN 0-88289-429-3

EDICIÓN ORIGINAL

Noviembre, 1954

Segunda Edición
Septiembre, 1955

Tercera Edición
Mayo, 1957

Cuarta Edición
Mayo, 1959

Quinta Edición
Enero, 1961

Sexta Edición
Mayo, 1962

Séptima Edición
Mayo, 1963

Octava Edición
Abril, 1964

Novena Edición
Abril, 1965

Décima Edición
Marzo, 1966

Undécima Edición
Enero, 1967

Duodécima Edición
Noviembre, 1967

Decimatercera Edición
Agosto, 1968

Decimacuarta Edición
Abril, 1969

Decimaquinta Edición
Febrero, 1970

Decimasexta Edición
Septiembre, 1970

Decimaséptima Edición
Marzo, 1971

Decimaoctava Edición
Enero, 1972

Decimanovena Edición
Septiembre, 1972

Vigésima Edición
Julio, 1973

Vigesimaprimera Edición
Enero, 1974

Vigesimasegunda Edición
Septiembre, 1974

Vigesimatercera Edición
Mayo, 1975

Vigesimacuarta Edición
Febrero, 1976

Vigesimaquinta Edición
Septiembre, 1976

Vigesimasexta Edición
Marzo, 1977

Vigesimaséptima Edición
Octubre, 1977

Vigesimaoctava Edición
Abril, 1978

Vigesimanovena Edición
Septiembre, 1978

Trigésima Edición
Marzo, 1979

Trigesimaprimera Edición
Septiembre, 1979

Trigesimasegunda Edición
Febrero, 1980

Trigesimatercera Edición
Julio, 1980

Trigesimacuarta Edición
Octubre, 1980

Trigesimaquinta Edición
Marzo, 1981

Trigesimasexta Edición
Septiembre, 1981

Trigesimaséptima Edición
Enero, 1982

Trigesimaoctava Edición
Agosto, 1982

Trigesimanovena Edición
Marzo, 1983

Cuadragésima Edición
Primera Edición Pelican
Octubre, 1983

Cuadragésimaprimera Edición
Junio, 1984

Cuadragésimasegunda Edición
Junio, 1985

Cuadragésimatercera Edición
Febrero, 1986

Cuadragésimacuarta Edición
Diciembre, 1986

Cuadragésimaquinta Edición
Diciembre, 1987

Cuadragésimasexta Edición
Junio, 1988

Cuadragésimaséptima Edición
Junio, 1989

Cuadragésimaoctava Edición
Mayo, 1990

Cuadragésimanovena Edición
Mayo, 1991

Cincuentava Edición
Julio, 1992

Cincuentavaprimera Edición
Abril, 1993

Cincuentavasegunda Edición
Marzo, 1994

Cincuentavatercera Edición
Junio, 1995

Cincuentavacuarta Edición
Abril, 1996

Cincuentavaquinta Edición
Septiembre, 1997

Cincuentavasexta Edición
Marzo, 1998

Cincuentavaséptima Edición
Noviembre, 1998

Cincuentavaoctava Edición
Septiembre, 1999

Cincuentavanovena Edición
Febrero, 2001

Sexagésima Edición
Agosto, 2001

Impreso en los Estados Unidos de América

Publicado por Pelican Publishing Company, Inc.
1000 Burmaster Street, Gretna, Louisiana 70053

A mi madre, a quien Dios ha dotado de todas las virtudes humanas y cuyo ejemplo es inspiración de sus hijos y nietos.

Otros libros por *Carmen Aboy Valldejuli*

PUERTO RICAN COOKERY

Cocina Criolla

publicado en Braille por
The American Printing House for the Blind
Louisville, Kentucky

Cucuyé

cuentos para niños

JUNTOS EN LA COCINA

INTRODUCCION

Se ha escrito este libro con fe y entusiasmo, lo guía la esperanza de que ha de ser útil. Lo inspira la certeza de que el arte culinario puede adquirirse fácilmente, si se ajusta a recetas redactadas con amplios detalles y exactitud, que darán el conocimiento equivalente a largos años de experiencia.

Como complemento de las recetas típicas del país se incluyen otras muchas extranjeras que por su arraigo y popularidad aparecen frecuentemente en la mesa puertorriqueña.

Esperamos haber logrado ofrecer un material variado que permita escoger menús debidamente combinados que se disfruten con moderación, pero con gusto.

Deseamos expresar nuestro agradecimiento a todos los que en la realización de esta labor ofrecieron su estímulo y su cooperación.

C. A. V.

TABLA DE MATERIAS

CAPITULO I *Equipo de Cocina*

Equipo de Cocina

La elección de los utensilios de cocina es muy importante debido, a que usando el equipo adecuado, se simplifica el trabajo. Escoja entre los artículos que aparecen bajo *Equipo Básico*, aquellos que considere esenciales y poco a poco vaya completándolos.

Actualmente hay en el mercado equipos especializados para ahorrar tiempo en las labores culinarias. Entre estos, se destacan las licuadoras y los procesadores de alimentos. Por su versatilidad, resultan muy útiles en gran parte de las recetas donde se indica que los ingredientes sean triturados, picados o molidos.

EQUIPO BASICO

3 ollas, con sus respectivas tapas — tamaños 4-6-8 litros
3 cacerolas — tamaños pequeño, mediano y grande
3 calderos — tamaños pequeño, mediano y grande
3 sartenes (con tapa) — tamaños pequeño, mediano y grande
1 sartén llana y grande — apropiada para panqueques (*Pancakes*)
1 molde de aluminio, con tapa — apropiado para hornear pavos, etc.
2 láminas de aluminio (*Aluminum Sheets*)
2 tenedores de cocina, largos
2 cucharas de cocina, de aluminio, largas
1 cuchara de cocina, larga, con hoyos (especial para escurrir)
1 cuchara de cocina, de madera, larga
1 juego de cucharitas de medir
1 cuchillo especial para mondar hortalizas
1 cuchillo especial para cortar pan
1 cuchillito especial para frutas
1 juego de cuchillos de cocina
1 juego de tazas de medir, de cristal (para medir líquidos)
1 juego de tazas de medir, de aluminio o plástico (para medir sólidos)
1 *baño de María* (*Double Boiler*)
1 juego de coladores
1 colador de hoyo grande — apropiado para escurrir pastas, etc.
1 cortador de rosquillas (*Doughnuts*)
1 cepillo para lavar vegetales

1 procesador de alimentos (*Food Processor*)
1 horno microhonda
1 licuadora eléctrica
1 máquina eléctrica para batir bizcocho
2 rejillas de alambre (*Wire-Racks*)
Moldes de aluminio o de acero inoxidable (*Stainless Steel*) y de
    cristal especial para hornear

1 juego de termómetros de cocinar (páginas 11–16)

1 espátula de goma	1 paellera	1 batidor de huevos
1 majador de papas	1 balanza	1 tabla con rodillo
1 espátula de metal	1 greca	1 rallo (guayo)
1 brochita pequeña	1 mortero	1 juego de tazones
1 cernidor de harina	1 reloj	1 máquina para moler

TABLAS DE EQUIVALENCIAS
MEDIDAS EQUIVALENTES DE PRODUCTOS

Azúcar	1 libra, granulada	2¼ tazas
	negra	2¼ tazas presionándola al medirla
	pulverizada 10X	3½ a 4 tazas
Cebollas	1 libra, pequeñas	8 a 12
	medianas	4 a 6
	grandes	2 a 3
Chocolate, soso	1 onza	1 cuadrito
Harina de trigo	1 libra, uso general	3½ tazas
	para bizcocho	4 tazas
Huevos grandes, claras	8 claras, aproximadas	1 taza
yemas	12 yemas, aproximadas	1 taza
Mantequilla	¼ libra	½ taza
Manzanas	1 libra	3 medianas
Oleomargarina	¼ libra	½ taza
Pan	1 libra	16 a 18 tajadas
Papas	1 libra, pequeñas	6 a 8
	medianas	3 a 4
	grandes	1 a 2
Queso	¼ libra	1 taza, rallado

TABLA DE EQUIVALENCIAS

Líquidos

60 gotas	1 cucharadita
1½ cucharadita	½ cucharada
3 cucharaditas	1 cucharada
1 cucharada	½ onza
2 cucharadas	1 onza
4 cucharadas	2 onzas
4 cucharadas	¼ taza
16 cucharadas	1 taza
¼ taza	2 onzas
1 taza	8 onzas
2 tazas	1 pinta
4 tazas	1 cuartillo
1 pinta	16 onzas
2 pintas	1 cuartillo
1 cuartillo	32 onzas
1 cuartillo	0.95 litro
1 litro	1.06 cuartillo

Sólidos

1 pizca o polvito	menos de ⅛ cucharadita
1½ cucharadita	½ cucharada
3 cucharaditas	1 cucharada
1 cucharada	½ onza
2 cucharadas	1 onza
4 cucharadas	¼ taza (2 onzas)
1 taza	8 onzas
1 libra	16 onzas
1 cuadro de chocolate	1 onza
1 libra de mantequilla	2 tazas
1 libra de azúcar granulada	2¼ tazas
1 libra de azúcar pulverizada	3½ tazas
1 libra de harina de trigo	4 tazas
2 libras con 3¼ onzas	1 kilo

Nota: Para medir sólidos, llene la medida hasta el borde y rápidamente pase por encima el filo de un cuchillo para que la medida quede plana o rasa.

Para medir líquidos en tazas de cristal, llene hasta la línea que indica la cantidad requerida.

EQUIVALENCIAS METRICAS
Líquidos

	Centímetros Cúbicos	Gramos
1 cucharadita - - - - - - - - - - -	4.9	5.1
2 cucharaditas - - - - - - - - - - -	9.8	10.2
3 cucharaditas - - - - - - - - - -	14.8	15.3
1 cucharada - - - - - - - - - - -	14.8	15.3
2 cucharadas - - - - - - - - - - -	29.6	30.5
3 cucharadas - - - - - - - - - - -	44.4	45.8
4 cucharadas - - - - - - - - - - -	59.2	61.0
¼ taza - - - - - - - - - - - - -	59.2	61.0
½ taza - - - - - - - - - - - - -	118.3	122.0
¾ taza - - - - - - - - - - - - -	177.5	183.0
1 taza - - - - - - - - - - - - -	236.6	244.0
2 tazas - - - - - - - - - - - - -	473.2	488.0
1 pinta - - - - - - - - - - - - -	473.2	488.0
2 pintas - - - - - - - - - - - - -	946.4	976.0
1 cuartillo - - - - - - - - - - - -	946.4	976.0
1 litro - - - - - - - - - - - - -	1000.0	1024.6

Sólidos

1 onza -	28.4
2 onzas -	56.8
3 onzas - - - - - - - - - - - - - - - - - - ·· - - - - -	85.1
4 onzas -	113.5
¼ libra -	113.5
½ libra -	227.0
¾ libra -	340.5
1 libra -	454.0
1 kilo -	1000.0

Rendimiento de ¼ Libra de Mantequilla
Nota: ¼ libra de mantequilla es igual a 4 onzas, o sean 8 cucharadas.

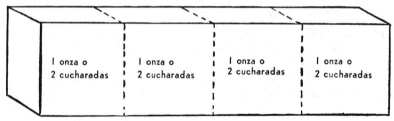

Definición de Términos

1—Aceite Vegetal con Achiote - - - - - - - - Aceite vegetal preparado con granos de achiote, limpios, para dar color. Caliente a *fuego alto* 2 tazas de aceite vegetal. Añada 1 taza de granos de achiote, reduzca el fuego a *bajo* y mezcle *ocasionalmente* por 5 *minutos*. Deje **enfriar totalmente** y cuele a través de colador con papel absorbente dentro y reserve en envase de cristal, *tapado*.

2—Adobo - - - - - - - - - La combinación de sal con otros ingredientes para darle sazón y gusto a la comida.

3—"Broil" - - - - - - - - - Asar al horno directamente bajo el fuego.

4—Cabeza de ajo - - - - - El capullo con los granos de ajo.

5—Cernir - - - - - - - - - Pasar por un colador o cernidor.

6—Consumir el caldo - - - Gastar el líquido.

7—Cortar menudito - - - - Cortar en pedacitos bien pequeños.

8—"Deep-Frying" - - - - - Freír en abundante aceite vegetal ó manteca.

9—Desbaratar un huevo - - Unir yema y clara sin formar espuma. Use tenedor ó espátula de goma.

10—Desmenuzar - - - - - - Poner en pedacitos muy pequeños.

11—Dorar la carne - - - - - Poner la carne a *fuego alto* en una sartén con grasa caliente para que dore rápidamente.

7

12—Dorar ó acaramelar
    un molde - - - - - - - - Vierta en un molde de acero inoxidable ó de aluminio la cantidad de azúcar indicada en la receta. Coloque el molde sobre una hornilla y derrita el azúcar a *fuego bajo*. **Inmediatamente** retire el molde del fuego y en seguida, para evitar que se endurezca el azúcar, dele al molde un movimiento en forma circular, hasta que el azúcar derretida cubra los lados y el fondo del molde. (Trabaje con mucho cuidado para evitar quemarse.) Coloque el molde sobre una parrilla (*Wire-Rack*) y tan pronto acaramele, proceda a rellenarlo.

13—Engrasar un molde - - - Untar grasa a un molde, ya sea manteca, mantequilla, oleomargarina ó aceite.

14—Envolver ó *"fold-in"* - - Al incorporar el ingrediente indicado con el resto de la mezcla, debe hacerlo en tal forma como si lo envolviera y nunca usando un movimiento rápido ni circular.

15—Escurrir - - - - - - - - Quitar el líquido.

16—Fiambre - - - - - - - - Frío.

17—Fuego lento - - - - - - Fuego bajo.

18—Fuego moderado - - - - Fuego mediano.

19—Fuego vivo - - - - - - - Fuego alto.

20—Grano ó diente de ajo - Un solo ajo.

21—*"Gravy"* - - - - - - - - La salsa que se prepara para acompañar las carnes.

22—Impregnar del adobo - Pasar el adobo sobre aquello que se va a cocer.

23—Polvo de pan ó galleta - Pan tostado y molido ó galleta molida.

24—Pollo limpio - - - - - - Pollo desplumado, vacío interiormente y sin pescuezo ni patas.

25—Pollo en presas - - - - - Pollo limpio y cortado en presas.

26—Punto de nieve - - - - - En el batido de las claras de huevo éste es el punto cuando las claras se sostienen erguidas al batirlas. Al llegar a este punto no las bata más, pues, de lo contrario, le quedarán resecas.

27—Rallar o "guayar" — por el lado de medias lunas del rallador o "Guayo"   Al rallar por este lado, lo rallado resultará en finas tiritas.

28—Remojar - - - - - - - - Dejar en líquido por varias horas.

29—Rodillo - - - - - - - - Utensilio en forma de rollo que se usa para estirar las masas.

30—"Roast" - - - - - - - - Cocer al horno bajo la acción del aire caliente.

31—Sellar - - - - - - - - - Unir los extremos.

32—Sin diluír - - - - - - - Sin agregar líquido.

33—Tabla enharinada - - - Tabla a la cual se le ha espolvoreado harina levemente.

34—Zanahoria raspada - - - La zanahoria, después de lavada, debe rasparse con un cuchillo, en lugar de mondarse.

Nota: **Nunca** caliente grasa a altas temperaturas, pues se **encienden.** Para apagar el fuego, cubra con una tapa. **NO LE ECHE AQUA.**

Sofrito

El *sofrito* es una combinación de ingredientes que se usa para aderezar y dar mayor gusto a los platos que se guisan. Generalmente, consiste de un poco de aceite vegetal ó manteca en el que se sofríe un picadillo de tocino, jamón de cocinar, pimiento verde, ají dulce, tomate, cebolla, ajo, culantro y culantrillo. En muchos casos se le añade orégano seco, aceitunas y alcaparras. Se complementa con salsa de tomate y en algunas recetas se le agrega un poco más de aceite vegetal con achiote ó de manteca con achiote. Es de uso común para guisar arroz, granos y carne.

Debido a la frecuencia con que se usa el *sofrito*, resulta conveniente y económico si se prepara según las recetas en las páginas 338 y 339 y se conserva en la congeladora (*Freezer*) para ser usado cuando se requiera.

Una vez confeccionado el *sofrito*, deje enfriar **totalmente** y distribúyalo en cubetas de hielo (reservadas para éste uso). Vierta en cada cubito de las cubetas 2 cucharadas del *sofrito*. Coloque las cubetas en la congeladora (*Freezer*) hasta quedar congelado el *sofrito*. Remueva los cubitos de *sofrito* de las cubetas y colóquelos en sacos plásticos (*Freezer Bags*). Consérvelos en la congeladora (*Freezer*) para ser usados según se requiera. (Los cubitos quedarán como cubitos de hielo y no se pogarán unos a otros.) Puede usarlos directamente de la congeladora (*Freezer*) sin necesidad de descongelarlos.

En la mayoría de las recetas de este libro en que se requiere *sofrito*, puede suprimir los ingredientes e instrucciones referentes al *sofrito* y agregar de 2 ó 4 cucharadas de los *sofritos* en las páginas 338 y 339. Puede complementarlo con tomates, alcaparras, aceitunas y salsa de tomate en la cantidad que se especifica en la receta.

Nota: Al preparar *sofrito* para ser congelado, debe omitir el uso de tomates, aceitunas, alcaparras y salsa de tomate, los cuales puede añadir al momento que se agrega el *sofrito* congelado.

CAPITULO II *Termómetros para Cocinar*

Termómetro para carnes

Termómetro para dulce

Termómetro para freír

Termómetros para Cocinar

Como antes se dijo, en la cocina moderna disfrutamos de cierto equipo que nos facilita la tarea y convierte a la titubeante novicia en una feliz experta.

Entre éstos se encuentran los termómetros para cocinar que son:

1—Termómetro para carnes (Meat Thermometer)
2—Termómetro para freír (Deep-Frying Thermometer)
3—Termómetro para dulce (Candy Thermometer)

El uso debido de estos termómetros no solamente será de gran utilidad, sino que contribuirá a la perfección y exactitud en la cocina.

Termómetro para carnes: Se usa generalmente en carnes horneadas y muy especialmente en perniles y rosbif (Roast-Beef).

Este termómetro es pequeño, de cristal, y con punta de acero inoxidable. Se introduce en el centro de la carne, teniendo cuidado de que no descanse sobre un hueso o sobre grasa.

Con su uso se puede retirar la carne del horno a la temperatura exacta indicada en la receta, obteniendo de este modo, un horneado perfecto, pues muchas veces las carnes que pesen lo mismo pueden variar en el tiempo requerido para hornearse, influyendo en esto la cantidad de grasa que tenga la carne, así como su estructura, diferencia en tejidos y otros factores.

Termómetro para freír: Se introduce en el recipiente donde se vaya a freír. Indica la temperatura exacta a la cual se debe empezar a freír según lo indique la receta.

Termómetro para dulce: Cuando un líquido se combina con azúcar y se pone a hervir, se forma un sirop o almíbar que espesa según hierve.

Introduzca el termómetro de dulce en el recipiente al colocarlo al fuego y éste le indicará el punto exacto requerido en su receta, sin necesidad de estar dependiendo del "Punto de hilo", "Punto de bola blanda", "Punto de bola dura", etc.

Puntos en Almíbar

Descripción	Termómetro Para Dulce
Punto de Almíbar liviana - - - - - - - - - - -	220°F.–222°F.
Punto de Almíbar espesa - - - - - - - - - - -	224°F.–226°F.
Punto de hilo - - - - - - - - - - - - - - - - -	228°F.–234°F.

(Cuando al derramarse de una cucharita forma un hilo alrededor de 2 pulgadas.)

Punto de bola blanda - - - - - - - - - - - - -	236°F.–240°F.

(Cuando se vierte un poco del sirop en agua helada y se forma una bola que pierde su forma al sacarse. Apropiado para turrón de chocolate *Fudge,* cubiertas de bizcocho [Icings, Fondant].)

Punto de bola mediana - - - - - - - - - - - -	242°F.

(Un punto un poco más fuerte que el anterior.)

Punto de bola firme - - - - - - - - - - - - - -	244°F.–248°F.

(Cuando se vierte un poco del sirop en agua helada y se forma una bola que no se aplasta al sacarse.)

Punto de bola dura - - - - - - - - - - - - - -	250°F.–265°F.

(Cuando se vierte un poco del sirop en agua helada y se forma una bola que conserva su forma y fácilmente rueda por un plato engrasado. Apropiado para hacer tirijala (taffy), maíz inflado (popcorn), etc.

Punto de caramelo - - - - - - - - - - - - - - -	270°F.–310°F.

(Cuando al enfriar se pone duro.)

GRADOS ADECUADOS PARA FREIR EN ABUNDANTE MANTECA

Grados Fahrenheit	Grados Centígrado
350° – 365° - - - - - - - - - - - - - -	177° – 185°
365° – 382° - - - - - - - - - - - - - -	185° – 195°
382° – 390° - - - - - - - - - - - - - -	195° – 200°

TABLA DE CONVERSION DE GRADOS QUE APARECEN
CON FRECUENCIA EN ESTE LIBRO

Grados Fahrenheit	Grados Centígrado (Celsius)
98°	36.6°
100°	37.7°
110°	43.3°
115°	46.1°
140°	60.0°
150°	65.5°
155°	68.3°
160°	71.1°
165°	73.8°
170°	76.6°
175°	79.4°
180°	82.2°
185°	85.0°
190°	87.7°
195°	90.5°
200°	93.3°
205°	96.1°
210°	98.8°
212°	100.0°
215°	101.6°
218°	103.3°
220°	104.4°
222°	105.5°
224°	106.6°
226°	107.7°
228°	108.8°
230°	109.9°
232°	111.1°
234°	112.2°
236°	113.3°
238°	114.4°
240°	115.5°
242°	116.6°
244°	117.7°
246°	118.8°
248°	119.9°

Grados Fahrenheit		Grados Centígrado
250°	- - - - - - - - - - - - - - - - -	121.1°
255°	- - - - - - - - - - - - - - - - -	123.9°
260°	- - - - - - - - - - - - - - - - -	126.6°
265°	- - - - - - - - - - - - - - - - -	129.4°
270°	- - - - - - - - - - - - - - - - -	132.2°
275°	- - - - - - - - - - - - - - - - -	135.0°
280°	- - - - - - - - - - - - - - - - -	137.7°
285°	- - - - - - - - - - - - - - - - -	140.5°
290°	- - - - - - - - - - - - - - - - -	143.3°
295°	- - - - - - - - - - - - - - - - -	146.1°
300°	- - - - - - - - - - - - - - - - -	148.8°
305°	- - - - - - - - - - - - - - - - -	151.6°
310°	- - - - - - - - - - - - - - - - -	154.4°
315°	- - - - - - - - - - - - - - - - -	157.2°
320°	- - - - - - - - - - - - - - - - -	160.0°
325°	- - - - - - - - - - - - - - - - -	162.7°
330°	- - - - - - - - - - - - - - - - -	165.5°
335°	- - - - - - - - - - - - - - - - -	168.3°
340°	- - - - - - - - - - - - - - - - -	171.1°
345°	- - - - - - - - - - - - - - - - -	173.8°
350°	- - - - - - - - - - - - - - - - -	176.6°
355°	- - - - - - - - - - - - - - - - -	179.4°
360°	- - - - - - - - - - - - - - - - -	182.2°
365°	- - - - - - - - - - - - - - - - -	185.0°
370°	- - - - - - - - - - - - - - - - -	187.7°
375°	- - - - - - - - - - - - - - - - -	190.5°
380°	- - - - - - - - - - - - - - - - -	193.3°
385°	- - - - - - - - - - - - - - - - -	196.1°
390°	- - - - - - - - - - - - - - - - -	198.8°
395°	- - - - - - - - - - - - - - - - -	201.6°
400°	- - - - - - - - - - - - - - - - -	204.4°
425°	- - - - - - - - - - - - - - - - -	218.3°
450°	- - - - - - - - - - - - - - - - -	232.2°
475°	- - - - - - - - - - - - - - - - -	246.1°
500°	- - - - - - - - - - - - - - - - -	260.0°
525°	- - - - - - - - - - - - - - - - -	273.9°

CAPITULO III *Consejos Utiles*

Consejos Útiles

1–Acostúmbrese a leer una receta completa antes de comenzar a prepararla, pues esto le dará una idea más exacta de lo que tiene que hacer y contribuirá a ahorrar tiempo y energía.

2–Cerciórese antes de comenzar a cocer de que tiene a mano todos los ingredientes y utensilios necesarios para la confección de aquello que vaya a cocer.

3–Para exactitud en las recetas, use tazas y cucharitas de medir, balanza y termómetros para cocinar.

4–Si va a cocer algo en abundante manteca o aceite, hágalo en recipiente hondo.

5–No acerque a la manteca o aceite caliente utensilios mojados, pues éstos harán que la grasa salpique y pueda quemarse.

6–Sea cuidadosa cuando dore carnes o aves y cuando esté friendo, pues la grasa tiende a chisporrotear, por lo cual no debe acercarse mucho.

7–Cueza las chuletas de cerdo *sin grasa* en la sartén, pues las chuletas, generalmente, son tan mantecosas que suplen su propia grasa.

8–Para que el pescado frito le quede bien sabroso sazónelo de sal y fríalo en manteca o aceite bien caliente sin moverlo. Después de dorado *bájele bien el fuego* para que se cueza lentamente.

9–Para evitar que el pescado hecho al horno se pegue del molde, cubra el fondo del molde con tajadas finas de tomate fresco y coloque el pescado encima.

10–Cuando derrita queso hágalo a *fuego bajo,* moviéndolo continuamente y retírelo tan pronto como se haya derretido.

11–Cuando amortigüe cebollas, córtelas en ruedas o pedacitos pequeños y póngalas en un poco de manteca o aceite a *fuego bajo* y moviéndolas ocasionalmente durante *15 minutos.*

12–Si la receta indica el uso del horno, enciéndalo *10 minutos* antes de comenzar a hornear.

13—Si siente olor a gas en la cocina, **NO** trate de encender las hornillas ni el horno de gas. Cerciórese de que las llaves estén bien cerradas. Abra las ventanas. **NO enchufe ni desenchufe** ningún enser eléctrico. **Enseguida,** llame al suplidor de gas, para que rectifique la avería.

14—Cuando cueza al horno platos que lleven queso, *tápelos.*

15—No pinche aves o carnes para que queden más tiernas y jugosas.

16—Al servir aves o carnes horneadas, acompáñelas con salsa o *Gravy,* pues esto complementa su sabor.

17—Saque los huevos de la nevera con tiempo razonable para que no están fríos al cocerlos. Cuézalos siempre a *fuego bajo.*

18—Cubra emparedados con paño bien húmedo, para que no se resequen.

19—Agregue 1 cucharadita de aceite de oliva al agua en que cueza macarrones, espaguetis o canelones para evitar que se peguen.

20—Al hacer pastel (*Pie*) use la manteca y la leche heladas.

21—Al hacer bizcochos con frutitas, "envuélvalas" en parte de la harina requerida para hacer el bizcocho. Asi quedarán bien distribuídas cuando el bizcocho esté listo.

22—Al batir claras de huevo al punto llamado *punto de nieve,* lo importante es dejar de batir tan pronto las claras se le sostienen erguidas, pues de lo contrario, se resecan.

23—Lava los granos secos en distintas aguas. Cúbralos con agua y remójelos durante varias horas. **NO** les agregue sal al remojarios, *exceptuando* a los garbanzos. Descarte el agua en que se remojaron y cuézalos en agua fresca. Agrégueles la sal cuando los granos estén casi blandos.

24—Coma diariamente frutas frescas, pues son muy nutritivas y esenciales para el organismo.

25—La manteca en las distintas recetas puede ser sustituída por aceite vegetal, exceptuando en las recetas de pastel (*Pie*).

26—Para limpiar un recipiente de aluminio que se haya ennegrecido, póngalo a hervir con agua, a la cual se le ha añadido el jugo de un limón y también el limón ya exprimido. Haga lo mismo con el agua del *baño de María* al poner a hornear o cocer, para evitar que se ennegrezca el recipiente.

27—Acaramele molde a *fuego bajo* o *moderado* para que el azúcar derrita sin quemarse, evitando así darle un sabor amargo al postre.

IDEAS DE MENUS PARA INVITADOS INESPERADOS

Ha llegado inesperadamente un amigo, el cual se quedará a comer. ¡¡¡Qué problema!!! ¡¡¡Qué aturdimiento!!!

Y a esto contesto: ¡Nada de eso! Manos a la obra, y mientras el esposo lo obsequia con un "cocktail" o "highball", nosotras hábilmente, sin carreras ni precipitaciones, prepararemos un menú sencillo y atractivo.

Naturalmente, siempre debemos estar provistas en nuestra alacena de cierta clase de enlatados que nos ayudarán a salir adelante.

POR EJEMPLO:

1—Latas de atún, camarones, etc.
2—Latas de guisantes (Petit-Pois)
3—Latas de remolachas enteras (Whole Beets)
4—Latas de embutidos, tales como butifarras, etc.
5—Latas de sopa de tomate (Cream of Tomato Soup)
　　　sopa de setas (Cream of Mushroom Soup)
　　　sopa de pollo (Chicken Soup)
6—Latas de frutas
7—Frasco de crema de leche (Whipping Cream)
8—Frasco de mayonesa

En la congeladora (Freezer), o en ausencia de ésta, en uno de los compartimientos de hacer el hielo en la nevera podemos tener:

1—Hayacas, pasteles y pastelillos
2—Mantecado
3—Carne y vegetales

Con la lata de sopa de tomates (Cream of Tomato Soup), se hace una deliciosa salsa usándola tal cual viene, sin diluír.

Con la lata de sopa de setas (Cream of Mushroom Soup), se hace otra deliciosa salsa y únicamente tiene que agregarle 6 cucharadas de leche y ponerla a calentar. Le quedará como la más exquisita salsa blanca y con más gusto.

Pregúntele al invitado si no es alérgico a los mariscos para proceder de acuerdo. Si no lo es, prepárele el siguiente menú:

Abra una lata de atún, póngala a calentar y después escúrrala.

Abra una lata de sopa de setas (Cream of Mushroom Soup), agréguele 6 cucharadas de leche y póngala a calentar.

Abra una lata de remolachas enteras (*Whole Beets*), póngalas a calentar en su propio líquido.

Abra una lata de guisantes (*Petit-Pois*) y póngalos a calentar en su propio líquido.

Cuando todo esté caliente, sírvalo del modo siguiente:

En un plato llano, grande, coloque el atún bien escurrido y riéguele por encima un poco de la salsa de setas. Coloque a un lado varias remolachas bien escurridas y coloque al otro lado guisantes (*Petit-Pois*) bien escurridos.

Como complemento, si desea, espolvoréelo con queso rallado. Le resultará un plato muy original y decorativo.

Si prefiere servir este mismo menú frío, sustituya la salsa de setas por mayonesa y sírvalo igual, pero sin calentarlo.

Como ensalada, puede usar una lata de peras las cuales, después de bien escurridas, colocará boca abajo en el plato de ensalada. Adórnelas con pequeñas hojas y píntelas con color vegetal en tonos de verde, amarillo y rojo. El resultado será muy halagador.

De postre puede servir mantecado o helado. Termine la comida con café.

Este mismo menú puede servirlo sustituyendo el atún por pastelillos de carne hechos de masa de hojaldre, previamente calentados al horno, y los cuales puede conseguir en las distintas reposterías.

Los pastelillos corrientes que conserva en su congeladora, envueltos individualmente en papel parafinado, no necesitan deshelarse para freirse, lo cual constituye una gran conveniencia para complementar el menú que se le ofrece a invitados inesperados.

Entre las recetas de huevos encontrará varias de simple y rápida preparación.

Usando un poco de imaginación puede engalanar con queso rallado y salsa, algo de lo que tenía dispuesto para su almuerzo o comida y servirlo en confianza.

Si tiene filete en su nevera o congeladora, su problema está resuelto muy felizmente, pues éste es muy popular, especialmente si lo prepara en la forma indicada en la receta de filete a la sartén, que aparece en el capítulo de carnes.

CAPITULO IV

La Comida Formal

La Comida Formal
(De etiqueta)

La comida de rigurosa etiqueta es inflexible en sus requisitos. En la vida moderna agasajamos a menudo con comidas de menos formalidad, pero siguiendo siempre un patrón definido de reglas que contribuyen al mayor lucimiento de las mismas.

La anfitriona debe dedicar esmerada atención a los preparativos necesarios para agasajar con una lucida comida formal, de tal modo, que estando todo previsto y eficientemente organizado, pueda disfrutar plenamente de la compañía de sus invitados.

REQUISITOS PARA UNA COMIDA FORMAL
(De etiqueta)

I—INVITADOS

La elección afortunada de los invitados creará un ambiente cordial, por lo tanto, escoja personas que congenien y tengan intereses en común.

II—MESA Y SILLAS

La mesa debe ser amplia, suficiente para acomodar con facilidad a los invitados.

Estos no deben colocarse muy separados y mucho menos aglomerados.

Una distancia de 1 pie entre las sillas resulta aceptable.

III—MANTELERIA

1—El mantel clásico para una comida formal es el de fino damasco de color blanco. Bajo éste siempre debe usar un paño de balleta o fieltro.

2—El mantel de encaje o de hilo bordado y calado es muy apropiado también. Bajo éste no debe usar paño.

25

3—Si usa mantel de damasco, éste debe estar meticulosamente planchado y tener como único doblez el central a lo largo de la mesa.

4—El mantel debe cubrir totalmente la mesa y colgar a los lados alrededor de 15 pulgadas. En mesas muy grandes, éste debe colgar de 15 a 18 pulgadas.

5—Las servilletas deben combinar con el mantel. Dobladas en forma sencilla y cuadrada y colocadas una sobre cada plato principal.

IV—VAJILLA

1—*Plato Principal* ("Service Plate") — tamaño, 10½ a 11 pulgadas de diámetro. El uso de este plato es esencialmente decorativo, pues sobre él nunca se come *directamente*. Sirve como base para colocar sobre él el plato del aperitivo y después el plato de sopa.
Es el único plato que debe aparecer colocado en cada "cubierto" en la mesa al principio de la comida.
Este plato suele usarse en contraste con la vajilla y su diseño es generalmente muy elaborado y ornamental, aunque si lo prefiere, puede ser muy sencillo.

2—*Plato del aperitivo* — tamaño 7½ pulgadas de diámetro. Se usa para servir ostras, almejas, melón, etc.

3—*Plato hondo de sopa* — tamaño 8 a 8½ pulgadas de diámetro.
Se usa para servir la sopa.

4—*Plato de entremés* ("Entrée") — tamaño 8½ a 9½ pulgadas de diámetro.
Se usa para servir entremés o pescado.
Este tamaño también se usa para servir ensalada.

5—*Plato de carne* ("Dinner Plate") — tamaño 10 pulgadas de diámetro.
Se usa para servir la carne.

6—*Plato de pan y mantequilla* — tamaño 6½ pulgadas de diámetro.

Las autoridades difieren sobre el uso de este plato en comidas formales (de etiqueta). La gran mayoría de ellas opinan que en una comida formal *nunca* debe usarse, así como tampoco debe servirse mantequilla. Según ellos, lo correcto es pasar panecitos individuales para que cada persona coja uno con la punta de los dedos y lo coloque a su izquierda, *directamente* sobre el mantel. Otras autoridades, sin embargo, opinan que a menos que la comida sea de *rigurosa etiqueta,* este plato debe usarse, ya que representa el albergue lógico para el panecito. Por lo tanto, se deja al criterio personal el uso de este plato.
En el diagrama de la comida formal que aparece más adelante, se verá este plato figurando en la mesa. Está demostrado para enseñar el sitio correcto donde debe colocarse en caso que se use.

7—*Plato de postre* — tamaño 7½ a 8 pulgadas de diámetro. Se usa para servir el postre.

V—CUBIERTOS

1—Los cubiertos deben colocarse en la mesa a ambos lados del plato principal.

2—Estos se colocan en el orden en que van a ser usados.
Los tenedores deben colocarse a la izquierda, exceptuando el tenedorcito del aperitivo, el cual debe colocarse a la derecha de la cuchara de sopa, o en ausencia de ésta, a la derecha de los cuchillos.

3—Los cuchillos, cucharas y cucharitas se colocan a la derecha del plato principal. El filo de los cuchillos debe colocarse hacia adentro.

4—La cucharita o el tenedor de postre *no* debe aparecer colocado en la mesa. Se traerá más tarde sobre el plato de postre.

5—Cuchillito de mantequilla.
Según algunas autoridades este cuchillito *nunca* debe

usarse en una comida formal. Sin embargo, otras autoridades opinan que este cuchillito debe usarse, exceptuando en las comidas de rigurosa etiqueta.

Si se usa, debe aparecer colocado en la mesa sobre el plato de pan y mantequilla, en posición paralela al borde de la mesa y con el mango hacia la derecha.

6—El número mayor de cubiertos que debe aparecer colocado en la mesa, en una comida formal, es el siguiente:

A la izquierda del plato principal:

(*De afuera hacia adentro.*)

1—Tenedor de entremés o de pescado
2—Tenedor de carne
3—Tenedor de ensalada

A la derecha del plato principal:

(*De afuera hacia adentro.*)

1—Cucharita o tenedorcito de aperitivo
2—Cuchara de sopa
3—Cuchillo de pescado
4—Cuchillo de carne
5—Cuchillo de ensalada

Sobre el plato de pan y mantequilla:

1—Cuchillito de mantequilla

VI—CRISTALERIA

TAMAÑO APROPIADO DE LA CRISTALERIA
USADA EN UNA COMIDA FORMAL

Tamaño aproximado

1—*Copa de agua:*

Capacidad - - - - - - - - - - - - - 10 onzas
Altura - - - - - - - - - - - - - - - 8 pulgadas

2—*Copa de Champagne:*

Capacidad - - - - - - - - - - - - - 6 onzas
Altura - - - - - - - - - - - - - - - 6 pulgadas

3—*Copa de Clarete* (Vino tinto):

Capacidad - - - - - - - - - - - - - 4½ onzas
Altura - - - - - - - - - - - - - - - 6 pulgadas

4—*Copa de vino blanco:*

Capacidad - - - - - - - - - - - - - 3¼ onzas
Altura - - - - - - - - - - - - - - - 5¼ pulgadas

5—*Copa de Jerez* ("Sherry"):

    Capacidad - - - - - - - - - - - - - 2 a 3 onzas

    Altura - - - - - - - - - - - - - - - 5 pulgadas

6—*Copa de cordial:*

    Capacidad - - - - - - - - - - - - - ¾ a 1 onza

    Altura - - - - - - - - - - - - -- - - 4 pulgadas

En una comida formal *no* use vasos, *use copas.* En la mesa en una comida formal *no* deben aparecer colocadas más de 4 copas, que son:

    1—Copa de agua   3—Copa de vino blanco

    2—Copa de Champagne o 4—Copa de Jérez
       copa de clarete

VII—ORDEN DE LA CRISTALERIA EN LA COMIDA FORMAL:

1—Coloque la *Copa de agua* a 2 pulgadas de distancia de la punta del cuchillo de carne.

2—A la derecha de la copa de agua, coloque la *Copa de Champagne.*

3—Si no sirve Champagne, sirva vino tinto. En este caso, coloque en el lugar que ocuparía la copa de Champagne, la *copa de clarete*, en la cual servirá el vino tinto.

4—Un poco más abajo y entre la copa de agua y la de Champagne o clarete, coloque la *copa de vino blanco.*

5—A la derecha de la copa de vino blanco, coloque la *Copa de Jerez.* (Sherry)

VIII—ENJUAGUE ("Finger-Bowl")

(Tazón para lavarse la punta de los dedos.)

1—El uso del *enjuague* es completamente opcional y, generalmente, puede omitirse exceptuando en comidas de rigurosa etiqueta.

2—El *enjuague* puede traerse a la mesa en cualquiera de los dos modos siguientes, aunque se recomienda preferiblemente el primero:

A—Concluído el postre, traiga a la mesa un plato con pañito calado encima y sobre éste colocado el enjuague. Ponga el plato y enjuague al lado izquierdo de cada persona.

B—Traiga a la mesa el plato del postre con un pañito calado sobre éste y colocado el enjuague encima. Cada persona debe retirar el pañito junto con el enjuague y colocarlos a su izquierda, dejando de este modo libre el plato para recibir el postre.

Nota: Si desea, puede añadir al agua en el enjuague alguna flor muy pequeña o pétalos de rosa.

IX—Diagrama del maximum de utensilios que deben aparecer colocados en la mesa al principio de una comida formal

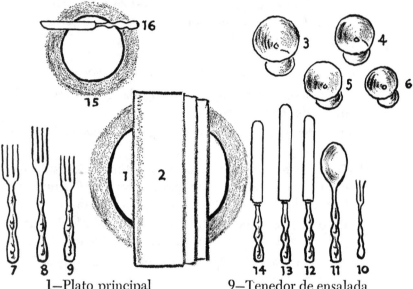

1—Plato principal	9—Tenedor de ensalada
2—Servilleta	10—Cucharita o tenedor
3—Copa de agua	de aperitivo
4—Copa de Champagne	11—Cuchara de sopa
o copa de clarete	12—Cuchillo de entremés
(vino tinto)	o de pescado
5—Copa de vino blanco	13—Cuchillo de carne
6—Copa de Jerez	14—Cuchillo de ensalada
7—Tenedor de entremés	15—Plato de pan y mante-
o de pescado	quilla
8—Tenedor de carne	16—Cuchillito de mantequilla

X—DECORACION

1—Los centros, candelabros u otros adornos de la mesa deben ser cuidadosamente colocados de modo que no obstruyan la vista de los comensales.

2—Al usar candelabros, si éstos se colocan en la mesa con el objeto de iluminarla, debe usarse un candelabro por persona; pero cuando éstos se usan decorativamente, un par en los extremos de la mesa resulta muy ornamental.

3—En los candelabros debe usar velas de color *blanco o natural, únicamente.*

4—A los lados de los candelabros puede colocar pequeños recipientes con nueces o bombones.

XI—SALEROS Y PIMENTEROS

1—Si la mesa es pequeña, coloque un par de saleros y pimenteros a ambos extremos de la mesa.

2—Si la mesa es muy grande, coloque un par de saleros y pimenteros entre cada dos personas o, si lo prefiere, use un par individual.

XII—TARJETAS

1—El uso de tarjetas para indicar el sitio de los comensales es muy indicado en comidas de rigurosa etiqueta.

2—Las tarjetas deben ser de color blanco y muy sencillas. El tamaño apropiado es de 1½ pulgadas de ancho por 2 pulgadas de largo.

3—Escriba en éstas el nombre de los comensales con el título de Sra., Srta., o Sr. delante de cada nombre.

4—Coloque cada tarjeta sobre la servilleta en el centro de cada plato principal.

5—Los anfitriones deben sentarse a las cabeceras de la mesa.

6—La invitada de honor debe sentarse a la derecha del anfitrión.

7—La segunda persona en importancia debe sentarse a la izquierda del anfitrión.

8—A ambos lados de la anfitriona deben sentarse los dos caballeros de más importancia.

9—El resto de los comensales se distribuyen según parezca más conveniente a los anfitriones.

10—Por invitada o invitado de honor se entiende la persona en obsequio del cual se celebra la comida. Si no hubiere invitada o invitado de honor especial, entonces pasa a ser invitado de honor la persona de más edad.

XIII—VINOS   Tabla General

Aperitivo (Si éste consiste de mariscos):   *Vino blanco*
                        Ejemplo: - - -   Chablais
                                            Graves
                                            Rhine
                                            Moselle
    Este vino debe servirse bien frío.

Sopa: - - - - - - - - - - - - - - - - -   *Vino Jerez seco*
    Este vino debe servirse a la tempera-
    tura del cuarto.

Pescado: - - - - - - - - - - - - - - -   *Vino blanco*
                        Ejemplo: - - -   Bordeaux blanco
                                            Burgundy blanco
                                            Rhine
                                            Moselle
    Este vino debe servirse bien frío.

Entremés:
    Si el entremés contiene carne blanca -   *Vino blanco*
    Si el entremés contiene carne roja   - -   *Vino tinto*

Carne: - - - - - - - - - - - - - - - -   *Champagne*
    Este vino acompaña todas las carnes.
    Debe servirse bien frío.

                                            Vino tinto
                        Ejemplo: - - -   Clarete
                                            Burgundy
    Este vino acompaña carnes rojas.
    Debe servirse a la temperatura del cuarto.

                                            Vino blanco
                        Ejemplo: - - -   Bordeaux blanco
                                            Burgundy blanco

Este vino acompaña carnes blancas.
Debe servirse bien frío.

Aves: - - - - - - - - - - - - - - - -	*Vino tinto*
Ejemplo: - - -	Bordeaux rojo
	Burgundy rojo

Este vino debe servirse a la temperatura del cuarto.

Postres: - - - - - - - - - - - - - - - -	Madeiras
	Jerez dulce

Café: - - - - - - - - - - - - - - - -	*Cordiales*
Ejemplo: - - -	Benedictine
	Crema de Menta
	Cointreau
	Chartreuse
	Cognac

Nota: La tabla anterior deberá servir como guía únicamente. En general, la regla más comúnmente aceptada es la de servir:

Vinos blancos — como acompañantes para sopa, mariscos, pescado y carnes blancas.

Vinos tintos — como acompañantes para quesos, aves y carnes rojas.

Champagne — como el acompañante ideal para todo. Se recomienda en comidas en que únicamente se sirve Champagne, servir Jerez seco acompañando la sopa y proseguir con Champagne durante el resto de la comida.

En comidas en que se sirven otros vinos además del Champagne, éste debe servirse para acompañar la carne.

XIV—MENU

Bajo ninguna circunstancia una comida formal debe consistir de más de lo siguiente:

1—Aperitivo	4—Carne
2—Sopa	5—Ensalada
3—Entremés o pescado	6—Postre

7—Café

Preferiblemente, suprima el aperitivo y comience directamente por la sopa.

Elija entre servir entremés o servir pescado. (El entremés, generalmente, consiste de un soufflé, croquetas, rellenos o vegetales con crema.)

XV—CAFE

1—En comidas formales de etiqueta se sirve café negro y siempre en tacitas pequeñas (Demi-Tasse).

2—El café *no* debe servirse en la mesa.

3—Concluída la comida, los invitados pasarán a un lugar apropiado para continuar la tertulia y allí se les servirá el café.

4—Para este fin puede usar una bandeja suficientemente grande para acomodar las pequeñas tacitas junto con sus respectivos platitos y cucharitas, a la vez que la **cafetera**, azucarera y jarrita para la crema.
Si lo prefiere, puede usar dos bandejas; una con las tacitas, platitos y cucharitas y la otra con el servicio de café.

5—Tan pronto haya pasado el café debe servir cordiales.

XVI—SERVIDUMBRE

1—La persona que sirve una comida formal de etiqueta debe ser una persona competente.

2—Ésta debe estar debidamente uniformada.

3—Puede escogerse para servir uno de estos tres modos:
A—Traiga la comida en su debido orden, ya servida en sus platos individuales y colóquela enfrente de cada comensal.
B—Traiga la comida en su debido orden, colocada en fuentes y páselas para que cada comensal se sirva.
C—Combine estos dos modos de servir trayendo parte de la comida servida en sus platos y parte en las fuentes para que cada cual se sirva.

XVII—Reglas generales que debe observar la persona que sirve una comida formal (de etiqueta)

1—Al principio de la comida la mesa debe aparecer vacía de comida y vinos.

2—Comience a servir después que todos los comensales estén debidamente acomodados.

3—No use bandeja para servir. Ponga una servilleta doblada en cuatro, en la palma de la mano y sobre ésta coloque la fuente que pasará para que todos se sirvan.

4—Acompañe cada fuente con una cuchara de servir y con un tenedor de servir, cuando fuere necesario. Colóquelos al lado derecho de la fuente.

5—Comience a servir por el invitado de honor, y prosiga a su derecha, no importando servir a un caballero antes que a una dama, pues esto simplifica el trabajo y está aceptado como correcto.

6—Coloque los platos ya servidos, o bien pase las fuentes para servirse, por el lado *izquierdo* de cada persona.

7—Retire los platos por el lado derecho de cada persona.

8—No retire plato alguno hasta tanto *todos* los comensales hayan concluído.

9—Retire los platos uno por uno y nunca coloque uno encima del otro.

10—La mesa no debe aparecer vacía de platos en ningún momento, exceptuando el breve instante antes de traer el postre; por lo tanto, a la vez que retire un plato de la mesa, sustitúyalo por el siguiente en el orden de la comida.

11—Sirva el *agua y los vinos* por el lado *derecho* de cada persona. No levante las copas de la mesa para servir.

12—Observe que en todo momento haya agua en las copas.

13—Antes de servir el postre debe retirar de la mesa todos los platos, cubiertos, saleros, pimenteros, recipientes con nueces y las copas, exceptuando las de agua, Champagne o clarete, las cuales permanecerán en la mesa.

14—Por el lado izquierdo de cada persona limpie la mesa de migajas de pan, etc. Use para esto una servilleta doblada en cuatro y una pequeña bandeja o plato.

15—Proceda entonces a traer el plato del postre, el cual debe venir acompañado por cucharita o tenedor de postre.

XVIII—ORDEN EN QUE SE SIRVE LA COMIDA FORMAL:

1—*APERITIVO:*

Comience con el aperitivo, el cual traerá a la mesa servido en el plato del aperitivo o en una copita colocada sobre el plato del aperitivo.

Colóquelo sobre el plato principal.

Sirva el agua.

2—*SOPA:*

Retire el plato del aperitivo.

Sustitúyalo por el plato de sopa, el cual colocará sobre el plato principal.

Sirva vino Jerez seco.

Sirva el pan.

3—*ENTREMES O PESCADO:*

Retire el plato principal junto con el plato de sopa que tenía encima.

Sustitúyalo por el plato de entremés o pescado.

Retire la copa de Jerez.

Sirva el entremés o pescado.

Sirva vino blanco.

4—*CARNE:*

Retire el plato de entremés o pescado.

Sustitúyalo por el plato de carne.

Retire la copa de vino blanco.

Sirva la carne.

Sirva mermelada y salsa.

Sirva Champagne o clarete.

5—*ENSALADA:*

Retire el plato de carne.

Sustituyalo por el plato de ensalada.

Sirva la ensalada.

6—*POSTRE:*

Limpie la mesa totalmente de platos, cubiertos, saleros, pimenteros, recipientes con nueces y copas, exceptuando las copas de agua y de Champagne o clarete, las cuales permanecerán en la mesa.

Traiga el plato de postre con cucharita o tenedor de postre colocado encima.

Sirva el postre.

7—*ENJUAGUE:*

Traiga el enjuague sobre un platito y colóquelo a la izquierda de cada persona.

8—*CAFE:*

El café debe servirse fuera del comedor donde se celebre la tertulia después de la comida.

9—*CORDIALES:*

Tan pronto haya pasado el café, sirva los cordiales.

La Comida Informal
(De confianza)

En la comida informal agasajamos a menudo al estilo conocido como *"Buffet Supper"* y con lo cual se entiende, colocar sobre una mesa principal las fuentes de comida con las servilletas, cubiertos y platos en sitio preferente, de modo que el invitado pueda servirse él mismo y después se siente a comer donde mejor le plazca.

Éste es un medio fácil y sencillo de agasajar. Así no hay que ocuparse de los detalles importantes de una comida formal y a la vez se puede invitar a un mayor número de amigos en la misma ocasión.

Resulta muy conveniente en un *"Buffet Supper"* colocar sobre la mesa principal las fuentes con la comida y los platos para que los invitados se sirvan y preparar en un lugar adecuado de la casa mesas o mesitas con servicio de mantelería, cubiertos y copas, así como también con el plato de pan y mantequilla, el salero y el pimentero.

De este modo el invitado, después de servirse, pasa a sentarse a la mesa y la anfitriona descansa en la seguridad de que ha sido debidamente atendido.

CAPITULO V *Sopas*

Sopas

CALDO BASICO
(7½ – 8 tazas)

A—1 libra de carne de masa de res
  1 libra de hueso blanco
  2 litros (8 tazas) de agua

B—1 cucharada de sal
  1 cebolla, cortada en cuatro
  1 pimiento verde, sin semilla, cortado en cuatro
  2 ajíes dulces, sin semilla, cortados en dos
  6 hojas de culantro
  3 ramitas de culantrillo
  1 mazorca de maíz tierno (**opcional**), cortada en pedazos
  2 granos de ajo, machacados

1—Limpie, lave y corte la carne en pedazos pequeños.

2—Limpie y lave el hueso blanco.

3—En una olla, que tenga tapa, combine los pedazos de carne y el hueso blanco con el agua. Déjelos reposar por *1 hora*.

4—Pasado este tiempo, póngalo a cocer *destapado*, a *fuego alto*, hasta que hierva. Tan pronto hierva, agregue el resto de los ingredientes y siga cociendo *destapado* y a *fuego alto* hasta que hierva de nuevo. Tan pronto hierva, *tape* la olla, ponga el *fuego bajo* y déjelo cocer por *1½ hora*.

5—Transcurrido este tiempo, cuele el caldo y úselo como base en la preparación de distintas sopas.

PURE BASICO

1—Haga la receta de caldo básico que aparece al principio del capítulo, pero **incluya** al comenzar a cocerla, *2 libras* de la hortaliza, previamente mondada, con la cual vaya a preparar el puré. Ejemplo: papas, calabaza, yautía, etc.

2—Cuando el caldo esté listo y colado, maje bien la hortaliza y agréguela de nuevo a través de un colador. Sazone y sírvalo **caliente,** con pedacitos de pan francés tostados, fritos en aceite.

SOPA A LA CREMA
Receta Basica

2 tazas de hortaliza hervida y majada a través de un colador
7 tazas de leche
½ taza de harina de trigo
¼ cucharadita de polvo de pimienta
2 cucharaditas de sal

1—Monde y cueza la hortaliza en agua sin sal. Sáquela, escúrrala y pásela a través de un colador. Mida 2 tazas.

2—Caliente la leche, añada la harina de trigo, la hortaliza majada y colada, el polvo de pimienta y la sal.

3—Cuézalo a *fuego moderado* hasta que espese un poco. Muévalo **contínuamente.**

4—Cuélelo y sírvalo en seguida.

SOPA DE CASABE

A—7½ tazas de caldo básico (vea página 41)

B—¼ libra de casabe | 1 cucharadita de sal

1—Haga la receta de caldo básico que aparece en la página 41.

2—Combine el caldo colado con el casabe, cortado en pequeños pedacitos.

3—Agréguele la sal y póngalo a cocer a *fuego alto* hasta que hierva. Tan pronto hierva, ponga el *fuego bajo, tape* la olla y deje cocer durante *20 minutos.*

4—Sírvalo caliente.

SOPA DE PLATANOS FRITOS

7½ tazas de caldo básico	¾ taza de queso parmesano
2 plátanos verdes	rallado

1—Haga la receta de caldo básico que aparece en la página 41.

2—Aparte, monde y corte en tajadas, como para tostones, los dos plátanos verdes.

3—Remójelos en agua con sal durante *15 minutos.*

4—Escurra bien las tajadas de plátano y fríalos en abundante manteca ó aceite vegetal alrededor *15 minutos* cuando la grasa esté *caliente* (Termómetro de freír — 350°F.).

5—Saque los plátanos, muélalos en el mortero y agréguelos al caldo.

6—Déjelo cocer a *fuego moderado* por *10 minutos.* Agregue el queso, mezcle y sirva **caliente.**

AJO POLLO

A—7½ tazas de caldo básico

B—8 guineos gigantes verdes	2 cucharadas de sal
1 litro (4 tazas) de agua	
C—8 huevos	1½ cucharadita de sal

1—Haga la receta de caldo básico y use, preferiblemente, 1 libra de presas de pollo y ¼ libra de hueso de jamón, en vez de la carne de res o de cerdo y el hueso blanco. Después de colado el caldo, agregue de nuevo las presas de pollo.

2—Aparte, monde los guineos gigantes verdes y pártalos en dos. Remójelos en 1 litro (4 tazas) de agua con 2 cucharadas de sal durante *15 minutos.*

3—Sáquelos, escúrralos y póngalos a freír en abundante manteca o aceite vegetal *caliente* (Termómetro de freír — 350°F.) durante *10 minutos.*

4—Sáquelos, muélalos en el mortero y forme bolitas con lo molido. Agréguelas al caldo junto con 1½ cucharadita de sal y caliéntelo hasta que hierva. **Rápidamente** añada los huevos al caldo, **evitando romper las yemas** al sacarlos del cascarón. Déjelos hervir por *3 minutos* y sirva caliente.

SOPA DE POLLO CON ARROZ

(6 raciones)

A—¼ taza de arroz | 1 taza de agua

B—2 litros (8 tazas) de agua
   4 cucharaditas de sal
   2 cucharaditas de jugo de limón, fresco
   2 cebollas medianas, mondadas y partidas en dos

C—2½ libras de presas de pollo ó 1 pollo entero, limpio, de 2½ libras
   1¼ libra de papas ó yautías ⎫
   1¼ libra de calabaza   ⎬ mondadas y muy bien picaditas
                                 ⎭

1—Remoje el arroz en el agua incluída en A.

2—Mientras tanto, en una olla grande (8 cuartillos), ponga a hervir el agua, junto con el resto de los ingredientes incluídos en B.

3—Añada el pollo lavado y el resto de los ingredientes incluídos en C. Al hervir de nuevo, *tape bien* la olla, reduzca el *fuego* a *moderado* y hierva por *45 minutos*. Maje la calabaza.

4—Escurra bien el arroz, agréguelo y mezcle con la sopa. *Tape bien* de nuevo y hierva por *20 minutos*. (Si desea, saque el pollo, desmenúcelo y añada a la sopa.)

SOPA DE POLLO CON VEGETALES

(6 a 8 raciones)

2 libras de presas de pollo	¼ libra de habichuelas tiernas
½ libra de papas	¼ libra de zanahorias
1 libra de yautía blanca	2 litros (8 tazas) de agua
1 libra de yautía amarilla	3½ cucharaditas de sal
1 libra de calabaza	

1—Lave el pollo y escúrralo.

2—Monde y corte en pedacitos la yautía blanca, la yautía amarilla, la calabaza y las papas. Lávelas.

3—Raspe las zanahorias y córtelas en rueditas.

4—Quite la fibra lateral a las habichuelas tiernas, córteles los dos extremos y píquelas en pedazos.

5—En una olla grande (8 cuartillos), ponga a hervir el agua y la sal. Tan pronto hierva, añada el pollo y demás ingredientes.

6—Póngala a *fuego moderado*, tápela y hierva **lentamente** por *1 hora*.

SOPA DE POLLO CON FIDEOS

(6 a 8 raciones)

A—8 tazas de agua | 3½ cucharaditas de sal

B—1 pollo entero limpio de 2 libras ó 2 libras de presas de pollo

C—1½ libra de papas, mondadas
2 cebollas, mondadas
1 pimiento verde, sin semillas
2 ajíes dulces, sin semillas
3 granos medianos de ajo, machacados
3 hojas de culantro

D—2 onzas de fideos bien finos

1—Lave y escurra el pollo. Limpie de membranas y cartílagos el hígado, el corazón y la molleja del pollo. Lávelos.

2—En una olla grande (8 cuartillos), ponga a hervir el agua y la sal. Tan pronto hierva, añada el pollo y los menudillos.

3—Agregue los ingredientes incluídos en C, previamente lavados y picados.

4—Al volver a hervir, póngalo a *fuego moderado, tápelo* y hierva por *45 minutos*.

5—Cuele la sopa y agregue al caldo colado las presas de pollo, los menudillos y los pedazos de papa.

6—A través del colador en que coló la sopa, maje lo que reste en el colador y agréguelo al caldo. Póngalo a hervir.

7—Parta los fideos en pequeños pedazos y agréguelos.

8—*Tape* de nuevo la olla y déjela cocer a *fuego moderado* alrededor de *15 minutos* más.

SOPA DE CEBOLLAS

(6 raciones)

1½ tazas de cebollas, bien picaditas
3 onzas (6 cucharadas) de mantequilla
2 latas de *Consommé*
½ taza de agua
¼ taza de queso parmesano rallado

1—Amortigüe las cebollas a *fuego bajo* en la mantequilla alrededor de *10 minutos.*

2—Combine las dos latas de *Consommé* con la ½ taza de agua y agréguela las cebollas amortiguadas.

3—Añádale el ¼ taza de queso parmesano rallado.

4—Déjelo dar un hervor.

Nota: Este plato puede complementarlo así:

1—Después de lista la sopa, colóquela en molde de cristal para hornear.

2—Saque 6 huevos crudos del cascarón y añádalos a la sopa, evitando romper las yemas.

3—Añádale ½ taza de queso parmesano rallado.

4—Métalo al horno a una temperatura *moderada* de 350°F. en lo que cuajan los huevos a gusto.

5—Tueste ruedas pan de agua (francés) y sirva la sopa sobre éste.

SOPA DE MAIZ A LA CREMA

(6 raciones)

1 onza (2 cucharadas) de mantequilla
2 cucharadas de harina de trigo
1½ cucharadita de sal
⅛ cucharadita de polvo de pimienta
1 litro de leche
1 cebolla pequeña
1 lata de 1 libra de maíz a la crema
1 cucharadita de azúcar (*opcional*)

1—Derrita a *fuego bajo* la mantequilla. Agregue la harina, la sal, y el polvo de pimienta. Mezcle por breves segundos.

2—Agregue poco a poco la leche y mueva *constantemente* y a *fuego moderado* hasta que hierva y espese algo.

3—Monde, lave y pique muy finamente la cebolla. Agréguela.

4—Añada el azúcar y el contenido de la lata de maíz a la crema.

5—Mezcle todo bien. Déjela cocer *destapada* y a *fuego bajo*, moviéndola sólo ocasionalmente, durante *15 minutos*.

6—Sírvala caliente.

SANCOCHO

(8 raciones)

A—1 libra de carne de masa de res } pesadas sin grasa ni
   ½ libra de carne y hueso de cerdo }   pellejo

B—3 litros de agua   1 cucharada de sal

C—1 cebolla   1 ají dulce, sin semillas
   2 tomates   3 hojas de culantro
   1 pimiento verde, fresco,   2 mazorcas de maíz tierno
      sin semillas

D—½ libra de yautía blanca   ½ libra de batatas
   ½ libra de yautía amarilla   1 plátano verde
   ½ libra de calabaza   1 plátano maduro
   ½ libra de papas   (amarillo)
   ½ libra de ñame

E—1 cucharada de sal | ½ taza de salsa de tomate

F—4 granos de ajo

1—Corte en pedazos y lave las carnes. Lave el hueso.

2—En una olla grande (12 cuartillos) ponga hervir el agua y sal incluídas en *B*.

3—Corte en pedazos los ingredientes incluídos en *C*, lávelos y agréguelos a la olla, junto con los pedazos de carne y el hueso.

4—Cueza *destapado* y a *fuego alto* hasta hervir. Ponga el *fuego moderado, tape* y hierva por *1 hora*.

5—Monde, parta en pedacitos y lave las viandas incluídas en *D*. (El plátano verde se lava en agua con sal.) Escúrra las viandas y agréguelas al caldo.

6—Agregue los ingredientes incluídos en *E*. Mezcle bien y cueza a *fuego alto* hasta hervir. *Tape* y hierva a *fuego moderado* por *45 minutos*.

7—Hierva *destapado* alrededor de *10 minutos*. Saque los pedazos de plátano verde y májelos junto con los 4 granos de ajo. Forme pequeñas bolas y agréguelos de nuevo a la sopa.

RANCHO

(12 raciones)

A—½ libra de garbanzos, remojados de un día para otro, en 5 litros (20 tazas) de agua y 1 cucharada de sal

B—1 libra de carne de masa de res, pesada limpia de pellejos
  1 chorizo, partido en dos
  2 cucharadas de sal
  1 tomate
  1 cebolla, mondada
  1 pimiento verde, sin semillas ⎫ cortados en pedazos
  1 ají dulce, sin semillas   ⎬
  3 hojas de culantro   ⎭

C—½ libra de habichuelas blancas, verdes, escogidas
  1 libra de repollo, cortado en cuatro

D—1 libra de calabaza
  1 libra de papas ó yautías
  ½ libra de nabos, apio
  ó ñame
} mondados, lavados y cortados en pedazos

E—½ taza de salsa de tomate
  2 cucharaditas de sal
  1 cucharada de vinagre

F—2 onzas de fideos bien finos, cortados en pedacitos

1—Escurra los garbanzos y colóquelos en una olla bien grande (12 cuartillos). Agregue 5 litros de agua, y póngalos a hervir, *tapados*, a *fuego alto* por *1 hora.*

2—Lave la carne, córtela en pedazos de 1 pulgada y añádala a la olla, junto con el resto de los ingredientes incluídos en *B*. *Tape* la olla y cueza a *fuego moderado* por *1 hora.*

3—Lave y escurra las habichuelas. Agréguelas a la olla, junto con el repollo. *Tape* y cueza a *fuego moderado* por *1 hora.*

4—Añada los ingredientes incluídos en *D* y *E*. *Tape* y cueza a *fuego moderado* por *30 minutos.*

5—Agregue y mezcle los fideos. *Tape* y cueza a *fuego moderado* por *15 minutos.*

CALDO GALLEGO

(8 raciones)

A—½ libra de habichuelas blancas, secas (remojadas durante la noche)

B—2 litros (8 tazas) de agua
  2 onzas de tocino, sin el cuero
  2 libras de jamón de cocinar, sin grasa, en pedazos de ½ pulgada
  1 hueso pequeño de jamón de cocinar
  3 chorizos
  ½ taza de cebolla, picadita

C—1 cucharada de sal
  ¼ cucharadita de polvo de pimienta
  1 libra de papas, mondadas y cortadas en ruedas de ¼ pulgada

1½ libra de col, cortada en pedazos de 1 pulgada

1 paquete de 10 onzas de *"Collard Greens"* ó *"Turnip Greens"*, congelados; ó ½ libra de *berzas* ó *grelos* frescos, limpios, lavados y picados

1—Escurra las habichuelas, páselas por agua fresca y escúrralas enseguida. Colóquelas en una olla grande (12 cuartillos).

2—Añada los ingredientes incluídos en B y póngalos a *fuego alto* hasta que hierva a borbotones. Reduzca el fuego a *bajo, tape* y hierva *lentamente* por 2 horas.

3—Añada los ingredientes incluídos en C y ponga el *fuego alto* hasta hervir. Reduzca el fuego a *bajo* y cueza, *parcialmente tapado,* por ½ hora.

4—Descarte el hueso de jamón y el pedazo de tocino. Saque los chorizos, córtelos en ruedas de ½ pulgada y viértalos de nuevo en la olla.

5—Hierva a *fuego bajo, sin tapar,* por ½ hora.

SOPON DE GARBANZOS CON PATAS DE CERDO

(12 raciones)

A—1 libra de garbanzos, secos
2½ litros (10 tazas) de agua
2 cucharadas de sal

B—3 libras de patas de cerdo (sosas ó saladas)

C—4½ litros (18 tazas) de agua

D—2¼ libras de calabaza, mondada y cortada en pedazos
2 chorizos, partidos en ruedas
1 onza de tocino
2 onzas de jamón de cocinar
1 pimiento verde, sin semillas
3 ajíes dulces, sin semillas   } molido ó picado
1 cebolla, mondada
2 granos de ajo
4 hojas de culantro
4 ramitas de culantrillo

E—2 libras de papas, mondadas y cortadas en pedazos
2½ libras de col, cortada en cuatro pedazos
1 tomate, cortado en dos pedazos
½ taza de salsa de tomate
2 cucharadas de sal (Si las patas son **saladas,** posiblemente
no requerirán sal. Sazone a gusto.)

1—La **noche anterior,** escoja los garbanzos y remójelos en el
agua y sal incluídas en A. Si las patas de cerdo son **saladas,**
remójelas también en otro recipiente en agua que las cubra.

2—Al **día siguiente,** escurra las patas de cerdo y lávelas en distintas aguas, **tres o cuatro veces.** Cúbralas con agua, deles
un hervor y escúrralas bien. Inspecciónelas para remover los
huesos pequeños sueltos. (Si las patas de cerdo son **sosas,** no
tiene que remojarlas ni darles el hervor, pero sí debe lavarlas
muy bien, tres o cuatro veces.)

3—En una olla grande (12 cuartillos), ponga a hervir a *fuego alto*
los 4½ litros de agua. Tan pronto hierva, agregue las patas
de cerdo escurridas y al volver a hervir, *tápelas.* Reduzca el
fuego a *moderado* y hierva por *1½ hora. Destape* y quite la
grasa de la superficie.

4—Escurra los garbanzos, páselos por agua fresca, escurra de
nuevo y agréguelos a la olla, junto con los ingredientes incluídos en D. Cueza a *fuego alto* hasta hervir. Reduzca el
fuego a *moderado, tape* y hierva por *1½ hora.*

5—Maje la calabaza. Añada los ingredientes incluídos en E.
Cueza a *fuego alto* hasta hervir. Reduzca el fuego a *moderado,
tape* y hierva por *1 hora.*

6—*Destape* y continúe cociendo a *fuego moderado* por *1 hora*
ó lo necesario hasta que el sopón espese a gusto. Al servir,
descarte cualquier huesito suelto.

COURT BOUILLON AU POISSON

(Sopón de Pescado)
(6 raciones)

A—1 pescado de 5 libras, de carne blanca, escamado y limpio

B—1 grano de ajo
   2 cucharaditas de orégano seco
   2 cucharaditas de sal

2½ cucharaditas de
   aceite de oliva
1 cucharadita de vinagre

C—7 tazas de agua
   2 cucharadas de sal
   6 granos de ajo

1 hoja de laurel
12 granos de pimienta

D—¼ libra de mantequilla
   1 libra de cebollas, mondadas y cortadas en cuatro pedazos
   2 ramitas de perejil fresco ó 1 cucharadita de perejil deshi-
   dratado
   2 cucharadas de aceite de oliva
   1 cucharada de vinagre
   ½ taza de vino Jerez seco
   1 lata (1 libra 12 onzas) de tomates al natural, *incluyendo su
   líquido*

1—Lave el pescado. Córtele la cabeza y resérvela. Divida el
resto del pescado en ruedas, péselas y **anote su peso.**

2—Muela y mezcle en el mortero los ingredientes incluídos en *B*.
Adobe las ruedas de pescado.

3—En una olla grande (12 cuartillos), coloque los ingredientes
incluídos en *C*. Añada la cabeza de pescado, *tape* y cueza a
fuego bajo por *1 hora.*

4—Cuele la sopa, descarte la cabeza y añádale al caldo los ingredientes incluídos en *D*. *Tape* y cueza a *fuego bajo* por *45
minutos.*

5—Agregue las ruedas de pescado, *tape* y cueza a *fuego bajo*
durante *12 minutos por cada libra* que le hayan pesado las
ruedas de pescado.

CAPITULO VI *Carnes*

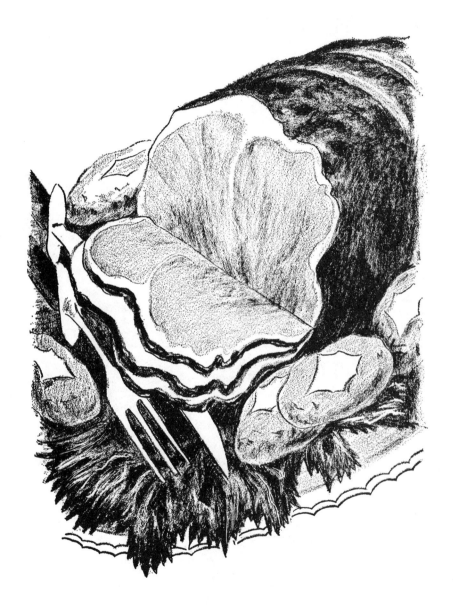

Carnes

La carne es uno de los alimentos más ricos en proteína, por lo cual debemos incluírla en la dieta diaria.

Las carnes que más comúnmente se comen son:

Carne de res (buey y vaca)	Carne de cabro
Carne de ternera	Carne de oveja
Carne de cerdo	Carne de conejo

Los dos cortes de carne de tejido más blando son el filete y el lomillo. Estos generalmente se cuecen asados o fritos.

Otros cortes, como los de masa, en general se cuecen comúnmente en sopas, y también guisados. Estos cortes de carne pueden molerse y resultan muy apetitosos en distintas recetas.

La carne debe lavarse preferiblemente, pasándole un paño húmedo por encima. Como excepción tenemos las chuletas y los perniles, los cuales pueden lavarse directamente bajo el agua y escurrirse inmediatamente, secándolos bien con un pañito.

Si la carne no fuere a usarse en seguida, debe envolverla en papel parafinado y meterse a la nevera, en uno de los compartimientos de congelar el hielo. Si posee una congeladora (Freezer) resulta muy conveniente. Debe recordar que una vez deshelada la carne debe usarla sin tratar de volverla a congelar para guardarla.

Las carnes que se cuecen al horno se cuecen bajo la acción del aire caliente (Roast), o directamente bajo el fuego (Broil).

INTERPRETACIONES DE LAS TEMPERATURAS DEL HORNO

Horno bajo o lento (Slow Oven) - - - - - - - -	250°F.–325°F.
Horno moderado (Moderate Oven) - - - - - -	325°F.–400°F.
Horno caliente o rápido (Hot or Quick Oven)	400°F.–450°F.
Horno bien caliente (Very Hot Oven) - - - - -	450°F.–550°F.

Si su cocina no tiene termómetro que indique las temperaturas del horno, puede usted determinar el grado de calor de éste del modo siguiente:

Espolvoree un poco de harina en un molde y métalo al horno.

En 5 minutos ésta se pondrá:

Castaña clara si la temperatura es de - - - - - - -   250°F.–325°F.
Castaña mediana si la temperatura es de - - - -   325°F.–400°F.
Castaña obscura si la temperatura es de   - - - -   400°F.–450°F.
Castaña muy obscura si la temperatura es de - -   450°F.–550°F.

RENDIMIENTO DE LA CARNE

1 libra de carne rinde las siguientes *raciones:*

Sin hueso - - - - - - - - - - - -   De 3 a 4 raciones
Con hueso pequeño - - - - - - -   3 raciones
Con hueso grande - - - - - - - -   2 raciones
Con hueso bien grande - - - - -   1½ ración

REGLA GENERAL PARA SAZONAR CARNE

Si la carne se cuece horneada o frita, use:

1 cucharadita de sal para *1 libra de carne*

Si la carne se cuece guisada, use:

De 1¼ a 1½ cucharadita de sal para *1 libra de carne*

Nota: Se recomienda, sin embargo, al cocer carne guisada, medir la cantidad de sal indicada en esta proporción, pero no debe añadirla toda desde el principio. Debe irse agregando poco a poco y disminuírse o aumentarse si lo creyere conveniente hasta obtener la sazón adecuada.

Nota Sumamente Importante:

Nunca pinche la carne para introducirle la sal o el adobo. Esto hará que la carne se reseque y se encoja su tamaño indebidamente.

Al adobar el pernil que va a hornear, debe, en lugar de pincharlo, darle unos cortes sumamente superficiales y en forma de cuadros, en la parte del pernil que queda hacia arriba.

Después pásele cuidadosamente el adobo alrededor de todo el pernil. Los pequeñísimos canales formados con estos imperceptibles cortes harán que el pernil conserve el adobo y su gusto, sin permitir que la carne se reseque, produciendo un horneado tierno y sabroso.

REGLAS GENERALES PARA CARNES HORNEADAS

Algunas carnes horneadas, tales como los perniles, resultan más sabrosas si se adoban desde el día anterior.

1—Quite el cuero y exceso de grasa a la carne.

2—Pese la carne para determinar qué adobo debe usar y cuánto tardará en hornearse.

3—Pásele paño húmedo a la carne para lavarla, exceptuando las chuletas y los perniles, los cuales puede lavar rápidamente bajo el agua, escurrirlos y secarlos en seguida con un pañito.

4—Coloque la carne con la parte de grasa hacia arriba, en el molde donde vaya a hornearla.

5—Si la carne que va a hornear es un pernil, déle unos cortes sumamente superficiales a lo largo y a lo ancho formando cuadros en la parte del pernil que queda hacia arriba.

6—Prepare el adobo y páselo bien sobre toda la superficie de la carne.

7—No le añada líquido, a menos que la receta a hacerse así se lo indique.

8—Meta el molde a la nevera hasta media hora antes de hornear la carne.

9—Escurra bien el molde por si la carne hubiere rendido líquido, recójalo y vuelva a regarlo por encima de la carne antes de hornearla.

10—Caliente el horno 10 minutos antes de usarlo, a la temperatura requerida según la receta.

11—Si usa termómetro de carne, introdúzcalo en el centro de la misma, teniendo cuidado de que no descanse sobre grasa o sobre un hueso.

12—No cubra la carne a menos que la receta así lo indique.

13—Después de estar lista la carne, retírela del horno, remuévala del molde y use el molde para preparar en él la salsa (*Gravy*).

TABLA DE HORNEAR
(*Roast*)

Carne	Temperatura del horno	Minutos aproximados por cada libra	Temperatura del termómetro de carne
Res (Beef)	325°F.		
Casi Cruda		18–20 Min.	140°F.
Medio Cocida		22–25 Min.	160°F.
Bien Cocida		25–30 Min.	170°F.
Cerdo (Pork) (Siempre debe estar bien cocida)	350°F.	35 Min.	185°F.
Ternera (Veal)	325°F.	30 Min.	170°F.
Cabro u Oveja (Lamb)	325°F.	35 Min.	180°F.

Esta Tabla de Hornear indica el tiempo promedio que tarda la carne en hornearse de acuerdo con su peso. Sin embargo, **no debe considerarse infalible** debido a que distintos factores pueden afectar el horneo de la carne, como es la diferencia en tejido, espesor, etc. de distintos cortes.

Se recomienda, por lo tanto, el uso del termómetro de carne con el cual puede tener la certeza absoluta de cuando estará lista la carne. (Véase el capítulo sobre termómetros para cocinar.) La carne debe sacarse de la nevera por lo menos con media hora de anticipación al horneo.

EL ASADOR
(*Broiler*)

1—Se recomienda el uso de asador (*Broiler*) muy especialmente para asar langostas, aves pequeñas y carnes tiernas con adecuada cantidad de grasa, tales como filetes y chuletas.

2—La carne que se cueza en el asador debe tener por lo menos de 1 a 2 pulgadas de espesor.

3—Hay distintos modelos de estufas. Algunas tienen el asador (*Broiler*) separado del horno. Dentro del asador hay un recipiente con parrilla (*Grill*) adentro. Sobre esta parrilla se coloca lo que se va a asar. En otros modelos, el asador forma parte del horno, pero siempre trae un recipiente similar. Para asar carnes de alrededor de *1 pulgada* de espesor, se recomienda colocar el recipiente de manera que la parte superior de la carne quede a *3 pulgadas* de distancia del fuego. Cortes de carne de *1 a 2 pulgadas* de espesor, deben quedar de *3 a 5 pulgadas* del fuego.

INSTRUCCIONES GENERALES PARA ASAR FILETES Y CHULETAS

1—Antes de asar filetes y chuletas, páseles paño húmedo por encima para lavarlos.

2—Déle algunos cortes en la parte de grasa, para impedir que al asarse la carne se enrosque. (A las chuletas, quítele el exceso de grasa.)

3—*No pinche* la carne en ningún momento y *no la adobe* a menos que la receta así se lo indique.

4—*Diez minutos* antes de usarlo, encienda el regulador de temperatura que indique ASAR (*Broil*).

5—En el momento en que vaya a colocar la carne para ser asada sobre la *parrilla* caliente, engrase rápidamente la *parilla* usando una brochita para hacerlo. La *parrilla* engrasada evitará que se pegue la carne.

6—Transcurrido la mitad del tiempo requerido para asarse la carne, vírela y espolvoréela con un poco de sal y pimienta.

7—Continúe asando la carne por el resto del tiempo requerido. Tan pronto esté lista, vírela sobre un platón caliente, sazónela por el lado que faltaba y colóquele pequeños trocitos de mantequilla encima.

8—Sírvala *inmediatamente*. Resulta muy sabrosa acompañada por salsa de cebollas y setas. (Véase página 61.)

Nota: Para determinar el tiempo aproximado requerido para un asado, consulte la TABLA DEL ASADOR (BROILER) que se da a continuación. (Para probar si está cocido a su gusto, dele un corte en el centro de la carne ó chuleta.)

TABLA DEL ASADOR
(*Broiler*)

Carne	Espesor de la carne Pulgadas	Minutos aproximados, en total, que tardará la carne en asarse	
		CASI CRUDA (*Rare*)	MEDIO COCIDA (*Medium Done*)
Filete de Res			
Club	1	12	16
	1½	18	25
	2	25	30
Mignon	1	10	15
	1½	15	20
Porterhouse	1	18	25
	1½	30	35
	2	35	40
Sirloin	1	18	25
	1½	30	35
	2	35	40
Chuleta de Oveja			
(Lamb Chop)	1	12	16
	1½	18	25
	2	25	30

CARNES Y CHULETAS A LA PARRILLA
(*Broiled*)

Véase instrucciones para EL ASADOR en las páginas 58, 59 y 60.

FILETE ASADO A LA CRIOLLA

A—1 filete (*Tenderloin*) entero y limpio de pellejos

B—**ADOBO:** Muela y mezcle en el mortero
2 granos grandes de ajo, mondados
4 granos de pimienta
1 cucharadita de orégano seco
1 cucharada de aceite de oliva
1 cucharada de jugo de limón fresco o de vinagre
1 cucharadita de sal *por cada libra* de filete limpio

C–Sᴀʟsᴀ:

1 libra de cebollas, mondadas y cortadas en ruedas
1 lata (6 onzas) de setas (*Mushroom Crowns*)
¼ libra de mantequilla u oleomargarina
½ cucharadita de sal

1–Si posible, adobe el filete con anticipación. Ponga a hacer la siguiente salsa con tiempo razonable para servirla con el filete: Coloque las ruedas de cebolla en una sartén, *tápela bien* y cueza a *fuego bajo,* moviendo *ocasionalmente,* por *20 minutos.* Agregue el resto de los ingredientes incluídos en *C, tape bien* y cueza por *20 minutos* más, moviendo *ocasionalmente.* (Al servirla, puede mezclarla con el líquido que haya rendido la carne al asarse.)

2–Encienda el asador (*Broiler*) con *10 minutos* de anticipación. Engrase la parrilla (*Grill*) del recipiente con una brochita.

3–Coloque el filete sobre la parrilla de manera que la parte superior de la carne quede alrededor de *4 pulgadas* del fuego. Asela hasta dorar, vírela y ásela hasta que se cueza a su gusto. Para probar, déle un corte en el centro.

4–Sírvala *inmediatamente,* acompañada por la salsa, caliente.

PERNIL AL HORNO

SIEMPRE QUE LE SEA POSIBLE DEBE ADOBAR EL
PERNIL EL DIA ANTERIOR AL HORNEO

PROCEDIMIENTO DEL DIA ANTERIOR AL HORNEO DEL PERNIL

1–Quítele el cuero y exceso de grasa al pernil.

2–Pese el pernil y anote su peso, pues la cantidad de adobo que necesite y el tiempo que tarde en hornearse, dependerá de lo que pese.

3–Lave el pernil *rápidamente* bajo el agua. *Inmediatamente* escúrralo y séquelo bien con un paño.

4—En el molde en que se horneará, coloque el pernil con la parte de grasa **hacia arriba.**

5—**Cuidadosamente,** en esta parte de arriba del pernil. déle unos cortes superficiales de alrededor de ⅛ pulgada de profundidad y en forma de cuadros como de 1½ pulgadas.

6—Prepare el adobo correspondiente, según el peso del pernil, de acuerdo con las recetas de adobo que aparecen a continuación.

7—Distribuya este adobo alrededor del pernil. **No pinche el pernil en ningún momento.**

8—Meta el molde con el pernil en la nevera hasta el día siguiente.

ADOBOS PARA PERNILES

A continuación los adobos para perniles limpios:

(PERNILES de 4–5 libras)

Muela en el mortero:

> 6 granos medianos de ajo
> 6 granos de pimienta ó ¼ cucharadita de polvo de pimienta
> 1 cucharadita de orégano seco

Agréguele:

> 1½ cucharada de aceite de oliva
> 1½ cucharada de vinagre

Agréguele:

> 1 cucharadita de sal por **cada** libra que haya pesado el pernil.

(PERNILES de 6–7 libras)

Muela en el mortero:

> 8 granos grandes de ajo
> 8 granos de pimienta ó ⅓ cucharadita de polvo de pimienta
> 2 cucharaditas de orégano seco

Agréguele:

> 2 cucharadas de aceite de oliva
> 2 cucharadas de vinagre

Agréguele:

> 1 cucharadita de sal por **cada** libra que haya pesado el pernil.

(PERNILES de 8–10 libras)

Muela en el mortero:

12 granos de ajo, mondados
10 granos de pimienta ó ½ cucharadita de polvo de pimienta
1 cucharada de orégano seco

Agréguele:

3 cucharadas de aceite de oliva
3 cucharadas de vinagre

Agréguele:

1 cucharadita de sal por **cada** libra que haya pesado el pernil.

Procedimiento del día en que se hornea el pernil:

1–Saque el molde de la nevera.

2–Escurra bien el molde, por si el pernil hubiere rendido líquido. Vuelva a regárselo por encima antes de hornearlo.

3–Si usa termómetro para carne, **cuidadosamente** pinche la carne y por ahí introduzca el termómetro, **teniendo cuidado de que no descanse sobre un hueso o sobre grasa.**

4–Diez minutos antes de usar el horno, caliéntelo a la siguiente temperatura: –

Pernil de cerdo . . . . Horno – 350°F.
Pernil de ternera . . . . Horno – 325°F.
Pernil de cordero . . . . Horno – 325°F.

5–El tiempo requerido para hornearse también varía con la clase de pernil que esté cociendo. El pernil de cerdo debe quedar siempre **bien cocido.** En la siguiente página se ofrecen instrucciones para hornear perniles. Sinembargo, el tiempo indicado puede variar **grandemente,** de acuerdo con la estructura del pernil, diferencia en tejidos y otros factores. Por lo tanto, se recomienda **enfaticamente** el uso del termómetro para carne, si se desea obtener mayor éxito en el horneado.

Pernil de Cerdo:

Tardará alrededor de *35 minutos* por *cada libra* que le hubiere pesado el pernil.

Si usa termómetro de carne, estará listo exactamente cuando éste marque *185°F.*

Pernil de Ternera:

Tardará alrededor de *30 minutos* por *cada libra* que le hubiere pesado el pernil.

Si usa termómetro de carne, estará listo exactamente cuando éste marque *170°F.*

Pernil de Cordero:

Tardará alrededor de *35 minutos* por *cada libra* que le hubiere pesado el pernil.

Si usa termómetro de carne, estará listo exactamente cuando éste marque *180°F.*

6—Después de horneado el pernil, proceda a preparar la salsa (*Gravy*) para acompañarlo, según receta de salsa (*Gravy*) para carnes horneadas que aparece al final del capítulo.

PERNIL AL CALDERO

A—4 libras de pernil

ADOBO:

4 granos de pimienta
1 cucharadita de orégano seco
½ cucharadita de aceite
  de oliva

4 granos de ajo, mondados
4 cucharaditas de sal
1 cucharada de
  vinagre

B—6 tazas de agua
2 cebollas
2 hojas de laurel

C—1 libra de papas, mondadas y picaditas
1 libra de zanahorias, raspadas y picaditas
½ cucharadita de sal

1—Quítele el cuero y exceso de grasa al pernil. Lávelo, séquelo y colóquelo en un caldero. Muela en el mortero los ingredientes que componen el adobo. Adobe el pernil. Dórelo un poco a *fuego alto.*

2—Añádale los ingredientes incluídos en *B* y déjelo cocer a *fuego alto* hasta que hierva. Cuando hierva, *tápelo* y déjelo hervir a *fuego moderado* durante *2 horas.*

3—Vire el pernil del otro lado. Agréguele los ingredientes incluídos en *C* y al hervir, *tape* el caldero y hierva alrededor de *1 hora,* ó hasta quedar bien cocido. *Destape,* para espesar la salsa. Aparte, vierta la salsa en un recipiente, quítele la grasa y sirva sobre la carne.

PERNIL CON VINO AL CALDERO

A—4 libras de pernil

ADOBO:

4 granos de ajo, mondados	4 cucharaditas de sal
4 granos de pimienta	1 cucharada de aceite de
1 cucharadita de orégano	oliva
seco	1 cucharada de vinagre

B—3 tazas de agua   2 hojas de laurel
½ libra de cebollas, cortadas en ruedas

C—1½ tazas de vino dulce ó seco | ½ cucharadita de sal
2 libras de papas, mondadas y partidas en dos
¼ taza de azúcar
1 cucharada de pasas   } *opcional*
6 ciruelas, sin semillas

1—Quítele el cuero y exceso de grasa al pernil. Lavelo, séquelo y colóquelo en un caldero. Muela en el mortero los ingredientes que componen el adobo. Adobe el pernil. Dórelo un poco a *fuego alto.*

2—Añádale los ingredientes incluídos en *B* y déjelo cocer a *fuego alto* hasta que hierva. Cuando hierva, *tápelo* y déjelo hervir a *fuego moderado* durante *2 horas.* (A la mitad del tiempo, vírelo del otro lado.)

3—Agréguele los ingredientes incluídos en *C* y cuando empiece a hervir *tape* el caldero y deje hervir alrededor de *1 hora,* ó hasta quedar bien cocido. *Destape,* para espesar la salsa.

4—Coloque la carne y las papas en una fuente. Vierta la salsa en un recipiente de cristal y quítele la grasa que suba a la superficie. Sirva la salsa caliente sobre la carne.

CARNE AL HORNO
(*Roast Beef*)

1—Saque la carne de la nevera por lo menos con *media hora* de anticipación al horneo. Pásele un paño húmedo por encima para lavarla. En la parte que queda hacia arriba de la carne, dele unos cortes como de ⅛ *pulgada* de profundidad y en forma de cuadros. *En ningún momento pinche la carne.*

2—Adobo:

Use — *1 cucharadita de sal* por *cada libra* que pese la carne. ¼ *cucharadita de polvo de pimienta en* **total,** si el pedazo de carne que hornea es pequeña, y ½ *cucharadita en* **total,** si el pedazo es grande.

3—*Diez minutos* antes de comenzar a hornear la carne, encienda el horno a una *temperatura baja* de 325°F.

4—En un molde de aluminio, sin engrasar, coloque la carne con la parte de grasa *hacia arriba.* Introduzca en el centro de la carne el termómetro para carne, **teniendo cuidado de que no descanse sobre grasa ó sobre un hueso.**

5—Sirva *inmediamente* que se hornée. La carne tardará en hornearse aproximadamente el siguiente tiempo:

Carne	Minutos aproximados por libra	Termómetro para carne
Casi cruda (*Rare*)	30	140°F.
Medio cocida (*Medium*)	40	160°F.
Bien cocida (*Well Done*)	50	170°F.

Nota: Acompañe la carne con la receta de salsa (*Gravy*), página 103.

FILETE MIGNON

A—1 filete

½ libra de tocineta, en lonjas

B—1 cebolla, pequeña

2 granos de ajo, mondados | 2 granos de pimienta

½ cucharadita de jugo de limón, fresco

Sal: Pese las ruedas de filete y use *1¼ cucharaditas de sal* por *cada libra de filete*

C—1 libra de cebollas

1 lata de 6 onzas de setas (*Mushroom Crowns*)

2 onzas (½ cuarta) de mantequilla

1—Limpie el filete de nervios y pellejos. Pásele por encima un paño húmedo para lavarlo. Córtelo en ruedas de *1½ pulgada* de ancho.

2—Monde la cebolla y los ajos incluídos en *B*. Píquelos bien pequeñitos y muélalos en el mortero, junto con los 2 granos de pimienta. Añada el jugo de limón y mezcle todo bien. Añada la sal requerida de acuerdo con lo que pesó el filete. Adobe con esto la carne, *evitando pincharla.*

3—Envuelva alrededor de cada rueda de filete una lonja de tocineta y pínchela con un palillo. Meta la carne a la nevera hasta el momento de asarla.

4—*Media hora* antes de comenzar a asar la carne, prepare la salsa de cebollas y setas del siguiente modo: Coloque en una sartén las cebollas previamente cortadas en ruedas y lavadas. *Tape* la sartén y colóquela a *fuego bajo* durante *20 minutos.* *Destape* la sartén, agregue la mantequilla y las setas escurridas. Déjela cocer *tapada*, moviéndola *ocasionalmente*, durante *20 minutos.* Cuando la carne esté lista, sirva la salsa sobre la carne.

5—Coloque el molde del asador (*Broiler*) para que la parte superior de la carne quede a *4 pulgadas* de distancia del fuego. Encienda el asador *10 minutos* antes de usarlo. Con una brochita, engrase la *parrilla* caliente antes de colocar la carne, para evitar que se pegue. Coloque la carne sobre la *parrilla* (véase *página 59*) y métala al asador.

6—Ase la carne alrededor de *20 minutos.* A la mitad del tiempo, saque la *parrilla* y vire la carne del otro lado. (Si la prefiere más cruda, o más cocida, puede disminuir ó aumentar el tiempo, de acuerdo a su gusto.)

7—*Tan pronto* la carne esté lista, retírela del asador, colóquele un pequeño trocito de mantequilla encima y sírvala con la salsa caliente de cebollas y setas por encima.

Nota: Si lo prefiere, puede hacer la receta con la carne *sin adobar*. En este caso lo indicado es asar la carne durante *10 minutos*, virarla y regarle sal y un poquito de polvo de pimienta por encima. Asarla por otros *10 minutos*, virarla de nuevo, regarle sal y polvo de pimienta por el lado que faltaba. Sacarla del asador y servirla con un trocito de mantequilla por encima. (Puede variar el tiempo de asarla de acuerdo a su gusto.)

FILETE A LA SARTEN

1—Saque el filete de la nevera por lo menos con *media hora* de anticipación.

2—Quítele los pellejos y nervios, pásele paño húmedo para lavarlo.

3—Divídalo en ruedas como de ½ ó ¾ pulgadas de grueso.

4—Ponga una sartén llana al *fuego alto* durante *1 minuto*.

5—Agréguele 1 ó 2 cucharadas de mantequilla, recordando que la idea es cocer el filete en el mínimo de grasa posible.

6—Debido al intenso calor de la sartén, notará que la grasa se derrite inmediatamente. Sin pérdida de tiempo, agregue las ruedas de filete y déjelas a *fuego alto* durante *1 minuto* para que selle la carne.

7—Vírelas, riégueles sal por encima y un poco de polvo de pimienta, y déjelas sellar por este otro lado durante *otro minuto* a *fuego alto*.

8—Vírelas de nuevo, espolvoréelas de sal y polvo de pimienta por el lado que faltaba. Ponga el *fuego bajo* para que cuezan *lentamente* por **ambos lados** hasta quedar cocidas a gusto.

9—Tan pronto estén listos los filetes, retírelos del fuego, póngales encima un pedacito pequeño de mantequilla y sírvalos calientes.

CARNE FRITA CON CEBOLLAS

Carne

2 libras de lomillo, pesado después de estar limpio de fibras y pellejos

Adobo

6 granos de pimienta	1 cucharada de sal
3 granos grandes de ajo	3 cucharadas de vinagre

SALSA:

    ¼ taza de manteca ó aceite vegetal

    8 cebollas, cortadas en ruedas

1—Lave la carne y córtela en tajadas como de ¼ *pulgada* de espesor. Con una maseta, déle varios golpes para ponerla más fina.

2—Muela en el mortero los ingredientes incluídos en el *Adobo* y adobe la carne con esto. Resérvela en la nevera hasta *1 hora* antes de cocerla.

3—En una sartén grande, coloque la manteca ó aceite. Agregue las cebollas y amortígüelas a *fuego bajo*. Sáquelas, escúrralas y resérvelas para agregarlas después que la carne esté frita.

4—En la misma sartén y usando la misma grasa en que amortiguó las cebollas, fría la carne a *fuego alto* ó *moderado-alto* alrededor de *3 minutos* por cada lado.

5—Agregue las cebollas amortiguadas y cuézalo por *1 minuto* más.

6—Sirva la carne con las cebollas encima.

CARNE EMPANADA

A—2 libras de carne de res, pesada limpia de pellejos

B—2 granos medianos de ajo
    4 granos de pimienta
    1 cucharadita de orégano seco
    2 cucharaditas de sal

    2 cucharaditas de aceite de oliva
    1 cucharadita de vinagre

C—4 huevos

    ½ cucharadita de sal

D—2 tazas de polvo de galleta

1—Lave la carne y córtela en tajadas como de ¼ *pulgada* de espesor. Golpée cada pedazo por ambos lados con la maseta para ponerlos más finos.

2—Muela en el mortero los ingredientes incluídos en *B* y adobe la carne, preferiblemente con horas de anticipación.

3—En un plato hondo, bata los huevos con la sal incluídos en C.

4—Cada pedazo de carne se empana en la siguiente forma: se pasa por los huevos batidos y se escurre bien. Se coloca el polvo de galleta en un papel parafinado y se cubre la carne **totalmente,** dándole vigorosas palmadas por ambos lados para que se impregne **bien.** Se repite la operación, pasándola por los huevos batidos y por el polvo de galleta, procediendo en la misma forma. Se van colocando los pedazos de carne en una fuente llana. Métalos a la nevera por *media hora,* para evitar que se separe el empanado al freir.

5—Se frien en abundante grasa hasta dorar. (Termómetro de Freir — 375°F. a 400°F.) Se sacan y se escurren sobre papel absorbente.

LOMILLO A LA PARMESANA

(6 raciones)

A—1 libra de lomillo, pesado después de estar limpio de nervios y pellejos.

B—**Adobo:**

2 granos medianos de ajo	1¼ cucharadita de sal
2 granos de pimienta	1 cucharadita de aceite de
½ cucharadita de orégano	oliva
seco	½ cucharadita de vinagre

C—3 huevos
 ½ cucharadita de sal
 ¾ taza de polvo de galleta

D—½ taza de aceite de oliva

E—½ libra de cebollas
 ½ taza de salsa de tomate
 ¼ cucharadita de sal
 1 lata de 1¾ libras de tomates al natural

F—½ taza de queso parmesano, rallado
 ¼ libra (4 onzas) de queso italiano *Mozzarella* o americano, cortado en tajadas bien finas

1—Pásele paño húmedo a la carne para lavarla. Divídala en 6 tajadas cortadas **verticalmente,** esto es, cortadas en la forma en que se corta el pan, de arriba hacia abajo. Déle unos cuantos golpes a cada tajada con una maseta para aplastarla un poco.

2—Muela en el mortero los ingredientes incluídos en *B* y adobe con esto las tajadas de carne.

3—Desbarate con un tenedor los 3 huevos, **sin formar espuma,** y agrégueles ½ cucharadita de sal. Mezcle bien.

4—Pase las tajadas de carne por los huevos y escurra. Cúbralas con polvo de galleta y apisónelas bien, dándoles vigorosas palmadas por ambos lados. Métalas a la nevera por *media hora*, para evitar que se separe el empanado al freir.

5—Aparte, en una sartén grande, ponga a calentar ½ taza de aceite de oliva. Agregue las tajadas de carne empanada que le quepan cómodamente y déjelas al *fuego alto* únicamente lo necesario para que tomen un bonito color dorado de uno y otro lado. Retírelas de la sartén y colóquelas cubriendo el fondo de un molde de cristal para hornear, de forma grande y rectangular. (Tamaño 13″ x 9″ x 2″)

6—Monde, lave y corte en ruedas finas las cebollas. Agréguelas al aceite en donde doró la carne. Ponga el *fuego bajo* y muévalas **ocasionalmente** en lo que se amortiguan, lo cual tardará alrededor de *10 minutos*.

7—Añada ½ taza de salsa de tomate y ¼ cucharadita de sal. Escurra los tomates al natural y **reserve** el líquido. Parta los tomates en pedazos y añádalos.

Nota: El líquido reservado puede usarse para diluír 2 latas de sopa de vegetales, para comenzar la comida.

8—Vierta la salsa de tomates y cebollas sobre la carne en el molde.

9—Riéguele por encima ½ taza de queso parmesano rallado y cúbrala con el queso Mozzarella ó americano, cortado en tajadas bien finas.

10—Hornée, *destapado,* en horno precalentado a *350° F.*, alrededor de *30 minutos*.

TERNERA A LA PARMESANA

(6 raciones)

Usando 1 libra de carne de ternera, prepárela siguiendo la receta para **Lomillo a la Parmesana,** que aparece en la *página 70.*

LOMILLO EMPANADO

A—1 libra de lomillo, pesado después de limpio y cortado en tajadas muy finas

B—1 grano de ajo, mondado | 1¼ cucharadita de sal
1 ramita de perejil | 1 cucharada de leche
1 cebolla grande |

C—2 huevos | D—½ taza de polvo de galleta
¼ cucharadita de sal | Manteca ó aceite vegetal
| (*para freír*)

Haga lo siguiente algunas horas antes de freír la carne:

1—Déle varios golpes a la carne con una maseta de pilón, de modo que quede lo más fina posible.

2—Muela en el mortero los ingredientes incluídos en *B.*

3—Adobe con esto la carne.

4—Bata un poco los huevos y agrégueles el ¼ cucharadita de sal.

5—Pase la carne por los huevos batidos procurando que quede envuelta *totalmente.*

6—Pásela por el polvo de galleta, apisónela con la palma de la mano y cúbrala bien. Colóquela en la nevera alrededor de ½ *hora* para que no se separe el empanado al freír.

7—Caliente la grasa y fría la carne alrededor de *3 a 5 minutos,* ó hasta dorarla.

CHULETAS DE OVEJA A LA PARRILLA
(*Lamb Chops*)

Chuletas de oveja
Sal
Pimienta

1—Véanse las instrucciones para asar filetes y chuletas que aparecen en la página 59.

2—Consulte la TABLA DEL ASADOR para determinar cuanto tardarán las chuletas en asarse. (Página 60)

Nota: Si las chuletas que ase fueren únicamente de ¾ pulgada de espesor, áselas por 12 minutos.

CHULETAS FRITAS

2 libras de chuletas, con muy poca grasa

ADOBO:
 1 grano grande de ajo, mondado
 4 granos de pimienta
 1 cucharadita de orégano seco
 1 cucharada de vinagre ó jugo de limón verde, fresco
 2 cucharaditas de sal

1—Lave, escurra y seque bien las chuletas. Muela en el mortero los ingredientes incluídos en el *Adobo* y adobe las chuletas.

2—Caliente un caldero ó sartén, **sin grasa.** Agregue las chuletas y dórelas **muy levemente.** *Tápelas.* Ponga el *fuego bajo* y cuézalas durante *20 minutos.* Vírelas y cuézalas por *20 minutos* más.

3—Deje en el caldero ó sartén **solo** las chuletas que cubran el fondo. Saque las otras. Dórelas bien a *fuego mediano-alto.* Sáquelas y póngalas sobre papel absorbente. Dore el resto de las chuletas en la misma forma.

CHULETAS EMPANADAS

A—2 libras de chuletas, con muy poca grasa

ADOBO:
 1 grano grande de ajo, mondado
 4 granos de pimienta
 1 cucharadita de orégano seco
 1 cucharada de vinagre ó jugo de limón verde, fresco
 2 cucharaditas de sal

B—2 huevos
 ¼ cucharadita de sal

C–1 taza de polvo de pan ó galleta

1–Lave, escurra y seque bien las chuletas.

2–Muela en el mortero los ingredientes incluídos en el *Adobo* y adobe las chuletas.

3–Encienda el horno a 350°F. Engrase un molde de cristal para hornear, rectangular y grande.

4–Bata los huevos con la sal. Reboce las chuletas en los huevos y cúbralas con el polvo de pan ó galleta.

5–Colóquelas en el molde y hornéelas durante *1 hora.*

CHULETAS A LA JARDINERA

A–3 libras de chuletas de cerdo, preferiblemente de ½ *pulgada* de espesor, pesadas después de quitarle la grasa que las rodea

Adobo:
    1 grano de ajo, mediano
    ½ cucharadita de orégano seco
    2 cucharaditas de sal
    1 cucharadita de aceite de oliva
    ½ cucharadita de vinagre

B–1 lata (1 libra 12 onzas) de tomates al natural
    1 taza de cebolla, finamente picada
    1 hoja de laurel
    4 granos de pimienta
    1 cucharadita de sal
    1 cucharada de azúcar (*opcional*)

C–1 lata (1 libra) de habichuelas tiernas
    1 lata (1 libra 2 onzas) de maíz en grano

1–Lave *rápidamente* las chuletas. Escúrralas y séquelas. Muela en el mortero los ingredientes incluídos en el *Adobo.* Adobe con esto las chuletas.

2—Coloque un caldero grande a *fuego alto* durante *2 o 3 minutos.* Ponga el *fuego moderado-alto* y agregue las chuletas. Déjelas dorar *levemente* por cada lado.

3—Vierta sobre las chuletas el contenido de la lata de tomates al natural, incluyendo el líquido en que éstos vienen.

4—Agregue el resto de los ingredientes incluídos en *B.*

5—*Tape* el caldero y déjelo hervir a *fuego moderado* durante *30 minutos.*

6—*Destápelo* y déjelo hervir durante *30 minutos.*

7—Agregue entonces las habichuelas tiernas bien escurridas y el contenido de la lata de maíz en granos, escurrido también.

8—Mézclelo todo y déjelo dar un hervor de *10 minutos.*

9—Sirva las chuletas con el resto de los acompañamientos y salsa por encima.

Nota: Si prefiere puede usar las habichuelas tiernas frescas, en cuyo caso necesitará 1 libra de habichuelas tiernas. Déjelas cocer tapadas en 1 litro de agua con 2 cucharaditas de sal durante 40 minutos. Al agregarlas a la mezcla, escúrralas.

CHULETAS FRITAS CON SALSA DE SETAS

2 libras de chuletas (alrededor de 6 chuletas)
ADOBO:

> 2 granos de pimienta
> 1 grano grande de ajo
> ½ cucharadita de orégano seco
> 2 cucharaditas de sal
> 1 cucharadita de aceite de oliva
> ½ cucharadita de vinagre

1 lata de 10½ onzas de *Bouillon*
1 lata de 4 onzas de setas (*Mushrooms*)
3 cucharadas de harina de trigo

1—Lave las chuletas, séquelas bien y adóbelas.

2—Ponga a calentar una sartén grande, **sin grasa.** Agregue las chuletas y a *fuego mediano-alto* dórelas ligeramente por ambos lados. Sáquelas de la sartén y escurra la grasa rendida sobre una cacerola. Reserve esta grasa para ser usada al preparar la salsa. Coloque de nuevo las chuletas en la sartén.

3—Riegue sobre las chuletas el contenido de la lata de *Bouillon*, diluído en igual cantidad de agua.

4—Escurra el líquido de la lata de setas y agréguelo. Reserve las setas para añadirlas a la salsa más tarde.

5—Ponga el *fuego moderado* y deje cocer las chuletas durante *15 minutos.* Virelas del otro lado y déjelas cocer durante *15 minutos* más ó hasta quedar bien cocidas.

6—Saque las chuletas bien escurridas y colóquelas sobre molde ó fuente honda.

7—Prepare la salsa en la siguiente forma:
Añada 3 cucharadas de harina de trigo a la grasa que reservó en la cacerola. Mézclela sobre *fuego bajo* por breves segundos. Agregue el líquido en que se cocieron las chuletas. Agregue las setas. Ponga el *fuego moderado* y mueva **contínuamente** hasta que hierva y espese un poco. Riegue la salsa sobre las chuletas y sírvalas inmediatamente.

CHULETAS DE CERDO O DE TERNERA
CON CATSUP O KETCHUP

6 chuletas de ½ pulgada de espesor. (Quítele la grasa que las rodea.)
½ taza de azúcar negra
½ taza de *Catsup* o *Ketchup*
½ taza de salsa de tomate

1—Lave, escurra, y seque bien las chuletas.

2—Adóbelas con el siguiente *adobo* que previamente habrá molido en el mortero:

1 grano grande de ajo
2 granos de pimienta

½ cucharadita de orégano seco
1½ cucharadita de sal
1 cucharadita de aceite de oliva
1 cucharadita de vinagre

3—Caliente el horno a una *temperatura moderada* de 400°F.
diez minutos antes de usarlo.

4—Ponga la sartén sin grasa a *fuego alto* a que se caliente por
2 minutos.

5—Agregue las chuletas y dórelas levemente a fuego *mediano-
alto.*

6—Retírelas del fuego y colóquelas sobre un molde de cristal
para hornear, el cual debe estar sin engrasar.

7—Por separado combine el azúcar con la salsa de tomate y el
Catsup o *Ketchup* y riéguelo sobre las chuletas.

8—Tape el molde y métalo al horno durante *45 minutos.*

Nota: Para tapar el molde puede usar una lámina de aluminio
(Aluminum Sheet) o papel de aluminio.

CHULETAS DE CERDO O DE TERNERA CON
HABICHUELAS HORNEADAS (BAKED BEANS)

6 chuletas de ½ pulgada de espesor. (Quítele la grasa que las
rodea.)
1 cucharada de azúcar negra
½ cucharadita de Salsa Inglesa
1 pimiento verde, picado
1 lata de alrededor de 8 onzas de salsa especial para espaguetis o
1 lata de sopa de tomate de 10½ onzas
1 lata de habichuelas horneadas (*Baked Beans*)

1—Lave, escurra y seque bien las chuletas.

2—Adóbelas con el siguiente *adobo* que previamente habrá
molido en el mortero:

1 grano grande de ajo
2 granos de pimienta

½ cucharadita de orégano seco
1 cucharadita de aceite de oliva
½ cucharadita de vinagre
1½ cucharadita de sal

3—Caliente el horno a una *temperatura moderada* de 400°F.

4—Ponga la sartén, **sin grasa,** a *fuego alto* durante *2 minutos.*

5—Agregue las chuletas y déjelas dorar levemente a fuego *mediano-alto.*

6—Retírelas del fuego y colóquelas sobre un molde de cristal para hornear, de forma rectangular, el cual debe estar sin engrasar.

7—Meta el molde al horno y tápelo. Hornee durante *30 minutos.*

8—Pasados estos 30 minutos, prepare una salsa con el resto de los ingredientes y viértala por encima.

9—Deje el molde al horno durante *15 minutos* más, *destapado.*

CHULETAS CON SETAS

6 chuletas de ½ pulgada de espesor. (Quítele la grasa que las rodea.)
1 lata de sopa de setas (*Cream of Mushroom Soup*)

1—Lave, escurra y seque bien las chuletas.

2—Adóbelas con el siguiente *adobo* que previamente habrá molido en el mortero:
    1 grano grande de ajo
    2 granos de pimienta
    ½ cucharadita de orégano seco
    1½ cucharadita de sal
    1 cucharadita de aceite de oliva
    ½ cucharadita de vinagre

3—Caliente el horno a una *temperatura moderada* de 400°F.

4—Coloque la sartén, sin grasa, a *fuego alto* durante *2 minutos.* Agregue las chuletas dórelas **levemente.**

5—Retírelas del fuego y colóquelas en molde engrasado de cristal para hornear, de forma recangular. Hornée, *tapado,* durante *30 minutos.*

6—Vierta encima de las chuletas el contenido de la lata de sopa de setas (*Cream of Mushroom Soup*), tal cual viene, **sin** diluírla y hornée, *destapado,* por *15 minutos.*

TOCINETA FRITA

1—Coloque las lonjas de tocineta sobre una sartén. Fríalas a *fuego bajo,* hasta que tuesten a su gusto. Vírelas **frecuentemente** y saque la grasa que van rindiendo.

2—Después de frita la tocineta, escúrrala sobre papel absorbente.

LECHON DE MECHAR

A—1 lechón de mechar de 5½ libras (alrededor de 5 libras, limpio)

B—1 cebolla pequeña
2 granos de ajos
2 ajíes dulces, sin semillas
½ pimiento verde, sin semillas } bien picaditos
1 cucharadita de orégano seco
1 cucharadita de alcaparras
1 cucharadita de sal
1 cucharada de aceite de oliva
1 cucharadita de vinagre

C—2 onzas de jamón de cocinar, picadito
2 onzas de tocino, picadito } ó 1 lata de 5 onzas de chorizos (quíteles el pellejo)
2 huevos duros, enteros
12 aceitunas rellenas con pimientos morrones

D—2 cucharadas de manteca ó aceite vegetal

E—6 tazas de agua | 1 cucharada de sal

F—1 cebolla mediana
½ pimiento verde, sin semillas
3 ajíes dulces, sin semillas
6 hojas de culantro y culantrillo
2 granos de ajos
2 onzas de jamón de cocinar } picados ó 2 cucharadas de *Sofrito,* páginas 338 ó 339

G—½ taza de salsa de tomate
1½ libras de papas, mondadas y cortadas en pedazos
1 cucharadita de sal

1—Lave y escurra el lechón de mechar. Con un cuchillo afilado, dele un corte ancho en ambas extremidades, hacia el centro.

2—Mezcle bien todos los ingredientes incluídos en B y rellene el lechón con esto, alternando con los ingredientes incluídos en C. Pinche el lechón en ambas extremidades con palillos, para evitar que se salga el relleno.

3—Caliente el aceite ó manteca en un caldero grande y dore **ligeramente** el lechón a todo alrededor.

4—Añada los ingredientes incluídos en E, ponga el *fuego alto* y al hervir, *tape* el caldero, reduzca a *fuego moderado* y hierva, *tapado*, alrededor de *3 horas*, ó hasta que la carne esté **casi** blanda. (A la mitad del tiempo, voltée el lechón.)

5—Añada los ingredientes incluídos en F y G. Ponga el *fuego alto* y al hervir, reduzca a *fuego moderado*. Cueza *tapado*, alrededor de *1 hora*. (A la mitad del tiempo, voltée el lechón.)

6—Para espesar más la salsa, saque el lechón del caldero y hierva la salsa a *fuego alto* hasta que espese a gusto.

7—Quite los palillos de las extremidades del lechón. Corte la carne en ruedas y sirva en fuente llana, rodeadas por las papas. Acompañe con la salsa, servida en recipiente aparte.

LECHON DE MECHAR EN SALSA NEGRA

A—1 lechón de mechar de 4 libras (alrededor de 3½ libras, limpio)
2 cucharadas de sal
2 cebollas grandes, cortadas en ruedas
6 cucharadas de aceite vegetal ó manteca
¼ taza de vinagre

B—¼ cucharadita de sal
8 aceitunas rellenas con pimientos morrones
1 cucharadita de alcaparras

¼ taza de pasas, sin semillas
1½ cucharada de azúcar (*opcional*)
1½ litros (6 tazas) de agua

C—4 cebollas medianas, enteras

D—1½ libras de papas, mondadas y cortadas en pedazos
   1 lata (1 libra) de guisantes (*Petit-Pois*)

1—Lave la carne, séquela y colóquela en un caldero grande junto con el resto de los ingredientes incluídos en A.

2—Voltée las cebollas y la carne de cuando en cuando y déjelas dorar bien a *fuego alto,* sin que se quemen. Se sacan las cebollas y se descartan.

3—Agregue los ingredientes incluídos en B. Cuando hierva el contenido del caldero, reduzca el fuego a *moderado. Tape* el caldero y déjelo cocer durante *1½ hora.* Voltéelo a la mitad del tiempo.

4—Agregue las cebollas enteras y déjelo cocer, *tapado,* por *1 hora.*

5—Voltée la carne. Agregue las papas mondadas y cortadas en pedazos y los guisantes, con su líquido incluído. Déjelo cocer, *destapado,* alrededor de *1 hora* y gradúe el fuego, según lo crea conveniente, hasta cocer las papas y espesar la salsa a su gusto.

LECHON DE MECHAR CON SALSA DE SETAS

(Preferible rellenarlo y adobarlo desde el día anterior.)

1 lechón de mechar, de alrededor de 4 libras, limpio
2 onzas de jamón
½ onza de tocino
3 aceitunas rellenas con pimientos morrones
1 cucharadita de alcaparras
1½ cucharada de jugo de limón verde, fresco
¼ taza de manteca ó aceite vegetal
½ taza de agua
1 lata (6 onzas) de setas (*Broiled in Butter Mushrooms*)

Adobo:

2 granos de ajos	picados	3¼ cucharaditas de sal
1 cebolla pequeña		2 cucharadas de
1 cucharadita de orégano seco		aceite de oliva
		2 cucharadas de vinagre

1—Lave el lechón y escúrralo.

2—Déle unos cortes anchos y profundos por las dos extremidades, bien hacia el centro.

3—Muela en el mortero el adobo y adobe después bien la carne, estando ésta colocada en un molde.

4—Corte en pedacitos *bien pequeños* el jamón, tocino, aceitunas y alcaparras. Rellene bien con esto la carne.

5—Riéguele por encima 1½ cucharadas de jugo de limón verde, fresco.

6—Meta el molde a la nevera hasta *media hora* antes de cocer el lechón.

7—Cuando vaya a cocerlo, caliente en un caldero grande la manteca ó aceite vegetal. Cuando esté caliente, agregue el lechón bien escurrido y déjelo dorar *ligeramente* a todo alrededor.

8—Después de dorado, riéguele por encima lo que escurrió del molde.

9—Agréguele ½ taza de agua.

10—Ponga el *fuego bajo, tápelo* y déjelo cocer alrededor de *4 horas,* ó lo necesario hasta que ablande. Voltéelo *ocasionalmente.*

11—Después de listo, sáquelo del molde y prepare la siguiente salsa:

a—Escurra el molde; si tiene grasa, ésta se viene hacia arriba. Mida ¼ taza de esa grasa. **Reserve el liquido.**

b—Combine en una cacerola a *fuego bajo,* la grasa con *3 cucharadas* de harina. Mezcle por breves segundos.

c—Por separado, mida el líquido restante y complete con agua y con ½ taza de *Consomme* ó *Bouillon,* hasta medir *2 tazas.* Caliéntelo y viértalo en la cacerola. Mueva hasta que hierva. Añada las setas (*Mushrooms*), escurridas. Dé un hervor y sirva sobre la carne, cortada en tajadas.

CARNE GUISADA
(6 raciones)

A—1 cucharada de manteca ó aceite vegetal

B—2 libras de carne de res, pesada ya limpia de pellejos y cortada en pedazos de alrededor de 1 pulgada

C—1 pimiento verde, sin semillas
4 ajíes dulces, sin semillas
2 cebollas, mondadas
4 granos de ajo, mondados
6 hojas de culantro, lavadas
} picados menuditos

2 cucharadas de vinagre
½ cucharadita de orégano seco
½ taza de salsa de tomate

2 hojas de laurel
1 cucharada de sal

D—½ libra de zanahorias, raspadas, lavadas y cortadas en ruedas de ½ pulgada
1 lata de 1 libra 1 onza de guisantes (*Petit-Pois*)

E—½ libra de papas, mondadas, lavadas y cortadas en pedazos
12 aceitunas rellenas
1 cucharada de alcaparras
¼ taza de pasas, sin semillas (*opcional*)
¼ cucharadita de sal

1—En un caldero, caliente la grasa, añada la carne y mezcle a *fuego moderado-alto* hasta que pierda el color rojizo.

2—Añada los ingredientes incluídos en C y mezcle hasta que hierva. Reduzca el fuego a *bajo, tape* y cueza por *1 hora.*

3—Añada las zanahorias y el líquido de los guisantes (**reserve los guisantes**). Ponga el *fuego alto* hasta hervir. Reduzca el fuego a *bajo, tape* y cueza por *1 hora,* ó hasta que la carne esté *casi blanda.*

4—Agregue los ingredientes incluídos en E y ponga el *fuego alto* hasta hervir. Reduzca el fuego a *bajo, tape* y cueza por *1 hora,* ó hasta que la carne esté blanda y los vegetales cocidos.

5—Añada los guisantes que reservó y cueza, *destapado,* hasta espesar la salsa a su gusto.

CARNE EN ROPA VIEJA

(Este plato constituye una comida completa, ya que además de la Carne en Ropa Vieja, resulta de ésta una sabrosa sopa como complemento.)

Sopa

A—3¾ litros (15 tazas) de agua

2 libras de carne de masa de res (pesada después de limpia de pellejos)

2 onzas de jamón de cocinar, lavado y picadito

1 hueso de carne

1 tomate

1 pimiento verde, sin semillas

1 cebolla, mondada

3 hojas de culantro

⎫ picaditos

B—¾ libra de papas, mondadas y partidas en dos

¾ libra de calabaza, mondada y partida en cuatro

1 mazorca de maíz tierno, mondada, sin fibras y partida en tres

5 cucharaditas de sal

C—¼ libra de fideos | ¼ cucharadita de sal

1—En una olla grande ponga a hervir el agua. Mientras tanto, corte la carne en 4 pedazos. Lávela junto con el hueso. Al romper a hervir el agua, añada todos los ingredientes incluídos en A. Al comenzar a hervir de nuevo, *tápela* y cueza por *20 minutos.*

2—Agregue los ingredientes incluídos en B y al comenzar a hervir, *tápela.* Hierva a *fuego moderado* por *1 hora.*

3—Saque la carne. Cuele la sopa y después de colada, agréguele de nuevo la papa, calabaza, maíz tierno y jamón de cocinar.

4—Póngala a hervir y cuando hierva, agregue los fideos, partidos en pedacitos. Añada la sal. Déjela hervir a *fuego alto* durante *20 minutos.* Retírela del fuego. Reserve 1½ taza del caldo de la sopa para usarlo con la carne.

Nota: Puede variar, añadiendo en lugar de fideos ¼ taza de arroz blanco, previamente remojado en 1 taza de agua.

Carne:
A—1 onza de tocino o dos lonjas de tocineta
2 onzas de jamón de cocinar
1 cebolla mediana
½ pimiento verde, fresco
1 tomate grande
½ taza de salsa de tomate

B—La carne que hirvió en la sopa
1 lata de 8½ onzas de guisantes (*Petit-Pois*)
1½ taza del caldo de la sopa

1—En un caldero ponga a dorar el tocino. Tan pronto dore, sáquelo y añada el jamón de cocinar previamente lavado y picado en pedacitos. Dórelo. Ponga el *fuego moderado* y añada la cebolla, pimiento verde y tomate, todo ello picado en pedacitos. Déjelo dar un hervor de 5 *minutos*, añada la salsa de tomate y déjelo hervir otros 5 *minutos*.

2—Deshilache bien la carne y agréguela junto con el contenido de la lata de guisantes (*Petit-Pois*) con el líquido en que estos vienen incluídos. Agregue 1½ taza del caldo de la sopa.

3—Déjelo todo dar un hervor y retírelo del fuego.

Nota: Resulta muy sabroso acompañado por arroz blanco.

CARNE CON HORTALIZAS
(6 raciones)

Nota: Esta receta constituye por sí una comida completa, resultando de ella una exquisita sopa con zanahorias y cebollas y como complemento, un plato de carne y papas muy sabroso.

2½ libras carne de masa de res (pesada sin grasa ni pellejos)
¼ taza de manteca ó aceite vegetal
2 latas de *Consommé* o de *Bouillon* (Usadas tal cual vienen, sin diluír)
2 latas de sopa de tomate (*Cream of Tomato Soup*), diluídas en 2 latas de agua
1½ libras de papas medianas (alrededor de 6)
1 libra de zanahorias
½ libra de cebollas pequeñas (alrededor de 6)

1—Limpie la carne removiéndole todos los pellejos y nervios y pasándole un pañito húmedo por encima.

2—Adóbela con el siguiente adobo que previamente habrá molido en el mortero:

1 grano de ajo, grande	1 cucharada de sal
3 granos de pimienta	1½ cucharadita de aceite
2 cucharaditas de orégano	de oliva
seco	½ cucharadita de vinagre

3—En una sartén, caliente la manteca ó aceite vegetal.

4—Cuando esté caliente, agregue la carne y déjela dorar al fuego alto durante *3 minutos* por cada lado.

5—Saque la carne y colóquela en un caldero grande. **Reserve** la grasa para más tarde usarla para preparar la salsa para la carne.

6—Riegue sobre la carne el contenido de las latas de *Consommé* o de *Bouillon* usadas tal cual vienen, sin diluír.

7—Tápelo y póngalo al fuego durante *1 hora*. Empiece con el *fuego alto* y cuando hierva, ponga el *fuego bajo*.

8—Pasado este tiempo, vire la carne del otro lado.

9—Combine las latas de sopa de tomate con igual cantidad de agua y viértalo por encima de la carne.

10—Tápelo y póngalo al fuego durante *1 hora* más. Ponga el *fuego alto* y cuando hierva, ponga el *fuego bajo*.

11—Pasado este tiempo, vire de nuevo la carne.
Agréguele las zanahorias previamente lavadas y raspadas y cortadas en tajaditas.
Agréguele las papas mondadas y enteras.
Agréguele las cebollas mondadas, lavadas y enteras.

12—Tápelo y póngalo al fuego durante *1 hora* más. Ponga el *fuego alto* y tan pronto hierva, ponga el *fuego bajo*.

13—Cuando esté listo, sirva la carne en una fuente con las papas alrededor.

14—Comience con la sopa, la cual servirá junto con las cebollas y las zanahorias.

15—Minutos antes de estar lista la carne, saque del caldero 1 taza de líquido. Combínelo con una taza de agua caliente. En una cacerolita, caliente la grasa que reservó para preparar la salsa, agréguele ¼ taza de harina de trigo y muévalo a *fuego bajo* por **breves segundos.** Agréguele ¼ cucharadita de sal y el líquido caliente, moviéndolo **contínuamente** hasta que hierva y espese. Retírelo del fuego, cuélelo y sírvalo caliente.

ALBONDIGAS CON PAPAS

(30 albóndigas)

A—1 libra de carne de masa de res, sin grasa, molida
⅔ taza de pan de emparedados (*Sandwich*), bien desmenuzado (alrededor de 2 rebanadas de pan, sin la corteza)
¼ taza de leche

B—1 grano de ajo
¾ cucharadita de orégano seco
Pizca de polvo de nuez
   moscada (**opcional**)   muela y mezcle
1½ cucharadita de sal   en el mortero
1 cucharadita de aceite de oliva
2 cucharaditas de vinagre

C—1 huevo

D—1 pimiento verde, sin semillas
1 cebolla, mondada
3 ajíes dulces, sin semillas   picaditos
6 hojas de culantro

E—6 aceitunas rellenas con pimientos morrones
1 cucharadita de alcaparras
½ taza de salsa de tomate
3 tazas de agua
½ cucharadita de sal
1 libra de papas, mondadas y cortadas en cuatro

1—Ponga la carne en un tazón. Aparte, combine el pan desmenuzado con la leche hasta quedar bien remojado y totalmente desbaratado. Agréguelo al tazón y mezcle con la carne. Añada el contenido del mortero y mezcle. Agregue el huevo y mezcle hasta quedar todo bien unido.

2—Coja la mezcla por cucharadas y forme bolitas de carne con la palma de las manos. Colóquelas en un molde de aluminio y hornéelas por *10 minutos* en horno precalentado a *350°F*. (Si prefiere, puede envolver las bolitas en harina de trigo y dorarlas **ligeramente** en manteca ó aceite vegetal.)

3—Mientras tanto, en un caldero, amortigue a fuego *bajo* los ingredientes incluídos en D. Añada los ingredientes incluídos en E y ponga a fuego *alto* hasta hervir. *Tape* y hierva a fuego *moderado* por *30 minutos*.

4—Añada las bolitas de carne, *tape* y hierva a *fuego moderado* por *15 minutos*. *Destape* y hierva hasta que la salsa espese a su gusto.

Nota: Si sobran albóndigas, haga croquetas. Desbarate las albóndigas hasta llenar 1 taza. Prepare las croquetas según la receta en la *página 234*.

ALBONDIGUITAS PARA APERITIVOS
(100 albondiguitas)

Esta receta se hace según la receta de Albóndigas con Papas en la página 87, pero varía en lo siguiente:

1—Use **solo** los ingredientes incluídos en *A, B* y *C*.

2—Siga **unicamente** la Instrucción 1.

3—Coja la mezcla por cucharaditas y forme bolitas de carne con la palma de las manos del tamaño de avellanas pequeñas. Colóquelas en molde de aluminio y hornéelas por *15 minutos* en horno precalentado a *350°F*. (Si prefiere, puede envolverlas **ligeramente** en harina de trigo y dorarlas en manteca ó aceite vegetal.) Pinche las albondiguitas con palillos y sírvalas caliente, acompañadas por la Salsa para Albondiguitas que aparece en la *página 287*.

BUTIFARRON SABROSO

A—3 onzas de pan de agua ó 3 rebanadas de pan de *sandwich*
  1 taza de agua

B—1½ libras de carne de masa de res, sin grasa, molida
  1 huevo
  ½ cucharadita de orégano seco
  2 cucharaditas de sal
  1 cebolla
  2 granos de ajo
  1 pimiento verde, sin semillas ⎫
  2 ajíes dulces, sin semillas   ⎬ molidos ó muy finamente
  6 hojas de culantro   ⎪ picados
  2 onzas de jamón de cocinar
  1 onza de tocino   ⎭

C—¼ taza de manteca ó aceite vegetal

D—¼ taza salsa de tomate
  1 lata (10½ onzas) de sopa de tomate (*Tomato Soup*)

E—2 cebollas grandes, cortadas en rebanadas finas

1—Remoje el pan en la taza de agua. Desbarátelo bien con un tenedor y exprímalo con las manos para que únicamente absorba ½ taza de agua.

2—Ponga la carne en un tazón, agréguele el pan exprimido y el resto de los ingredientes incluídos en *B*. Mezcle bien.

3—Espolvorée levemente de harina de trigo un papel parafinado. Coloque sobre éste la mezcla y déle forma de butifarrón.

4—Aparte, en una sartén grande ó en un caldero, caliente la manteca ó aceite vegetal. Agregue el butifarrón y dórelo **ligeramente** a *fuego moderado-alto*.

5—Riéguele por encima los ingredientes incluídos en *D*. Ponga el fuego *alto* hasta hervir. Reduzca el fuego a *bajo, tápelo* y cueza durante *1 hora*. (**Ocasionalmente,** riéguelo con la salsa.)

6—Añádale las cebollas. *Tápelo* de nuevo y cueza por *30 minutos*. Sírvalo caliente, en su salsa.

BUTIFARRON HORNEADO

A—1½ libras de carne de masa de res, sin grasa, molida

B—1 cebolla mediana, mondada ⎫ molidos ó
   ½ pimiento verde, sin semillas ⎬ finamente
   1 ají dulce, sin semillas ⎭ picados

C—2¾ cucharadita de sal
   ⅛ cucharadita de polvo de pimienta
   ½ cucharadita de polvo de nuez moscada
   1 cucharadita de vinagre
   ¼ cucharadita de salsa inglesa
   2 cucharadas de leche
   2 huevos
   ½ taza de polvo de pan ó galletas

D—¼ taza de salsa de tomate
   2 cucharadas de *Catsup* o *Ketchup*
   1 lata (10½ onzas) de sopa de tomate (*Cream of Tomato Soup*)

1—En un tazón, combine la carne con los ingredientes incluídos en *B*.

2—Agregue los ingredientes incluídos en *C*, mezclando *muy bien* después de agregar cada uno.

3—Vierta la mezcla sobre papel parafinado y déle forma al butifarrón, de acuerdo con el molde que vaya a usar.

4—Coloque el butifarrón en el molde, procurando dejar un espacio libre de *una pulgada* a todo alrededor.

5—Combine los ingredientes incluídos en *D* y riegue ½ taza por encima del butifarrón. Reserve el resto para servirla caliente, como salsa, acompañando la carne.

6—Diez minutos antes de usarlo, caliente el horno a una temperatura *moderada* de 375°F.

7—Meta el molde al horno durante *1 hora.*

8—Sirva el butifarrón, acompañado por la salsa de tomate.

BUTIFARRON AGRIDULCE

A—1½ libra de carne de masa de res, molida
¼ taza de cebolla, molida

B—1 huevo, batido
1½ cucharadita de sal
⅛ cucharadita de polvo de pimienta

½ taza de salsa de tomate
1 taza de polvo de galleta

C—6 cucharaditas de mostaza
2 cucharadas de azúcar negra
2 cucharadas de *Ketchup ó Catsup*
2 cucharadas de vinagre
½ taza de salsa de tomate
1 lata de 10½ onzas de sopa de tomate

1—Encienda el horno a una temperatura *moderada,* 350°F.

2—Engrase un molde de cristal para hornear, tamaño 12″ x 7½″ x 2″.

3—Coloque la carne y la cebolla en un tazón. Combine bien con los ingredientes incluídos en *B.*

4—Con un papel parafinado, dele a la carne forma adecuada para que quepa holgadamente en el molde, pero sin tocar los bordes.

5—Combine los ingredientes incluídos en *C* y riegue la mezcla sobre el butifarrón. Tape el molde ó cúbralo con papel de aluminio.

6—Meta al horno y hornée durante *1½ hora.* Sirva caliente ó frío, acompañado por su salsa.

HIGADO GUISADO

(6 raciones)

A—1 libra de hígado
1 limón verde

B—2 cucharadas de manteca ó aceite vegetal con achiote
2 onzas de jamón de cocinar
1 onza de tocino

C—1 ají dulce
   1 cebolla pequeña   } bien picaditos
   ½ pimiento verde, fresco

D—¼ taza de salsa de tomate | 1 cucharadita de alcaparras
   ⅓ taza de tomates al natural | 2 cucharadas de pasas, sin
   8 aceitunas rellenas | semillas

E—1 grano de ajo, mediano | 2 cucharaditas de sal
   ¼ cucharadita de orégano seco | 1½ cucharada de vinagre

F—½ libra de papas, mondadas y cortadas en pedazos
   2 tazas de agua

1—Limpie el hígado. Cúbralo con agua y el jugo del limón. Dele un hervor hasta tomar consistencia y escúrralo. Córtelo en pedazos pequeños.

2—En un caldero, ponga a dorar el tocino a *fuego alto*. Añada el jamón, picadito, y dórelo a fuego *mediano-alto*. Agregue la manteca ó aceite vegetal con achiote y mezcle.

3—Agregue los ingredientes incluídos en C y sofría a *fuego moderado*.

4—Añada los ingredientes incluídos en D.

5—Muela y combine en el mortero los ingredientes incluídos en E y añádalos.

6—Añada el hígado.

7—Añada las papas y el agua.

8—Cueza a *fuego alto* hasta que hierva. Reduzca el fuego a *moderado, tápelo* y cueza por *1 hora. Destape* y cueza hasta espesar la salsa a su gusto.

HIGADO EMPANADO

A—1 libra de hígado | 1 limón verde

B—1 grano de ajo, pequeño | 1 cucharada de vinagre
   3 granos de pimienta | 1 cucharadita de sal
   ¼ cucharadita de orégano |

C—1 huevo |
   ¼ cucharadita de sal | 1 cucharada de agua

D—1 taza de polvo de galleta | ¼ cucharadita de sal

1—Limpie el hígado. Cúbralo con agua y el jugo del limón. Dele un hervor hasta tomar consistencia y escúrralo.

2—Muela en el mortero los ingredientes incluídos en B y adobe con ellos las lonjas de hígado. Déjelas adobadas por un buen rato en la nevera.

3—Desbarate el huevo junto con la sal y el agua.

4—Sumerja en esto las lonjas de hígado y después cúbralas bien con el polvo de galleta que se ha combinado con ¼ cucharadita de sal.

5—Métalos a la nevera hasta *1 hora* antes de freírlos.

6—En una sartén, con un poco de grasa caliente, fría el hígado a *fuego moderado* hasta dorarlo por **ambos** lados. (Cuando al pincharlo con un tenedor de cocina no suelte sangre, estará listo.)

7—Sáquelo y colóquelo sobre papel absorbente para que se chupe la grasa.

SESOS REBOZADOS

A—2 libras de sesos de res
　1 litro (4 tazas) de agua
　1 cucharada de sal
　1 cucharada de jugo de limón

B—¼ cucharadita de polvo de pimienta
　½ cucharadita de sal

C—2 huevos
　¼ cucharadita de sal

1—Lave los sesos. Colóquelos en una olla, junto con el resto de los ingredientes incluídos en A. Ponga el *fuego alto* hasta hervir. Reduzca a *fuego bajo* y *tape* por *20 minutos*. Escúrralos y páselos **rápidamente** por agua fría. Escúrralos **en seguida,** quíteles la membrana exterior y córtelos en rebanadas finas.

2—Combine los ingredientes incluídos en B y sazone las rebanadas de seso.

3—Bata **ligeramente** los huevos con ¼ cucharadita de sal y **"envuelva"** cada rebanada de seso.

4—Fría en sartén con aceite ó manteca vegetal caliente, hasta dorar. (Alrededor de *4 minutos*.)

SESOS EMPANADOS

A—2 libras de sesos de res
   1 litro (4 tazas) de agua
   1 cucharada de sal
   1 cucharada de jugo de limón

B—¼ cucharadita de polvo de pimienta
   ½ cucharadita de sal

C—2 huevos
   ¼ cucharadita de sal

D—Polvo de galleta (*para empanar*)

1—Siga las instrucciones 1, 2 y 3 para preparar **Sesos Rebozados** (*página 93*).

2—Cubra las rebanadas de seso con polvo de galleta. Apisónelas bien con la palma de las manos. Colóque en la nevera por ½ *hora*, para evitar que se separe el empanado al freirlas.

3—Fríalas en aceite ó manteca vegetal caliente, hasta dorar. (Alrededor de *4 minutos*.)

RIÑONES GUISADOS

A—2 libras de riñones de res
   1 litro (4 tazas) de agua
   1 limón verde, fresco

B—1 onza de tocino
   1 onza de jamón de cocinar } lavados y picaditos

C—1 pimiento verde, sin semillas
   2 ajíes dulces, sin semillas
   1 cebolla
   1 tomate   } picaditos
   1 grano de ajo
   6 hojas de culantro

D—1 cucharadita de orégano seco
½ taza de salsa de tomate
2 cucharaditas de alcaparras
8 aceitunas, rellenas con pimientos
2½ cucharaditas de sal
3 tazas de agua
1 libra de papas, mondadas y cortadas en pedazos

1—En una olla, ponga a hervir el agua incluída en A. Aparte, lave **dos veces** los riñones, escurra y agréguelos. Hiérvalos a *fuego alto* por *5 minutos*. Escúrralos y córtelos en pedacitos de ½ *pulgada*. Riéguelos con el jugo del limón.

2—En un caldero, dore **rápidamente** el tocino y el jamón. Reduzca el fuego a *bajo* y sofría los ingredientes incluídos en C por *10 minutos*.

3—Agregue los riñones picaditos y los ingredientes incluídos en D. Mezcle y ponga el *fuego alto* hasta hervir. Reduzca el fuego a *bajo, tape* y cueza por *1½ hora* ó hasta que ablanden los riñones. Destape y cueza hasta espesar la salsa a su gusto.

LENGUA ESTOFADA

A—1 lengua de 2½ libras
3 litros (12 tazas) de agua

B—3 granos de pimienta
2 granos de ajo
1 cucharadita de orégano
  seco

2 cucharaditas de sal
1 cucharadita de aceite
  de oliva
1 cucharadita de vinagre

C—2 onzas de jamón de cocinar }
1 onza de tocino   } bien picaditos

D—1½ litros (6 tazas) de agua | 1 cucharadita de sal

E—4 cebollas grandes, cortadas en ruedas
12 ciruelas negras, secas
1½ taza de vino Moscatel

2 hojas de laurel
¼ taza de azúcar

F—2 libras de papas, mondadas y cortadas en pedazos

1—Lave la lengua y póngala a hervir en 3 litros de agua durante ½ *hora, tapada.* Sáquela y escúrrala.

2—Limpie bien la lengua de pellejos y quítele la capa dura, removiéndola **cuidadosamente** con un cuchillo bien fino.

3—Clave un cuchillo estrecho por los lados y por el centro de la lengua.

4—Muela y mezcle los ingredientes incluídos en *B* y adobe la lengua por estos cortes y por fuera. Rellene los cortes con el jamón y el tocino.

5—Coloque la lengua en un caldero grande y añádale los ingredientes incluídos en *D.* Póngalo a cocer a *fuego alto* y cuando hierva, reduzca el fuego a *bajo, tape* y déjelo cocer durante *3 horas.* (Vire la lengua a la mitad del tiempo.)

6—Agregue los ingredientes incluídos en *E* y cueza, *tapado* y a *fuego moderado,* alrededor de *1 hora,* ó hasta ablandar.

7—Agregue los ingredientes incluídos en *F* y hierva, *destapado,* alrededor de ½ *hora,* ó hasta que se cuezan las papas y espese la salsa a gusto.

LENGUA RELLENA

A—1 lengua de 2½ libras
   3 litros (12 tazas) de agua

B—3 granos de pimienta
   2 granos de ajo
   1 cucharadita de orégano
      seco
   2 cucharaditas de sal
   1 cucharadita de aceite
      de oliva
   1 cucharadita de vinagre

C—1 onza de tocino
   2 onzas de jamón de cocinar
   ½ pimiento verde, sin
      semillas
   2 ajíes dulces, sin semillas
   6 aceitunas rellenas
   1 cebolla, mondada
   1 tomate
   1 cucharadita de alcaparras

D—¼ taza de manteca ó aceite vegetal

E—2 litros (8 tazas) de agua
   1 cucharadita de sal

F—1 pimiento verde, sin semillas
   2 ajíes dulces, sin semillas
   1 tomate, partido en dos
   1 cebolla, mondada y partida en dos
   4 hojas de culantro
   2 ramas de culantrillo

G—2 libras de papas, mondadas y cortadas en pedazos
   ½ taza de salsa de tomate

1—Lave la lengua y póngala a hervir en 3 litros de agua durante *½ hora, tapada.* Sáquela y escúrrala.

2—Limpie bien la lengua de pellejos y quítele la capa dura, removiéndola *cuidadosamente* con un cuchillo bien fino.

3—Clave un cuchillo en la parte de atrás de la lengua y profundice hacia el fondo. Muela y mezcle en el mortero los ingredientes incluídos en *B* y adobe la lengua por dentro del corte y por fuera.

4—Pique bien menudito los ingredientes incluídos en *C*, mezclelos y rellene la lengua. Pinche la apertura con palillos.

5—Caliente la grasa en un caldero grande y dore la lengua *levemente* a fuego *mediano-alto.*

6—Escurra la grasa del caldero. Agregue el agua y la sal incluídas en *E.* Cuando hierva, reduzca a *fuego bajo, tape,* y deje cocer durante *3 horas.* Vírela a la mitad del tiempo.

7—Agregue los ingredientes incluídos en *F* y cueza a *fuego moderado, tapado,* alrededor de *1 hora,* ó hasta ablandar.

8—Agregue los ingredientes incluídos en *G* y hierva, *destapado,* alrededor de *½ hora,* ó hasta que se cuezan las papas y espese la salsa a gusto.

GANDINGA

A—4 libras de gandinga de cerdo (hígado, riñones, corazón)

B—2 onzas de jamón de cocinar | 2 onzas de tocino

C—1 cebolla, mondada | 2 ajíes dulces, sin semillas
1 pimiento verde, | 1 grano de ajo
  sin semillas | 2 hojas de culantro
1 tomate | 2 ramitas de culantrillo

D—½ cucharadita de orégano seco, bien desbaratado
½ taza de salsa de tomate
2 cucharadas de manteca ó aceite vegetal con achiote
10 aceitunas, rellenas con pimientos morrones
1 cucharada de alcaparras
1 cucharada de vinagre

E—3 tazas de agua
3½ cucharaditas de sal
1 libra de papas, mondadas y cortadas en pedazos

1—Lave y limpie la gandinga. En una olla, cubra el hígado y el corazón con agua. Déles un hervor a *fuego alto* y escurra. En otra olla, cubra los riñones con agua, déles un hervor a *fuego alto*, escúrralos y **repita.** Corte la gandinga en pedacitos y **reserve.**

2—En un caldero, coloque el jamón y el tocino previamente lavados y cortados en pedacitos. Déjelos cocer a *fuego alto*, moviéndolos *ocasionalmente*, hasta dorarlos.

3—Corte en pedacitos bien pequeños los ingredientes incluídos en *C*. Añádalos, junto con los ingredientes incluídos en *D*. Déjelo cocer a *fuego bajo* durante *10 minutos*.

4—Agregue la gandinga bien picada y sofría a *fuego bajo, tapado*, durante *10 minutos*.

5—Agregue los ingredientes incluídos en *E*. Déjelo a *fuego alto* hasta hervir. Ponga a *fuego bajo, tape* y cueza alrededor de *2 horas* ó hasta ablandar.

6—*Destápelo* y déjelo cocer a *fuego moderado* hasta que espese la salsa.

CABRITO TIERNO ESTOFADO

A—5 libras de pernil de cabrito tierno, cortado en pedazos
½ taza de jugo de naranja agria

Adobo:
    4 granos de ajo, grandes
    1 cucharada de orégano seco
    ½ cucharadita de polvo de pimienta
    2 cucharadas de sal
    1 cucharada de vinagre
    1 cucharada de aceite de oliva

B—1 frasco de alcaparrado de 3½ onzas, escurrido ó 24 aceitunas
rellenas y 2 cucharadas de alcaparras

| 1 libra de cebollas, cortadas en ruedas | 3 hojas de laurel |
| 12 ciruelas negras, secas, sin semillas | 2 tazas de agua |

C—2 tazas de vino Moscatel ó vino Jerez seco (*Dry Sherry*)
⅓ taza de azúcar (*opcional*)
1½ libra de papas, mondadas y cortadas en pedazos

1—Lave el cabrito, córtelo en pedazos y riéguele por encima el jugo de naranja agria. Déjelo remojado en la nevera por varias horas. Después escúrralo, enjuáguelo en agua fresca y colóquelo, bien escurrido, en un caldero bien grande.

2—Muela en un mortero el *Adobo* y adobe los pedazos de cabrito estando ya colocados en el caldero.

3—Agregue al caldero los ingredientes incluídos en *B*. Ponga el caldero *destapado* a *fuego alto* hasta hervir.

4—Ponga el *fuego moderado* y deje el caldero *tapado* por *2 horas.*

5—Agregue los ingredientes incluídos en *C*. *Tape* el caldero y déjelo cocer a *fuego moderado* por *45 minutos* ó hasta que ablande la carne.

6—*Destape* el caldero y déjelo cocer a *fuego moderado* lo necesario para que la salsa espese a su gusto.

CABRO EN FRICASE

A—4 libras de cabrito tierno, limpio
½ taza de jugo de naranja agria

Adobo:
> 3 granos de ajo, grandes
> 2 cucharaditas de orégano seco
> ¼ cucharadita de polvo de pimienta
> 1½ cucharada de sal
> 1 cucharada de vinagre

B—1 onza de tocino
2 onzas de jamón de cocinar

C—1 libra de cebollas, cortadas en ruedas
2 hojas de laurel
½ taza de salsa de tomate
1 lata (1 libra 12 onzas) de tomates al natural
1 frasco (2 onzas) de alcaparrado
1 lata (1 libra 1 onza) de guisantes (*Petit-Pois*)

D—1 libra de papas, mondadas y cortadas en pedazos

1—Lave bien el cabrito y córtelo en pedazos. Riéguele por encima el jugo de naranja agria y déjelo remojado en ese jugo por varias horas. Escúrralo y enjuáguelo en agua fresca.

2—Muela en el mortero los ingredientes que constituyen el *Adobo* y adobe bien los pedazos de cabro.

3—Coloque en un caldero grande el tocino y el jamón de cocinar bien picaditos y dore a *fuego alto*.

4—Agregue los ingredientes incluídos en C, incluyendo el líquido de los tomates al natural, del alcaparrado y de los guisantes (*Petit-Pois*).

5—Agregue los pedazos de cabro. Ponga el *fuego alto* hasta que hierva. Reduzca el fuego a *moderado, tape*, y cueza por *2 horas*.

6—Agregue las papas y cueza, *tapado*, por *30 minutos*, ó hasta que la carne ablande. *Destape* y cueza hasta que la salsa espese a gusto.

CONEJO ESTOFADO

(6 raciones)

A—3 libras de presas de conejo, limpio

B—12 granos de ajo
1 cebolla, mondada

C—1 lata (8 onzas) de salsa de tomate
1 cucharada de sal
1 taza de aceite de oliva
¼ taza de vinagre
12 aceitunas rellenas con pimientos morrones
2 cucharadas de alcaparras
1 hoja de laurel

D—2 libras de papas, mondadas y cortadas en pedazos
1 cucharadita de sal
3 tazas de vino blanco

1—Lave bien el conejo y ponga las presas en un caldero grande.

2—Pique los granos de ajo y la cebolla. Macháquelos **levemente** en el mortero.

3—Añada al caldero los ajos y cebolla machacados.

4—Agregue los ingredientes incluídos en C. Ponga a *fuego alto* hasta hervir. Reduzca el fuego a *bajo, tape,* y cueza por 1 *hora 30 minutos* ó hasta que el conejo esté casi blando al pincharlo con un tenedor.

5—Agregue los ingredientes incluídos en D, *mezcle* y cueza a *fuego alto* hasta hervir. Reduzca el *fuego* a *bajo, tape* y cueza hasta ablandar las papas.

6—*Destape* y deje hervir a *fuego moderado* hasta que el conejo quede bien cocido y la salsa espese a gusto.

CARNE PARA RELLENOS
(Receta Básica)

A—1 onza de tocino
    2 onzas de jamón de cocinar

B—1 cucharada de manteca ó aceite vegetal
    1 pimiento verde, sin semillas ⎤
    3 ajíes dulces, sin semillas   ⎬ bien picaditos ó molidos
    1 cebolla, mondada   ⎟
    2 granos de ajo ⎦

C—1 cucharadita de orégano seco
    1 cucharadita de sal
    ¼ cucharadita de vinagre
    1 libra de carne de masa de res ó de cerdo, molida

D—¼ taza de salsa de tomate (*vea nota*)
    6 aceitunas rellenas con pimientos
    1 cucharadita de alcaparras
    2 cucharadas de pasas, sin semillas ⎤
    6 ciruelas negras secas, sin semillas ⎬ opcional
    2 huevos duros, picaditos   ⎟
    2 pimientos morrones, picaditos ⎦

1—Lave el tocino y déle unos cortes, pero déjelo unido por abajo. En un caldero, dórelo a *fuego alto*. Sáquelo y descártelo.

2—Lave el jamón de cocinar, píquelo bien menudito y dórelo en la grasa que rindió el tocino.

3—Ponga el *fuego bajo* y añada los ingredientes incluídos en *B*. Sofría por *10 minutos*, moviendo *ocasionalmente*.

4—Agregue los ingredientes incluídos en *C*, mezcle y cueza a *fuego alto*, mezclando *contínuamente*, hasta que la carne pierda el color rojizo.

5—Añada los ingredientes incluídos en *D* y mezcle bien. *Tape* y hierva a *fuego bajo* por *30 minutos*, si usa carne de res y por *1 hora*, si usa carne de cerdo.

Nota: La salsa de tomate se aumenta ó se disminuye de acuerdo al uso que se vaya a dar al relleno. En frituras y pastelillos, el relleno debe quedar bastante seco.

SALSA (GRAVY) PARA CARNES HORNEADAS

(Receta Básica)

La salsa (*Gravy*) para carnes horneadas se prepara usando la grasa y el líquido que rinde la carne al hornearse y combinándolo con harina de trigo, para que espese un poco.

Cantidades requeridas:

3 tazas de líquido
¼ taza de grasa
¼ taza de harina de trigo

Nota: Si la carne que hornea es pequeña, haga la mitad de las cantidades indicadas.

Cómo obtener la grasa y el líquido:

1—Escurra sobre un recipiente de cristal el molde en el cual horneó la carne.

2—Si el líquido escurrido tuviere grasa, notará que en breves minutos ésta se separa del resto del líquido y se viene hacia la parte de arriba.

3—*Cuidadosamente*, saque la grasa con una cuchara. Mida ¼ taza de esta grasa. En algunos casos, la carne horneada rinde muy poca ó ninguna grasa. Si así fuere, use mantequilla para completar ó sustituír el ¼ taza requerido.

4—Mida el líquido restante. Si le falta líquido para completar la medida de las 3 tazas de líquido requeridas, complete con agua.

Nota: En caso en que lo horneado no rindiere grasa ni líquido en absoluto, proceda a hacer la receta de Salsa (*Gravy*) de Emergencia que aparece en la *página 104*.

Método de preparar la salsa (gravy):

1—Vierta las 3 tazas de líquido sobre el molde en el cual horneó la carne. Coloque el molde a *fuego alto* para que el líquido hierva y limpie el molde absorbiendo de este modo todo el gusto de la carne que se horneó allí.

Después que haya hervido, pase el líquido a un recipiente que sea más manuable.

2—Combine en una cacerola el ¼ taza de grasa con el ¼ taza de harina de trigo.

Colóquela a *fuego bajo* y muévala por breves segundos para que una.

3—Ponga el *fuego moderado* y agregue poco a poco el líquido caliente. Continúe moviendo constantemente hasta que hierva y espese un poco.

4—Retírelo del fuego, cuélelo y sírvalo caliente. Si fuere necesario, sazónelo de sal.

SALSA (GRAVY) DE EMERGENCIA

Nota: Si la carne horneada no le ha rendido grasa ni líquido, haga la siguiente salsa (gravy):

> ½ ajo grande
> 2 onzas (4 cucharadas) de mantequilla
> 2 cucharadas de harina de trigo
> 1½ taza de *Consommé* o de *Bouillon* de lata

1—Machaque un poco el ajo.

2—Pase el ajo machacado por todo el fondo de una cacerola. Saque el ajo y descártelo.

3—Derrita a fuego bajo en esta cacerola la mantequilla. Agregue la harina y mueva por breves segundos para que una.

4—Por separado caliente hasta que hierva el *Consommé* o *Bouillon*.

5—Agréguelo poco a poco a la mezcla de mantequilla y harina y mueva continuamente a *fuego moderado* hasta que hierva y espese un poco.

6—Retírelo del fuego, cuélelo y sírvalo caliente.

Nota: A esta salsa puede agregarse pimienta, vino, salsa inglesa, etc., si se desea.

CAPITULO VII *Aves*

ADOBO PARA POLLO LIMPIO

POR POLLO LIMPIO SE ENTIENDE POLLO QUE HA SIDO VACIADO INTERIORMENTE, DESPLUMADO, Y SIN PATAS NI PESCUEZO.

LA PRIMERA LINEA INDICA EL PESO DEL POLLO EN LIBRAS Y BAJO ESTA LINEA ENCONTRARA EL ADOBO CORRESPONDIENTE. (EL ADOBO ES EL MISMO YA ESTE EL POLLO ENTERO O EN PRESAS.)

MUELA EN EL MORTERO LOS GRANOS DE AJO, LOS GRANOS DE PIMIENTA, EL OREGANO SECO Y LA SAL. AGREGUELES SIN MOLER MAS, EL ACEITE Y EL VINAGRE Y MEZCLELO TODO BIEN.

Libras de pollo limpio	1	1¼	1½	1¾	2	2¼	2½	2¾	3	3¼	3½
Granos de ajo (Tamaño)	1 Peq.	1 Peq.	1 Med.	1 Med.	2 Gde.	1 Gde.	2 Peq.	2 Peq.	2 Med.	2 Med.	2 Gde.
Granos de pimienta	1	1	2	2	2	3	3	3	4	4	4
Cucharaditas de orégano seco	½	½	¾	¾	1	1	1¼	1¼	1½	1½	1½
Cucharaditas de sal	1	1¼	1½	1¾	2	2¼	2½	2¾	3	3¼	3½
Cucharaditas de aceite	¾	¾	1	1	1¼	1¼	1½	1½	1¾	1¾	2
Cucharaditas de vinagre	¼	¼	¼	¼	½	½	½	½	¾	¾	1

PESO APROXIMADO QUE REDUCE UN POLLO DESPUES DE ESTAR LIMPIO

Pollo vivo, libras	1¾	2	2¼	2½	3	3½	4	4½	4¾	5	5¼
Pollo limpio, libras	1	1¼	1½	1¾	2	2¼	2½	2¾	3	3¼	3½

TIEMPO Y TEMPERATURA DE HORNEAR AVES RELLENAS

El método antiguo de hornear a fuego alto y después bajarlo ha sido descartado por el método moderno de hornear a una temperatura baja y constante debido a que esto tiene como consecuencia que la carne quede más tierna y jugosa.

Para determinar el tiempo requerido para hornear el ave debe hacer lo siguiente:

Pese el ave rellena y multiplique el peso obtenido por los minutos indicados en la siguiente Tabla:

Ave	Temperatura del horno (Grados Fahrenheit)	Peso (Ave viva o rellena)	Minutos por cada libra
Pollo	300°F.	2–3 Lbs.	45 Min.
		4–5 Lbs.	35 Min.
		6–7 Lbs.	30 Min.
Capón	325°F.		25 Min.
Pato	325°F.		25 Min.
Pavo	325°F.	6–7 Lbs.	30 Min.
		8–9 Lbs.	25 Min.
		10–15 Lbs.	20 Min.
	300°F.	16–25 Lbs.	15 Min.

El ave debe sacarse de la nevera con 2 horas de anticipación al horneo.

SAZON PARA AVES

Descarte la grasa y limpie interiormente el ave. Lávela, séquela, pésela y sazónela con: *1 cucharadita de sal por cada libra que pese.* Si prefiere, puede sazonarla según la Tabla para Adobar Pollo que aparece en la página 107.

CHICHARRON DE POLLO

1 pollo
1 taza de harina de trigo
4 tazas de aceite vegetal o manteca

1—Limpie y divida el pollo en presas. **No le quite** el pellejo.

2—Pese el pollo para determinar la cantidad de adobo necesario.

3—Lave el pollo en dos tazas de agua a la cual le ha agregado el jugo de 1 limón verde. Escúrralo y séquelo bien.

4—**No pinche ni le dé cortes** al pollo.

5—Adóbelo de acuerdo con la Tabla para Adobar Pollos que aparece en la página 107.

6—El pollo debe adobarse pasándole el adobo a todo alrededor y por debajo del pellejo. Las pechugas tienen en los lados como dos canales abiertos, por los cuales debe introducirse el adobo también.

7—Le quedará más sabroso el pollo si lo adoba y conserva en la nevera con horas anticipadas a cocerlo.

8—Impregne el pollo de harina. Se facilitará el trabajo si coloca la harina en un saquito de papel y va echando, **una por una,** las presa en él, moviéndolas para que se cubran de harina.

9—En un caldero caliente el aceite ó la manteca (Termómetro de freir — 400°F.), agregue el pollo y dórelo **ligeramente** a *fuego alto.*

10—Ponga el *fuego bajo, tápelo* y déjelo cocer durante *45 minutos.*

11—*Destápelo,* ponga el *fuego alto* y cueza, virándolo según fuere necesario, hasta quedar bien dorado.

12—Sáquelo y póngalo sobre papel absorbente para que se chupe la grasa.

POLLO FRITO EN MANTEQUILLA

1 pollo
¼ libra de mantequilla

1—Limpie y divida el pollo en presas. **No le quite** el pellejo.

2—Pese el pollo para determinar qué adobo necesitará.

3—Lave el pollo en 2 tazas de agua a la cual le habrá agregado el jugo de 1 limón verde. Escúrralo y séquelo bien.

4—**No** pinche ni dé cortes al pollo.

5—Adóbelo de acuerdo con la Tabla para Adobar Pollos que aparece en la página 107.

6—El pollo debe adobarse pasándole el adobo a todo alrededor y por debajo del pellejo. Las pechugas tienen en los lados como dos canales abiertos por los cuales debe introducirse el adobo también.

7—Le quedará más sabroso el pollo si lo adoba y conserva en la nevera con horas anticipadas a cocerlo.

8—En una sartén ponga a derretir la mantequilla a *fuego moderado,* agregue el pollo después que la mantequilla esté derretida. Ponga el *fuego alto* y déjelo cocer *3 minutos* por cada lado.

9—Ponga el *fuego bajo* y déjelo cocer **sin taparlo** durante *45 minutos* ó lo necesario hasta quedar bien cocido. (A los *20 minutos* vírelo.)

10—Sáquelo y póngalo sobre papel absorbente para que se chupe la grasa y cómalo caliente.

Nota: Si le gusta el pollo bien tostadito puede, después que esté listo, subir el fuego a alto y dejarlos así 2 minutos por cada lado.

POLLO EMPANADO AL HORNO

1 pollo
¼ taza de polvo de galleta
2 huevos desbaratados con ⅛ cucharadita de sal
(Por **cada libra** de pollo limpio necesitará esta cantidad de polvo de galleta y de huevo)

1—Limpie y divida el pollo en presas.

2—Pese el pollo para determinar qué adobo necesitará.

3—**Quítele** el pellejo al pollo.

4—Lave el pollo en 2 tazas de agua a la cual le habrá agregado el jugo de 1 limón verde. Escúrralo y séquelo bien.

5—Adóbelo de acuerdo con su peso según la Tabla para Adobar Pollos que aparece en la página 107.

6—El pollo debe adobarse pasándole el adobo a todo alrededor sin pinchar ni dar cortes al pollo. Las pechugas tienen a los lados una especie de canales abiertos por los cuales debe introducir el adobo también.

7—Adobe el pollo con horas de anticipación para que le quede más sabroso. Guárdelo en la nevera hasta que lo necesite.

8—Cuando vaya a cocerlo, prepárelo del siguiente modo: Pase las presas por polvo de galletas, que previamente habrá colocado sobre papel parafinado, porque esto le simplificará el trabajo. Después, por los huevos que previamente han sido desbaratados con la sal.

9—Engrase un molde de cristal para hornear y vaya colocando las presas de pollo en él.

10—Póngales encima trocitos finos de mantequilla.

11—Caliente anticipadamente el horno a una temperatura *moderada* de 400°F.

12—Meta el molde, **sin taparlo,** al horno y déjelo durante *40 minutos.* Ya listo, saque el pollo del molde y sírvalo en fuente llana.

POLLO AL CALDERO

A—1 pollo que pese 3 libras limpio; ó 3 libras de presas grandes de pollo.

ADOBO:

2 granos grandes de ajo	1 cucharada de sal
4 granos de pimienta	1½ cucharadita de aceite
1½ cucharadita de	de oliva
orégano seco	1 cucharadita de vinagre

B—¼ libra (4 onzas) de mantequilla

C—1 lata de 1 libra 12 onzas de tomates al natural
1 libra de cebollas, cortadas en ruedas ó cebollitas blancas, enteras
1½ libra de papas, mondadas y cortadas en pedazos
1½ cucharadita de sal

D—1 lata de 1 libra 1 onza de guisantes (*Petit-Pois*)

E—1 taza de vino Jerez seco (*Dry Sherry*)

1—Lave el pollo. **No le quite el pellejo.** Muela en el mortero el adobo y adobe el pollo, preferiblemente con horas de anticipación.

2—En un caldero grande derrita a *fuego moderado* la mantequilla.

3—Agregue el pollo y dórelo **ligeramente.**

4—Agregue los ingredientes incluídos en C. Enseguida agregue el líquido escurrido de la lata de guisantes (*Petit-Pois*) y **reserve** los guisantes para agregarlos más tarde.

5—Cueza a *fuego alto* hasta hervir. *Tape* el caldero y cueza a *fuego moderado* por *45 minutos.*

6—Agregue el vino y los guisantes. *Tape* el caldero y cueza por *30 minutos* a *fuego moderado.*

7—*Destape* el caldero y cueza lo necesario hasta que la salsa espese a su gusto.

POLLO EN AGRIDULCE

A—1 pollo (Para ésta receta se recomienda un pollo grande, de alrededor de 4 libras, limpio.)

B—4 cucharadas (2 onzas) de mantequilla

C—1 taza de azúcar negra (medida bien apisonada)
¼ taza de vinágre
3 chorizos grandes, **sin pellejo** y cortados en ruedas de ¼ pulgada

1–Pese el pollo, lávelo y séquelo. Adóbelo de acuerdo con la *Tabla para Adobar Pollo* (página 107).

2–En un caldero grande derrita la mantequilla. Agregue el pollo y dore **ligeramente** a fuego *mediano-alto*. Acomode el pollo con la pechuga **hacia abajo**. Ríeguele por los lados el azúcar, el vinagre y los chorizos. Mezcle hasta que el azúcar queda bien derretida. Tape el caldero y cueza a *fuego bajo* por *45 minutos*. Voltée el pollo y cueza con la pechuga **hacia arriba** por *30 minutos* o hasta quedar cocido.

3–Saque el pollo. Escurra la salsa en tazón de cristal y descarte la grasa que sube a la superficie. Hierva la salsa para espesar a su gusto. Corte el pollo en presas y acompañe con la salsa.

POLLO DORADO

A–8 presas pequeñas de pollo

B–½ taza de harina de trigo
¼ cucharadita de sal

C–½ taza de manteca vegetal
¼ libra de mantequilla

D–¼ taza de agua caliente
¼ taza de vino blanco seco

1–Lave las presas de pollo. **No les quite el pellejo.**

2–Pese las presas de pollo y adóbelas de acuerdo con la *Tabla para Adobar Pollo* (página 107).

3—Después de adobado el pollo métalo en un recipiente de cristal y tápelo. Colóquelo en la nevera durante varias horas.

4—Transcurrido este tiempo, aparte, en un saquito pequeño, combine ½ taza de harina de trigo con ¼ cucharadita de sal.

5—**Una por una** vaya echando las presas de pollo en el saquito de harina y mueva bien el saquito para que el pollo se impregne bien con la harina.

6—Vaya colocando las presas sobre una fuente ó molde llano, listas para freirse al momento.

7—En una sartén honda ó en un caldero grande, ponga a derretir a *fuego moderado* **la mitad** de la manteca y mantequilla indicadas.

8—Tan pronto hayan derretido y estén calientes, dore allí las presas de pollo, virándolas cuando sea necesario.

9—Tan pronto las presas de pollo estén doradas, baje el *fuego bien bajo* (*simmer*); agregue el agua caliente y el vino; *tape* la sartén ó caldero y déjelo cocer alrededor de *1 hora* ó hasta que queden cocidos.

10—En otra sartén, ponga a derretir el resto de la manteca y mantequilla indicadas. Cuando estén calientes, saque las presas de pollo, escúrralas y póngalas a dorar en esta sartén a *fuego moderado* por unos instantes.

11—Tan pronto estén listas, colóquelas sobre papel absorbente para que se chupe la grasa. Sírvalas en seguida.

POLLO A LA MARYLAND

1 pollo	⅛ cucharadita de sal
¼ taza de harina de trigo	1 taza de polvo de galleta
1 huevo	½ taza de manteca ó
2 cucharadas de agua	aceite vegetal

1—Limpie y divida el pollo en presas. **No le quite** el pellejo.

2—Pese el pollo para determinar qué adobo debe llevar.

3—Lave el pollo en 2 tazas de agua, a la cual habrá agregado el jugo de 1 limón verde. Escúrralo y séquelo bien. Adóbelo de acuerdo con su peso según la Tabla para Adobar Pollos que aparece en la página 107.

4—Ponga la harina en un saquito de papel y **una por una,** vaya echando la presas de pollo en ella, para que se cubran de harina.

5—Desbarate el huevo con el agua la sal, **sin batirlo.**

6—*Envuelva* las presas de pollo en este huevo batido.

7—Coloque sobre papel parafinado el polvo de galletas. Pase las presas de pollo por el polvo de galletas para que queden bien cubiertas. Déjelas secar por *1 hora,* preferible en la nevera.

8—Caliente el aceite vegetal ó la manateca en una sartén honda ó en un caldero. Añada las presas de pollo y dórelas por ambos lados.

9—Ponga el *fuego bajo* y déjelo cocer *destapado* por *1 hora* o lo necessario hasta quedar bien cocido. (A la mitad del tiempo se viran.)

POLLO EN VINO A LA CRIOLLA

Nota: Si prefiere, puede usar vino seco y omitir las ciruelas, las pasas y el azúcar.

A—3½ libras de presas de pollo

B—**ADOBO:**

4 granos de pimienta	3½ cucharaditas de sal
3 granos grandes de ajo	2 cucharaditas de aceite
1½ cucharadita de	de oliva
orégano seco	1 cucharadita de vinagre

C—2 onzas (4 cucharadas) de mantequilla

D—1 taza de agua	1 libra de cebollitas
3 hojas de laurel	blancas, enteras
1 cucharadita de sal	1½ libra de papas
1 cucharadita de alcaparras	pequeñas, mondadas
10 aceitunas, rellenas con	
pimientos morrones	

E—1½ taza de vino blanco dulce
½ taza de azúcar
10 ciruelas negras secas, sin semillas
2 cucharadas de pasas, sin semillas

F—2 cucharadas de maicena
1 lata (4 onzas) de pimiento morrones (*para decorar*)

1—Muela en un mortero el adobo. Adobe las presas de pollo.

2—Ponga la mantequilla a derretir en un caldero. Agregue el pollo y dórelo **ligeramente** a *fuego moderado-alto*.

3—Añada los ingredientes incluídos en D. Ponga el *fuego alto* hasta hervir. *Tape* y cueza a *fuego moderado* por *30 minutos*.

4—Agregue los ingredientes incluídos en E. Ponga el *fuego alto* hasta hervir. *Tape* y cueza a *fuego moderado* por *15 minutos*.

5—*Destape* el caldero y cueza a *fuego moderado* por *30 minutos*.

6—Disuelva la maicena en un poco de la salsa, añádala al caldero y hierva hasta espesar a gusto. Decore con lonjitas de pimientos morrones.

POLLO ENCEBOLLADO

A—1 pollo, cortado en presas

B—1½ libra de papas pequeñas, mondadas
1 libra de cebollas medianas, mondadas y cortadas en ruedas
½ taza de *Consommé*
2 hojas de laurel

C—2 onzas (4 cucharadas) de mantequilla

1—Pese las presas de pollo para determinar qué cantidad de adobo necesitarán y adóbelas de acuerdo con la Tabla para Adobar Pollos que aparece en la página 107.

2—Coloque las presas de pollo en un caldero. Agréguele los ingredientes incluídos en B. Ponga el *fuego alto* hasta hervir. *Tape* y cueza a *fuego bajo* por *hora*.

3—*Destape* el caldero, agregue la mantequilla y cueza a *fuego bajo* por *30 minutos* más.

POLLO CON QUESO A LA CREMA

A—2 libras de presas de pollo
1 litro (4 tazas) de agua
2 cucharaditas de sal

B—2 onzas (4 cucharadas) de mantequilla

C—**Salsa Blanca:**
2 onzas (4 cucharadas) de mantequilla
¼ taza de harina de trigo
½ cucharadita de sal
2 tazas de leche, caliente

D—1 lata (1 libra) de maíz a la crema (*Cream Style Corn*)
8 galletas de soda
1 cajita (8 onzas) de queso "*Velveeta*"

1—Ponga a hervir a *fuego alto* el agua y la sal incluídas en A. Lave el pollo, agréguelo y hierva por *20 minutos*. Retírelo del fuego. Escúrralo, desmenuce el pollo y descarte los huesos.

2—En una sartén, derrita a *fuego moderado* la mantequilla incluída en B. Agregue el pollo desmenuzado y dórelo **ligeramente.** Retírelo del fuego.

3—Aparte, en una cacerola, derrita la mantequilla incluída en C. Agregue la harina de trigo y la sal y mueva por **breves segundos.** Agregue **lentamente** la leche caliente y mezcle a *fuego moderado* hasta que hierva y espese.

4—En un molde de cristal para hornear, profundo, coloque camadas de lo siguiente:

1—El contenido de la lata de maíz a la crema

2—La mitad de las galletas de soda, muy bien desmenuzadas

3—El pollo desmenuzado y dorado

4—La **Salsa Blanca**

5—El resto de las galletas de soda, desmenuzadas

6—El queso "*Velveeta*", cortado en lonjas finas y formando con éste una cubierta

5—Anticipadamente, caliente el horno a una temperatura de *350°F. Tape* el molde y hornée por *30 minutos.* Puede servirlo sobre tostadas, acompañado con vegetales calientes.

POLLO A LA ROYAL

Véase página 154. Sustituya la masa de langosta por 1 libra de carne de pollo, hervida ó cocida.

POLLO EN ESCABECHE

2 libras de presas de pollo
1 taza de aceite de oliva
½ taza de vinagre
1 libras de cebollas, cortadas en ruedas finas
8 granos de ajos medianos
1 pimiento verde, sin semillas, cortado en tiritas
2 cucharaditas de sal

1—Lave el pollo y séquelo. Colóquelo en un caldero grande, junto con el resto de los ingredientes. *Tápelo* y déjelo a *fuego moderado* durante *40 minutos.*

2—*Destápelo.* Ponga el *fuego bajo* y hierva lentamente por *20 minutos* ó hasta quedar bien cocido.

Nota: La salsa sobrante puede usarse para preparar la siguiente receta con huevos: Coloque la salsa en un molde llano, redondo, de cristal para hornear. Casque en el centro y alrededor 6 huevos crudos, evitando romper las yemas. Tape el molde y hornéelo a 325°F hasta que se cuajen los huevos a su gusto.

POLLO AL REY (CHICKEN A LA KING)

(6 raciones)

A—1 pollo limpio de 1¾ libras ó 1¾ libras de presas de pollo
  1 cebolla, partida en dos
  1 ají dulce, sin semillas
  1 taza de agua
  1¾ cucharadita de sal

B—1 onza (2 cucharadas) de mantequilla
  ¼ taza de harina de trigo
  ½ cucharadita de sal
  ⅛ cucharadita de polvo de pimienta blanca
  1½ cucharadita de pimentón (*Paprika*)
  2 tazas de leche
  ½ taza de crema

C—4 aceitunas rellenas
  2 pimientos morrones   } bien picaditos
  2 cucharadas pimiento verde, sin semillas

1—Divida el pollo en presas. Lávelo y póngalo en una olla junto con el resto de los ingredientes incluídos en A. *Tape* la olla y cueza a *fuego bajo* por *1 hora*. Saque el pollo, desmenúcelo y descarte los huesos.

2—En una cacerola, derrita la mantequilla a *fuego bajo*. Agregue la harina de trigo y mezcle. Añada el resto de los ingredientes incluídos en B. Mezcle a *fuego moderado* hasta que hierva.

3—Agregue el pollo desmenuzado y los ingredientes incluídos en C. Cueza a *fuego moderado* por *15 minutos* moviendo *ocasionalmente*. Sirva sobre tostadas, con guisantes (*Petit Pois*).

POLLO EN FRICASE

A—2½ libras de presas de pollo

B—1 onza de tocino
   2 onzas de jamón de cocinar } picaditos
   1 cucharadita de orégano seco
   1 grano de ajo, mondado
   1 pimiento verde, sin semillas
   3 ajíes dulces, sin semillas } picaditos
   6 hojas de culantro
   1 cebolla, mondada

C—12 aceitunas rellenas con pimientos morrones
   2 hojas de laurel
   3½ cucharaditas de sal
   1 cucharadita de alcaparras
   1 cucharada de vinagre
   ¼ taza de pasas, sin semillas
   8 ciruelas negras secas, sin semillas
   ½ taza salsa de tomate
   2 cucharadas de manteca ó aceite vegetal con achiote
   1 libra de papas, mondadas y cortadas en pedazos

D—1 lata (1 libra) de guisantes (*Petit-Pois*)
   2½ tazas de agua (*incluyendo el líquido de los guisantes*)

E—1 onza (2 cucharadas) de mantequilla

1—En un caldero, dore el tocino y jamón. Añada el resto de los ingredientes incluídos en *B* y sofríalos a *fuego bajo por 10 minutos,* moviendo *ocasionalmente.* Lave el pollo, agréguelo y sofríalo a *fuego moderado.*

2—Añada los ingredientes incluídos en *C* y mezcle.

3—Escurra la lata de guisantes (*Petit-Pois*) en una taza de medir. Complete con agua hasta medir 2½ tazas y añádalas al caldero (**reserve los guisantes**). Ponga el *fuego alto* hasta hervir, reduzca a *fuego moderado, tape* y *hierva* por *45 minutos.*

4—Añada la mantequilla y los guisantes (*Petit-Pois*). Hierva, *destapado,* a *fuego moderado,* hasta espesar la salsa a gusto.

Nota: En el proceso de cocer el pollo en fricasé, si fuere necesario, puede graduar el fuego según lo creyera conveniente de acuerdo a como haya gastado el líquido. Al final debe quedarle una salsita algo espesa, apropiada para acompañarla con arroz blanco. Si no desea usar guisantes, agregue 2½ tazas de agua.

POLLO AL NIDO

A—2 libras de presas de pollo
  1 cebolla, partida en dos
  1 taza de agua
  1 ají dulce, sin semillas
  2 cucharaditas de sal

B—3 onzas (6 cucharadas) de mantequilla
  4 cucharadas de harina de trigo
  2 tazas de leche
  2 pimientos morrones, picaditos
  1 cucharadita de sal
  ½ cucharadita de salsa inglesa
  ¼ cucharadita de mostaza
  2 cucharadas de vino

C—4 cucharadas de polvo de pan ó galleta
  1 onza (2 cucharadas) de mantequilla

1—Coloque el pollo en una olla, junto con el resto de los ingredientes incluídos en A. *Tape* y cueza a *fuego bajo* por *1 hora.*

2—Saque el pollo, desmenuce la carne y descarte los huesos.

3—En una cacerola, ponga a derretir la mantequilla, agregue la harina y mezcle por *breves segundos.* Agregue el resto de los ingredientes incluídos en B. Agregue el pollo desmenuzado.

4—Muévalo *continuamente* a *fuego moderado* hasta que hierva y espese un poco. Vierta en moldecitos individuales de cristal para hornear.

5—Espolvoréelos *levemente* con polvo de galleta y póngales trocitos de mantequilla encima. Hornée hasta dorar la galleta en horno a *400°F.*

POLLO EN PASTELON
Relleno

A—1 cucharada de manteca ó aceite vegetal
   1 onza de tocino
   2 onzas de jamón de cocinar
   1 cebolla, pequeña
   1 pimiento verde, sin semillas   } picaditos
   3 ajíes dulces, sin semillas
   2 granos de ajo
   1 cucharadita de orégano seco

Nota: Puede sustituir los ingredientes incluídos en **A** por 2 cucharadas de **Sofrito**, páginas 378 ó 379.

B—3¼ cucharaditas de sal
   2 cucharaditas de vinagre
   2 libras de presas de pollo

C—1 lata de 4 onzas de pimientos morrones,
     con su líquido   } picaditos
   8 ciruelas negras secas, sin semillas
   ¼ taza de pasas, sin semillas
   ½ taza de salsa de tomate
   8 aceitunas, rellenas con pimientos morrones
   1 cucharadita de alcaparras

D—4 huevos duros, picaditos
   1 lata de 8 onzas de guisantes (*Petit-Pois*), escurridos

1—En una sartén ó caldero, caliente la manteca ó aceite vegetal. Agregue el tocino y el jamón y dórelos a *fuego mediano-alto.*

2—Reduzca el fuego a *moderado* y agregue el resto de los ingredientes incluídos en *A.* Sofría.

3—Añada y mezcle los ingredientes incluídos en *B* y sofría el pollo a *fuego moderado.*

4—Añada y mezcle los ingredientes incluídos en *C.* Ponga el *fuego alto* hasta hervir. Reduzca el fuego a *bajo, tape* y cueza por *30 minutos.*

5—*Destape,* agregue y mezcle los huevos duros y los guisantes (*Petit-Pois*).

6—Retire del fuego. Saque las presas de pollo de la sartén. Deshuéselo. Corte la carne en pedacitos y viértala en la sartén. *Descarte los huesos.* Mezcle y reserve para rellenar el pastelón.

MASA

Mientras se está cociendo el relleno, prepare la masa del modo siguiente:

> 3 tazas de harina de trigo (medidas sin cernirlas)
> 1½ cucharadita de sal
> 1 taza de manteca vegetal, bien fría
> ½ taza de leche

1—Cierna la harina y la sal. Añádale la manteca vegetal helada, usando para hacer esto un *Dough Blender* o sinó, dos cuchillos en un movimiento como si cortara la manteca junto con la harina. Use después un tenedor y finalmente los dos cuchillos de nuevo. (Es esencial que trabaje rápido, para que la manteca no se derrita y la masa quede sabrosa.)

2—Cuando la manteca y la harina queden reducidas al tamaño de pequeños guisantes, agréguele la leche, distribuyéndola en cuatro porciones en cada esquina y uniendo lo necesario para que combine leche y harina.

3—Coloque un papel parafinado con un poco de harina espolvoreada encima. Vierta la mezcla sobre éste y amontónela con las manos. Divídala en dos partes. Retire una parte y trabaje la parte que le quedó, usando para hacer esto el rodillo levemente enharinado. Déle forma circular y trabájela lo menos posible.

Cuando la haya puesto a un tamaño adecuado para cubrir el fondo del molde donde vaya a hacer el pastelón, cúbrala con papel parafinado, enróllela y después desenrróllela sobre el molde. *No la ponga tirante.* Quítele el papel. Pinche la masa en distintas partes con un tenedor.

4—Trabaje la otra mitad de la masa en la misma forma y resérvela para cubrir el molde.

5—Rellene el molde con el relleno de pollo.

6—Cubra el molde con la segunda mitad de la masa y de nuevo *procure que no le quede tirante.* Pinche la masa por distintas partes. Oprima la orilla con la punta de un tenedor mojado en leche y finalmente pinte levemente su superficie con leche.

7—Hornéelo a una temperatura *moderada* de 350°F. durante *45 minutos* ó hasta dorar.

POLLO ESTOFADO

A—4 libras de presas grandes de pollo

B—1 lata de 8 onzas de salsa de tomate
1 cucharada de sal
1 taza de aceite de oliva
¼ taza de vinagre

12 aceitunas, rellenas con pimientos morrones
1 cucharadita de alcaparras

C—12 granos de ajo

1 cebolla mediana

D—2 libras de papas
1 taza de vino blanco, dulce

2 cucharaditas de sal

Preparativos:

1—Lave las presas de pollo **sin quitarles** el pellejo.

2—Monde los ajos y la cebolla. Córtelos en pedacitos y macháquelos un poco en el mortero.

3—Monde las papas y córtelas en pedazos.

Método:

1—Coloque las presas de pollo en un caldero grande y riéguele por encima los ingredientes incluídos en B. Agregue los ajos y cebolla, machacados.

2—Coloque el caldero a *fuego alto* y cueza *destapado* hasta que hierva. Tan pronto hierva, agregue las papas y el resto de los ingredientes incluídos en D. Cueza *destapado* y a *fuego alto* hasta que hierva de nuevo. Tan pronto hierva, cueza *tapado* y a *fuego moderado* por *1 hora.*

3—*Destape* el caldero y cueza alrededor de *30 minutos* más ó lo necesario para que la salsa espese un poco.

POLLO AL JEREZ

(SE REMOJA EN JEREZ DE UN DIA PARA OTRO)

POLLO:

Esta receta requiere pollo de tamaño grande. Preferiblemente, escoja 6 presas grandes de pollo limpio que le pesen en total alrededor de 3½ libras.

VINO JEREZ DULCE (SWEET SHERRY): | CEBOLLAS MUY PEQUEÑAS:
3 tazas | 1 libra

MANTEQUILLA:
¼ libra (4 onzas)

1 LATA DE 1¼ LIBRA DE TOMATES AL NATURAL:
Tamaño de la lata — #2

HOJAS DE LAUREL: | 1 FRASCO DE ACEITUNAS RELLENAS:
2 hojas | tamaño del frasco — 2 onzas

SAL:

Para tener mayor exactitud en la cantidad de sal requerida, lo indicado es pesar las presas de pollo y usar:
1 cucharadita de sal por **cada libra** de presas de pollo y añadirle al total 1 cucharadita de sal adicional.

1—Limpie el pollo.
Divídalo en presas **sin quitarle el pellejo.**
Pese las presas de pollo para determinar la cantidad de sal requerida. (Anote su peso.)
Lave y escurra bien las presas.

2—Coloque las presas de pollo en un recipiente hondo de cristal y riégueles por encima las 3 tazas de vino Jerez dulce.

3—Tápelo y métalo a la nevera hasta el día siguiente.

4—**Al dia siguiente,** escurra muy bien las presas de pollo y **reserve** el Jerez en que se remojaron para usarlo en la receta un poco más tarde.

5—En un caldero bien grande, ponga a derretir a *fuego moderado* la mitad de la mantequilla, esto es, 2 onzas (4 cucharadas).

6—Agregue las presas de pollo y dórelas alrededor de *4 minutos* por cada lado.

7—Ponga el *fuego bajo* y añada:
La libra de cebollitas previamente mondadas y lavadas.
La lata de tomates al natural con el líquido en que vienen incluído.
Las 2 hojas de laurel.
La mantequilla restante, esto es, 2 onzas (4 cucharadas).
La sal requerida.
El vino Jerez en que se remojó el pollo.

8—*Tápelo* y déjelo a *fuego bajo* durante *30 minutos.*

9—*Destápelo* y déjelo cocer al mismo *fuego bajo* durante otros *30 minutos.*

10—Transcurrido este tiempo, agregue las aceitunas bien escurridas; suba el *fuego* a *moderado* y déjelo cocer *destapado* durante *1 hora.*

11—Cuando esté listo, sírvalo en fuente honda acompañado de su salsa.

POLLITOS ASADOS A LA PARRILLA

POLLO:
Preferible hacer esta receta con pollos pequeños y tiernos.

ADOBO:
Consulte la Tabla para Adobar Pollos que aparece al principio del Capítulo.

MANTEQUILLA:
Use 2 onzas (4 cucharadas) de mantequilla por *cada* pollito que ase.

TOCINETA:
Use tocineta en lonjas o pencas.
Use 2 onzas de tocineta por *cada* pollito que ase.
(Esto equivaldrá alrededor de 2 lonjas o pencas por cada pollito que ase.)

ENCIENDA EL ASADOR (Broiler) CON EL REGULADOR DE TEMPERATURA INDICANDO ASAR (Broil).

1—Limpie, lave y divida cada pollito, a lo largo, en mitades. *No* les quite el pellejo.

2—Péselos y adóbelos de acuerdo con las instrucciones indicadas en la Tabla para Adobar Pollos que aparece en la página 107.

3—Encienda el asador *10 minutos* antes de usarlo.

4—Por separado, en una sartén, ponga a derretir la mantequilla.

5—Engrase con una brochita la parrilla del molde del asador.

6—Coloque sobre ésta las mitades de los pollos, con el lado del pellejo de éstos hacia abajo.

7—Cúbralos bien con parte de la mantequilla que derritió y coloque sobre cada mitad una lonja de tocineta.

8—*Reserve* el resto de la mantequilla derretida para usarla según se van asando los pollitos.

9—Meta el molde del asador a una distancia bastante separada del fuego y ase los pollos durante *30 minutos.* Durante este tiempo, de cuando en cuando, con una brocha de cocina, pase sobre los pollos mantequilla derretida de la que reservó.

10—Transcurridos los *30 minutos,* vire los pollos del otro lado y déjelos asar alrededor de *15* ó hasta quedar bien cocido.

11—Durante este tiempo, riégueles por encima el resto de mantequilla derretida que le sobre.

12—Sírvalos acabados de asar.

POLLO CON PAPAS AL HORNO

1 pollo grande	2 litros (8 tazas) de agua
¼ libra de mantequilla	2 cucharadas de sal
2 libras de papas	

1—Después de limpio el pollo, péselo y adóbelo de acuerdo con la Tabla para Adobar Pollo que aparece en la página 107.

2—Lave las papas y, **sin mondar,** póngalas a hervir en el agua con la sal durante *30 minutos* a *fuego moderado.* Sáquelas, móndelas y **resérvelas.**

3—Coloque el pollo sobre un molde de aluminio ó de cristal para hornear.

4—Meta la mitad de la mantequilla dentro del pollo y distribuya el resto por fuera.

5—*Diez minutos* antes de usarlo, encienda el horno a una *temperatura moderada* de *350°F.*

6—Meta el pollo al horno, **con la pechuga hacia abajo,** y hornée por ½ *hora..* Frecuentemente, riéguele la salsa de mantequilla por encima.

7—Agregue las papas al molde y hornée por *1 hora* más. Ocasionalmente, voltée las papas y riegue la salsa de mantequilla sobre el pollo y las papas. (Resulta conveniente usar una jeringuilla de cocina.) Cuando está listo, se divide el pollo en presas, se corta la pechuga en lonjas y se sirven en un platón rodeadas con las papas.   En un recipiente aparte, escurra el molde para servir la salsa de mantequilla junto con el pollo.

POLLO RELLENO AL HORNO

ADOBELO Y CONSERVELO EN NEVERA EL DIA ANTERIOR AL HORNEO

1 pollo de 3½ a 4 libras, limpio

1—Lave bien el pollo *por dentro y por fuera.*

2—Córtele el pescuezo y despréndale el pellejo para usarlo como remiendo después que el pollo esté relleno.

3—Quite el pellejo al corazón y el cartílago a la molleja.

4—Lave rápidamente el corazón, la molleja y el hígado en 1 taza de agua a la cual le habrá agregado el jugo de 1 limón verde, fresco.   En esta misma agua lave el pollo en su interior y exterior.   Escúrralo y séquelo bien con un paño.

5—Pese el pollo limpio para determinar, de acuerdo con las libras que pese, la cantidad de adobo requerida. Consulte la *Tabla para Adobar Pollo* que aparece al principio del Capítulo. Coloque el pollo en el molde en el cual se horneará y adóbelo, estando colocado en el molde. **No le de cortes ni lo pinche,** para evitar que le quede reseco. Distribuya bien el adobo en el interior y exterior del ave. Métalo en la nevera.

RELLENO

A—El pescuezo, hígado, corazón y molleja del pollo
  1 taza de agua
  ¼ cucharadita de sal

B—¼ libra de pan de agua ó 4 tajadas de pan de *sandwich*
  1 taza de leche

C—1 manzana (móndela y lávela en 1 taza
    de agua con 1 cucharadita de sal)
  2 huevos duros
  1 tallo de apio (*Celery*)   } picaditos
  10 ciruelas negras, secas, sin semillas
  10 aceitunas, rellenas
    con pimientos morrones

D—¼ taza de pasas, sin semillas
  1 lata de 8 onzas de salsa de tomate
  1 cucharadita de sal

E—1 cucharada de aceite vegetal ó manteca
  2 onzas de jamón de cocinar, picadito

1—Combine el hígado, corazón y molleja del pollo con el agua y la sal incluídos en A. Póngalos a hervir a *fuego moderado* y *tapados* durante *15 minutos*. Escúrralos y **reserve** el líquido escurrido para vertirlo en el molde donde horneará el pollo. **Descarte el pescuezo.** Corte en pedacitos el hígado, el corazón y la molleja.

2—Quítele la corteza al pan. Córtelo en pedazos y remójelo en la taza de leche hasta absorberla **toda.** Desbarátelo bien con un tenedor.

3—En un caldero, caliente el aceite vegetal ó manteca y a *fuego alto*, dore **ligeramente** el jamón picadito. Reduzca el fuego, añada los menudillos picaditos y el resto de los ingredientes incluídos en *B, C* y *D.* Mezcle bien, *tape* y cueza por *10 minutos*, moviendo **ocasionalmente.** Retire del fuego.

4—Cuando el relleno esté **totalmente** frío, rellene el ave, ¾ partes. (Si le sobra relleno, puede preparar croquetas, siguiendo la receta en la *página 234.*) Meta el pollo a la nevera.

PROCEDIMIENTO PARA HORNEAR EL POLLO

1—Sáquelo de la nevera *10 minutos* antes de hornearlo.

2—Encienda el horno a una *temperatura baja* de 325°F.

3—Pase un poco de manteca ó aceite vegetal con color de achiote ó de mantequilla por la superficie del ave. Colóquelo en el molde con la pechuga **hacia abajo.** Cúbralo con un pañito empapado en manteca ó aceite vegetal con color de achiote. Vierta en el molde el líquido en que hirvió los menudillos. Mientras se hornéa el pollo, riegue **ocasionalmente** el paño con el líquido del molde. *1 hora* antes de estar listo el pollo, remueva el paño. Vea **Nota Importante** en la *página 137.*

4—Hornéelo de acuerdo a la siguiente tabla:

Peso del pollo después de relleno	Tiempo que deberá hornearlo por **cada libra** que haya pesado el pollo
2–3 libras	45 minutos
4–5 libras	35 minutos
6–7 libras	30 minutos
8–9 libras	25 minutos

SALSA (GRAVY) PARA POLLO RELLENO

La salsa (*Gravy*) para pollo relleno se prepara usando la grasa y el líquido que rinde el pollo al hornearse y combinándolo con harina de trigo para que espese un poco.

Cantidades requeridas:
>   3 tazas de líquido
>   ¼ taza de grasa
>   ¼ taza de harina de trigo

Cómo obtener la grasa y el líquido:

1—Escurra sobre un recipiente de cristal el molde en el cual horneó el pollo.

2—Si el líquido tuviere grasa, notará que en breves minutos ésta se separa del resto del líquido viniéndose hacia arriba.

3—Cuidadosamente saque la grasa con una cuchara. Mida ¼ taza de esta grasa y si le sobrara, guarde el resto en la nevera para usarla en otra ocasión. En algunos casos lo horneado le rinde muy poca o ninguna grasa. Si fuere así, use mantequilla para completar o para sustituir el ¼ taza requerido.

4—Mida el líquido desgrasado restante.
Si le falta líquido para completar la medida de las 3 tazas requeridas, use ½ taza de *Consommé* y agua, si fuere necesario.

(En casos en que lo horneado no le rindiera grasa ni líquido en absoluto, proceda a hacer la receta de salsa [*Gravy*] de *emergencia* que aparece en la página 104.)

Método de preparar la salsa (gravy):

1—Vierta las 3 tazas de líquido sobre el molde en donde se horneó el pollo.

2—Coloque el molde a *fuego alto* para que el líquido hierva y limpie el molde absorbiendo de este modo todo el gusto del pollo que se horneó en éste. Después que hierva, pase el líquido a un recipiente que sea más manuable.

3—Combine en una cacerola el ¼ taza de grasa con el ¼ taza de harina.
Colóquela a *fuego bajo* y muévalo por breves segundos para que una.

4—Ponga el *fuego moderado* y agregue poco a poco el líquido caliente. Mezcle **constantemente** hasta que hierva y espese un poco.

5—Retire, cuele y sirva caliente.

PAVO ESTOFADO

A—1 pavo que pese limpio 8 libras

Adobo muela en un mortero:

7 granos de ajo	1 cucharadita de sal por
12 granos de pimienta	cada **libra** de pavo limpio
5 cucharaditas de orégano seco	2 cucharadas de vinagre

B—12 ciruelas negras secas
1 libra de cebollitas pequeñas enteras
12 granos de ajos, machacados
4 hojas de laurel
12 aceitunas, rellenas con pimientos morrones
2 cucharadas de alcaparras

C—½ taza de vino
¾ taza de azúcar (El uso del azúcar es opcional)
1½ cucharadita de sal

1—**El día anterior** a cocer el pavo, lave y seque el pavo y los menudillos. Adóbelos y colóquelos en molde de cristal. Agregue los ingredientes incluidos en B, *tape* y meta en la nevera.
2—**Al día siguiente,** distribuya las cebollas en un caldero grande. Colóqueles encima el pavo, con la pechuga **hacia abajo.** Agregue el resto del contenido del molde. *Tape* con papel de aluminio, para que selle bien. Cueza a *fuego moderado* por *1 hora.*
3—Agregue el vino, la sal y el azúcar. Mezcle, *tape* y cueza a *fuego bajo* por *1 hora,* ó hasta quedar bien cocido.
4—Saque el pavo, deshuéselo y vierta la carne en el caldero. Mezcle y ponga el *fuego moderado* hasta hervir. Retire y sirva caliente.

PAVO AL JEREZ

PAVO:

Escoja un pavo pequeño, que pese alrededor de 6 libras o preferiblemente, presas de pavo limpias que pesen en total alrededor de 3½ a 4 libras.

VINO JEREZ DULCE (SWEET SHERRY)
3¼ tazas

MANTEQUILLA:
¼ libra (4 onzas)

CEBOLLITAS BLANCAS:
1 libra

1 LATA DE 1¼ LIBRA DE TOMATES AL NATURAL:
Tamaño de la lata — #2

HOJAS DE LAUREL:
2 hojas

1 FRASCO DE ACEITUNAS RELLENAS:
Tamaño del frasco — 3 onzas

SAL:

Para tener exactitud en la cantidad de *sal* requerida, lo indicado es pesar las presas del pavo y usar:

1 cucharadita de sal por *cada libra* de presas de pavo y *añadirle al total 1 cucharadita de sal adicional.*

1—Limpie el pavo por dentro y por fuera.
Divídalo en presas sin quitarles el pellejo.
Pese las presas de pavo para determinar la cantidad de sal requerida. Anote su peso. Lave y escurra bien las presas.

2—Coloque las presas de pavo en un recipiente hondo de cristal y riégueles por encima las 3¼ tazas de vino Jerez dulce.

3—Tápelo y métalo a la nevera hasta el día siguiente.

4—Al día siguiente, escurra **muy bien** las presas de pavo y **reserve** el Jerez en que se remojaron para usarlo en la receta más tarde.

5—En un caldero bien grande ponga a derretir a *fuego moderado* la mitad de la mantequilla, esto es, 2 onzas.

6—Agregue las presas de pavo y dórelas alrededor de *4 minutos* por cada lado.

7—Ponga el *fuego bajo* y añada:
La libra de cebollitas, previamente mondadas y lavadas.
La lata de tomates al natural con el líquido en que

estos vienen incluído	La sal requerida
Las 2 hojas de laurel	El Jerez en que se remojó
La mantequilla restante, esto es, 2 onzas	el pavo

8—*Tápelo* y déjelo a *fuego bajo* durante *30 minutos.*

9—*Destápelo* y déjelo cocer al mismo *fuego bajo* durante otros *30 minutos.*

10—Transcurrido este tiempo, agregue las aceitunas bien escurridas. Suba el *fuego* a *moderado* y déjelo cocer *destapado* durante *1 hora más.*

11—Cuando esté listo, sírvalo acompañado por su salsa.

PAVO RELLENO AL HORNO

DEBE ADOBARSE Y GUARDARSE EN NEVERA EL DIA
ANTERIOR AL HORNEO

1—Lave **rápidamente** el pavo por dentro y por fuera en un litro de agua, a la cual le habrá agregado el jugo de 2 limones verdes frescos. **Inmediatamente** escúrralo y séquelo muy bien. En la misma agua lave el corazón, el hígado y la molleja.

2—Corte el extremo de las alas y el pescuezo. Desprenda el pellejo del pescuezo y **resérvelo** para usarlo como remiendo al cerrar la apertura trasera del pavo después de relleno.

3—Quite el cartílago al corazón y el pellejo y membrana a la molleja. **Reserve** el corazón, la molleja y el hígado para usarlos en la preparación del relleno.

4—Concluídas estas instrucciones, **pese el pavo limpio** a anote su peso para más tarde adobarlo de acuerdo con lo que pese.

5—Coloque el pavo en el molde donde se horneará, pues es conveniente adobarlo estando colocado en éste .Coloque en el mismo molde, el hígado, el corazón y la molleja del pavo.

ADOBO

La cantidad de adobo usada varía de acuerdo con el peso de cada pavo limpio. Para facilitar una sazón perfecta para cualquier peso de pavo limpio, se da a continuación un:

ADOBO BASICO PARA 1 LIBRA DE PAVO LIMPIO

Multiplique el número de **libras** que **pesó el pavo limpio** por este adobo básico y obtendrá el adobo exacto requerido.

Nota: Por *pavo limpio* se entiende pavo desplumado, sin patas, sin pescuezo y vacío interiormente.

Adobo Básico Para I Libra de Pavo Limpio

Muela en el mortero:	1 cucharadita de sal
1 grano de ajo	1 cucharadita de aceite
1 grano de pimienta	de oliva
¼ cucharadita de orégano seco	½ cucharadita de vinagre

Multiplique el peso del pavo limpio por este adobo y así obtendrá el adobo requerido.

Distribuya bien el adobo en el interior y exterior del pavo, **sin pincharlo** en ningún momento, pues de este modo evitará que le quedo reseco. Adobe el corazón, el hígado y la molleja. Meta el molde con el pavo a la nevera hasta el día siguiente.

RELLENO

La siguiente es una receta de relleno adecuado para un pavo de *12 a 14 libras.* Use lo necesario para rellenar ¾ **partes** del pavo. (Nunca debe rellenarse por completo, pues cuando se cuece, el relleno expande.)

Si le sobra relleno, colóquelo en un molde de cristal para hornear. *Tápelo* y hornéelo a una *temperatura moderada* de 350°F. durante *1 hora* si usa carne de cerdo, ó ½ hora si usa carne de res. Sírvalo acompañando el pavo. (Si le sobrara relleno, úselo para hacer pastelillos, croquetas, etc.)

RELLENO

A—1½ libra de carne de masa de cerdo ó de res, molida
El hígado, el corazón y la molleja del pavo, molidos (*opcional*)
⅓ taza de cebolla, molida
½ taza de pasas, sin semillas
1 cucharadita de alcaparras
8 aceitunas, rellenas con pimientos morrones
1 cucharada de sal

B—18 ciruelas negras, secas, sin semillas
1 lata de 7 onzas de pimientos morrones

C—2 cucharadas de manteca ó aceite vegetal

D—4 huevos duros, picaditos
1 cucharada de azúcar
1 frasco ó lata de 1 libra de compota de manzana (*Applesauce*)

1—Coloque en un tazón los ingredientes incluídos en A y mezcle.

2—Corte las ciruelas en pedacitos y añádalas. Agregue los pimientos morrones, picaditos e **incluya el líquido** en que vienen.

3—En un caldero grande ponga a *fuego alto* las 2 cucharadas de manteca ó aceite vegetal. Cuando esté caliente, agregue la mezcla y muévala **contínuamente**, hasta que la carne pierda el color rojizo. Ponga el *fuego bajo* y mueva **ocasionalmente** por *10 minutos*.

4—Añada los ingredientes incluídos en D, mezcle y cueza por 5 *minutos*.

5—Retire del fuego y espere que enfríe **totalmente** antes de rellenar el pavo.

6—Amarre ó cosa la parte de arriba del pavo. Proceda a rellenarlo por el rabo. Concluído de rellenar, coloque sobre la apertura el pellejo del pescuezo que reservó para ser usado como remiendo. Cósalo alrededor.

7—Meta **inmediatamente** el molde con el pavo *a la nevera*.

PROCEDIMIENTO PARA HORNEAR EL PAVO

1—*10 minutos* antes de comenzar a hornear el pavo, encienda el horno a una *temperatura baja* de 325°F.

2—Coloque el pavo en el molde con las patas y la pechuga hacia **abajo.** De este modo le quedará más jugosa la pechuga después de horneado el pavo. (Se recomienda el uso de una horqueta en forma de V, que se pone dentro del molde y sobre la cual se coloca el pavo.)

3—Cubra el pavo con papel de aluminio (*Aluminum Foil*), teniendo cuidado de que el papel de aluminio quede suelto sobre el pavo y no cubra los bordes del molde. **Ocasionalmente**, levante el papel de aluminio y riegue el pavo por encima con la salsa que rinde.

4—Meta el molde con el pavo al horno el tiempo que le indique la *Tabla de Hornear Pavo Relleno.*

5—Tan pronto el pavo esté listo, retire el molde del horno. Sáquelo del molde y **reserve** el molde con el líquido que haya rendido el pavo para usarlo en la preparación de la salsa (*Gravy*).

TABLA DE HORNEAR PAVO RELLENO

Peso del pavo relleno	Temperatura del horno	Tiempo aproximado de horneo
4–8 libras	325°F.	3–4½ horas
8–12 libras	325°F.	4½–5 horas
12–16 libras	325°F.	5–5½ horas
16–20 libras	325°F.	5½–6 horas
20–24 libras	325°F.	6–7 horas

Nota: El pavo estará listo cuando el muslo y la cadera se muevan fácilmente, la parte de más espesor del muslo se sienta blanda al apretarse y al pincharlo no suelte líquido.

SALSA (GRAVY) PARA PAVO RELLENO

Para hacer la salsa (*Gravy*) para pavo relleno, siga las instrucciones para hacer salsa (*Gravy*) para pollo relleno que aparece en la página 131.

OTRO RELLENO SABROSO PARA PAVO

A—Los menudillos del pavo (corazón, hígado y molleja)
   1 cebolla grande
   ¼ libra de jamón de cocinar

B—2 libras de carne de res, molida
   1 cucharada de sal
   ½ cucharadita de polvo de pimienta

C—3 huevos duros, picaditos
   12 ciruelas negras, secas, sin semillas, picaditas
   2 cucharadas de azúcar
   ⅓ taza de polvo de galletas ó de galletas de soda, molidas
   1½ taza de pasas, sin semillas
   1 taza de vino dulce
   1 frasco de 1 libra de compota de manzanas (*Applesauce*)

1—Pase por la máquina de moler los ingredientes incluídos en A. Coloque lo molido en un caldero. Agregue y mezcle los ingredientes incluídos en B.

2—Póngalo a *fuego alto*, moviéndolo **contínuamente,** hasta que la carne pierda el color rojizo.

3—**Inmediatamente,** ponga el *fuego bajo* y agregue los ingredientes incluídos en C.

4—Continúe moviéndolo **ocasionalmente** a *fuego bajo* durante *5 minutos.*

5—Retírelo del fuego, déjelo enfriar **totalmente** y rellene el pavo. Use el relleno que necesite hasta llenar ¾ **partes** del pavo. Coloque el resto del relleno en un molde de cristal para hornear, *tápelo,* y póngalo al horno a una *temperatura moderada* de *350°F.* durante *1 hora.* Sírvalo acompañando el pavo. (Si le sobrara relleno, úselo para hacer pastelillos, croquetas, etc.)

PAVO TRUFADO

(El pavo trufado debe hacerse con pavo maduro, pues el pavo joven tiene el pellejo muy tierno y se desbarataría al cocerse.)

A—1 pavo grande (alrededor de 12 libras, limpio)

B—1 cucharada de sal (para espolvorear las pechugas)

C—3 libras de carne de cerdo
½ libra de jamón de cocinar } pesadas sin hueso ni grasa

D—2 cebollas, medianas
4 granos de ajo

E—¼ libra de mantequilla
5 huevos

F—½ taza de salsa de tomate
¼ taza de aceite de oliva
1½ cucharada de sal
1 cucharada de vinagre
¼ cucharadita de polvo de pimienta

G—½ libra de hígado de ganso (*Liverwurst*)
2 latitas de 1¼ onza de trufas

H—2 tazas de polvo de galleta

1—Déle un corte profundo **a lo largo** del espinazo del pavo. Límpielo interiormente, lávelo y séquelo. **Reserve** el corazón, el hígado y la molleja.

2—Despréndale el pellejo **cuidadosamente,** comenzando por la parte donde dió el corte y evitando romper el pellejo. Use cuchillo pequeño y afilado. Al remover el muslo y las alas, corte en la coyuntura, para evitar partir astillas de hueso.

3—Después de haber desprendido totalmente el pellejo, lávelo, séquelo y resérvelo para rellenarlo más tarde.
Si involuntariamente corta el pellejo al desprenderlo, remiéndelo de modo que le quede como una bolsa cerrada que tenga como única apertura la parte por donde le dió el corte.

4–Separe la carne de los huesos del pavo. Procure sacar las pechugas **enteras.** Corte el resto de la carne en pedazos.

5–Riegue 1 cucharada de sal sobre las pechugas y resérvelas.

6–Ponga a hervir durante *40 minutos* un recipiente grande, rectangular y profundo, con 5 litros de agua, 5 cucharadas de sal y los huesos del pavo.

7–Mientras tanto, vaya pasando por la máquina de moler la carne del pavo (exceptuando las pechugas), la carne de cerdo, el jamón, el corazón y la molleja, previamente limpios de pellejos y cartílagos. Añada la mantequilla y los huevos. Mezcle.

8–Ralle las cebollas y los ajos y agréguelos.

9–Añada los ingredientes incluídos en F y agregue el hígado de ganso (*Liverwurst*), desbaratándolo bien con un tenedor.

10–Añada el líquido de las trufas. Corte las trufas en rueditas finas y resérvelas para agregarlas más tarde.

11–Añada finalmente el polvo de galleta y mézclelo todo bien.

12–Coloque el pellejo del pavo sobre una mesa y proceda a rellenarlo del modo siguiente:

Ponga en el fondo las dos pechugas para que sirvan de base. Cúbralas con la mitad del relleno.

Colóquele encima el hígado del pavo cortado en tiritas finas y alternándolo con las rueditas de trufas.

Cubra con el resto del relleno. (No rellene en su totalidad, pues el relleno al cocer expande.)

Cosa el pellejo, cúbralo con paño sin apretarlo cosa el paño.

13–Saque los huesos del agua que tenía hirviendo y coloque el pavo trufado. *Tápelo* y cueza a *fuego alto* por *1 hora.*

14–*Vírelo, tápelo* de nuevo, ponga el *fuego moderado* y cueza por *1 hora* más. Tan pronto esté listo se saca, se escurre y se le pone algo pesado encima. Cuando enfría se coloca en la nevera hasta el día siguiente.

15–Para servirse, se le quita el paño, se divide **en dos** a lo largo y se corta en rebanadas finas. Se sirve frío, acompañado por ensalada y mermelada.

CAPITULO VIII *Pescado y Mariscos*

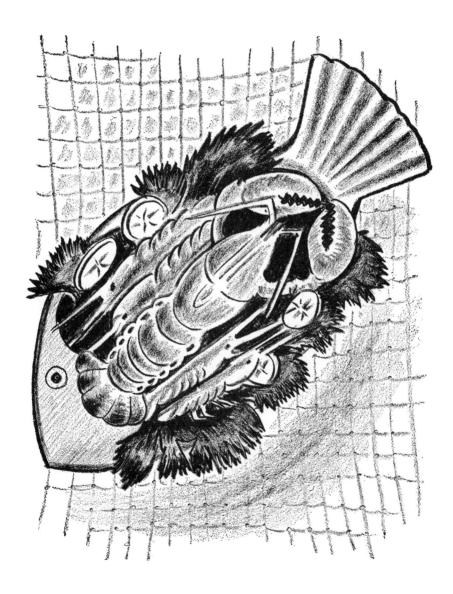

Pescado y Mariscos

PESCADO

El pescado es un alimento delicado. Es sumamente importante que se coma bien fresco.

El pescado fresco tiene un olor característico, las agallas de un color rojo subido, los ojos claros y la carne firma y dura.

Se recomienda que a menos que el pescado se conserve en una congeladora (Freezer), se coma en seguida.

En Puerto Rico tenemos una gran variedad de pescados, encontrándose entre éstos la sierra, el capitán, el mero, la picúa, el colorado, la sama, el chillo y el dorado.

También podemos conseguir pescado americano refrigerado, el cual viene preparado en cajitas y ya limpio, listo para cocerse y resulta muy sabroso, especialmente, preparado a la "Minuta."

BACALAO

El bacalao es simplemente pescado que ha sido curado y es un gran recurso en la cocina puertorriqueña, debido a su gran economía.

1 libra de bacalao rinde para 4 o 5 raciones y su precio es muy económico.

El bacalao debe ponerse en agua la noche anterior para quitarle un poco de sal. Al día siguiente se le cambia el agua y se pone a hervir durante 15 minutos. Si lo prefiere comer sin haberlo puesto en agua la noche anterior, debe colocarlo en agua que lo cubra y ponerlo a hervir durante 1 hora.

El bacalao debe limpiarse quitándole los pellejos y las espinitas y desmenuzándolo.

PESCADO FRITO

PESCADO: El pescado pequeño debe freírse entero. El pescado mediano o grande debe freírse *cortado en ruedas*.

SAL: Use 1 cucharadita de sal por *cada libra* de pescado limpio.

HARINA DE TRIGO: La necesaria para cubrir ligeramente el pescado. Omítala si se fríe en aceite.

MANTECA O ACEITE DE OLIVA: ½ taza.

AJO: 1 grano de ajo, machacado.

1—El pescado debe estar vacío interiormente y bien escamado. Lávelo en agua a la que agregará el jugo de un limón verde. Escúrralo, séquelo y sazónelo de sal. Envuélvalo ligeramente en la harina de trigo.

2—Caliente la grasa y añada el ajo. Agregue el pescado y cueza a *fuego alto* hasta dorarlo un poco por ambos lados. Ponga el *fuego bajo* y déjelo cocer alrededor de *10 minutos* más. Retírelo del fuego y colóquelo sobre papel absorbente para que se chupe la grasa.

BUDIN DE SALMON

6 rebanadas de pan de emparedados (*Sandwich*)
4 tazas de leche
1 lata de salmón de 1 libra
2 onzas de mantequilla (4 cucharadas)
½ taza de queso parmesano, rallado
6 huevos
¼ cucharadita de pimienta
1½ cucharadita de sal

1—Quítele la corteza al pan y remoje con la leche y el líquido de la lata de salmón.

2—Derrita la mantequilla y agréguela a la mezcla.

3—Desmenuze bien el salmón con un tenedor, sacándole los huesos grandes y espinas. Agregue a la mezcla.

4—Agregue ½ taza de queso parmesano, rallado.

5—Bata *ligeramente* los huevos y *envuélvalos* en la mezcla, junto con la sal y la pimienta.

6—Caliente el horno a *375°F*. Engrase un molde de cristal para hornear (alrededor de 12″ x 7½″ x 2″) y vierta la mezcla. Espolvorée 1 cucharada de queso parmesano rallado por encima y hornée alrededor de *45 minutos* a *1 hora*.

PESCADO HORNEADO

1 pescado entero, escamado y limpio

1—Lave bien el pescado, por dentro y por fuera. Déle dos cortes *verticales* por ambos lados y colóquelo en un molde rectangular de aluminio ó de cristal para hornear. Riéguelo con el jugo de ½ limón verde por **cada libra** de pescado. Sazónelo con **1 cucharadita de sal** por **cada libra** de pescado. Riéguelo *levemente* con polvo de pimienta.

2—Encienda anticipadamente el horno a *350°F*. Hornée el pescado según su espesor:
    1 pulgada de espesor — alrededor de *20 minutos*
    2 pulgadas de espesor — alrededor de *30 minutos*
    3 pulgadas de espesor — alrededor de *45 minutos*
(Para probar si el pescado está listo, clave un tenedor en la parte de mayor espesor, para ver si la carne se separa fácilmente y ha perdido la traslucencia.)

FILETE DE PESCADO EMPANADO

A—1 libra de filete de pescado, libre de pellejos y espinas
    Jugo de 1 limón verde
    1 cucharadita de sal

B—Harina de trigo (*suficiente para cubrir el pescado*)
    1 huevo
    ¼ cucharadita de sal

C—Polvo de pan ó galleta (*suficiente para empanar el pescado*)
    1 cucharada de leche ó agua

1—Lave el filete de pescado y séquelo. Riéguele el jugo de limón y sázonelo con la sal.

2—Pase el pescado *ligeramente* por harina. Desbarate el huevo con la sal y la leche ó el agua. *"Envuelva"* el pescado en esto, escúrralo, y cúbralo *bien* con polvo de pan ó galleta.

3—Caliente suficiente manteca ó aceite vegetal en una sartén. Fría el pescado en la grasa caliente hasta quedar dorado por ambos lados. (Si desea freírlo en abundante grasa (*Deep-Frying*), caliente la grasa a *365°F*. Fría alrededor de *5 minutos* ó hasta dorarlos.)

Nota: Puede acompañar el pescado con Salsa Tártara ó Salsa Blanca, espolvoreándole queso parmesano rallado por encima.

PESCADO A LA JARDINERA

(6 raciones)

A—1 pescado de 4 libras, escamado, limpio y lavado

B—4 litros (16 tazas) de agua
4 cucharadas de sal
1 cebolla, mondada y cortada en dos
2 hojas de laurel

C—2 tomates grandes, cortados en ruedas

D—¼ taza de aceite de oliva
2 cucharadas de vinagre   } bien mezclados
¼ cucharadita de sal
½ cucharadita de jugo de limón

E—4 huevos duros
Ramitas de perejil fresco (*para decorar*)

1—En un recipiente largo y profundo, ponga a hervir los ingredientes incluídos en B. Reduzca el fuego a *bajo,* agregue el pescado, *cubra* y cueza alrededor de *40 minutos,* ó hasta que al clavarle un tenedor en el sitio de mayor espesor, la carne se separe fácilmente y haya perdido la traslucencia.

2—Cubra el fondo de un molde grande, rectangular, de cristal para hornear, con las ruedas de tomate. Saque **con cuidado** el pescado del agua y colóquelo sobre las ruedas de tomate.

3—Cuele ¼ de taza del caldo y caliéntelo en una cacerola, junto con los ingredientes incluídos en *D*. Con un tenedor, maje, *por separado*, las claras y las yemas de los huevos. *Reserve* parte de las claras para decorar y añada el resto a la salsa, junto con las yemas. Mezcle y viértala sobre el pescado. Decórelo con las claras que reservó y con el perejil.

MOJO ISLEÑO

A—Salsa:

½ taza de aceite de oliva	2 cucharadas de vinagre
1½ taza de agua	1 cucharada de sal
2 cucharadas de alcaparras	2 hojas de laurel

24 aceitunas, rellenas con pimientos morrones
2 latas de 8 onzas de salsa de tomate
1 lata de 4 onzas de pimientos morrones,
  con su líquido, cortados en tiritas
2½ libras de cebollas, cortadas en ruedas

B—Pescado:

4 libras de ruedas de pescado,	1 taza de aceite de oliva
de 1 pulgada de ancho	1 grano grande de ajo,
4 cucharaditas de sal	machacado

1—Prepare la salsa combinando en un caldero todos los ingredientes incluídos en *A* y poniéndolos a cocer a *fuego moderado*, ½ hora **tapado** y ½ hora **destapado**.

2—Cuando le falte poco para estar lista la salsa, sazone el pescado con la sal y fríalo del modo siguiente:

En una sartén, combine la taza de aceite con el ajo. Ponga el *fuego moderado* y permita que el ajo se dore. Saque el ajo y agregue las ruedas de pescado que cómodamente quepan en la sartén. Fríalas alrededor de *7 minutos* por cada lado. (Dórelas **ligeramente** a *fuego moderado* y el resto del tiempo cuézalas a *fuego bajo*.) Fría el resto del pescado en la misma forma. Sírvalo con la salsa caliente por encima.

PESCADO "DORADO"

A—2 libras de filete de Dorado (*Mahi-Mahi*)
   libre de pellejos y de espinas
   2 cucharditas de jugo de limón verde, fresco
   2 cucharaditas de sal
   Pizca de polvo de pimienta (opcional)

B—1 lata de 14.5 onzas de Tomates al Natural (*Whole Tomatoes*)
   2 cebollas pequeñas, cortadas en medias ruedas
   2 granos de ajo, machacados
   12 aceitunas rellenas con pimientos morrones
   1 cucharadita de sal
   1 cucharada de alcaparritas
   2 cucharadas de aceite de oliva
   2 hojas de laurel
   ¼ taza de vino seco

1—Pre-caliente el horno a *350°F*.

2—Lave el pescado **rápidamente** y séquelo bien con papel absorbente. Córtelo en 6 porciones y colóquelas en un molde de cristal para hornear, 13″ x 9″ x 2″.

3—Vierta por encima del pescado el jugo de limón. Mezcle la sal con el polvo de pimienta y riéguela sobre el pescado.

4—En un tazón grande, vierta el contenido de la la lata de Tomates al Natural y desbarate los tomates. Agregue al tazón el resto de los ingredientes incluídos en *B*.

5—Distribuya sobre el pescado el contenido del tazón y hornée por *30 minutos*.

6—Sirva el pescado acompañado con la salsa.

PESCADO AU GRATIN

A—2 libras de filete de pescado, libre de pellejos y espinas

B—**Adobo:**
3 granos de pimienta
2 granos grandes de ajo, picaditos
1 cebolla pequeña, mondada y picadita
2 cucharaditas de sal
1 cucharada de jugo de limón verde, fresco

C—1 tomate, cortado en ruedas finas

D—**Salsa de queso:**
2 onzas (4 cucharadas) de mantequilla
½ taza de harina de trigo
¾ cucharadita de sal
3 tazas de leche
½ libra de queso *Cheddar,* rallado en tiritas

E—2 cucharadas de polvo de pan ó galleta

F—¼ taza de queso parmesano, rallado

1—Lave y seque el pescado. Muela en el mortero los ingredientes incluídos en *B* y adobe bien el pescado. Coloque las ruedas de tomate en el fondo de un molde llano de cristal para hornear. Coloque el pescado sobre las ruedas de tomate.

2—Prepare la salsa de queso en la forma siguiente:
Derrita la mantequilla a *fuego bajo.* Agregue la harina y mezcle. Agregue la sal y la leche caliente. Mezcle a *fuego moderado* hasta que hierva y espese. Agregue el queso rallado y mezcle al fuego **únicamente** en lo que derrite el queso. Retire del fuego.

3—Cúbralos con la salsa de queso y espolvorée con polvo de pan ó galleta.

4—Hornéelo, *destapado,* en horno calentado anticipadamente a *350°F.* alrededor de *30 minutos.* Retire del horno y espolvorée por encima el queso parmesano rallado.

PESCADO EN ESCABECHE

A—**Salsa:**

2 tazas de aceite de oliva
1 taza de vinagre
12 granos de pimienta
½ cucharadita de sal
2 hojas de laurel
1½ libra de cebollas, cortadas
en ruedas

B—**Pescado:**

3 libras de pescado, cortado en ruedas de 1 pulgada
1 limón grande
4½ cucharaditas de sal
¼ taza de harina de trigo

1 taza de aceite de oliva
2 granos grandes de ajo,
machacados

1—Prepare la salsa, combinando en un caldero grande los ingredientes incluídos en A y dejándolos cocer a *fuego bajo* por *1
hora.*

2—Mientras tanto, lave rápidamente el pescado y séquelo.
Riéguele por encima el jugo del limón. Sazónelo con 4½
cucharaditas de sal. Al momento de freirlo, cubra **ligeramente**
ambos lados de las ruedas de pescado con la harina de trigo.

3—En un caldero ó sartén grande, ponga a calentar 1 taza de
aceite de oliva junto con dos ajos, machacados. Tan pronto
los ajos se doren, sáquelos. Vaya dorando las ruedas de pescado **por ambos lados**, a *fuego moderado*. Ponga el *fuego
bajo* y cuézalas por *15 minutos.* Sáquelas y colóquelas en un
molde de cristal profundo.

4—Cuando la salsa que preparó esté **totalmente** fría, viértala en
el molde, alternándola con las ruedas de pescado. *Tápelo* y
déjelo por lo menos *24 horas,* para que absorba todo el gusto
de la salsa. Preferiblemente, sírvalo frío.

BACALAO A LA VIZCAINA

A—1 libra de filete de bacalao
1 libra de papas, mondadas y cortadas en rebanadas **muy finas**
2 cebollas medianas, mondadas y cortadas en rebanadas finas

B—½ taza de salsa de tomate
½ taza de aceite de oliva
½ taza de agua
2 pimientos morrones,
   cortados en pedazos

¼ taza de aceitunas rellenas
1 cucharada de alcaparras
½ taza de pasas sin semillas
2 granos medianos de ajo
1 hoja de laurel

1—Ponga el bacalao en agua a remojarse por *4 horas* antes de hacerlo. Después, escúrralo bien y póngalo en **2 litros** de agua a hervir, a *fuego alto*, durante *15 minutos*. Escúrralo y quítele el pellejo y las espinitas. Desmenúcelo.

2—En un caldero ó sartén grande, coloque camadas de rebanadas de papa y de bacalao, alternadas con las rebanadas de cebollas. Distribuya entre estos los ingredientes en *B*.

3—Cueza a *fuego alto* hasta hervir. Reduzca a *fuego bajo* y cueza, *tapado*, durante *30 minutos* ó lo necesario para cocer las papas.

BACALAO REVUELTO CON HUEVOS

¼ libra de filete de bacalao
2 cucharadas de manteca
   ó aceite vegetal
3 cebollas, bien picaditas

⅓ taza de salsa de tomate
2 cucharadas de manteca ó
   aceite vegetal con achiote
8 huevos

1—Remoje el bacalao por *4 horas*. Escúrralo. Póngalo a hervir en **1 litro** de agua durante *15 minutos*. Sáquelo, enjuáguelo y quítele las espinitas y el pellejo negro. Desmenúcelo.

2—En una sartén, caliente **2 cucharadas** de grasa. Agréguele las cebollas picaditas y amortígüelas a *fuego bajo*. Agregue el bacalao desmenuzado, la salsa de tomate y la manteca ó aceite vegetal con achiote.

3—Bata los huevos y agréguelos. Revuelva a *fuego bajo* hasta que se cueza a su gusto.

SERENATA

1 libra de filete de bacalao	Viandas (yautías, batatas,
1 libra de cebollas	guineos verdes, plátanos,
1 libra de tomates grandes	etc.) hervidas

Salsa:

1 taza de aceite de oliva
½ taza de vinagre
½ cucharadita de sal
¼ cucharadita de polvo de pimienta

1—Remoje el bacalao por *4 horas.* Escúrralo y póngalo a hervir en **2 litros** de agua por *15 minutos.* Sáquelo, enjuáguelo en agua fresca y quítele el pellejo y las espinitas. Desmenúcelo.

2—Coloque el bacalao en una fuente, cubierto y rodeado por las cebollas, mondadas y cortadas en ruedas y por los tomates, cortados en ruedas. Riéguele encima la salsa. Sirva frío, acompañado con viandas.

LANGOSTA HERVIDA

A—Langosta entera congelada

1—Descongele la langosta y úsela en seguida.

2—En una olla grande, caliente a *fuego alto* suficiente agua para cubrir la langosta. Por **cada litro** (4 tazas) de agua que use, añada **1 cucharada** de sal.

3—Cuando el agua hierva a **borbotones,** sumerja la langosta. Al hervir de nuevo, *tape* la olla y cueza a *fuego bien bajo* por 5 min-utos por la **primera libra** y por *3 minutos* más por **cada libra** adi-cional. (Hierva **solo por 5 minutos en total,** si la carne de la langosta se va a cocer de nuevo en la confección de alguna receta.)

4—Saque la langosta, póngala con el carapacho **hacia abajo** y divídala por el centro, en dos mitades, a lo largo, usando unas tijeras especiales de cocina ó un cuchillo grande de cocina y ayudándose con una maceta. (La carne de langosta debe estar **mate** cuando está cocida.) **Remueva** y **descarte** el intestino, que tiene forma de vena incolora y que corre a todo lo largo de la cola, hasta la cabeza. Haga lo mismo con el saco del estómago, que queda debajo de la cabeza.

5—Separe las antenas y las patas de la langosta, quiébrelas y sáqueles la carne. (Algunas especies de langostas importadas tienen tenazas (*Claws*), en cuyo caso sepárelas de la langosta, quiébrelas y sáqueles la carne.) Saque la carne de la cola de la langosta ó déjela en la cola, si la receta así lo requiere. Use el hígado y los corales, pues son muy sabrosos. La carne obtenida de la langosta queda lista para comerla, bien fría ó caliente, acompañada por mantequilla derretida ó por la salsa de su preferencia.

B—Langosta entera viva

1—La langosta, al hervirla, debe estar viva; si está muerta, **descártela.** Siga las instrucciones para *Langosta Entera Congelada*, pero agarre firmemente la langosta por el carapacho, con las patas hacia afuera. Sumérjala, de cabeza, al agua hirviendo, cuidadosamente. En seguida, *tape* la olla, para evitar que salpique.

C—Colas de langosta (Lobster Tails)

1—Descongele las colas de langosta y úselas inmediatamente. (Si vienen en paquete con instrucciones, sígalas.)

2—Si la carne de las colas de langosta se va a cocer en la confección de alguna receta, antes de proceder a usarla haga lo siguiente: en una olla grande, caliente a *fuego alto* suficiente agua para cubrir las colas. Por **cada litro** (4 tazas) de agua, añada **1 cucharada** de sal. Cuando el agua hierva a **borbotones**, sumerja las colas. *Tape* la olla y cueza a *fuego bien bajo* por *5 minutos*. Escúrralas y páselas **rápidamente** por agua fresca. Divida las colas en dos mitades, a lo largo. **Remueva** y **descarte** el intestino, que corre de un extremo a otro de la cola. Saque la carne. (Las recetas de *Langosta a la Parrilla* y de *Langosta al Horno* **no** requieren hervirse previamente.)

LANGOSTA A LA PARRILLA

1—Escoja colas de langosta pequeñas ó medianas. Si están conge-
    ladas, descongélelas. Vire hacia atrás, **violentamente,** la cola de
    la langosta para que se quiebre el carapacho y así evitar que se
    enrosque al asarse. Aselas en seguida.

2—Engrase la parrilla del molde del asador. Caliente el horno *10
    minutos* antes de usarlo, con el regulador de temperatura in-
    dicando **Asar** (*Broil*).

3—Divida las colas en dos, a lo largo. Remueva y descarte el intes-
    tino, que corre de un extremo a otro de la cola.

4—Coloque las colas sobre la parrilla del molde, con el lado de carne
    hacia arriba. Riéguele jugo de limón y mantequilla derretida.

5—Coloque la parrilla del molde del **Asador** (*Broiler Rack*) a *6 pul-
    gadas* del fuego. Ase alrededor de *8 a 12 minutos,* dependiendo
    del tamaño de las colas. Retire del asador, riéguele **ligeramente**
    sal y viértale encima mantequilla derretida. Sirva con mante-
    quilla derretida y ruedas de limón.

LANGOSTA AL HORNO

1—Escoja colas de langosta pequeñas o medianas. Si usa colas de
    langosta congeladas, descongélelas y hornéelas en seguida.

2—Encienda el horno a *350°F., 10 minutos* antes de usarlo.

3—Divida las colas en dos, a lo largo. Remueva y descarte el intes-
    tino, que corre de un extremo a otro de la cola.

4—En un molde de aluminio, coloque las colas con el lado de la
    carne **hacia arriba.** Riéguele por encima jugo de limón y man-
    tequilla derretida.

5—Hornée alrededor de *30 minutos* o lo necesario hasta quedar
    cocidas, dependiendo del tamaño de las colas de langosta.

6—Retire del horno, riéguelas **ligeramente** con sal y viértale en-
    cima mantequilla derretida. Sirva con mantequilla derretida y
    ruedas de limón fresco.

LANGOSTA A LA ROYAL

A—1 libra de masa de langosta, hervida y cortada en cuadritos

B—3 onzas (6 cucharadas) de mantequilla
6 cucharadas de harina de trigo
2 tazas de leche (preferible evaporada, diluída)

C—2 pimientos morrones,   ¼ cucharadita de mostaza
picaditos   ½ cucharadita de Salsa Inglesa
1 cucharadita de sal   2 cucharadas de vino Moscatel

D—1 cucharada de polvo de galleta
1 onza (2 cucharadas) de mantequilla

1—Combine los ingredientes incluídos en C. Aparte, en una cacerola, derrita la mantequilla a *fuego bajo* y mezcle bien con la harina. Agregue la leche caliente y mezcle a *fuego moderado*. Añada los ingredientes incluídos en C y la langosta. Tan pronto hierva, retire del fuego.

2—Vierta en molde de cristal para hornear. Riéguele polvo de galleta por encima y distribuya la mantequilla en trocitos. Hornée por *10 minutos* en horno previamente calentado a *350°F*.

LANGOSTA A LA VINAGRETA

A—1 libra de masa de langosta hervida

1—Ponga a hervir 2 tazas de agua con 1½ cucharadita de sal. Al hervir, agregue la masa de langosta hervida y déjela a *fuego bien bajo* por *5 minutos*. Retire, deje enfriar y córtela en cuadritos.

B—**Salsa:**

½ taza de aceite de   1 cebolla, mondada
oliva   1 pimiento verde, sin
⅓ taza de vinagre   semillas   }picaditos
1 cucharadita de sal   1 rama de perejil
                           4 huevos duros

1—Combine la salsa y viértala sobre la langosta. Mezcle bien. Meta en la nevera para servir bien fría.

LANGOSTA A LA NEWBURG

1 libra de masa de langosta, hervida
2 cucharadas (1 onza) de mantequilla
1 taza de vino Jerez ó Madeira
2 yemas de huevo
1 taza de crema espesa (*Whipping Cream*)
½ cucharadita de sal
½ cucharadita de polvo de pimienta

1—Derrita la mantequilla a *fuego bajo.*

2—Corte la masa de langosta en pedacitos de tamaño mediano. Agréguelos a la mantequilla derretida. *Tape* la cacerola y cueza a *fuego bajo* por 5 *minutos.*

3—Añada el vino y cueza *destapado* y a *fuego bajo* hasta que el vino se haya consumido casi todo.

4—Bata bien la crema. Bata las yemas.

5—Agregue a las yemas batidas, la crema, la sal y el polvo de pimienta. Bátalo todo bien.

6—Añádalo a la cacerola y cueza a *fuego moderado* hasta que espese. No lo mueva mucho, para evitar que la langosta se desbarate.

7—Tueste 6 rebanadas de pan de emparedados, únteles mantequilla y sirva inmediatamente la mezcla sobre el pan tostado.

CAMARONES HERVIDOS

A—2 libras de camarones con su carapacho, frescos ó congelados

B—2 litros (8 tazas) de agua
    4 cucharadas de sal (vea Nota 1 en página 157)
    2 hojas de laurel
    4 granos de pimienta

1—Lave bien los camarones. (Si los usa congelados, descongélelos.)

2—En una olla grande, ponga a hervir a *fuego alto* los ingredientes incluídos en *B.* Cuando hierva a **borbotones,** agregue los camarones, reduzca el fuego a *bajo, tape* y cueza por 5 *minutos,* ó hasta que el camarón se cueza de acuerdo a su tamaño. (El carapacho estará **rosado** y la carne estará **mate** y **rosada.**)

3—Escúrralos, quíteles el carapacho, deles un corte leve en la parte superior de la cola y **remueva** la vena que corre a lo largo.

Notas: 1—Para hervir camarones **sin** carapacho, use **1 litro** de agua y **1 cucharada** de sal por **cada libra** de camarones.

2—**1 libra** de colas de camarones, hervidos con su carapacho, rinden alrededor de **½ libra** de carne de camarones.

CAMARONES GUISADOS

(6 raciones)

A—2 libras de colas de camarones, hervidos (vea página 156)
1 cucharadita de jugo de limón, fresco

B—1 onza de tocino
2 onzas de jamón de cocinar, picadito

C—1 cebolla
1 pimiento verde, sin semillas
3 ajíes dulces, sin semillas
6 hojas de culantro
} picaditos

D—1 cucharadita de alcaparras
¼ taza de *Catsup* ó *Ketchup*
6 aceitunas, rellenas con pimientos morrones
1 lata de 1 libra 12 onzas de tomates al natural
1 libra de papas, mondadas y cortadas en pedazos pequeños
2 hojas de laurel
2 cucharaditas de sal

1—Proceda a hervir las colas de camarones según la receta de *Camarones Hervidos* que aparece en la página 156.

2—En un caldero, ponga a *fuego mediano-alto* el tocino hasta que dore y rinda su grasa. Descártelo, añada el jamón y dórelo.

3—Agregue los ingredientes incluídos en C, ponga el *fuego bajo* y amortígüelos por *10 minutos.*

4—Añada los ingredientes incluídos en D y ponga el *fuego alto* hasta hervir. Reduzca el fuego a *moderado* y cueza, *destapado,* por *30 minutos,* ó lo necesario para espesar la salsa.

5—Agregue los camarones y el jugo de limón. Mezcle bien y deje dar un hervor.

CAMARONES EMPANADOS

A—2 libras de colas de camarones

B—2 huevos
⅛ cucharadita de polvo de pimienta
½ cucharadita de sal
1 taza de polvo de galleta

C—1 libra de manteca ó aceite vegetal

1—Proceda a hervir los camarones según la receta de *Camerones Hervidos* que aparece en la **página 156.**

2—Bata los huevos con la sal y envuelva bien los camarones.

3—Envuélvalos entonces en el polvo de galleta hasta quedar bien cubiertos.

4—Ponga a calentar la grasa y cuando esté caliente (termómetro de freír 375°F.), fría los camarones hasta dorarlos, alrededor de 2 *minutos.*

5—Sáquelos y colóquelos sobre papel absorbente para que se chupe la grasa.

Nota: Puede acompañar los camarones empanados con salsa tártara o cualquier otra salsa propia para servir con mariscos.

CAMARONES A LA VINAGRETA

2 libras de colas de camarones.

SALSA:
½ taza de aceite de oliva
⅓ taza de vinagre
1 cucharadita de sal
1 cebolla mediana, bien picadita
1 pimiento verde, fresco, sin semillas, picadito
1 rama de perejil fresco, picadito
4 huevos duros, muy bien picaditos

1—Proceda a hervir los camarones según la receta de *Camarones Hervidos* que aparece en la **página 156.**

2—Prepare la salsa y mézclela con los camarones, cortados en pedacitos.

3—Métalos a la nevera, para comerlos bien fríos.

CAMARONES A LA ROYAL

A—2 libras de colas de camarones.

B—3 onzas (6 cucharadas) de mantequilla
6 cucharadas de harina de trigo
2 tazas de leche tibia, preferiblemente evaporada, diluída

C—2 pimientos morrones, bien picaditos
1 cucharadita de sal
½ cucharadita de salsa inglesa
2 cucharadas de vino Moscatel
¼ cucharadita de mostaza

1—Proceda a hervir los camarones según la receta de *Camarones Hervidos* en la **página 156.**

2—Aparte, en una cacerola, ponga a derretir la mantequilla a *fuego bajo.* Agréguele la harina y mezcle. Vierta, poco a poco, la leche tibia.

3—Añada los ingredientes incluídos en C.

4—Corte los camarones en pedacitos y agregue.

5—Mezcle y mueva **continuamente** a *fuego moderado,* hasta que hierva y espese un poco.

6—Vierta la mezcla en un recipiente de cristal para hornear o en recipientes individuales del mismo cristal.

7—Cúbralos **ligeramente** con polvo de galleta y con pequeños pedacitos de mantequilla.

8—Métalos a un horno de calor *moderado* (400°F.), alrededor de *10 minutos.*

ATUN AL HORNO

5 rebanadas de pan de emparedados (*Sandwich*)
1 lata de 7 onzas de atún (*Tuna Fish*)
½ taza de queso parmesano, rallado | ¾ cucharadita de sal
2 tazas de leche | 3 huevos

1—Quite la corteza al pan. Desmenúcelo.

2—Engrase un molde de cristal para hornear y cubra el fondo del molde con la mitad de este pan desmenuzado.

3—Desmenuce el atún y riéguelo por encima, incluyendo el aceite en que viene el atún. Cúbralo con el queso rallado y riéguele encima el resto del pan desmenuzado.

4—Por separado combine la leche y la sal. Bata bien los huevos y agréguelos a la leche, **"envolviéndolos."**

5—Vierta la mezcla sobre el contenido del molde.

6—Caliente el horno anticipadamente a una *temperatura baja* de 325°F.

7—Meta el molde al horno y déjelo hornear durante *1 hora.*

BUDIN DE ATUN

A—2 onzas (4 cucharadas) de mantequilla

B—1 taza de leche | 8 galletas de soda

C—1 lata de 9¼ onzas (*Family Size*) de atún (*Tuna Fish*)
 ¼ cucharadita de polvo de nuez moscada
 2 cucharaditas de azúcar | ½ cucharadita de sal

D—4 huevos

1—Saque con anticipación la mantequilla de la nevera para que esté cremosa y póngala en un tazón.

2—Caliente el horno a una *temperatura moderada* de 350°F. Engrase con oleomargarina un molde redondo de cristal para hornear de 8½ pulgadas de diámetro por 3 pulgadas de alto.

3—En una taza de medir de 16 onzas, vierta la leche y desmenúcele encima las galletas, rompiéndolas con las manos, para que caigan en pedazos. Empújelas hacia abajo para que se empapen bien con la leche.

4—Añada al tazón de la mantequilla los ingredientes incluídos en *C* y al agregar el atún, añada también el aceite en que viene. Mezcle bien.

5—Añada al tazón las galletas y la leche en que se remojaron. Mezcle bien.

6—Aparte, bata los huevos y **"envuélvalos"** en la mezcla. Vierta en el molde y hornée alrededor de ½ *hora* ó lo necesario para que, al introducirle un palillo en el centro, salga seco.

SALMON GUISADO CON PAPAS

1½ libra de papas
1 litro (4 tazas) de agua
1 cucharada de sal
½ libra de cebollas
2 cucharadas de aceite vegetal
2 hojas de laurel
1 cucharadita de alcaparras

2 cucharadas de aceite
   vegetal con achiote
¼ taza de salsa de tomate
⅓ taza de agua
2 latas de 1 libra de salmón
6 aceitunas, rellenas con
   pimientos morrones

1—Lave bien las papas y pártalas en dos. Póngalas a cocer en el litro de agua con la cucharada de sal a *fuego alto* hasta hervir. Ponga el *fuego moderado* y hierva por *30 minutos*.

2—Por separado, monde y corte las cebollas en ruedas. Lávelas y escúrralas bien. Póngalas a amortiguar en las 2 cucharadas de aceite a *fuego bajo* por *15 minutos*. Muévalas **ocasionalmente.**

3—Agrégueles después las 2 cucharadas de aceite con achiote, la salsa de tomate, el ⅓ de taza de agua, el contenido de las dos latas de salmón, incluyendo el líquido en que vienen, las hojas de laurel, alcaparras y aceitunas.

4—Mézclelo todo bien y desbarate un poco el salmón.

5—Agregue las papas mondadas y escurridas.

6—Tápelo y póngalo a *fuego moderado* por *10 minutos*.

COCA DE SARDINAS
MASA PARA EL PASTELON

1½ taza de harina de trigo
1 cucharada de polvo de hornear (*Baking Powder*)
¼ cucharadita de sal
1½ onza (3 cucharadas) de mantequilla fría
1 huevo
⅓ taza de leche fría

1—Encienda el horno a una *temperatura moderada* (350°F.)

2—Mida la harina. Ciérnala con el polvo de hornear y con la sal por **tres veces.** Añádale la mantequilla fría y combínela **rápidamente** usando un *"Dough Blender"* ó dos cuchillos y después un tenedor.

3—Coloque el huevo en una taza de medir y desbarátelo con un tenedor, **sin batirlo,** hasta que yema y clara unan. Añádale suficiente leche hasta medir ½ taza y mezcle.

4—Riéguelo sobre la mezcla de harina y combine con tenedor hasta que no quede harina suelta en el fondo del tazón. Vierta la mezcla sobre mesa **levemente** enharinada y amásela **sólo 5 veces.** Extiéndala con un rodillo, dándole una forma circular, de un tamaño adecuado para cubrir holgadamente un molde de cristal para hornear de alrededor de 9½″ a 10″ diámetro.

5—Coloque sobre la masa un papel parafinado y enrolle la masa junto con el papel. Desenróllela sobre el molde y descarte el papel. No permita que la masa quede tirante en el molde.

6—Pinche la masa por distintos sitios y oprima la orilla con la punta de un tenedor, mojado en leche. Hornée durante *30 minutos.*

RELLENO PARA LA COCA

8 cucharadas de aceite de oliva
¾ libra de cebollas, mondadas y cortadas en ruedas
1 lata (1 libra) de sardinas en salsa de tomate
1 lata (4 onzas) de pimientos morrones, picaditos en su líquido
⅓ taza de perejil fresco, picadito
1 cucharadita de sal
6 cucharadas de salsa de tomate

1—En una sartén, sofría las cebollas en el aceite por *15 minutos* a *fuego bajo,* moviendo **ocasionalmente.**

2—Quite el espinazo a las sardinas y con la salsa en que vienen, añádalas a la sartén. Agregue el resto de los ingredientes, mezcle y ponga a *fuego moderado* hasta hervir. Retire y rellene el molde que horneó. Sirva caliente.

JUEYES HERVIDOS

Para cocer jueyes vivos, ponga a *fuego alto* una olla bien grande con abundante agua. Al hervir a **borbotones,** eche los jueyes, que deben quedar cubiertos con agua. Hierva **únicamente** hasta que los jueyes dejen de retorcerse. **En seguida,** escurra, lave los jueyes bajo pluma de agua y enjuague la olla. Llene de nuevo la olla con agua y abundante sal, para que el agua quede **sobre-salada.** (Preferiblemente, use sal en grano.) Agregue, a su discreción, cebollas partidas en dos, pimientos verdes sin semillas, ajíes dulces sin semillas, ajos machacados y hojas de culantro lavadas. Ponga el *fuego alto* y al hervir a **borbotones,** hierva los jueyes, *destapados,* por *15 minutos.* Sáquelos. (En recetas en que la carne de los jueyes se va a cocer de nuevo, debe hervirlos **sólo** por *5 minutos,* sin echarle condimentos al agua y en seguida sumerjirlos en agua fresca.)

Coja los jueyes, uno por uno, y colóquelos sobre una mesa con el carapacho ó casco hacia **abajo.** Remuévales la *"tapa"* que queda en el centro exterior del cuerpo, también conocida como delantal (*Apron*) ó pámpana. (Esta *tapa* sirve para diferenciar, externamente, el sexo de los jueyes. La tapa ancha corresponde a la hembra y la estrecha y puntiaguda al macho.)

Arranque a los jueyes las patas y las tenazas (comúnmente conocidas como *"bocas"*). Oprima con un rodillo las patas para extraerles la carne. Quiebre las tenazas y sáqueles la carne. (Al hacer ambas operaciones, proceda con **mucho cuidado,** para no incluir pedacitos de casco.) **Reserve** la carne.

Coja firmemente el juey, hale y separe el cuerpo del carapacho. Desprenda y descarte las agallas (*Gills*) que están en la parte exterior del cuerpo. **Reserve** la grasa y el contenido que se acumula en el hueco del cuerpo. A ambos lados del cuerpo notará una especie de nudillos, que son las bases de las patas y las tenazas. Introdúzcale la punta de una tenaza ó de un tenedor. Arránquelos y descártelos.

Con un cuchillo, corte el cuerpo en dos, **a lo largo,** para separar el tope de la base del cuerpo. Proceda con el mismo cuidado a sacar la carne que se encuentra entre las secciones del cuerpo. **Reserve** la carne.

Cuidadosamente, con una cucharita, localice en el carapacho una estructura que dá la impresión de una bolsa. Este es el estómago (comúnmente conocido como el *"buche"*) y la hiel. Despréndalo con **mucho cuidado,** para que no se rompa y se desparrame la hiel. Descártelo. Saque y **reserve** el resto del contenido del carapacho.

Las partes reservadas de los jueyes quedan listas para consumirse en seguida ó usarse en las distintas recetas. Pueda mezclarlas ó comérselas por separado, según prefiera.

JUEYES AL CARAPACHO

A—1 libra de carne de jueyes hervidos (Vea receta en la página 163)
Los carapachos de los jueyes

B—3 hojas de culantro, lavadas	4 granos de ajo
1 pimiento verde, sin semillas	1 cebolla
2 ajíes dulces, sin semillas	1 cucharada de alcaparras
6 aceitunas, rellenas con pimientos morrones	2 pimientos morrones

C—2 cucharadas de aceite de oliva	1¼ cucharadita de sal
1 cucharadita de jugo de limón, fresco	8 granos de pimienta, molidos

D—2 cucharaditas de harina de trigo	½ cucharadita de agua
¼ cucharadita de sal	2 huevos, batidos

1—Pique finamente los ingredientes incluídos en B, mézclelos en un caldero, junto con los ingredientes incluídos en C, y sofría a *fuego bajo* por *10 minutos.*

2—Agregue la carne de jueyes, mezcle, *tape* y cueza por *10 minutos* a *fuego moderado.* Rellene los carapachos con la mezcla de los jueyes, apisonándola bien.

3—Aparte, mezcle los ingredientes incluídos en D y vierta sobre el relleno de los carapachos hasta cubrir. En una sartén con un poco de aceite caliente, coloque los carapachos, **boca abajo,** y dórelos.

JUEYES AL SALMOREJO

A–1 libra de carne de jueyes hervidos (Vea página 163)

B–2 pimientos verdes, sin semillas
    ¼ libra de ajíes dulces, sin semillas
    6 hojas de culantro
    6 ramitas de culantrillo, sin el tallo
    1 cebolla pequeña
    6 granos de ajo
    1 lata de 4 onzas de pimientos morrones, escurrida
    ¼ cucharadita de orégano seco

lavados
y
escurridos

C–1 lata de 8 onzas de salsa de tomate
    ¼ taza de aceite vegetal con achiote (Vea página 7)
    ¼ taza de agua
    1¼ cucharadita de sal

1–Muela o pique menudito los ingredientes incluídos en B. Viértalos en un caldero y agregue los ingredientes incluídos en C.   Mezcle **ocasionalmente**, a *fuego moderado*, por *10 minutos.*

2–Añada la carne de jueyes y cueza por *5 minutos* a *fuego moderado*, mezclando **ocasionalmente.**   Retire del fuego y sirva caliente.

EMPANADAS DE JUEYES

(20 Empanadas)

Masa:

A–1 libra de casabe (4 pencas)
    3 tazas de leche

B–1 cucharada de sal
    2 tazas de leche
    ½ taza de manteca ó aceite vegetal con achiote

1–Triture el casabe en pedacitos **sumamente pequeños.** Colóquelos en un tazón grande y agréguele 3 tazas de leche. Remójelo por *3 horas.* Luego, mezcle hasta quedar todo bien unido.

2–Agréguele los ingredientes incluídos en *B* y mezcle de nuevo, hasta formar una masa suave.

Relleno:

A—1 libra de carne de jueyes hervidos (Vea receta en la página 163)

B—1 cucharada de aceite vegetal ó manteca

½ pimiento verde, sin semillas ⎫
1 ají dulce, sin semillas   ⎪
2 granos de ajo, mondados   ⎬ molido ó finamente picado
1 cebolla, mondada   ⎪
1 pimiento morrón   ⎭

6 aceitunas, rellenas con pimientos morrones
6 granos de pimienta, molidos
1 cucharadita de jugo de limón, fresco
1 cucharadita de sal

C—1 cucharada de manteca ó aceite vegetal con achiote

1—En un caldero pequeño, caliente la grasa. Agregue el resto de los ingredientes incluídos en B y sofríalos a *fuego bajo* por *10 minutos*, moviendo **ocasionalmente**.

2—Añada la carne de jueyes, mezcle bien, *tape* y cueza por *10 minutos* a *fuego bajo*.

Método:

1—Lave unas hojas de plátano y córtelas en pedazos de alrededor de 12 pulgadas. Remueva la vena del centro de la hoja.

2—Engrase cada hoja con un poco de manteca ó aceite vegetal con achiote incluído en *C*.

3—Vierta en el centro de la hoja 4 cucharadas de la masa. Extiéndala sobre la hoja.

4—Coloque en el centro de la masa 3 cucharadas de relleno. Extiéndalo hacia los lados.

5—Doble la hoja dos veces para formar la empanada y aplánela con las manos hacia los lados. Doble hacia adentro los extremos de las hojas.

6—Coloque las empanadas sobre láminas de aluminio (*Aluminum Sheets*) y hornéelas por *20 minutos* en horno previamente calentado a *350°F*. Vírelas y hornéelas por *25 minutos*. Sírvalas en las hojas.

Nota: Puede variar, usando relleno con carne de res ó de cerdo (vea *página 102*).

CAPITULO IX Huevos y Hortalizas

ℋuevos y ℋortalizas

HUEVOS

El huevo es un alimento muy nutritivo, pues contiene muchas de las vitaminas necesarias para el crecimiento y para el mantenimiento de la salud.

El color del cascarón del huevo no tiene nada que ver con su valor alimenticio, ya que alimenta lo mismo el huevo de cascarón claro que el de cascarón obscuro.

El huevo debe guardarse en sitio fresco.

Al cocer el huevo hágalo siempre a *fuego bajo*.

Saque el huevo de la nevera con anticipación, de modo que al cocerlo tenga la temperatura del cuarto.

El huevo fresco visto a trasluz llena parcialmente el cascarón, mientras que el huevo viejo llena como ¾ partes únicamente.

HUEVOS PASADOS POR AGUA

1—Los huevos pasados por agua deben hacerse con agua que los cubra. Ponga a hervir el agua y cuando haya hervido reduzca el fuego para no permitir que vuelva a hervir.

Inmediatamente agregue los huevos y déjelos cocer el siguiente tiempo:

6 minutos para huevos bien blandos.

8 ó 10 minutos para huevos medianamente blandos.

35 minutos para huevos duros.

Nota: Sumerja los huevos duros acabados de cocer en agua fría para evitar que se descoloren las yemas.

HUEVOS FRITOS EN AGUA

Huevos
1 taza de agua | ¼ cucharadita de sal

1—Ponga a hervir en una sartén bien pequeña, el agua con la sal.

2—Después que hierva, ponga el fuego bajo para no permitir que vuelva a hervir.

3—Eche los huevos y según se vayan cociendo, riégueles del agua en que se están haciendo por encima. Evite romper las yemas.

4—Tardan alrededor de 5 minutos.

Nota: Si le gustan más o menos blandos, puede **aumentar o disminuir** el tiempo indicado.

HUEVOS ESCALFADOS O SEA A "BAÑO DE MARIA"
(Poached Eggs)

Nota: Si posible, use baño de María especial que viene para hacer 1 huevo escalfado o varios.

1—Llene con agua la mitad de la parte baja del baño de María.

2—Póngalo a fuego alto hasta que hierva.

3—Mientras tanto, engrase la parte alta del baño de María y eche en ésta cuidadosamente el huevo o los huevos evitando romper las yemas.

4—Cuando la parte baja hierva, bájele la luz para no permitir que vuelva a hervir.

5—Colóquele encima, entonces, la parte alta y déjelo cocer tapado a fuego bajo por 4 minutos, si fuere un solo huevo y, durante 8 minutos, si fueren varios los huevos.

6—Retírelo del fuego, espolvoréele levemente sal y sírvalo caliente.

HUEVOS FRITOS EN ACEITE O MANTECA VEGETAL

(Preferiblemente fríalos de dos en dos en una sartén pequeña)

Huevos
1 cucharada de aceite ó manteca vegetal, derretida

1—En una sartén caliente la grasa.

2—Agregue los huevos con cuidado de no romper las yemas.

3—Cueza a *fuego bajo* durante *4 minutos*.

4—Mientras se cuecen, déles cortes poco profundos a las claras para evitar que se inflen.

5—Tan pronto estén listos, retírelos, escúrralos bien y espolvoréelos con sal.

6—Cueza el resto de los huevos en la misma forma, usando la grasa restante en la sartén.

HUEVOS FRITOS EN MANTEQUILLA

Saque los huevos de la nevera con anticipación, de modo que no estén fríos cuando vaya a cocerlos. Es preferible usar una sartén pequeña y cocerlos de dos en dos.

2 huevos
1½ cucharadita de mantequilla u oleomargarina

1—Derrita a fuego bajo la mantequilla.

2—Cuando esté derretida, agregue los huevos y déjelos cocer a fuego bajo durante 4 minutos.

3—Mientras se estén cociendo, dé algunos cortes a la clara, que no sean profundos.

4—Tan pronto estén listos, retírelos y espolvoréelos levemente de sal.

Nota: Si le gustan más o menos blandos, puede aumentar o disminuír el tiempo indicado.

HUEVOS REVUELTOS
(1 ración)

2 cucharaditas de mantequilla	⅛ cucharadita de sal
2 huevos	2 cucharadas de leche

1—Derrita la mantequilla a fuego bajo en una sartén.

2—Por separado bata los huevos y agrégueles la sal y la leche.

3—Viértalos sobre la mantequilla en la sartén y rómpalos con tenedor según vayan endureciendo.

4—Déjelos cocer por 1 minuto.

5—Es importante retirarlos del fuego cuando aún estén cremosos, para que queden bien sabrosos.

6—Sírvalos en seguida.

Nota: Si le gustan un poco más secos, déjelos un poco más de tiempo al mismo fuego bajo.

HUEVOS REVUELTOS CON CEBOLLA

2 onzas (4 cucharadas) de mantequilla u oleomargarina
2 cebollas medianas
3 cucharadas de salsa de tomate
6 huevos
1 cucharadita de sal
6 cucharadas de leche

1—En una sartén, derrita la mantequilla a fuego bajo.

2—Agréguele la cebolla mondada, lavada, escurrida y cortada en pedacitos pequeños.

3—Déjela amortiguar a *fuego bajo* y moviéndola **ocasionalmente** durante *15 minutos.*

4—Agréguele la salsa de tomate.

5—Por separado, bata los huevos bien, agrégueles la sal y la leche. Bata de nuevo bien y viértalo sobre la sartén.

6—Mezcle todo y déjelo cocer a *fuego bajo* hasta que seque un poco.

7—**Ocasionalmente,** desbarátelo con un tenedor, para que le quede revuelto.

8—Retírelo del fuego cuando aún esté algo cremoso, pues le quedará más sabroso.

HUEVOS REVUELTOS CON CHAYOTE

(6 raciones)

A—2 chayotes grandes ó 3 medianos	4 cucharaditas de sal 2 litros (8 tazas) de agua

B—4 huevos · Pizca de polvo de pimienta
½ cucharadita de sal · ¼ taza de leche

1—Ponga a hervir 2 litros de agua con 4 cucharaditas de sal. Cuando rompa a hervir, agregue los chayotes, previamente lavados y cortados por la mitad, a lo largo. Reduzca el fuego a *moderado*, *tape* y hierva por *1 hora*.

2—Retírelos del fuego y remuévales la semilla y la parte fibrosa que queda debajo. Móndelos y córtelos en cuadritos.

3—Separe las yemas de las claras de los huevos. Combine las yemas con la sal, el polvo de pimienta y la leche.

4—Aparte, bata las claras a punto de nieve. Agrégueles la mezcla de yemas y los cuadritos de chayote.

5—Ponga 2 cucharadas de grasa a calentar a *fuego bajo* en una sartén. Agregue la mezcla y cueza, revolviéndolo de cuando en cuando, hasta que quede cocido, pero no seco. Tardará alrededor de *15 minutos*.

HUEVOS CON SALSA DE GUISANTES
(*Petit-Pois*)

6 huevos fritos

SALSA:

2 cucharadas de manteca ó mantequilla
1 cebolla, bien picadita
½ taza de salsa de tomate
1 lata de 1 libra 1 onza de guisantes (*Petit-pois*)

1—Dore la cebolla en la manteca ó mantequilla.

2—Agregue la salsa de tomate y los guisantes, bien escurridos.

3—Cueza a *fuego moderado* por *15 minutos*.

4—Sírvala caliente sobre los huevos fritos.

HUEVOS A LA VINAGRETA

A—6 huevos · 2 tomates, bien grandes
2 cebollas, bien grandes

B—¼ taza de aceite de oliva
3 cucharadas de vinagre
½ cucharadita de sal

1—Para hacer esta receta, use un molde de cristal para hornear, preferiblemente de forma redonda.

2—Diez minutos antes a usar el horno, enciéndalo a una *tempera-tura baja* de 325°F.

3—Lave los tomates y divídalos en 6 ruedas. Coloque en el fondo del molde las ruedas de tomate.

4—Monde y lave las cebollas. Divídalas en 6 ruedas. Coloque las ruedas de cebolla sobre las ruedas de tomate. Saque un poco del centro de cada rueda de cebolla para formar una especie de nido en donde pueda colocar el huevo. **Cuidadosamente,** coloque en cada nido un huevo, procurando no romperlo al sacarlo del cascarón.

5—Mezcle el aceite, el vinagre y la sal. Riegue la mezcla sobre los huevos.

6—Meta el molde al horno, *tapado,* durante *30 minutos.* Puede variar el tiempo de acuerdo a como le guste la consistencia de los huevos.

7—Sírvalos en seguida en el mismo molde.

HUEVOS DUROS EN SALSA BLANCA

6 huevos duros
6 rebanadas de pan de emparedados (*Sandwich*), tostadas
1½ onza (3 cucharadas) de mantequilla
3 cucharadas de harina de trigo
1½ taza de leche, tibia
¾ cucharadita de sal

1—Ponga a cocer los huevos duros y después de listos, páselos por agua fría.

2—Quíteles el cascarón y desbarátelos con un tenedor. (*Reserve 1 yema* para usarla más tarde para adornar.)

3—Prepare la siguiente salsa:

Nota: (La salsa tarda en hacerse alrededor de 15–20 minutos. Ponga a tostar el pan para que esté listo a la vez que la salsa.)

SALSA

1—En una cacerola, diluya la harina de trigo en un poco de leche. Añada el resto de la leche, la sal y la mantequilla. Cueza a *fuego moderado*, moviendo *contínuamente* con cuchara de madera, hasta que hierva y espese a la consistencia deseada.

2—Tan pronto espese, agréguele los huevos desbaratados y permita que todo dé un solo hervor.

3—Coloque el pan tostado en cada plato y sobre éste distribuya la salsa.

4—Ponga la yema dura que reservó sobre un colador y oprímala con una cuchara sobre las distintas tostadas y le dará un efecto muy decorativo.

5—Acompañe el plato con guisantes (*Petit-Pois*) calientes.

HUEVOS A LA CREMA CON ESPARRAGOS

6 huevos duros, cortados en rebanadas finas
1 lata de 10½ onzas de punta de espárragos (*Asparagus Tips*)
1 lata de leche evaporada de 13 onzas (usada sin diluír)
¼ taza de harina de trigo
½ cucharadita de sal
1 onza (2 cucharadas) de mantequilla
1 cucharada de polvo de galleta

1—Caliente el horno a una *temperatura moderada* de 350°F. Abra la lata de punta de espárragos, escúrrala (*reserve el líquido escurrido*) y parta los espárragos por la mitad.

2—Abra la lata de leche evaporada y agréguele el líquido que escurrió a los espárragos.

3—En una cacerola, diluya la harina de trigo en un poco de este líquido. Agregue el resto del líquido, la sal y la mantequilla. Cueza a *fuego moderado*, moviendo **contínuamente** con cuchara de madera, hasta que hierva y espese a la consistencia deseada.

4—Tan pronto hierva, agréguele los espárragos y retírelo del fuego.

5—Engrase un molde de cristal para hornear y coloque una camada de rebanadas de huevo. Sobre ella riegue salsa de espárragos y repita la operación hasta terminar con los ingredientes.

6—Cúbralo con el polvo de galleta y riéguele pequeñitos trocitos de mantequilla.

7—Meta el molde al horno alrededor de *10–15 minutos,* en lo que dora el polvo de galleta.

HUEVOS CON SETAS

6 rebanadas de pan de emparedados (*Sandwich*), a las cuales se les quitan las orillas
6 huevos
2 cucharadas de queso parmesano, rallado
1 cucharada (½ onza) de mantequilla
1 lata de sopa de setas (*Cream of Mushroom Soup*), usada sin diluír
1 taza de leche evaporada (Usada sin diluír)

1—Engrase un molde de cristal para hornear de forma rectangular. Encienda el horno a una *temperatura moderada* de 350°F.

2—Cubra el fondo del mismo con las rebanadas de pan colocadas una al lado de la otra.

3—Córtele a cada rebanada, en el centro, un círculo del tamaño de la yema de un huevo bien grande.

4—Casque un huevo en el centro de cada rebanada y procure que no se le rompa la yema.

5—Espolvoree cada rebanada con ½ cucharadita del queso rallado.

6—Combine el contenido de la lata de sopa de setas (*Cream of Mushroom Soup*) con la taza de leche y cubra con esto las rebanadas de pan.

7—Finalmente riégueles por encima el resto del queso rallado.

8—Meta el molde, tápelo y déjelo en el horno alrededor de *25 minutos.*

HUEVOS AL NIDO
(6 raciones)

A—1 libra de papas
   1 litro (4 tazas) de agua
   1 cucharada de sal

1 onza (2 cucharadas)
  de mantequilla
⅛ cucharadita de sal
3 onzas de leche caliente

1—Lave, pele, y ponga a hervir las papas en el litro de agua con la cucharada de sal. Ponga el *fuego alto* y tan pronto hiervan, baje el fuego a *moderado, tape,* y hierva durante *30 minutos.*

2—Sáquelas, escúrralas e **inmediatamente** páselas por el prensa puré ó majador.

3—Agréguele en seguida la onza de mantequilla, la leche caliente y la sal.

4—Mézclelo bien.

B—6 huevos
   ¾ cucharadita de sal
   6 cucharaditas de queso parmesano, rallado.

1—Engrase moldecitos de cristal para hornear pequeños, individuales, y rellénelos hasta la mitad con papa.

2—Casque un huevo en cada molde, procurando no romper la yema y cubra cada uno con *⅛ cucharadita de sal* y con *1 cucharadita de queso parmesano rallado.*

3—Cúbralo de nuevo con papa majada hasta llenar el moldecito.

4—Meta los moldes al horno, que habrá sido calentado con anticipación a una *temperatura baja* de *300°F.,* y hornée alrededor de *45 minutos* ó hasta que los huevos tomen la consistencia de su agrado.

PISTO

A—2 libras de papas
   1 litro (4 tazas) de agua
   2 cucharadas de sal

B—2 tazas de manteca ó aceite vegetal

C—2 cebollas medianas, lavadas y muy bien picadas
1 lata de salsa de tomate de 8 onzas

D—½ cucharadita de sal | 6 huevos

1—Monde las papas, lávelas y córtelas en cuadritos pequeños.

2—Póngalas en 1 litro (4 tazas) de agua con 2 cucharadas de sal durante *10 minutos* a que se remojen.

3—Caliente en un recipiente profundo la grasa. Agregue las papas escurridas. Baje el fuego a *moderado, tápelo* y déjelo cocer durante *30 minutos.* (En este tiempo, muévalo una que otra vez.)

4—Saque las papas y escúrralas.

5—Mida 6 cucharadas de la grasa y póngala en una sartén grande.

6—Añádale las dos cebollas picaditas y déjelo a *fuego bajo* durante *10 minutos,* moviéndolo **ocasionalmente.**

7—Agregue el contenido de la lata de salsa de tomate y las papas bien escurridas.

8—Por separado, bata bien las claras de los huevos. Agrégueles las yemas y la ½ cucharadita de sal.

9—Agregue el huevo batido a la sartén y muévalo **contínuamente** para que, según se vaya cuajando el huevo, vaya desbaratándose. Cueza a *fuego bajo* por *5 minutos.*

10—Sírvalo caliente.

TORTILLA

A—¼ taza de aceite de oliva
½ libra de cebollas, bien picaditas
¼ cucharadita de sal
⅛ cucharadita de polvo de pimienta

B—½ libra de papas, picadas en cuadritos ó rabanadas finas
¼ cucharadita de sal

C—6 huevos, grandes
¾ cucharadita de sal

1—En una sartén de 10 pulgadas de diámetro, preferiblemente de *"Teflon"*, ponga los ingredientes incluídos en A a *fuego bajo,* moviendo *ocasionalmente,* hasta que se amortigue la cebolla.

2—Vierta el contenido de la sartén en un colador y escurra bien. Vuelva a agregar el aceite escurrido a la sartén y *reserve* las cebollas.

3—Sofría las papas con la sal en el aceite escurrido, a *fuego bajo* y *tapadas,* alrededor de 25 *minutos,* ó lo necesario hasta ablandarlas.

4—Saque las papas y *resérvelas.*

5—Aparte, bata *bien* los huevos con la sal. Añádale las cebollas y papas reservadas y mezcle.

6—Ponga el *fuego mediano-alto* y deje calentar el aceite para que, al recibir la mezcla con los huevos, doren rápidamente.

7—Añada el batido de huevos, cebollas y papas. Enseguida ponga el *fuego bajo* y cueza *lentamente* hasta que seque la parte de arriba.

8—Ocasionalmente, separe un poco las orillas con un cuchillo y mueva la sartén hacia adelante y hacia atrás.

9—Ponga un platón encima, viértalo y regrese la tortilla a la sartén. Cueza por 10 *minutos* más a *fuego bajo.* Sírvala caliente ó fría.

Nota: A esta tortilla se le puede añadir chorizos picaditos, camarones, etc., reduciendo la sal de acuerdo a lo que se agregue.

CROQUETAS DE HUEVO

(Salen alrededor de 12 croquetas)

A—4 huevos duros

B—1½ onza (3 cucharadas) de mantequilla
⅓ taza de harina de trigo
1 taza de leche
½ cucharadita de sal
¼ cucharadita de polvo de nuez moscada

C—½ taza polvo de galleta | 2 cucharadas de agua
   1 huevo | ¼ cucharadita de sal

1—Prepare una salsa blanca bien espesa del modo siguiente:

2—En una cacerola ponga a derretir la mantequilla a *fuego bajo;* agréguele la harina y mezcle por **breves segundos** para que una. Agregue **poco a poco** la leche caliente, el polvo de nuez moscada y la sal. Mueva **continuamente** y a fuego *moderado* hasta que hierva y espese.

3—Agregue los huevos duros, que previamente habrá desbaratado con un tenedor. Mezcle bien y retírelo del fuego. Viérta la salsa sobre fuente llana y déjela enfriar **totalmente.**

4—Después defría, cójala por cucharadas, y con la palma de las manos déle forma ovalada.

5—Envuélvalas individualmente en lo siguiente:

a—En el polvo de galleta, el cual habrá colocado sobre papel parafinado para simplificar el trabajo.

b—En el huevo crudo, el cual previamente habrá desbaratado con un tenedor y le habrá agregado las 2 cucharadas de agua y la ¼ cucharadita de sal. (Se simplificará el trabajo si desbarata el huevo en una taza y usa para sacar la croqueta una cuchara con hoyo.)

c—Envuelva las croquetas de nuevo en el polvo de galleta y vaya colocándolas sobre una fuente llana, listas para freírlas. Es conveniente dejarlas reposar en la nevera. Una o dos horas antes de freírlas.

6—En una sartén honda, fría las croquetas en abundante manteca ó aceite vegetal caliente (Térmometro de freír — 375°F.) hasta dorar.

7—Sáquelas y colóquelas sobre papel absorbente para que se chupe la grasa.

SOUFFLE DE ESPARRAGOS

Nota: Este soufflé se hace al horno en "baño de María." Al comenzar a prepararlo debe hacer lo siguiente:

    1—Ponga a calentar agua en la parte baja del "baño de María."

    2—Engrase el molde que colocará en la parte alta del "baño de María."

    3—Encienda el horno a una temperatura moderada de 350°F.

A—2 onzas de mantequilla (4 cucharadas)
6 cucharadas de harina de trigo
1 cucharadita de sal
1½ taza de leche tibia

B—1 lata de punta de espárragos de 21 onzas ó 2 latas de 10½ onzas cada una
6 huevos
1 cucharada de jugo de limón verde, fresco

1—Derrita a *fuego bajo* la mantequilla.

2—Agregue la harina, mueva bien y agregue la sal.

3—Agregue la leche tibia. Suba el fuego a *moderado* y mueva **constantemente** hasta que hierva y espese algo.

4—Retírelo del fuego y añádale las puntas de espárragos previamente bien escurridas y desmenuzadas.

5—Separe las yemas de las claras de los huevos. Desbarate las yemas y agréguelas.

6—Agregue el jugo de limón.

7—Bata las claras a punto de nieve y agréguelas **"envolviéndolas"** en la mezcla. "Envuélvalas" **rápidamente** y en seguida vierta la mezcla en el molde previamente engrasado.

8—Colóquelo en la parte alta del "baño de María" y métalo al horno a una temperatura moderada de *350°F.* alrededor de 50 minutos ó hasta quedar firme y dorado.

9—Sírvase acabado de hacer.

TORTA

(Salen 2 tortas)

A—2 tazas de harina de trigo
2 cucharaditas de polvo de hornear (*Baking Powder*)
1½ cucharadita de sal

B—2 tazas de leche

C—2 onzas (4 cucharadas) de mantequilla
    1 taza de queso parmesano, rallado

D—4 huevos

1—Combine en un tazón los ingredientes incluídos en A.

2—Añada 2 tazas de leche y mezcle bien. *Tápelo* hasta que se vaya a freír.

3—Cuando vaya a freír, añada la mantequilla cremosa y el queso rallado. Bata los huevos y añádalos.

4—Use para freír las tortas una sartén en forma de media luna, que tenga tapa. Engrásela con mantequilla. Vierta la mitad de la mezcla y fría a *fuego moderado 7 minutos por cada lado.* Fría el resto de la mezcla en la misma forma.

5—Sirva en seguida con mantequilla por encima y acompañado por sirop para panqueques (*Pancake Syrup*).

HORTALIZAS

RELLENOS DE PLATANOS MADUROS (AMARILLOS)

(16 rellenos)

A—6 plátanos maduros (amarillos)
    8 tazas de agua
    1½ cucharada de sal

B—2 onzas (4 cucharadas) de mantequilla
    ½ cucharadita de sal
    2 cucharadas de maicena

C—½ libra de queso de papa (*Cheddar*), partido en pedacitos o mitad de la receta de *Carne para Rellenos*, página 102.

1—Ponga a hervir el agua con la sal en A. Quite las puntas a los plátanos, pártalos en dos y hierva a *fuego alto, tapados,* por *20 minutos.*

2—Sáquelos, escúrralos y móndelos. Májelos junto con los ingredientes encluídos en *B*. Deje enfriar la mezcla.

3—Prepare 16 rellenos siguiendo la instrucción 2 de *Rellenos de Papa*, página 236.

PLATANOS MADUROS (AMARILLOS) "GLACE" AL HORNO

1—Escoja plátanos bien maduros.

2—Móndelos y déle tres cortes diagonales y poco profundos por ambos lados.

3—Póngalos en un recipiente con agua que los cubra y a la cual le habrá agregado 1 cucharada de sal por *cada* litro de agua.

4—Déjelos en esta agua alrededor de *1 hora*. Sáquelos y *escúrralos*.

5—Fróteles mantequilla u oleomargarina a todo alrededor.

6—Engrase un molde llano de cristal para hornear y coloque los amarillos en él.

7—Espolvoréelos con azúcar y encima póngales pequeños trocitos de mantequilla.

8—Métalos al horno a una temperatura *moderada de 350°F.* durante *media hora*.

9—Sáquelos, vírelos del otro lado y espolvoréelos de nuevo con azúcar y póngales encima otros trocitos de mantequilla.

10—Métalos al horno por otros *30 minutos*.

11—Sáquelos del molde y sírvalos en una fuente.

PLATANOS MADUROS (AMARILLOS) EN ALMIBAR

4 plátanos maduros (amarillos) grandes, 5 medianos ó 6 pequeños
2 onzas (4 cucharadas) de mantequilla u oleomargarina
2 tazas de azúcar
1½ taza de agua
1 cucharadita de vainilla ó si prefiere, 2 rajas de canela
½ taza de vino ó si prefiere, ½ taza de agua

Nota: Escoja plátanos maduros (amarillos) que no estén exageradamente maduros porque se desbaratarán al cocerlos.

1—Monde los amarillos, déle tres cortes diagonales poco profundos por cada lado y remójelos en 2 litros de agua con 2 cucharadas de sal durante *1 hora.* Sáquelos y escúrralos bien.

2—En una sartén profunda ponga a derretir a *fuego bajo* la mantequilla u oleomargarina. Tan pronto derrita agregue los plátanos maduros.

3—Suba el fuego a *moderado-alto* y deje dorar los plátanos, virándolos según sea necesario. (*Vírelos lo menos posible.*)

4—Riégueles encima el azúcar. Combine la vainilla con el agua y cuidadosamente riéguela sobre los amarillos. Al comenzar a hervir, *tápelos.*

5—Déjelos hervir *tapados* y a *fuego moderado-alto* por *20 minutos.*

6—Riegue el vino sobre los amarillos. (Si lo que usa es agua, riéguela sobre el almíbar.)

7—Ponga el fuego *moderado* y hierva, *destapado*, hasta que el almíbar espese a su gusto. (Puede graduar el fuego según lo crea necesario.)

PLATANOS MADUROS (AMARILLOS) EN LECHE

3 plátanos maduros (amarillos)
2 onzas (4 cucharadas) de mantequilla
1 taza de azúcar
3 tazas de leche
1 rajita de canela
Queso para rellenar los amarillos (preferible queso americano)

1—Monde los amarillos, lávelos y déles un corte *a lo largo* que sea profundo, pero que no parta el amarillo en dos. (La idea de este corte es rellenar por ahí el amarillo más tarde.)

2—Ponga a derretir la mantequilla a *fuego bajo.* Agregue los amarillos, ponga el *fuego moderado* y déjelos dorar por ambos lados. Retírelos del fuego.

3—Rellénelos por el corte con tiritas del queso.

4—Riégueles por encima el azúcar y cúbralos con la leche. Añádales la rajita de canela.

5—Tápelos y cuézalos a *fuego moderado* por *10 minutos.*

6—*Destápelos* y déjelos a *fuego bajo* alrededor de *1 hora.*

Nota: Obsérvelos, pues algunos amarillos tardan más o menos en hacerse, de acuerdo con el grado de madurez que tengan.

PLATANOS MADUROS ASADOS EN SU CASCARA

1—Escoja plátanos bien maduros, que ya estén negros. Lávelos y séquelos. **No los monde.** Déles un corte a lo largo de la cáscara y colóquelos sobre una lámina de aluminio (*Aluminum Sheet*).

2—Encienda el horno a una *temperatura moderada* de 350°F. *diez minutos* antes de usarlo.

3—Hornée los plátanos durante *45 minutos.* Vírelos a la mitad del tiempo.

Nota: Si desea, antes de hacerlos, puede rocear un poco de azúcar por el corte que hizo a los plátanos.

PIONONOS

3 plátanos (amarillos) maduros
Manteca ó aceite vegetal (*para freir*)
⅔ taza de queso *Cheddar,* rallado en tiritas
2 huevos
¼ cucharadita de sal
1 cucharada de harina de trigo
1 cucharada de agua

1—Monde los plátanos y corte cada uno en 4 tajadas, **a lo largo.**
En una sartén grande, caliente la grasa y dore las tajadas.
Forme con cada tajada un rollo en forma de cono y pínchelo
abajo con un palillo. Rellene cada uno con el queso rallado.

2—Mezcle los huevos con la sal. Disuelva la harina en el agua
y combine con los huevos para formar una levadura. Cubra
con levadura la parte del relleno del pionono.

3—Fría en sartén con grasa caliente hasta dorar la levadura.
Saque y coloque sobre papel absorbente. (El queso *Cheddar*
puede sustituirse con queso parmesano rallado ó con Relleno
de Carne.)

PIÑON

(8 raciones)

A—2 cucharadas de manteca ó aceite vegetal

   1 pimiento verde, sin semillas ⎤

   3 ajíes dulces, sin semillas   ⎬ picaditos

   1 cebolla, mondada   ⎟

   2 granos de ajo ⎦

B—1 libra de carne de masa de res, molida

C—2 huevos duros ⎤

   6 ciruelas negras, secas (*opcional*)   ⎬ picaditos

   6 aceitunas, rellenas con pimientos morrones ⎦

1 cucharadita de alcaparras	¼ cucharadita de
1 cucharadita de sal	vinagre
¾ taza de salsa de tomate	1 cucharadita de
2 cucharadas de pasas, sin semillas	orégano seco

D—½ libra de habichuelas tiernas ⎤ ó 1 lata (1 libra) de

   3 tazas de agua   habichuelas tiernas

   1 cucharadita de sal   escurridas, ó una cajita

                      (9 onzas) de habichuelas

                      tiernas congeladas

                      (*French Style Green*

                      Beans), hervidas según

                      instrucción del paquete

E—6 plátanos (*amarillos*) grandes, maduros

F—½ taza de manteca ó aceite vegetal

G—6 huevos
¾ cucharadita de sal

1—En un caldero, caliente la grasa y sofría a *fuego bajo* el resto de los ingredientes incluídos en A, moviéndo *ocasionalmente.*
2—Añada la carne y mezcle *rápidamente* a *fuego alto* hasta que pierda el color rojizo.
3—Ponga el *fuego bajo* y añada los ingredientes incluídos en C. *Tape* y cueza por *15 minutos.*
4—Quite las fibras y extremidades a las habichuelas tiernas. Lávelas y póngalas a hervir a *fuego alto* en el agua y sal incluídas en D. Al hervir, reduzca el fuego a *moderado, tape* y hierva por *20 minutos.* Escúrralas y combínelas con el picadillo de carne. Mezcle y retire del fuego.
5—Monde los plátanos y córtelos, a lo largo, en 5 tajadas.
6—En una sartén de *Teflón* de 10 pulgadas diámetro, caliente la grasa incluída en F. Dore las tajadas de plátano. Sáquelas y colóquelas sobre papel absorbente. Deje la sartén a *fuego bajo.*
7—Bata bien los huevos, añádales la sal y bata.
8—Forme el piñón, colocando en la sartén los ingredientes en el siguiente órden:
a — La mitad de huevo batido
b — ⅓ parte de las tajadas de plátano (10 tajadas)
c — La mitad del picadillo de carne
d — ⅓ parte de las tajadas de plátano (10 tajadas)
e — La otra mitad del picadillo de carne
f — ⅓ parte de las tajadas de plátano (10 tajadas)
g — La otra mitad del huevo batido
9—Deje la sartén a *fuego moderado* por *15 minutos.* Retírela del fuego, póngale encima un platón grande y vírela.
10—Engrase la sartén, echándole 1 cucharada de manteca ó aceite vegetal. Caliéntelo y *cuidadosamente* pase de nuevo el piñón a la sartén para que termine de cocer por el otro lado. Deje la sartén al *fuego bajo* por *15 minutos.*

Nota: El piñón puede hornearse en molde de cristal para hornear de 13″ x 9″ x 2″, engrasado. Forme el piñón, colocando los ingredientes en el molde según instrucción 8 y hornée alrededor de *30 minutos* en horno calentado anticipadamente a *350°F.* **Sirva en el molde.**

MOFONGO

(10 bolas grandes)

A—3 plátanos verdes
½ libra de chicharrón, bien *volado*

B—3 granos de ajos, grandes
1 cucharada de aceite de oliva

1—Monde los plátanos y córtelos **diagonalmente** en tajadas de *1 pulgada* de ancho. Remójelos en 4 tazas de agua con 1 cucharada de sal durante *15 minutos.* Escúrralos **muy bien.**

2—Caliente abundante aceite vegetal ó manteca (Termómetro de freír — *350°F.*). Añada las tajadas de plátano y fría **lentamente** (Termómetro de freír — *300°F.*) alrededor de *15 minutos,* hasta que se cuezan, sin tostarse. Sáquelas y escúrralas sobre papel absorbente.

3—En un mortero, muela bien los ajos y mézclelos con el aceite de oliva. Sáquelos del mortero.

4—Muela en el mortero 3 tajadas de plátano frito. Añada un poco de chicharrón y muélalos juntos. Agrégueles parte del ajo con aceite y mezcle. Cójalo por cucharadas, y con las manos, dele forma de bolas. Proceda del mismo modo con el resto de los ingredientes. Sírvalas calientes.

GUINEITOS NIÑOS FRITOS CON QUESO

12 guineítos niños, ó de rosa, ó de piña, maduros
¼ taza de manteca ó aceite vegetal ó ½ cuarta (2 onzas) de mantequilla u oleomargarina
2 cucharadas de queso parmesano, rallado

1—Monde los guineítos. Caliente la grasa en una sartén y dórelos a *fuego moderado,* moviéndolos según fuere necesario. (Si los guineítos no están muy maduros, dórelos a *fuego moderado* y después cuézalos a *fuego bajo* para que queden bien cocidos por dentro.) Sáquelos y escúrralos sobre papel absorbente. Sírvalos espolvoreados con el queso rallado.

GUINEITOS NIÑOS EN ALMIBAR

A—2 onzas (4 cucharadas) de mantequilla
18 guineitos niños maduros, *pero duritos*

B—1 taza de azúcar

C—½ taza de agua
1 cucharadita de vainilla $\Big\}$ combinadas

D—½ taza de vino dulce

1—Derrita la mantequilla a *fuego moderado* y dore *ligeramente* los guineitos, evitando moverlos mucho. Riégueles encima el azúcar.

2—Vierta encima el agua con la vainilla y cueza hasta que hiervan a *fuego moderado-alto*. Reduzca el fuego a *moderado* y hierva por *5 minutos*. Riegue *sobre los guineitos* el vino y hierva hasta que al almíbar espese a gusto.

PAPA MAJADA

(6 raciones)

Nota: Cuando haga papas, si éstas tienen retoños, quíteselos y bótelos, pues éstos son dañinos.

A—2 libras de papas
1 litro (4 tazas) de agua
1 cucharada de sal

B—2 onzas (4 cucharadas) de mantequilla
¾ cucharadita de sal
¾ taza de leche caliente

1—Lave las papas, móndelas, pártalas en dos, lávelas de nuevo y póngalas a hervir en 1 litro (4 tazas) de agua con 1 cucharada de sal, *tapadas*, alrededor de *30 minutos*, ó hasta ablandar.

2—Tan pronto estén listas se sacan, escurren y sin pérdida de tiempo, se pasan por el prensa puré ó majador.

3—*Inmediatamente*, añada los ingredientes incluídos en *B* y mezcle.

PAPA EMPANADA AL HORNO
(6 raciones)

A—2 libras de papas, mondadas, lavadas y partidas en dos
2 litros (8 tazas) de agua
1½ cucharada de sal

B—2 onzas (4 cucharadas) de mantequilla
1½ taza de leche caliente
2 cucharadas de azúcar
¾ cucharadita de sal

C—1 huevo
2 cucharadas de polvo de pan ó galleta

1—Hierva las papas, *tapadas*, en el agua y sal incluídas en A, alrededor de *30 minutos*, ó hasta ablandar.

2—Sáquelas, escúrralas y májelas. Añádale los ingredientes incluídos en B y mezcle.

3—Bata bien el huevo y **"envuélvalo"** en la mezcla.

4—Diez minutos antes de usar el horno, enciéndalo a *375°F*. Engrase un molde de cristal para hornear y espolvorée el fondo con 1 cucharada de polvo de pan ó galleta.

5—Vierta la mezcla en el molde, espolvorée con 1 cucharada de polvo de pan ó galleta y hornée, *destapado*, por *30 minutos*, ó hasta dorar.

PAPAS ENTERAS FRITAS

2 libras de papas, bien pequeñas
Abundante manteca ó aceite vegetal (*para freir*)

1—Lave las papas, **sin mondar.** Ponga a hervir a *fuego alto* 1½ litros (6 tazas) de agua con 3 cucharadas de sal. Añada las papas y hierva a *fuego moderado, tapadas,* durante *25 minutos*.

2–Sáquelas y móndelas en seguida.

3–En un caldero ó recipiente hondo, ponga a calentar la grasa.

4–Cuando la grasa esté caliente, eche a freír las papas (Termómetro de freír – 350°F.) Cuézalas, **sin dorar.**

5–Sáquelas y colóquelas sobre papel absorbente. Aplástelas un poco con la palma de la mano y vuélvalas a echar a freír a 375°F., hasta quedar bien doraditas.

6–Sáquelas y póngalas sobre papel absorbente. Espolvoréelas con sal y cómalas calientes.

PAPITAS FRITAS SABROSAS

1–Monde las papas y córtelas en hileras de ½ pulgada de ancho. Lávelas y déjelas en abundante agua fría un rato. Sáquelas, escúrralas y séquelas.

2–Riéguelas con sal.

3–Ponga en un caldero a calentar abundante manteca ó aceite vegetal (Termómetro de freír – 375°F.).

4–Eche todas las papas y déjelas freír a *fuego bajo, tapadas,* durante *15 minutos.* Ponga el *fuego alto* y fríalas, *destapadas,* hasta quedar bien doraditas.

5–Sáquelas y colóquelas sobre papel absorbente.

BUÑUELOS DE PAPAS
(6 raciones)

1 libra de papas

1–Lave, monde y parta en dos las papas. Póngalas a hervir en agua **sin sal** durante *30 minutos* ó hasta ablandar.

2–*Inmediatamente,* pase por un majador ó prensa puré.

3—En seguida se le añade:

½ onza (1 cucharada) de mantequilla	½ cucharadita de azúcar
	1 cucharadita de sal
⅛ cucharadita de polvo de pimienta	2 yemas de huevo
	2 cucharadas de maicena

4—Mézclelo todo bien y déjelo enfriar ligeramente. Coja la mezcla por cucharaditas y con la palma de la mano forme bolitas. Saldrán alrededor de *25 bolitas.*

5—Eche maicena en una taza y vaya echando las bolitas en ella *una por una,* de modo que se "envuelvan" bien en la maicena.

6—En un caldero ó recipiente hondo, ponga a calentar abundante grasa. Fría las bolitas, de *seis en seis,* hasta que tomen un bonito color dorado. (Si usa termómetro de freír, éste debe marcar 375°F. para empezar a freír.) Saque las bolitas y colóquelas sobre papel absorbente, para que se chupe la grasa.

PAPAS EN SALSA BLANCA

(6 raciones)

1½ libra de papas
2 onzas (4 cucharadas) de mantequilla
4 cucharadas de harina de trigo
2 tazas de leche tibia
¾ cucharadita de sal
3 ramitas de perejil (*opcional*)

1—Lave las papas. **No las monde.** Pártalas por la mitad y póngalas a hervir, *tapadas,* en 1 litro (4 tazas) de agua con 1 cucharada de sal alrededor de *30 minutos,* ó hasta ablandarse.

2—Sáquelas, escúrralas, móndelas y después de frías, pártalas en cuadritos.

3—Aparte, prepare una salsa blanca del modo siguiente:
En una cacerola, derrita a *fuego bajo* la mantequilla. Añádale la harina y mezcle por breves segundos. Añada la sal y la leche tibia. Ponga el *fuego moderado* y mueva con-

tinuamente hasta que hierva y la mezcla espese un poco. Añádale los cuadritos de papa y el perejil previamente lavado y picadito.

Déjelo al fuego únicamente en lo que todo da un hervor.

4—Retírelo del fuego y sírvalo caliente.

PAPAS ASADAS

6 papas medianas

1—Si las papas tuvieren retoños quíteselos y bótelos.

2—Lave cuidadosamente las papas con el cepillo de lavar vegetales. *No las monde.*

3—Unteles manteca por encima y colóquelas sobre una lámina de aluminio para hornear (*Aluminum Sheet*).

4—Diez minutos antes de usarlo encienda el horno a una temperatura *alta* de 425°F.

5—Meta las papas al horno durante *45 minutos* o lo necesario hasta que se sientan blandas al apretarse con la punta de los dedos.

6—Tan pronto estén listas sáquelas del horno e *inmediatamente* hágales en el centro un corte en forma de cruz.

7—Espolvoree el centro de cada papa con sal y un poquitín de pimienta y colóquele un trocito de mantequilla.

8—Sírvalas calientes.

PAPAS ASADAS Y RELLENAS AL HORNO

(6 raciones)

4 libras de papas (Procure escoger papas grandes, de modo que hornée alrededor de 6 u 8 papas.)
1 onza (2 cucharadas) de mantequilla
¾ cucharadita de sal
¾ taza de leche tibia
¼ libra de queso americano, partido en cuadritos

1—Lave bien las papas, quítele algún retoño si lo tuviera, pues éstos son dañinos. Seque las papas y déles un pequeño corte por debajo. Engrase las papas ligeramente con manteca y colóquelas sobre una lámina de aluminio (*Aluminum Sheet*), o en un molde de cristal para hornear y métalas al horno a una temperatura *moderada* de 350°F. durante *1½ hora.*

2—Después sáquelas e inmediatamente hágales un hoyo redondo en la parte que les dió el corte y forme una tapita que quitará y por la cual cuidadosamente sacará toda la pulpa de la papa, teniendo cuidado de no romper el casco para rellenarlo más tarde.

3—Sin pérdida de tiempo pase la pulpa por el prensa puré o majador y agréguele la mantequilla y la sal moviendo bien después de incorporar cada una.

4—Añádale poco a poco la leche tibia y mezcle bien.

5—Rellene con esto la papa hasta la mitad.

6—Colóquele un cuadrito del queso y termine de rellenar la papa dejando un cucurucho hacia arriba sobre el cual colocará la tapita.

7—Coloque de nuevo las papas sobre la lámina de aluminio para hornear y métalas al horno a una temperatura *moderada* de 350°F. durante *30 minutos.*

PAPAS CON QUESO AL HORNO

6 papas medianas | ⅓ libra de queso americano

1—Si las papas tuvieren retoños quíteselos y bótelos. *No monde* las papas.

2—Lave cuidadosamente las papas con el cepillo de lavar vegetales.

3—Introduzca en el centro de cada papa un cuchillo y corte en forma redonda. Saque parte de la papa y córtela en pequeños pedacitos.

4—Ralle el queso y rellene las papas.

5—Cúbralas con la parte de las papas que cortó en pedacitos.

6—Coloque las papas sobre una lámina de aluminio para hornear (*Aluminum Sheet*).

7—Diez minutos antes de usar el horno enciéndalo a una temperatura moderada de 350°F.

8—Meta las papas al horno alrededor de 1½ hora o lo necesario hasta que se noten blandas al apretarlas con la punta de los dedos.

9—Sírvalas calientes.

PAPAS CON LECHE Y QUESO AL HORNO
(8 raciones)

2 libras de papas de tamaño mediano
¾ taza de harina de trigo
3 cucharaditas de sal
¾ onza (1½ cucharada) de mantequilla
1 litro de leche
3 cucharadas de queso parmesano rallado

1—Lave, monde y corte en tajadas **muy finas** las papas.

2—Engrase un molde de cristal para hornear, tamaño de 9 pulgadas.

3—Divida los ingredientes en tres partes para ser colocados en el molde en el orden siguiente:

A—1—Cubra el fondo del molde con ⅓ de las tajadas de papas.
2—Espolvoréelas con 4 cucharadas de harina.
3—Espolvoréelas con 1 cucharadita de sal.
4—Riégueles ⅓ litro de leche.
5—Distribúyales ½ cucharada de mantequilla.
6—Espolvoréeles 1 cucharada de queso parmesano rallado.

B—Repita estas instrucciones *dos veces más* hasta concluír con los ingredientes.

4—*Tape el molde* y hornéelo a una temperatura *moderada* de 350°F. durante *1 hora.*

5—*Destape el molde* y hornée durante ½ *hora más.* Deje reposar de 5 a *10 minutos.*

PAPAS AL HORNO CON CEBOLLAS

3 tazas de papas medianas, mondadas y cortadas en rebanadas muy finas
1 taza de cebollas medianas, mondadas y cortadas en rebanadas muy finas
¼ cucharaditas de sal
⅛ cucharadita de polvo de pimienta
2 cucharadas de harina de trigo
2 onzas (¼ taza) de mantequilla
1 taza de leche tibia

1—Engrase un molde de cristal para hornear que tenga tapa.

2—Diez minutos antes de usarlo, encienda el horno a una temperatura *baja* de 325°F.

3—Coloque en el molde engrasado las rebanadas de papa, alternándolas con las rebanadas de cebolla y regando entre éstas una combinación hecha de la sal, el polvo de pimienta y de la harina de trigo; así como también regando entre éstas la mantequilla cortada en pequeños trocitos y la leche tibia.

4—*Tape* el molde y métalo al horno durante *1½ hora.*

5—**Destápelo** y déjelo hornear durante *30 minutos* más.

6—Sírvalo caliente.

PAPAS Y ZANAHORIAS AL HORNO
(6 raciones)

1 libra de papas	2 cucharadas de polvo
1 libra de zanahorias	de galleta

2 huevos
½ taza de leche tibia
¼ cucharadita de sal
1 onza (2 cucharadas) de mantequilla

1—Monde las papas y pártalas por la mitad. Raspe las zanahorias. Ponga a hervir las papas y las zanahorias en 1½ litro (6 tazas) de agua con 2 cucharadas de sal, *tapadas*, alrededor de *40 minutos*, ó hasta ablandar.

2—Ponga a cocer los huevos duros.

3—Mientras tanto, engrase un molde de cristal para hornear. Espolvorée el fondo con *1 cucharada* de polvo de galleta.

4—*Diez minutos* antes de usar el horno, enciéndalo a una *temperatura moderada* de 375°F.

5—Tan pronto las papas y las zanahorias estén listas se sacan, se escurren y se pasan por un majador ó prensa puré.

6—Desbarate los huevos duros con un tenedor y agréguelos.

7—Agreguele y mezcle la mantequilla, la sal, y la leche tibia.

8—Vierta la mezcla en el molde. Espolvoréela con *1 cucharada* de polvo de galleta y hornée, *sin tapar*, durante *10 minutos*.

BATATAS HERVIDAS

2 libras de batatas
3 litros (12 tazas) de agua
2 cucharadas de sal

1—Combine el agua con la sal y póngala a hervir.

2—Lave las batatas, **sin mondar,** y pártalas en pedazos.

3—Cuando el agua rompa a hervir, agregue las batatas y déjelas hervir, *tapadas*, alrededor de *30 minutos* ó hasta ablandar.

4—Sáquelas, escúrralas, móndelas y sírvalas con mantequilla.

BATATAS ASADAS

1—Escoja batatas de tamaño mediano. Lávelas bien con el cepillo de lavar vegetales. Páseles un poco de grasa por encima. **No monde las batatas.**

2—Caliente el horno a una *temperatura moderada* de 350°F.

3—Hornée las batatas durante *40 a 50 minutos,* o lo necesario para que se sientan blandas al apretarse con la punta de los dedos.

4—Tan pronto estén listas, sáquelas y déles un corte en el centro. Póngales un trocito de mantequilla dentro y sírvalas calientes.

BUÑUELITOS DE MAIZ TIERNO FRESCO

A—1¼ taza de maíz tierno, fresco, rallado
1 cucharadita de mantequilla, derretida

B—1 huevo
1 taza de harina de trigo
1 cucharadita de sal
1 cucharadita de polvo de hornear (*Baking Powder*)
2 cucharadas de azúcar

C—½ taza de leche

D—Abundante aceite vegetal ó manteca (*para freír*)

1—Combine el maíz tierno, rallado con la mantequilla derretida.

2—Mezcle los ingredientes incluídos en *B* y agréguelos, alternados con la leche.

3—Fría en abundante aceite vegetal ó manteca caliente alrededor de *5 minutos,* o hasta dorarlos.

BATATAS FRITAS

1½ libras de batatas
Abundante manteca ó aceite vegetal (*para freír*)

1—Lave y monde las batatas. Córtelas en pedazos largos de alrededor de 1 pulgada de ancho. Métalos en agua con sal a la nevera hasta que vaya a freírlos. En el momento de freírlos, sáquelos, escúrralos y séquelos bien.

2—Caliente la grasa (Termómetro de freír — 365°F.). Agregue la mitad de las batatas y fríalas alrededor de 5 *minutos*. Sáquelas y aplástelas.

3—Caliente la grasa (Termómetro de freír — 375°.). Agregue las batatas y fríalas alrededor de 2 *minutos* más.

4—Sáquelas y colóquelas sobre papel absorbente, para que se chupe la grasa. Espolvoréeles sal por encima y sírvalas calientes.

5—Fría el resto de las batatas en la misma forma.

BATATA AL HORNO CON MARSHMALLOWS

(6 raciones)

2 libras de batatas	2 cucharadas de azúcar
2 onzas (4 cucharadas) de mantequilla	1½ taza de leche caliente
¾ cucharadita de sal	1 huevo
	24 marshmallows

1—Monde las batatas, pártalas en pedazos y póngalas a cocer, *tapadas,* en 1 litro de agua con una cucharada de sal, durante *40 minutos,* a *fuego alto.*

2—*Inmediatamente* que estén listas, sáquelas, escúrralas y májelas.

3—Agrégueles la mantequilla, la sal, el azúcar y la leche caliente. Mezcle bien.

4—Bata el huevo a punto de nieve y agréguelo a la mezcla "envolviéndolo".

5—Engrase un molde de cristal para hornear y vierta la mezcla.

6—Meta el molde al horno calentado anticipadamente a una temperatura alta de 400°F. Hornéelo durante 20 minutos. Sáquelo, cúbralo con los marshmallows y métalo de nuevo al horno durante 10 minutos más.

BUDIN DE CALABAZA

2 libras de calabaza	½ cucharadita de polvo
4 tazas de agua	de canela
1 cucharada de sal	⅓ taza de harina de trigo
3 huevos	⅓ taza de azúcar
1 onza (2 cucharadas)	⅓ taza de leche
de mantequilla	

1—Monde y corte en pedazos la calabaza. Lávela. Combínela con agua y la sal. Póngala *tapada* a *fuego alto* durante *20 minutos*.

2—Engrase un molde de cristal para hornear.

3—Tan pronto la calabaza esté lista, sáquela y escúrrala. Inmediatamente pásela por el majador o prensa puré.

4—Agréguele y mezcle bien: los huevos, la mantequilla, el polvo de canela, la harina, el azúcar y la leche.

5—Vierta la mezcla en el molde engrasado y métalo al horno previamente calentado a una temperatura moderada de 400°F. Déjelo al horno durante *40 minutos*. (No tape el molde.)

LERENES

2 libras de lerenes	3 cucharadas de sal
8 tazas de agua	

1—Lave muy bien los lerenes usando un cepillo de lavar vegetales.

2—Colóquelos en una olla junto con el agua y la sal. Póngalos a *fuego alto* hasta hervir.

3—*Tápelos y* déjelos cocer a *fuego moderado* durante *1 hora*.

4—Cómalos acabados de hacer.

PANAS

A—2 libras de semillas de panas
2 litros (8 tazas) de agua

B—3 cucharadas de sal

1—Lave muy bien las panas. Póngalas a hervir en 2 litros (8 tazas) de agua, *tapadas,* alrededor de *30 minutos.*

2—Añada la sal y hierva *15 minutos* más, ó hasta ablandar. Sáquelas, escúrralas, pélelas y cómalas acabadas de cocer.

CHAYOTES A LA CREMA

A—6 chayotes grandes, partidos en dos, a lo largo
3 litros (12 tazas) de agua │ 3 cucharadas de sal

B—⅓ taza de azúcar │ 2 cucharadas de pasas, sin semillas
½ cucharadita de sal │ 2 yemas de huevo

C—6 cucharadas de maicena │ ¾ taza de leche
1 cucharadita de vainilla ó la cáscara de ½ limón verde

D—2 claras de huevo ⎫ *(para el merengue)*
⅓ taza de azúcar ⎭

1—Lave los chayotes y póngalos a hervir, *tapados,* a *fuego moderado* en el agua y sal incluída en A, alrededor de *1 hora* ó hasta ablandar. Escúrralos y remuévales la semilla y la parte fibrosa que le queda debajo. **Cuidadosamente,** para no romper las conchas, sáqueles la pulpa y májela. Coloque las conchas vacías sobre una lámina de aluminio (*Aluminum Sheet*), ó en un molde llano de cristal para hornear, listas para rellenarse más tarde.

2—Añada al chayote majado los ingredientes incluídos en *B* y mezcle.

3—Diluya la maicena en un poco de la leche. Combine el resto de la leche con la vainilla ó cáscara de limón. Póngala al *fuego moderado* hasta que hierva. Saque la cáscara y agregue la leche a la maicena diluída, mezcle y combine con el chayote. Mueva **contínuamente** a *fuego moderado* hasta que hierva. Retírelo del fuego y rellene las conchas de los chayotes.

4—Caliente anticipadamente el horno a una temperatura *moderada de 350°F.* y hornée alrededor de *20 minutos.*

5—Bata las claras a *"punto de nieve,"* agrégueles **lentamente** el azúcar y bata hasta que tenga consistencia adecuada para colocarlas en cucuruchos sobre el relleno de las conchas. Hornée por *10 minutos* ó hasta dorar.

Nota: Si prefiere, vierta la mezcla en molde hondo de cristal para hornear de 9", omita el merengue y hornée por *30 minutos.*

CHAYOTES RELLENOS CON CARNE DE CERDO

A—3 chayotes grandes, partidos en dos, a lo largo
  2 litros (8 tazas) de agua
  2 cucharadas de sal

B—1 cucharadita de manteca ó aceite vegetal
  ½ libra de carne de cerdo con poca grasa, molida
  2 onzas de jamón de cocinar, molido ó bien picadito
  1 cucharadita de sal

C—¼ taza de cebolla
  5 ciruelas negras, secas, sin semillas } picados
  1 grano de ajo
  ½ cucharadita de orégano seco
  ½ cucharadita de alcaparras
  2 cucharadas de pasas, sin semillas
  ¼ taza salsa de tomate
  ¼ cucharadita de vinagre

D—2 cucharadas de polvo de pan ó galleta
  1 onza (2 cucharadas) de mantequilla

1—Ponga a hervir el agua y sal incluídas en A. Lave los chayotes y hiérvalos, *tapados,* a *fuego moderado,* alrededor de *45 minutos,* ó hasta ablandar.

2—En un caldero, caliente la manteca ó aceite vegetal, añada el resto de los ingredientes incluídos en *B* y mezcle **rápidamente** a *fuego alto* hasta que la carne pierda el color rojizo.

3—Agregue los ingredientes incluídos en *C* y mezcle. *Tápelo* y hierva a *fuego moderado* por *45 minutos*. Muévalo **ocasionalmente.**

4—Escurra los chayotes hervidos, remuévales la semilla y la parte fibrosa que le queda debajo. Sáqueles la pulpa **cuidadosamente,** para evitar romper las conchas. Maje la pulpa y agréguela al caldero. Mezcle y cueza a *fuego bajo* por *15 minutos*.

5—Rellene con esto las conchas de los chayotes. Espolvoréelos con polvo de pan ó galleta y distribúyales encima trocitos de mantequilla. Hornéelos en horno de temperatura *moderada* de *375°F*. hasta que dore la galleta.

CHAYOTES RELLENOS CON QUESO

A—3 chayotes grandes, partidos en dos, a lo largo
2 litros (8 tazas) de agua
2 cucharadas de sal

B—1 taza de queso *Cheddar*, rallado en tiritas
1 cucharadita de sal
½ onza (1 cucharada) de mantequilla

C—2 cucharadas de polvo de pan ó galleta

1—Ponga a hervir el agua y sal incluída en *A*. Lave los chayotes y añádalos. Hierva *tapado*, a *fuego moderado*, alrededor de *45 minutos*, ó hasta ablandar. Escúrralos, remuévales la semilla y la parte fibrosa que le queda debajo. **Cuidadosamente,** para no romper las conchas, sáqueles la pulpa y májela.

2—Agréguele los ingredientes incluídos en *B*, mezcle y rellene las conchas. Espolvoréelas con el polvo de pan ó galleta. Hornée por *30 minutos* en el horno calentado anticipadamente a *350°F*.

BORONIA DE CHAYOTES

(6 raciones)

A—3 chayotes grandes, partidos en dos, a lo largo
2 litros (8 tazas) de agua
2 cucharadas de sal

B—2 cucharadas de manteca ó aceite vegetal con achiote
¼ libra de jamón de cocinar, lavado y picadito

C—**Pique menudito:**

1 cebolla	1 tomate
1 pimiento verde, sin semillas	3 hojas de culantro, lavadas
3 ajíes dulces, sin semillas	1 grano de ajo

D—3 cucharadas de salsa de tomate

E—3 huevos
½ cucharadita de sal

1—Ponga a hervir el agua y la sal incluída en **A**. Lave los chayotes y hierva a *fuego moderado, tapado,* alrededor de *45 minutos,* ó hasta ablandar. Sáquelos, remuévales la semilla y la parte fibrosa que le queda debajo.

2—En un caldero, caliente la manteca ó aceite vegetal con achiote y dore **ligeramente** el jamón. Añada los ingredientes incluídos en *C* y *D* y sofríalos a *fuego bajo* por *10 minutos.*

3—Corte los chayotes en cuadritos, agréguelos y mezcle.

4—Aparte, bata los huevos con la sal. Agréguelos al caldero, mezcle y cueza a *fuego bajo,* revolviendo **ocasionalmente,** hasta que se cuezan los huevos.

GUINGAMBOS O QUINGOMBOS GUISADOS

A—1 libra de guingambós, con las puntas cortadas y divididos en dos, a lo ancho
1 litro (4 tazas) de agua
1 cucharadita de sal

B—1 onza de tocino
2 onzas de jamón de cocinar } lavados y picaditos

C—1 cucharada de manteca ó aceite vegetal con achiote
1 cebolla
1 tomate
1 pimiento verde, sin semillas
2 ajis dulces, sin semillas   } finamente picados
1 grano de ajo
6 hojas de culantro, lavadas

D—3 tazas de agua
1 cucharadita de sal
¼ taza de salsa de tomate
½ libra de papas, mondadas y cortadas en pedazos

1—Remoje los guingambós en el agua y sal incluídas en *A* por *1 hora.*

2—En un caldero, dore **rápidamente** el tocino y jamón. Ponga el *fuego bajo,* añada los ingredientes incluídos en *C* y sofría por *10 minutos,* moviendo **ocasionalmente.**

3—Escurra los guingambós, pase por agua fresca, escurra de nuevo y añádalos al caldero, junto con los ingredientes incluídos en *D*. Cueza a *fuego alto* hasta hervir. Ponga el *fuego moderado, tape* y cueza por *30 minutos.*

4—*Destape* y cueza por *30 minutos,* o hasta que la salsa espese a gusto.

BERENJENA CON QUESO

A—2 libras de berenjenas, mondadas y partidas en dos, a lo largo
6 tazas de agua
1½ cucharadita de sal

B—2 onzas (4 cucharadas) de mantequilla
1 huevo
1 taza de queso parmesano, rallado

C—1 cucharada de polvo de pan ó galleta
1 onza (2 cucharadas) de mantequilla

1—Ponga a hervir a *fuego alto* las berenjenas en el agua y la sal incluída en *A*. Reduzca el fuego a *moderado, tape* y hierva por *30 minutos.*

2—Sáquelas, escúrralas **bien** y májelas. Agréguele los ingredientes incluídos en *B* y mezcle. Vierta en molde de 2 cuartillos de cristal para hornear, previamente engrasado.

3—Espolvorée con el polvo de pan ó galleta y riéguele pedacitos de mantequilla por encima.

4—Encienda anticipadamente el horno a una temperatura *moderada* de *375°F.* y hornée alrededor de *40 minutos.*

BUDIN DE BERENJENA

A—2 libras de berenjenas, mondadas y partidas en dos, a lo largo
6 tazas de agua
2½ cucharaditas de sal

B—1 onza (2 cucharadas) de mantequilla
2 huevos
1 cucharadita de polvo de hornear (*Baking Powder*)
¼ cucharadita de sal
2 cucharadas de azúcar
¼ cucharadita de polvo de nuez moscada (*opcional*)

C—⅓ taza de maicena
⅓ taza de leche

D—1 cucharada de polvo de pan ó galleta
1 onza (2 cucharadas) de mantequilla

1—Ponga a hervir a *fuego alto* las berenjenas en el agua y sal incluída en *A*. Reduzca el fuego a *moderado, tape* y hierva por *30 minutos.*

2—Sáquelas, escúrralas **bien** y májelas. Agréguele los ingredientes incluídos en *B* y mezcle.

3—Diluya la maicena en la leche y añádala. Mezcle bien y vierta en molde de 2 cuartillos de cristal para hornear, previamente engrasado.

4—Espolvorée con el polvo de pan ó galleta y riéguele pedacitos de mantequilla por encima.

5—Caliente anticipadamente el horno a una temperatura *moderada* de *375°F.* y hornée alrededor de *40 minutos.*

SOUFFLE DE COLIFLOR

1 coliflor grande (1½ a 2 libras de los repollitos, sin las hojas)

4 cucharadas de mantequilla	2 tazas de leche
4 cucharadas de harina de trigo	3 huevos
1 cucharadita de sal	1 taza de queso
⅛ cucharadita de polvo de pimienta	parmesano, rallado
1 cucharada de polvo de galleta	

1—Remueva las hojas a la coliflor. Separe los repollitos, lávelos y remójelos en 2 litros de agua con 2 cucharaditas de sal durante *30 minutos.*

2—Aparte, ponga a hervir 2 litros de agua con 2 cucharadas de sal y cuando hierva, agregue los repollitos y déjelos hervir a *fuego alto* y *tapados* durante *20 minutos.* Sáquelos y escúrralos.

3—Engrase un molde de cristal para hornear y espolvorée el fondo con 1 cucharada de polvo de galleta.

4—En una cacerola derrita a *fuego bajo*, la mantequilla. Agréguele la harina y muévala por breves *segundos.* Añada la sal, polvo de pimienta y la leche tibia. Suba el fuego a *moderado* y continúe moviendo hasta que hierva y la salsa espese un poco.

5—Añada a esta salsa blanca, los repollitos escurridos y déjelos al fuego *únicamente* en lo que dan un hervor.

6—Aparte separe las claras de las yemas de los huevos. Bata las claras a punto de nieve, añádales las yemas y continúe batiendo un poco.

7—Cubra el fondo del molde con un poco del huevo batido. Espolvoréelo con queso rallado. Repita la operación hasta terminar con el huevo y reserve únicamente ¼ taza del queso rallado para usarlo al final. Vierta encima toda la coliflor con la crema. Espolvoréela con el ¼ de taza de queso rallado que reservó.

8—Hornée por *30 minutos* en horno calentado anticipadamente a *350°F.* Sirva inmediatamente.

GUANIMES DE PLATANO

3 plátanos
½ taza de leche de coco pura (1 coco grande)
¾ taza de azúcar   1 cucharadita de anís en grano
1 cucharadita de sal   Hojas de plátano

1—Monde los plátanos y póngalos a remojar en 2 litros de agua con 2 cucharadas de sal, durante *30 minutos*. Sáquelos, escúrralos bien y rállelos.

2—Combine el plátano rallado con la leche de coco, el azúcar, la sal y los granos de anís.

3—Lave unas hojas de plátano y divídalas en pedazos.

4—Coloque en el centro de cada hoja dos cucharadas de la masa, extiéndala un poco hacia los lados y envuélvala en forma de chorizo. Amarre bien las puntas con un cordoncito.

5—Ponga a hervir 3 litros de agua con 3 cucharadas de sal. Al hervir, añada los guanimes y déjelos cocer, *tapados* y a *fuego moderado*, durante *25 minutos*. Sáquelos, escúrralos y sírvalos en su misma hoja.

GUANIMES DE MAIZ

(Salen 18)

1 libra de harina de maíz   ½ cucharadita de anís en grano
2 tazas de leche de coco   1 cucharadita de sal
1 taza de melao   Hojas de plátano

1—Combine todos los ingredientes y mézclelos bien.

2—Lave unas hojas de plátano y divídalas en pedazos.

3—Coloque en el centro de cada hoja de plátano dos cucharadas de la masa, extiéndala un poco hacia los lados y envuélvala en forma de chorizo. Amarre bien las puntas con un cordoncito.

4—Ponga a hervir 3 litros de agua con 3 cucharadas de sal. Al hervir, agregue los guanimes y cuézalos a *fuego moderado* y con la *olla tapada*, durante *45 minutos*. Sáquelos, escúrralos y sírvalos en su misma hoja.

COL DORADA

A—2½ libras de col
2 litros (8 tazas) de agua

1½ cucharada de sal
1 cucharada de azúcar

B—2 tazas de leche
¼ taza de maicena

¾ cucharadita de sal
2 onzas (4 cucharadas)
de mantequilla

C—¼ libra de queso suizo (*Gruyère*)

1—Quite el corazón a la col y rállela por el lado de *"medias lunas"* del guayo o píquela menudita. Combínela con el resto de los ingredientes incluídos en A. Póngala a *fuego alto* hasta hervir. *Tape* y cueza a *fuego moderado* por *1 hora.*

2—Prepare una salsa blanca con los ingredientes incluídos en B, mezclándolos y moviéndolos a *fuego moderado* hasta que hierva. Escurra *muy bien* la col y agréguela.

3—Ralle el queso en tiritas finas. Reserve ¼ de taza y añada el resto a la mezcla. Vierta en molde de cristal para hornear (7½" x 12") y cúbrala con el queso que reservó. Horneé, hasta dorar, en horno de *temperatura alta* (550°F.).

PASTELES DE COL
(12 pasteles)

Col:

1 col de 4 libras
4 litros (16 tazas) de agua

3 cucharadas de sal

1—En una olla grande, combine el agua con la sal. Agregue la col para amortiguar un poco sus hojas. *Tape* la olla y póngala a *fuego moderado* durante *25 minutos.*

2—Saque la col, métale un cuchillo por el centro y *cuidadosamente* despréndale las hojas que ya estén un poco amortiguadas. Ponga el resto de la col a *fuego moderado* de nuevo y déjela cocer por *5 minutos.* Sáquela y despréndale el resto de sus hojas. (Reserve el agua para cocer en ella los pasteles.)

3—Vire las hojas de col al revés y con un cuchillo rebájele, *con cuidado,* un poco de la vena del centro, sin romper la hoja.

4—Escoja entre las hojas 12 de tamaño grande y 12 de tamaño mediano o pequeño.

5—Reserve esta hojas para hacer dentro de ellas los pasteles.

Masa:

A—1 libra de yautía blanca
½ libra de plátano verde (½ plátano)
1 libra de guineos verdes (5 guineos verdes)
1 litro de agua | 1 cucharada de sal

B—2 cucharadas de manteca de achiote, derretida
1½ cucharadita de sal

1—Monde las yautías, el plátano verde y los guineos verdes. Córtelos en pedazos y remójelos en 1 litro de agua con 1 cucharada de sal durante *15 minutos*. Escúrralos bien y *rállelos*.

2—Después de rallados, muélalos un poco en el mortero para suavizar la masa.

3—Agregue 1½ cucharadita de sal y 2 cucharadas de manteca de achiote derretida.

4—Mézclelo todo bien y reserve esta masa para formar con ella los pasteles.

Relleno:

A—½ libra de carne de res, molida	½ cucharadita de vinagre
¾ cucharadita de sal	⅓ taza de salsa de tomate
	¼ taza de pasas, sin semillas

B—¼ cucharadita de orégano seco	4 aceitunas (sin semillas)
1 ajo, mediano	1 cebolla, pequeña
1 ají dulce (sin semillas)	1 tomate, mediano
¼ pimiento verde, fresco (sin semillas)	3 hojas de culantro
	3 ramitas de culantrillo

C—2 cucharadas de manteca de achiote, derretida
½ onza de jamón de cocinar | ¼ onza de tocino

1—Combine los ingredientes incluídos en A.

2—Muela en el mortero el orégano seco y el ajo. Pique en pedazos bien pequeños el resto de los ingredientes incluídos en B. Muélalos un poco en el mortero.

3—En un caldero o sárten dore rápidamente el tocino. Sáquelo y dore el jamón previamente picadito. Ponga el *fuego bajo* y añada la manteca de achiote.

4—Agregue lo contenido en el mortero y el picadillo de carne.

5—Mezcle todo bien y déjelo a *fuego moderado* durante 5 *minutos,* moviéndolo ocasionalmente.

6—Retírelo del fuego y resérvelo para rellenar con esto los pasteles.

Modo de formar y cocer los pasteles de col:

1—Coloque sobre la mesa una hoja grande de col. Póngale encima una hoja de tamaño mediano preferiblemente.

2—Vierta sobre esta hoja *dos cucharadas de la masa* y extiéndala hasta cubrir la hoja y de modo que la masa quede bien fina.

3—Coloque en el centro de la masa *una y media cucharada del relleno.*

4—Doble las hojas de modo que el pastel quede envuelto y pínchelas con dos palillos. Proceda del mismo modo hasta terminar con los ingredientes.

5—Ponga a calentar el agua en que amortiguó las hojas de col. Cuando esté caliente agregue los pasteles, *tape* la olla y déjelos a *fuego alto* durante 45 *minutos.*

6—Tan pronto estén listos, sáquelos, escúrralos y sírvalos calientes.

PASTELITOS ARABES
(15 pastelitos de col con arroz)

Col:

1 col de 4 libras	2 cucharadas de sal
4 litros de agua	

1—Ponga el agua con la sal en una olla grande. Agregue la col, *tape la olla* y póngalo a *fuego moderado* durante 25 *minutos* para que se amortiguen un poco las hojas de la col.

2—Saque la col y escúrrala bien. *Reserve 6 tazas del líquido en que hirvió la col* para usarlo más tarde al cocer los pastelitos. Meta un cuchillo alrededor del tallo de la col y desprenda una por una sus hojas. (Si las hojas del centro no se han amortiguado, hierva la col por *unos minutos* más.)

Vire las hojas por el revés y cuidadosamente rebájele con un cuchillo un poco de la vena del centro, teniendo precaución de no romper la hoja.

3—Reserve estas hojas para usarlas tan pronto esté listo el relleno.

Relleno:

A—½libra de carne de res, molida
   ¾ cucharadita de sal
   ½ cucharadita de vinagre
   1 cucharadita de alcaparras
   ⅓ taza de salsa de tomate
   1 cucharada de aceite o manteca con achiote
   ¼ taza de pasas, sin semillas

B—¼ cucharadita de orégano seco

1 ajo mediano	1 cebolla pequeña
1 ají dulce, sin semillas	1 tomate mediano
¼ pimiento verde, fresco, sin semillas	3 hojas de culantro
	3 ramitas de culantrillo
4 aceitunas, sin semillas	

C—1 cucharada de aceite o manteca	½ onza de jamón de cocinar
¼ onza de tocino	

D—1 taza de arroz

1—Combine los ingredientes incluídos en *A*.

2—Muela en el mortero el orégano y el ajo. Pique en pedacitos pequeños el resto de los ingredientes incluídos en *B*. Muélalos un poco en el mortero.

3—En un caldero o en una sartén combine los ingredientes incluídos en *C* y dórelos *rápidamente*. Después ponga el *fuego bajo*.

4—Agregue los ingredientes que combinó de la *A*.

5—Agregue lo contenido en el mortero.

6—Coloque la taza de arroz sobre un colador y lávelo rápidamente bajo el agua. Escúrralo bien y agréguelo.

7—Muévalo todo bien y déjelo al fuego únicamente lo necesario para que todo una bien.

8—Proceda a rellenar con esto los pasteles en la siguiente forma:
   Coloque una hoja de col sobre la mesa.

Póngale en el centro 2 cucharadas del relleno. Doble la hoja en forma de pastelito y pínchele los extremos con dos palillos. Proceda del mismo modo hasta terminar con las hojas y con el relleno.

Para cocer los pasteles:
1 tomate mediano
1 cebolla mediana
¼ taza de salsa de tomate

1—Mezcle estos ingredientes en un caldero grande. Agregue las 6 tazas de líquido que reservó cuando hirvió la col. Póngalo a *fuego alto* hasta que hierva. Agregue los pastelitos y al comenzar a hervir, reduzca el fuego a *moderado. Tápelos* y hierva por *40 minutos. Destápelos* y hierva por *20 minutos* más.

2—Sírvalos acompañados por la salsa.

PASTELES "MAMIE"

(38 pasteles)

La receta de pasteles se divide en tres partes:

RELLENO, MASA Y MODO DE FORMAR EL PASTEL

RELLENO

A—2 libras de carne de masa de cerdo, sin hueso
3 onzas (6 cucharadas) de jugo de **naranja agria** fresca

Nota: A menos que consiga carne completamente desgrasada y sin hueso, debe comprar alrededor de 3 libras para después de limpiarla de hueso y grasa obtener las 2 libras netas requeridas.

B—4 ajíes dulces, sin semillas 4 hojas de culantro, lavadas 2 granos grandes de ajo	2 cucharadas de orégano seco 1 cucharada de sal

C—1 libra de jamón de cocinar
1 pimiento verde fresco, sin semillas
1 cebolla mediana
1½ tazas de pasas, sin semillas

D—1 lata de 1 libra de garbanzos

E—24 aceitunas, rellenas con pimientos morrones
1½ cucharada de alcaparras

F—1 libra de manteca
¼ libra de achiote

1—Lave rápidamente la carne, séquela, córtela en cuadritos bien pequeños y colóquela en un tazón grande.

2—Exprima naranjas frescas y vierta su líquido en la taza de medir hasta obtener 3 onzas. Agregue a la carne.

3—*Muela* muy bien *en el mortero* y después agréguelo a la mezcla los ajíes dulces, el culantro, el ajo, el orégano y la sal.

4—Lave el jamón de cocinar, córtelo en cuadritos pequeños y agréguelo.

5—Lave la cebolla, los tomates y el pimiento, córtelos en cuadritos pequeños y agréguelos.

6—Agregue las pasas sin semillas.

7—Abra la lata de garbanzos y con el líquido en que vienen incluído viértalos en una cacerola. Añádales 1 taza de agua. Póngalos al fuego y tan pronto hiervan, retírelos del fuego. Escurra bien el líquido sobre la carne. Cuidadosamente quite el pellejito que cubre los garbanzos y después añada los garbanzos a la carne.

8—Corte las aceitunas en pedacitos y añádalas a la carne, junto con las alcaparras.

9—Lave y escurra el achiote. Combine la libra de manteca con el achiote bien escurrido y póngala a *fuego bajo* a derretir. Después cuélela.

10—Agregue 6 *cucharadas* de esta manteca derretida a la carne y **reserve** el resto para añadirlo a la *masa de los pasteles*.

11—Mezcle todo bien y *tápelo* hasta que lo necesite para rellenar los pasteles.

MASA

4 libras de yautía blanca	2 tazas de leche tibia
4 libras de yautía amarilla	2½ cucharadas de sal
(*Madre*)	La manteca de achiote que
15 guineos verdes	reservó al hacer el relleno

1—Monde, lave, escurra y ralle (guaye) la yautía blanca, la yautía amarilla y los guineos verdes.

2—Después de rallados, *muélalos* muy bien en el mortero para suavizar completamente la masa.

3—Añádales poco a poco, 2 tazas de leche tibia.

4—Añada la manteca de achiote derretida que reservó al preparar el relleno.

5—Añada 2½ cucharadas de sal.

6—Mézclelo todo bien, tápelo y déjelo listo para preparar los pasteles.

DIAGRAMA PARA AYUDAR A COMPRENDER EL MODO DE FORMAR EL PASTEL

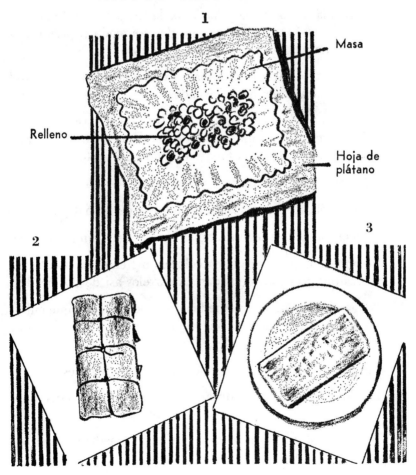

MODO DE FORMAR EL PASTEL

1—Consiga 25 paquetes de hojas de plátano, las cuales deben ser grandes y anchas.

2—Con una tijera corte la vena dura del centro de la hoja para darle a ésta mayor flexibilidad.

3—Divida las hoja en pedazos de 12 pulgadas cuadradas.

4—Lave y limpie bien las hojas con un paño húmedo.

5—Vierta como a 2 pulgadas de la base de la hoja, *3 cucharadas de la masa.*

6—Extiéndala hacia arriba y hacia los lados, procurando dejarla bien fina, casi transparente, pues de este modo el pastel después de terminado, le quedará más sabroso.

7—Vierta en el centro de esta masa extendida *3 cucharadas del relleno* y extiéndalo hacia los lados.

8—Doble el pastel en tal forma que la base de la masa al quedar doblado, descanse sobre el borde de la masa de arriba, formando de este modo la tapa y el fondo del pastel.

9—Déle un segundo doblez.

10—Doble hacia adentro los lados izquierdo y derecho de las hojas.

11—Envuélvalo en una segunda hoja. Esta vez en forma diagonal.

12—Coloque dos pasteles juntos colocando frente por frente las partes que han sido dobladas. Amárrelos así de dos en dos.

13—Ponga al fuego un recipiente bien grande con agua que cubra los pasteles. (Puede usar 5 litros de agua con 3½ cucharadas de sal para cada 12 pasteles.)

14—Cuando el agua esté hirviendo, agregue los pasteles.

15—Déjelos hervir *tapados* durante *1 hora.* (A la media hora vírelos.)

16—Después que se hayan cocido, retírelos inmediatamente del agua.

CAPITULO X *Frituras y Croquetas*

$\mathcal{F}$rituras y $\mathcal{C}$roquetas

REGLAS GENERALES PARA FREIR EN ABUNDANTE
ACEITE VEGETAL O MANTECA
(Deep-Frying)

Para freír, se usa la grasa en forma sólida, como la manteca ó en forma líquida, como el aceite vegetal. La manteca indicada en las distintas recetas puede ser sustituida por aceite vegetal.

Si fríe con grasa sólida se recomienda, preferiblemente, el uso de la manteca vegetal.

Para obtener una cocción perfecta, debe freír en abundante grasa y a temperatura adecuada.

Si la temperatura de la grasa está demasiado alta, lo que se fríe se abrirá y se dorará sin estar cocido. Por el contrario, si está demasiado baja, lo que se fríe absorberá la grasa.

Resulta muy conveniente el uso del termómetro de freír, el cual, introducido en el recipiente en que se fríe, indicará la temperatura correcta.

Puede usar la misma grasa para freír, excepto cuando se ha usado para freír pescado ó mariscos. Si nota que la grasa se oscurece después de freír, agréguele una papa mondada y partida en pedazos y póngala a freír a *fuego bajo* hasta que dore la papa. Deje enfriar y cuele a través de colador con papel absorbente dentro. Reserve la grasa para usarla cuando la necesite.

Cuando se fríe, deben freírse pequeñas cantidades a la vez, de lo contrario, reducirá demasiado el calor adecuado de la grasa.

Derrita siempre la grasa a *fuego bajo*.

Al concluir de freír, saque lo que frió y colóquelo sobre papel absorbente, para que se chupe la grasa.

TABLA PARA FREIR EN ABUNDANTE MANTECA O ACEITE
(Deep-Frying)

	Temperatura del termómetro de freír	Tiempo aproximado o hasta dorar
Mixturas con harina *que no estén* cocidas tales como frituras, rosquillas (*Doughnuts*), etc.	350°F.–365°F.	3–5 Min.
Mixturas *cocidas* tales como:		
Croquetas	365°F.–380°F.	3–5 Min.
Pastelillos	375°F.–400°F.	¾–1 Min.
Papitas fritas	380°F.–385°F.	6 Min.
Papitas enteras cocidas	350°F.	12 Min.

En caso que no tuviere termómetro de freír, puede determinar el calor adecuado de la grasa agregándole un cuadrito de pan viejo y observando la siguiente regla:

Si el pan se dora en *40 segundos* la grasa estará lista para freír ingredientes cocidos previamente.

Si el pan se dora en *60 segundos* (1 minuto) la grasa estará lista para freír ingredientes crudos.

LA MANTECA INDICADA EN LAS RECETAS PUEDE SER SUSTITUIDA POR ACEITE.

FRITURAS DE CALABAZA

A—1½ libra de calabaza (pesada después de mondarse)
  2 cucharadas de sal
  2 litros (8 tazas) de agua

B—1 taza de azúcar
  1 taza de harina de trigo
  ¾ cucharadita de vainilla

C—½ libra de manteca ó 1 taza de aceite vegetal

1—Corte la calabaza en pedazos. Póngala en el agua con sal, a *fuego alto*, hasta hervir. Reduzca a fuego *moderado, tape*, y hierva durante *30 minutos*.

2—Sáquela, escúrrala **muy bien** y májela.

3—Mezcle bien con los ingredientes en *B*.

4—En una sartén, ponga al fuego la manteca ó el aceite y cuando esté caliente (Termómetro de Freír—350°F.), fría la mezcla por cucharadas, hasta dorarlas. Para que las frituras queden tostaditas por fuera y amelcochadas por dentro, deles forma aplanada al echarlas a freír. Si no las desea tostaditas, fríalas en forma de buñelitos.

5—Saque las frituras y colóquelas sobre papel absorbente para que se chupe **muy bien** la grasa.

BUÑUELITOS "FRANCISCA"

A—½ cuarta (2 onzas) de mantequilla
   1¼ cucharadita de sal | ½ taza de azúcar
   2 tazas de agua

B—1½ taza de harina de maíz

C—3 huevos
   1 cucharadita de vainilla

1—Combine los ingredientes incluídos en A y póngalos a *fuego alto* hasta hervir. Añada la harina, **toda de una vez,** y mezcle **vigorosamente,** con cuchara de madera, hasta que despegue de la cacerola.

2—Retire del fuego, añada **uno a uno** los huevos y mezcle. Agregue la vainilla y mezcle. Fría por cucharaditas, hasta dorar, en abundante aceite vegetal caliente (*350°F. a 375°F.*). Saque los buñuelitos y colóquelos sobre papel absorbente para que se chupe la grasa.

FRITURAS DE MAIZ A LA CREMA
(12 Frituras)

1 lata de maíz a la crema	1 cucharadita de polvo de
1 huevo	hornear (*Baking Powder*)
½ taza de harina de trigo	3 cucharadas de azúcar
	½ cucharadita de sal

1—Mida 1 taza del maíz a la crema tal cual viene, sin diluírlo.

2—Agréguele el resto de los ingredientes y mezcle bien.

3—Ponga a calentar aceite vegetal ó manteca en una sartén honda y cuando la grasa esté caliente (Termómetro de Freír—

370°F.) fría la mezcla, por cucharadas, hasta dorarlas. Dele forma de frituras aplanadas al echarlas a freir para que les queden tostadas por fuera y amelcochadas por dentro. Sáquelas y póngalas sobre papel absorbente.

Nota: Si desea, puede preparar las frituras más pequeñitas, friendo la mezcla por cucharaditas; en tal caso, le saldrán alrededor de 24.

FRITURAS DE PAPA Y JAMON
(14 Frituras)

1½ libra de papas medianas	½ libra de jamón hervido
1 litro (4 tazas) de agua	4 huevos
1½ cucharada de sal	½ cucharadita de sal

1—Lave bien las papas y móndelas con el cuchillo de mondar vegetales. Pártalas en dos y póngalas a hervir, *tapadas*, a fuego *moderado*, en 1 litro de agua con 1½ cucharada de sal alrededor de *30 minutos*, ó hasta quedar cocidas.

2—Sáquelas, móndelas y ya frías, córtelas en rebanadas finas.

3—Coloque entre cada dos rebanadas un pedazo de jamón. Pínchelo con un palillo.

4—Bata a **punto de nieve** las claras de los huevos. Agregue las yemas y ½ cucharadita de sal. Bata bien.

5—"**Envuelva**" los emparedados de papa y jamón en el huevo batido.

6—Ponga a calentar en una sartén honda ½ taza de aceite vegetal ó manteca. Fría los emparedados cuando la grasa esté caliente (Termómetro de freír — 350°F.) hasta que doren.

7—Sáquelos y colóquelos sobre papel absorbente.

FRITURAS DE QUESO
(12 Frituras)

2 huevos	2 cucharaditas de polvo de
1 taza de leche	hornear (*Baking Powder*)
2 tazas de harina de trigo	1¼ cucharadita de sal

3 cucharadas de azúcar

1 taza de queso rallado, *Cheddar* ó blanco (del país)

1—Bata los huevos. Agrégueles la leche.

2—Cierna la harina de trigo, junto con la sal y el polvo de hornear. Agréguelos a la leche con huevo.

3—Añada el azúcar y el queso rallado. Mezcle.

4—Fría por cucharadas en abundante aceite vegetal ó manteca caliente (Termómetro de freír — 375° F.) hasta dorar. Escurra sobre papel absorbente.

BUÑUELOS DORADOS

A—2 tazas de harina de trigo
¼ taza de azúcar
1 cucharada de polvo de hornear (*Baking Powder*)
½ cucharadita de sal
1 cucharadita de nuez moscada

B—¼ taza de aceite vegetal
¾ taza de leche
1 huevo batido

1—Cierna los ingredientes incluídos en A.

2—Añada los ingredientes incluídos en B y mezcle con un tenedor.

3—Fría la mezcla por cucharaditas en abundante aceite vegetal ó manteca caliente (Termómetro de freír — 375° F.) hasta dorar. Escura sobre papel absorbente y espolvorée con azúcar y canela.

BOLITAS DE YAUTIA
(30 Bolitas)

1 libra de yautía blanca	½ cucharadita de sal
2 tazas de agua	2 huevos

¼ libra (1 taza) de queso parmesano o *Cheddar*, rallado

1—Monde y corte en pedazos las yautías. Hierva en el agua con la sal, *tapadas* y a *fuego moderado,* por *30 minutos* ó hasta ablandar.

2—Escúrralas *inmediatamente* y májelas.

3—Añádales los 2 huevos y el queso rallado. Mezcle bien.

4—Deje enfriar *ligeramente* y forme bolitas con la palma de las manos.

5—Fría en abundante aceite vegetal ó manteca (Termómetro de freír — *375°F.*) unas cuantas bolitas a la vez, hasta dorarlas. Sáquelas y póngalas sobre papel absorbente.

FRITURAS DE YAUTIA
(Salen 24)

A—2 libras de yautía blanca
1 cucharadita de sal
1 cucharadita de polvo de hornear (*Baking Powder*)

B—Aceite vegetal ó manteca (para freír)

1—Lave y monde las yautías. Lávelas de nuevo y rállelas. Añádale la sal y el polvo de hornear. Mezcle bien.

2—Llene, hasta la mitad, un caldero o *"Deep Fryer"* con aceite vegetal ó manteca. Caliente la grasa (Termómetro de freir — *350°F.*) y eche a freír la mezcla por cucharadas, hasta cocer y dorar. Saque y ponga sobre papel absorbente, para chupar la grasa.

JIBARITOS ENVUELTOS
(Salen 36)

A—18 guineitos niños, maduros

B—1 taza de harina de trigo
½ cucharadita de sal
½ cucharadita de polvo de hornear (*Baking Powder*)
1 taza de agua

C—Aceite vegetal ó manteca (para freír)

1—Monde los guineitos y divídalos en dos, a lo largo.

2—En un tazón, combine *bien* la harina de trigo, la sal y el polvo de hornear. Añádale el agua *lentamente* y mezcle para formar una levadura.

3—Llene, hasta la mitad, un caldero o *"Deep Fryer"* con aceite vegetal y caliente. (Termómetro de Freir — 375°F.)

4—Ponga seis mitades de guineitos en el tazón y "envuélvalos" bien en la levadura. Sáquelos, usando una cuchara con hoyos, y échelos a freir hasta que doren. Sáquelos y póngalos sobre papel absorbente para que se chupe la grasa. Proceda con el resto en la misma forma. Sirva *inmediatamente.*

BACALAITOS FRITOS
(Salen 30)

A—½ libra de *filete* de bacalao, *seco*

B—1½ taza de harina de trigo	1 cucharadita de polvo de
¾ cucharadita de sal	hornear (*Baking Powder*)
	1½ taza de agua

C—4 granitos de pimienta
   2 granos de ajo
   3 hojas de culantro (opcional)

D—Aceite vegetal o manteca, para freir

1—Corte el bacalao en pedazos, como de *2 pulgadas.* Cúbralo con abundante agua y póngalo en un recipiente grande a *fuego alto* por *15 minutos.* (Si prefiere, en vez de ponerlo al fuego, póngalo a remojar por *3 horas.*)

2—Sáquelo, escúrralo, quítele el pellejo y las espinitas y páselo por agua fresca *dos o tres veces.*

3—Exprímalo con las manos y luego, desmenúcelo *muy bien* y al hacerlo, cerciórese de haberle quitado todas las espinitas.

4—En un tazón mediano, combine la harina de trigo con la sal y el polvo de hornear. Vierta *lentamente* en el centro el agua y mezcle con espátula de goma hasta formar una levadura.

5—Muela en el mortero los ingredientes incluídos en *C* y mezcle con la levadura. Añádale el bacalao desmenuzado y mezcle todo bien.

6—Llene, hasta la mitad, un caldero o *"Deep Fryer"* con aceite vegetal o manteca. Introduzca el Termómetro de Freir y ponga el recipiente a *fuego alto* hasta que la grasa esté bastante caliente (Termómetro de Freir — 375°F.)

7—Vierta la mezcla en la grasa usando una cuchara de servir.

Fría los que cómodamente quepan en el recipiente, hasta que los *bacalaítos* tomen un atractivo color dorado. (Según fríe, use una cuchara larga de cocinar, que tenga hoyos, para remover de la grasa los pedacitos de levadura que se desprenden. Saque los *bacalaítos* y póngalos sobre papel absorbente.

Nota: Para fiestas, vierta la mezcla por cucharaditas al freirlos.

ALCAPURRIAS

(16 Alcapurrias)

Masa:

5 guineos verdes	2 cucharaditas de sal
1 libra de yautía	1 cucharadita de vinagre

1 cucharada de manteca ó aceite vegetal con achiote

1—Monde y lave las yautías. Monde los guineos verdes y lávelos en agua con sal. Ralle ambos y mézclelos con los otros ingredientes.

Relleno:

A—½ libra de carne de res ó de cerdo, molida

B—Muela o pique menudito:

½ onza de tocino	¼ de pimiento verde, sin semillas
1 onza de jamón de cocinar	
1 grano de ajo	1 ají dulce, sin semillas
½ tomate	½ cebolla pequeña

C—½ cucharadita de orégano seco	½ cucharadita de sal
½ cucharadita de aceite de oliva	¼ cucharadita de vinagre

D—2 cucharaditas de manteca ó aceite vegetal (*para carne de res*)

½ cucharadita de manteca ó aceite vegetal (*para carne de cerdo*)

E—3 aceitunas rellenas, picaditas

3 ciruelas negras secas, picaditas

2 cucharaditas de pasas, sin semillas

½ cucharadita de alcaparras

1 cucharada de manteca ó aceite vegetal con achiote

1—Ponga la carne molida en un tazón, agréguele los ingredientes incluídos en *B* y *C* y mezcle.

2—En un caldero, caliente la grasa incluída en *D*. Agregue el picadillo y cueza a *fuego alto, contínuamente,* moviéndolo hasta que la carne pierda el color rojizo.

3—Añada los ingredientes incluídos en *E*. Mezcle, ponga el *fuego bajo* y cueza por *15 minutos,* si la carne es de *res* y por *30 minutos,* si es de *cerdo.*

4—Destape el caldero y cueza por *15 minutos* más.

Método:

1—Ponga en la palma de la mano un poco de la masa, extiéndala algo y coloque en el centro un poco del relleno. Cúbralo con la masa para formar una alcapurria.

2—Fríalas en abundante manteca ó aceite vegetal caliente (Termómetro de freír — 350°F.) hasta cocerlas. Luego, fría *rápidamente* con la grasa más caliente, para dorarlas.

BUÑUELOS DE ÑAME

A—1 libra de ñame, lavado y cortado en pedazos
  1½ litro (6 tazas) de agua | 1 cucharada de sal

B—1 onza (2 cucharadas) de mantequilla
  2 cucharadas de manteca ó aceite vegetal
  6 cucharadas de harina de trigo
  2 cucharadas de leche
  ½ cucharadita de sal
  1 huevo

1—Ponga a hervir el agua y la sal incluídas en *A*. Agregue el ñame, *tape* y hierva a *fuego moderado* alrededor de *40 minutos,* ó hasta ablandar. Sáquelo, escúrralo y májelo.

2—Agregue el resto de los ingredientes y mezcle.

3—Fría por cucharadas hasta dorar. Ponga sobre papel absorbente. Sirva con azúcar espolvoreada, ó acompañados de sirop ó jalea.

TOSTONES DE PLATANO

(10 ó 12 Tostones)

A—3 plátanos verdes | 4 tazas de agua
   2 ajos (*opcional*) | 2 cucharadas de sal

B—Abundante aceite vegetal ó manteca (para freír)

1—Monde los plátanos y córtelos diagonalmente en tajadas de *1" de ancho*. Remójelas por *15 minutos* en el agua con la sal y los ajos machacados. Escúrralas bien.

2—Caliente a *fuego alto* la grasa. (Termómetro de freír — 350°F.)

3—Fría las tajadas a *fuego moderado* alrededor de *7 minutos*, manteniendo la temperatura indicada.

4—Sáquelas y aplástelas. Echelas de nuevo en el agua y sáquelas *inmediatamente*. Escúrralas bien.

5—Fríalas nuevamente con la grasa un poco más caliente (Termómetro de freír — 375°F.) hasta que doren.

6—Sáquelas, colóquelas sobre papel absorbente para que se chupe la grasa y espolvoréelas levemente de sal.

ALMOJABANAS

(24 Almojábanas)

A—2 tazas de leche
   2 onzas (4 cucharadas) de mantequilla
   ¾ cucharadita de sal

B—2 tazas de harina de arroz
   2 cucharaditas de polvo de hornear (*Baking Powder*)
   3 huevos

C—½ taza de queso blanco *del país* (*queso de la tierra*)

D—Abundante manteca ó aceite vegetal (*para freír*)

1—En una cacerola, ponga a hervir los ingredientes incluídos en A. Retire del fuego.

2—Combine la harina de arroz y el polvo de hornear. Añádalo a la cacerola y mezcle bien. Agregue los huevos *uno a uno* y mezcle.

3—Ponga la cacerola a *fuego moderado* y mezcle *contínuamente* con cuchara de madera hasta que la mezcla despegue del fondo y los lados de la cacerola.

4—Retire del fuego. Maje el queso con un tenedor y añádalo. Mezcle bien.

5—Fría la mezcla *por cucharadas* en la grasa caliente (Termómetro de freír — 375°F.) hasta dorarlas.

6—Escurra sobre papel absorbente.

7—Saque las almojábanas y colóquelas sobre papel absorbente para que se chupe la grasa.

Nota: Si usa queso parmesano, debe usar únicamente 1/4 libra (1 taza) de queso rallado.

BOLITAS DE HARINA DE ARROZ
(24 Bolitas)

1½ taza de leche hirviendo
2 onzas de oleomargarina ó mantequilla
½ cucharadita de sal
¾ taza de harina de arroz
¼ libra (1 taza) de queso parmesano, rallado

1—Hierva la leche a *fuego moderado* y muévala *contínuamente.*

2—Tan pronto hierva, retírela del fuego y añádale el resto de los ingredientes. Mézclelo todo bien.

3—Póngalo de nuevo a *fuego moderado* y muévalo *contínuamente,* pues se cuaja rápidamente. El punto es cuando el contenido despega totalmente de la cacerola.

4—Retírelo del fuego y viértalo sobre fuente llana.

5—Déjelo enfriar un poco y forme bolitas, del tamaño de nueces, con la palma de las manos.

6—Caliente 2 tazas de manteca ó aceite vegetal y fríalas hasta que tomen un bonito color dorado. Si usa termómetro de freír, comience a freír cuando éste marque 370°F.

7—Cuando estén listas, sáquelas y colóquelas sobre papel absorbente para que se chupe la grasa.

Nota: Puede usar también harina de maíz y le quedarán muy sabrosas.

BUÑUELOS DE APIO

1 libra de apio
3 huevos batidos
½ cucharadita de sal

2 cucharaditas de polvo
de hornear (*Baking Powder*)

1—Ponga a hervir 1 litro (4 tazas) de agua con 1 cucharada de sal. Cuando hierva, añádale el apio mondado y cuézalo a *fuego moderado, tapado,* por *40 minutos.* Sáquelo y májelo.

2—Añada los huevos batidos, la sal y el polvo de hornear.

3—Mezcle bien y fría por cucharaditas en manteca ó aceite vegetal caliente.

FRITURAS DE ARROZ

A—1 taza de arroz cocido
1 huevo, batido
¼ cucharadita de sal

1 cucharada de leche
1 cucharada de azúcar

B—⅔ taza de harina de trigo
¼ cucharadita de sal
1 cucharadita de polvo
de hornear (*Baking Powder*)

1 huevo batido
½ taza de leche
1½ cucharada de azúcar
1 cucharadita de vainilla

1—Mezcle los ingredientes incluídos en *A.*

2—Mezcle los ingredientes incluídos en *B* y combine ambas mezclas.

3—Fría por cucharadas en una sartén con bastante manteca ó aceite vegetal caliente, alrededor de *6-7 minutos,* hasta dorar.

FRITURAS DE SESO

A—1 seso de res (alrededor de 1 libra)
1 litro (4 tazas) de agua
1 cucharadita de sal
1 cucharada de jugo de limón fresco

B—1 taza de harina de trigo ⎱
 ½ cucharadita de sal   ⎰ mezcladas
 1 taza de agua

C—Mantequilla, aceite ó manteca vegetal (*para freír*)

1—Lave el seso y colóquelo en una olla, junto con el resto de los ingredientes incluídos en A. Cueza a *fuego alto* hasta hervir. Ponga el *fuego bajo, tape* y cueza por *20 minutos*. Escurra y sumerja en agua fría. Escurra y quite la membrana exterior. Corte el seso en rebanadas finas.

2—Sumérjalas en la mezcla de los ingredientes incluídos en *B* y fríalas a *fuego moderado*, hasta dorar. Saque y ponga sobre papel absorbente, para que se chupe la grasa.

PAPITAS FRITAS

(4 raciones)

1½ libra de papas | 2 tazas de manteca ó aceite vegetal

1—Lave las papas, móndelas y córtelas de un tamaño aproximado de 1½ pulgada de largo por ⅜ ó ½ pulgada de ancho.

2—Remójelas en agua helada durante *1 hora*. Escúrralas y séquelas bien.

3—Ponga a calentar la grasa. Cuando esté caliente (Termómetro de freír — 380°F.) coloque la mitad de las papas sobre la canasta especial que se usa para freír. Déjelas freír alrededor de *6 minutos* ó lo necesario para que tomen un bonito color dorado.

4—Sáquelas y colóquelas sobre papel absorbente para que se chupe la grasa. Espolvoréelas con sal.

5—Fría el resto de las papas en la misma forma. Sírvalas en seguida.

Nota: Puede freírlas también comenzando con la grasa tibia (Termómetro de freír — 325°F.) **Fría durante 6 minutos.** Sáquelas y échelas a freír en la grasa caliente (Termómetro de freír — 380°F.) alrededor de **3 minutos** ó lo necesario para que tomen un bonito color dorado. Sáquelas y colóquelas sobre papel absorbente para que se chupe la grasa.

SURULLITOS DE MAIZ

(Alrededor de 50 Surullitos)

2 tazas de agua
1¼ cucharadita de sal
1½ taza harina de maíz
1 taza de queso de bola holandés (*Edam*), rallado

1—Caliente el agua con la sal hasta que hierva. Retire del fuego, agregue la harina de maíz, mezcle rápidamente y cueza a *fuego moderado,* moviendo continuamente alrededor de 3 a 5 *minutos* hasta que la mezcla despegue totalmente del fondo y de los lados de la cacerola.

2—Retire del fuego, añada el queso rallado y mezcle bien. *Inmediatamente* coja la mezcla por cucharaditas y forme bolitas, presiónelas con la palma de las manos para simular pequeños cigarros de alrededor de 3 pulgadas de largo.

3—Fríalos hasta dorarlos en abundante manteca o aceite vegetal (375°F.). Sáquelos y póngalos sobre papel absorbente.

BUÑUELITOS DE HARINA

1⅓ taza de harina de trigo
1 cucharadita de sal
2 cucharaditas de polvo de hornear (*Baking Powder*)
2 cucharadas de azúcar
1 huevo, batido
1 taza de leche

1—En un tazón mezcle todos los ingredientes.

2—En un caldero ó *Deep Fryer* caliente abundante aceite vegetal. Coja la mezcla con una cuchara de sopa y échelos a freír por cucharadas, hasta dorar.

3—Sáquelos y póngalos sobre papel absorbente para que se chupe la grasa.

BARRIGAS DE VIEJA

1¾ tazas de harina de trigo | 2 tazas de agua
1 cucharadita de sal | 1 huevo
Aceite vegetal (para freir)

1—En un tazón grande, combine la harina de trigo con la sal. Agregue, **poco a poco,** el agua y mezcle **vigorosamente** con cuchara de madera, hasta que se vayan desapareciendo los grumos de harina. Cuele la mezcla, a la vez que oprime el contenido del colador, hasta que desaparezcan los grumos. Aparte, desbarate el huevo hasta que una bien la yema con la clara. Agréguelo al tazón y mezcle bien.

2—En una sartén grande, caliente abundante aceite vegetal. Llene una chuchara grande de cocinar con la mezcla y vierta en la sartén. **Esta se extiende en forma semi-circular, fina y aplanada.** Agregue las que comodamente quepan y fríalas hasta dorar por ambos lados. Sáquelas y escúrralas sobre papel absorbente. Espolvoréelas con azúcar y sírvalas en seguida.

YANI-CLECAS

A—1 libra (4 tazas) de harina | 3 cucharadas de manteca
de trigo | 2 cucharadas de mantequilla
1 cucharada de polvo de | 1 huevo
hornear (*Baking Powder*) |

B—1 cucharada de azúcar | 1 taza de leche
1½ cucharadita de sal |

1—Use dos cuchillos para unir la harina de trigo y el polvo de hornear con la manteca y con la mantequilla.

2—Agregue el huevo y únalo, usando los dos cuchillos.

3—Disuelva el azúcar y la sal en la leche. Agréguelo a la mezcla de harina y amase con las manos, preferiblemente sobre mesa de mármol. Espolvorée levemente de harina la mesa, según lo crea necessario.

4—Déle a la masa forma de rolo, sin apretarlo, y córtelo en ruedas estrechas.

5—Déle a cada rueda la forma de tortita de ¼ pulgada de espesor.

6—Fríalas en abundante grasa caliente (Termómetro de freír-375°F.), hasta dorarlas.

7—Sáquelas y colóquelas sobre papel absorbente para que se chupe la grasa.

BASE PARA CROQUETAS USANDO ALIMENTOS COCIDOS

(12 croquetas pequeñas)

Nota: Aquello de lo cual vaya a preparar las croquetas deberá estar previamente cocido y sazonado. Resulta económico y conveniente usar sobras de carnes, huevos, mariscos, macarrones, etc. Esto deberá pasarse por la máquina de moler, para obtener *1 taza del picadillo* requerido. La sal indicada en la receta puede omitirse o variarse, de acuerdo con la sazón del picadillo que esté usando.

⅓ taza de harina de trigo	1 taza de picadillo cocido
1 taza de leche caliente	½ taza de polvo de galleta
¼ cucharadita de sal	1 huevo
¼ cucharadita de polvo de nuez moscada (opcional)	¼ cucharadita de sal
1½ onza (3 cucharadas) de mantequilla	2 cucharadas de agua

1—En una cacerola diluya la harina de trigo **en un poco** de la leche. Agregue el resto de la leche, la sal, la nuez moscada y la mantequilla.

2—Cueza a *fuego moderado*, moviendo **constantemente** con cuchara de madera hasta que hierva y espese. Continúe moviendo hasta que la mezcla despegue bien del fondo de la cacerola.

3—Añada entonces la taza del picadillo del cual vaya a preparar las croquetas y déjelo al fuego **únicamente** en lo que da un hervor.

4—Retírelo del fuego, viértalo sobre fuente llana y déjelo enfriar.

5—Después de frío, cójalo por cucharadas y con la palma de las manos déle forma ovalada.

6—Envuelva las croquetas en el polvo de galleta, colocado sobre papel parafinado. Páselas por la mezcla del huevo desbaratado (**sin batirlo**) con ¼ cucharadita de sal y 2 cucharadas de agua. Vuelva a envolver en el polvo de galleta.

7—Coloque las croquetas sobre una fuente llana, listas para freírse. Es recomendable prepararlas con algunas horas de anticipación y colocarlas en la nevera.

8—Fríalas en abundante manteca ó aceite vegetal caliente (Termómetro de freir — 375°F.) hasta dorar.

9—Sáquelas y colóquelas sobre papel absorbente para que se chupe la grasa.

Nota: Se recomienda comerlas acabadas de hacer, pero si esto no fuere posible, puede calentarlas en el horno, sin taparlas.

CROQUETAS DE BERENJENA
(12 croquetas pequeñas)

1 libra de berejena, mondada
1 litro (4 tazas) de agua
1 cucharadita de sal
½ taza de harina de trigo
½ cucharadita de sal
¼ cucharadita de polvo de nuez moscada

¼ taza de queso parmesano, rallado
1 cucharada (½ onza) de mantequilla
⅔ taza de polvo de galleta
1 huevo
¼ cucharadita de sal
2 cucharadas de agua

1—Parta la berenjena en dos, a lo largo. Póngala a cocer, *tapada*, a *fuego moderado* en 1 litro de agua con 1 cucharadita de sal durante *30 minutos*. Sáquela, escúrrala **muy bien,** y desbarátela con un tenedor ó majador.

2—Añádale la harina, la sal, el polvo de nuez moscada y el queso rallado. Mezcle bien.

3—Ponga a derretir la cucharada de mantequilla. Agregue la mezcla de berenjena y muévalo, a *fuego bajo*, durante 5 *minutos.* Retírelo del fuego, viértalo sobre fuente llana y déjelo enfriar **totalmente.**

4—Coja la mezcla por cucharadas y con la palma de las manos déle forma ovalada.

5—Envuélvalas en el polvo de galleta, colocado sobre papel parafinado. Páselas por la mezcla del huevo desbaratado (**sin batirlo**) con ¼ cucharadita de sal y 2 cucharadas de agua. Vuelva a envolver en el polvo de galleta.

6—Fríalas en abundante manteca ó aceite vegetal caliente (Termómetro de freir — 375°F.) hasta dorar.

7—Sáquelas y colóquelas sobre papel absorbente para que se chupe la grasa.

RELLENOS DE PAPA

(12 rellenos)

A—2 libras de papas, mondadas y cortadas en cuatro
2 litros (8 tazas) de agua | 1½ cucharada de sal

B—2 onzas (4 cucharadas) de mantequilla
1 huevo | 1 cucharada de maicena
½ cucharadita de sal

C—Un cuarto de la receta de *Carne para Relleno,* página 102.

1—Ponga a hervir las papas en el agua y la sal. Hierva por *20 minutos.* Escúrralas, májelas y añádale los ingredientes incluídos en *B*. Mezcle y deje reposar en la nevera hasta enfriar.

2—Divida la mezcla de papa en 12 partes. Cubra bien la palma de la mano con maicena. Extienda sobre ésta una parte de la mezcla. Presione el centro con los dedos para formar un hueco. Coloque en éste un poco del relleno y cúbralo con la mezcla. Según vaya haciéndolo, espolvorée con la maicena que fuere necesario para que no pegue de la mano. Proceda del mismo modo hasta formar los 12 rellenos. Fría en abundante manteca ó aceite vegetal (Termómetro de freir — 375°F.) hasta dorar.

Nota: Puede rellenar con queso, si así lo prefiere.

CAPITULO XI *Pastas*

237

$\mathcal{P}astas$

La manteca indicada en las recetas de pastas puede ser sustituída por aceite vegetal.)

PASTELILLOS GALLEGOS

(30 Pastelillos pequeños)

Nota: Este pastelillo es diferente del pastelillo volado corriente, pues apenas infla; sin embargo, es delicioso.

2 tazas de harina de trigo
1 taza de agua
1 onza (2 cucharadas) de mantequilla
1½ cucharadita de sal
¼ libra de queso, preferiblemente de papa (*Cheddar*)
Abundante aceite vegetal ó manteca (para freír)

1—Mida la harina y después ciérnala.

2—En una cacerola ponga al fuego, para que hierva, el agua junto con la mantequilla y la sal. Preste atención cuando comience a hervir y tan pronto note que todo el líquido está hirviendo, *inmediatamente* añada la harina toda de una vez.

3—Déjelo al fuego *1 minuto* solamente, mientras con una cuchara grande mezcla lo mejor posible la harina con el agua.

4—Retírelo del fuego y termínelo de unir fuera del fuego.

5—Vierta la mezcla sobre una mesa o mármol levemente enharinado y en seguida, estando aún caliente, amontónela y amásela con la palma de las manos. Debe amasarla únicamente 15 veces y con un movimiento parecido al usado para lavar ropa sobre una tabla.
Póngala en forma de bola, tápela con un pañito y déjela reposar durante 1 hora.

6—Después, con la palma de las manos, déle a esta bola la forma de un rollo largo como de 2 pulgadas de grueso. (Forma parecida a la de un plátano.)

7—Corte con un cuchillo este rollo en rueditas de alrededor de ½ pulgada.

(Es preferible ir cortando las rueditas según las vaya necesitando.)

8—Individualmente y usando el rodillo levemente enharinado, estire cada ruedita hasta dejar la masa como papel de fina.

9—Proceda a cortar pequeños redondeles de esta masa fina. Es conveniente usar, para hacer esto, un utensilio especial que viene para cortar rosquillas (donas) y el cual debe usarse habiéndole quitado la parte del centro. Si no tiene utensilio, puede usar la boca de un vaso.

10—Estos pastelillos se forman usando dos redondeles. Ponga un redondel sobre la mesa, colóquele encima un pedazo de queso y cúbralo con el otro redondel.

11—Para unir las orillas del pastelillo debe apretarlas juntas con los dedos y después marcarlas con la punta de un tenedor levemente enharinado.

12—Según se van preparando los pastelillos, deben colocarse sobre fuente o bandeja levemente enharinada. Métalos a la nevera, para que estén bien fríos al freirlos.

13—Fríalos gradualmente en abundante aceite vegetal ó manteca caliente (Termómetro de Freír — 375°F.).

14—Fríalos hasta que tomen un bonito color dorado. Retírelos de la grasa y colóquelos sobre papel absorbente, para que se chupe la grasa.

PASTELILLOS VOLADOS

(20 Pastelillos)

3⅓ tazas de harina de trigo
2½ cucharaditas de sal
2 cucharaditas de polvo de hornear (*Baking Powder*)
3½ cucharadas de manteca vegetal, bien fría
1 huevo, ligeramente batido
¾ taza de agua
½ libra de queso, preferiblemente de papa (*Cheddar*)
3 cucharadas de azúcar (**opcional**)
Abundante aceite vegetal ó manteca (para freir)

1–Ralle el queso por el lado de "medias lunas" del rallo o guayo y por el cual lo rallado le saldrá en tiritas finas.
(Si le gusta el sabor dulce, agregue al queso rallado 3 cucharadas de azúcar y mézclelo bien.)

2–En un tazón grande, cierna la harina, la sal, y el polvo de hornear (*Baking Powder*).

3–Añada la manteca y únala usando un mezclador de harina (*Dough Blender*) ó dos cuchillos. Comience a unirla primero, con la harina que está en el centro del tazón y prosiga con la de los lados, hasta que la haya unido toda. Trabaje **rapidamente.**

4–Agregue el huevo y mézclelo con la harina, usando un tenedor.

5–Agregue el agua y mézclelo, **poco a poco,** con la harina, usando un tenedor.

6–Espolvorée levemente con harina una mesa ó mármol y vierta la mezcla sobre éste. En este momento, la mezcla lucirá como una boronía.

7–Amontone la mezcla con las manos y únala, usando los dedos. Amásela con la palma de las manos, con un movimiento parecido al usado para lavar ropa sobre una tabla. Cuando lo crea conveniente, espolvorée harina sobre la mesa en donde esté amasando. Amásela hasta dejarla suave y que no pegue de los dedos. Dele forma de bola, cúbrala con un pañito y déjela reposar por *30 minutos.*

8–Destápela y dele forma de un rollo largo, como de *15 pulgadas,* en forma parecida a un plátano.

9–Usando un cuchillo, corte el rollo en rueditas de alrededor de *¾ pulgada,* según se vayan necesitando.

10–Usando un rodillo levemente enharinado, estire cada ruedita hasta dejar la masa como papel de fina.

11–Coloque en el centro de la masa *1 cucharada* del queso rallado. Doble la masa sobre éste y colóquele encima un platito pequeño para cortar el pastelillo en forma de media luna. Procure darle una altura al pastelillo de alrededor de *2½ pulgadas,* de modo que pueda inflar bien cuando se fría.

12—Para unir las orillas de los pastelillos debe apretarlas juntas con la punta de los dedos y después oprimirlas por ambos lados con la punta de un tenedor levemente enharinado.

13—Según vaya preparando los pastelillos colóquelos sobre fuente ó bandeja llana levemente enharinada. Métalos a la nevera para que estén bien fríos al freirlos.

14—Fríalos en abundante aceite vegetal ó manteca caliente (Termómetro de Freir — 375°F.).

15—Al freírlos, espere que inflen e *inmediatamente* comienze a regarle por encima de la grasa caliente usando una cuchara de cocinar de mango largo; esto los mantendrá bien inflados.

16—Fríalos hasta que tomen un color dorado atractivo. Sáquelos de la grasa y colóquelos sobre papel absorbente. Puede irlos echando en un saco grande de papel de estraza para que se mantengan calientes. (No cierre el saco.)

Nota: Puede rellenarlos con carne, procurando que el relleno esté más bien seco, para que no le desinfle los pastelillos.

PASTELILLOS AL AIRE

(12 Pastelillos y algunas Hojuelas)

2 tazas de harina de trigo
2 cucharaditas de polvo de hornear (*Baking Powder*)
1 cucharadita de sal
6 cucharadas de manteca vegetal, bien fría
8 cucharadas de agua, bien fría
Queso, preferiblemente de papa (*Cheddar*) ó blanco del país, rallado
Abundante aceite vegetal o manteca (para freír)

1—Cierna en un tazón la harina de trigo con el polvo de hornear (*Baking Powder*) y con la sal. Añada la manteca y únala con la harina, usando un mezclador de harina (*Dough Blender*) ó dos cuchillos. Trabaje **rápidamente.**

2—Añada el agua por cucharadas y mezcle bien con un tenedor.

3—Espolvorée levemente una mesa o mármol con harina. Vierta la mezcla sobre éste y amásela, usando la palma de las manos y haciendo un movimiento parecido al usado para lavar ropa sobre una tabla. Cuando lo crea conveniente, espolvorée harina de nuevo sobre la mesa donde está amasando. Debe amasar hasta dejar la masa suave y que no pegue de los dedos. Dele forma de bola, cúbrala con un pañito y deje reposar por *30 minutos.*

4—Destápela, dele forma de un rollo largo, como de *20 pulgadas,* y córtelo en rueditas como de *1 pulgada.* Tan pronto corte una ruedita, estírela *inmediatamente* con un rodillo enharinado, hasta dejar la masa como papel de fina.

5—Coloque en el centro de la masa una cucharadita del queso rallado. Doble la masa sobre éste y córtelo en forma de media luna, usando para esto un platito pequeño que colocará sobre la masa. Procure darle una altura de *2½ a 3 pulgadas,* lo cual le permitirá que el pastelillo se infle al freirlo.

6—Una las orillas del pastelillo oprimiéndolas por ambos lados usando un tenedor levemente enharinado. Colóquelos sobre lámina de aluminio enharinada. Métalos a la nevera, para que estén bien fríos al freirlos. Al echar a freir fíjese que el lado que descansaba sobre la lámina quede hacia arriba. Según vaya cortando cada pastelillo, reserve los recortes para hacer *hojuelas.* Estas se hacen cortando los recortes en pedazos pequeños, como de *1 a 2 pulgadas,* y dándoles un corte en el centro. Se fríen como los pastelillos.

7—Fría los pastelillos gradualmente en grasa caliente (Termómetro de Freir — 375° F.) hasta quedar dorados. Tan pronto se inflen comienze a regarles por encima de la grasa caliente usando una cuchara de cocinar de mango largo; esto los mantendrá bien inflados.

8—Sáquelos y colóquelos sobre papel absorbente. Si posible, vaya echándolos en una bolsa grande de papel de estraza para que se le mantengan calientes. (No cierre el saco.)

Nota: Puede rellenarlos con carne, procurando que el relleno esté más bien seco, para que no le desinfle los pastelillos.

ROSQUILLAS O DONAS (DOUGHNUTS) CRIOLLAS

(Salen alrededor de 36)

A—¼ taza de aceite vegetal
  2 huevos
  1 taza de azúcar

B—½ taza de leche
  2 cucharadas de jugo de limón verde, fresco

C—4 tazas de harina de trigo
  4 cucharaditas de polvo de hornear (*Baking Powder*)
  ¼ cucharadita de soda hornear (*Baking Soda*)
  1 cucharadita de sal
  ¼ cucharadita de polvo de nuez moscada

D—4 tazas de aceite vegetal (para freir)

1—Coloque en un tazón ¼ taza de aceite vegetal. Agregue los huevos crudos enteros. Mezcle bien y añada el azúcar.

2—Aparte, combine la leche con el jugo di limón para que la leche se agrie. Agregue le leche agria a la mezcla y bata bien.

3—Cierna y agregue a la mezcla los ingredientes incluídos en C y agréguelos a la mezcla.

4—Espolvorée levemente de harina una mesa. Vierta la mezcla. Amontónela y amásela con la palma de las mano. (Si nota que la masa se le pega de las manos, espolvorée gradualmente un poco más de harina, **solo lo necesario** para que la masa no se pegue de las manos.) Extienda la masa con el rodillo levemente enharinado, hasta ponerla a un espesor de alrededor de ¼ a ½ *pulgada*.

5—Corte las rosquillas o donas (*Doughnuts*) usando, para hacer esto, el utensilio especial que viene para cortarlas, el cual debe enharinar bien cada vez que las corta. En ausencia de éste, corte el círculo con la boca de un vaso y corte el centro con la boca de una botella.

7—Colóquelas en una fuente llana levemente enharinada, listas para freír.

8—En el recipiente especial de freír que tiene una canastilla y en ausencia de éste, en un caldero grande, vierta el aceite vegetal.

9—Introdúzcale el termómetro de freír y cuando el aceite esté caliente (370°F.), comience a freír las rosquillas de cuatro en cuatro. Fría hasta dorarlas, lo cual tardará alrededor de *3 a 5 minutos*. (Si no usa termómetro de freír, conocerá el grado de calor adecuado del aceite si introduce en éste un cuadrito de pan y se le dora en *1 minuto*.)

10—Tan pronto las rosquillas estén listas, sáquelas y colóquelas sobre papel absorbente para que se chupe la grasa. Espolvoréelas levemente de azúcar pulverizada y sírvalas inmediatamente.

Nota: La consistencia de ésta rosquilla es diferente de la rosquilla corriente, pues queda tostadita.

PASTELON
MASA BASICA

(Sale el fondo y la tapa de un pastelón. Use molde redondo de cristal para hornear, tamaño alrededor de 9 a 9½ pulgadas de diámetro.)

2 tazas de harina de trigo
4 cucharaditas de polvo de
  hornear (*Baking Powder*)
1½ cucharadita de sal

½ taza de manteca vegetal,
  bien fría
¾ taza de leche, bien fría

1—Cierna una vez la harina con el polvo de hornear y la sal.

2—Agregue la manteca fría y córtela con dos cuchillos para que combine bien con la harina. Trabaje **rápidamente** hasta dejar la harina y la manteca del tamaño de pequeños guisantes.

3—Añada la leche fría, distribuyéndola en cuatro partes en la mezcla. Mézclela únicamente para que todo una. (Alrededor de *2 minutos*.)

4—Espolvorée de harina levemente una mesa y vuelque la mezcla sobre ésta.

5—Déle forma de bola tratando de manipularla lo menos posible. Divídala con un cuchillo por la mitad.

6—Trabaje primero una mitad de la masa, usando para esto la brilla o rodillo levemente enharinado. Estírela hasta darle forma circular, apropiada para cubrir el fondo del molde.

7—Colóquele encima un papel parafinado levemente enharinado y de abajo hacia arriba enróllelo junto con la masa.

-Colóquelo en uno de los extremos del molde y desenróllelo sobre éste. Quítele el papel.

-Al colocar la masa, *no la ponga tirante*.

-Pinche la masa con un tenedor en distintos sitios para que el aire se escape y no se infle.

-Trabaje la otra mitad de la masa en la misma forma.

-Rellene el molde con el relleno deseado.

-Cubra el molde con la masa. Pínchela de nuevo en distintas partes con un tenedor.

14—Oprímale las orillas con la punta de un tenedor humedecido en leche.

15—Pásele ligeramente por encima un poco de leche, para pintarlo.

16—Caliente anticipadamente el horno a una *temperatura moderada* de 350°F.

17—Meta el molde al horno durante *30 minutos*.

18—Suba un poco la temperatura del horno (375°F.) y deje el molde al horno durante *15 minutos* más.

RELLENO BASICO

Prepare el relleno usando carne de res, de cerdo o de pollo según la receta en la página 102. Necesitará 1 libra de carne neta. El pollo puede desmenuzarlo en vez de molerlo.

MACARRONES CON POLLO

A–2 onzas de tocino
2 onzas de jamón de cocinar
2 cucharadas de aceite de olivo
1 cebolla
1 pimiento verde, sin semillas ⎫
2 ajíes dulces, sin semillas ⎭ picaditas

B–2 libras de presas de pollo | 2 cucharaditas de sal
1 frasco de 1¾ onzas de | 1 cucharadita de orégano seco
alcaparrado, escurrido |

C–1 lata de 1 libra 12 onzas de tomates al natural
½ taza de salsa de tomate

D–3½ litros de agua | 1 cucharada de aceite de oliva
1½ cucharada de sal | 1 libra de macarrones

E–½ taza de queso parmesano, rallado

1–En un caldero grande dore a *fuego alto* el tocino, al que se le han dado unos cortes, pero ha quedado unido en la base. Añada el jamón previamente picado y dórelo. Saque el tocino, ponga el *fuego bajo*, agregue resto de los ingredientes incluídos en A y cueza por *5 minutos*.

2–Lave las presas de pollo. Añádalas al caldero junto con el resto de los ingredientes incluídos en B y sofríalos por *5 minutos*.

3–Añádale los ingredientes incluídos en C. Ponga el *fuego alto* y cuando hierva, *tápelo* y cueza a *fuego moderado* por *30 minutos*.

4–Mientras tanto, aparte, ponga a calentar el agua, la sal y el aceite incluídos en D. Cuando hierva, agregue los macarrones y cueza a *fuego alto* por *20 minutos*. Sáquelos y escúrralos.

5–Cuando el pollo haya hervido por *30 minutos*, añádale los macarrones escurridos. Mezcle y cueza *tapado* por *30 minutos* más.

6–Retire del fuego. Mezcle con ½ taza de queso parmesano y sirva inmediatamente.

CANELONES CON QUESO AMERICANO

A—½ libra de canelones
   3 litros (12 tazas) de agua
   1 cucharada de aceite de oliva
   1 cucharada de sal

B—1 lata de sopa de tomate (*Cream of Tomato Soup*)
   1 lata de salsa especial para espagueti o 1 lata de salsa de
      tomate de 8 onzas
   ½ libra de queso americano (*Velveeta*)

C—Relleno Básico de Carne que aparece en la página 102.

1—Prepare la receta de Relleno Básico para Carne que aparece
   en la página 102.

2—Ponga a hervir el agua con el aceite y la sal. Tan pronto
   hierva, agregue los canelones.

3—Déjelos a *fuego alto, sin taparlos ni tocarlos,* durante *15
   minutos.*

4—Retírelos, escúrralos, sepárelos y colóquelos sobre fuente llana.

5—Cuidadosamente rellene los canelones con el relleno.

6—Engrase un molde de cristal para hornear de 9″ x 14″ y coloque
   los canelones, uno al lado del otro, hasta cubrir el fondo del
   molde.

7—Aparte, prepare la siguiente salsa y viértasela por encima:
   Combine el contenido de la lata de sopa de tomate
   tal cual viene, sin diluír, con el contenido de la lata
   de salsa especial para espagueti.

8—Finalmente cubra los canelones con tajadas muy finas del
   queso. (Use todo el queso.)

9—*Tape* el molde y métalo al horno a una *temperatura moderada*
   de 350°F. durante *30 minutos.* (Caliente anticipadamente el
   horno.)

   Para cubrir el molde puede usar una lámina de aluminio
   (*Aluminum Sheet*), o papel de alumino (*Aluminum Foil*).

PIZZA

Masa

(La consistencia de esta masa es parecida a la del pan.)

3 tazas de harina de trigo
1 cucharadita de sal
2 cucharadas de polvo de hornear (*Baking Powder*)
¼ libra de mantequilla u oleomargarina *fría.*
2 huevos
1 taza de leche (de la que usará la que necesite, según se explica más adelante)

1—Mida la harina. Ciérnala en un tazón con la sal y el polvo de hornear.

2—Añada la mantequilla y únala con la harina, usando un mezcla dor de harina (*Dough Blender*) ó dos cuchillos. Trabaje **rapidamente.**

3—Por separado, en una taza de medir, desbarate los 2 huevos, **sin batirlos,** y agrégueles leche fría, hasta medir ¾ taza y mezcle.

4—Riegue esto sobre la mezcla. Unalo **rápidamente** y vuélquelo sobre mármol ó tabla ligeramente enharinada.

5—Amáselo con las manos **diez o doce veces,** a lo más y extiéndalo con el rodillo levemente enharinado, hasta darle forma circular, apropiada para cubrir holgadamente el molde.

6—Espolvorée con harina un papel parafinado y colóquelo sobre la masa. Empezando de abajo hacia arriba, enróllelo junto con el papel.

7—Engrase molde llano y redondo, de 12 pulgadas de diámetro. Coloque la masa enrollada en uno de los extremos del molde y desenróllelo sobre éste. Quítele el papel parafinado.

8—Pinche la masa con la punta de un tenedor para evitar que se infle.

9—Oprima la punta del tenedor por las orillas para marcar el borde.

10—Meta el molde a la nevera hasta el momento de rellenarlo.

Relleno para la Pizza

A—2 cucharadas de aceite de oliva
¼ libra de cebolla, muy finamente picada
¼ libra de pimientos verdes, muy finamente picados
1 cucharadita de orégano seco
9 onzas de *pasta* de tomate (1½ lata de 6 onzas)
9 onzas de agua, para diluir la pasta de tomate
1½ cucharadita de sal
2 cucharadas de queso parmesano, rallado
¼ libra de queso Mozzarella, cortado en pedacitos

B—2 latas de 7 onzas de sardinas, con pellejo
1 lata de 5 onzas de chorizos

C—¼ libra de queso Mozzarella
½ taza de queso parmesano, rallado

1—En una sartén grande coloque las 2 cucharadas de aceite de oliva junto con las cebollas y pimientos verde, finamente picados.

2—Amortígüelos a *fuego bajo* por *15 minutos.*

3—Agregue el resto de los ingredientes incluídos en A, mezcle y cueza a *fuego bajo* por *30 minutos.* Ocasionalmente muévalo. Después de listo déjelo enfriar.

4—Coloque este relleno sobre el molde que estará cubierto con la masa de *pizza, sin hornear.*

5—Abra la lata de sardinas y escúrrala. Quite la grasa a los chorizos, remuévales el pellejo y desbarátelos.

6—Adorne la *pizza* colocando las sardinas en forma atractiva y riegue los chorizos desbaratados entre éstas.

7—Cubra los chorizos con el queso Mozarella cortado en lonjas bien finas.

8—Espolvoree la *pizza* con el queso parmesano rallado.

9—Meta el molde a un horno de *calor moderadō*, 375°F., y hornee durante *30 minutos.*

10—Sírvala caliente.

Nota: La **pizza** puede variarse usando en lugar de sardinas y chorizos otros ingredientes como langostas o camarones hervidos y cortados en pedacitos, anchoas, sobreasada, ruedas de cebolla, etc., etc., etc. También puede hacerla de queso únicamente.

PIZZA SENCILLA

Masa

3 tazas de harina de trigo
1 cucharadita de sal
2 cucharadas de polvo de hornear (*Baking Powder*)
¼ libra de mantequilla u oleomargarina *fría*
2 huevos
1 taza de leche fría (de la que usará la que necesite según se explica más adelante)

1—Mida la harina. Ciérnala con la sal y el polvo de hornear (*baking powder*).

2—Añádale la mantequilla fría usando para esto dos cuchillos y después la punta de los dedos. Trabaje *muy rápidamente* para evitar que el calor de la mano derrita la mantequilla.

3—Por separado, en una taza de medir, desbarate los 2 huevos y agrégueles de la taza de leche fría, lo que sea necesario hasta medir ¾ taza. (Descarte la leche que le sobre.)

4—Riegue esto sobre la mezcla de harina.

5—Unalo rápidamente y vuélquelo sobre la tabla o el mármol ligeramente enharinado.

6—Amáselo con las manos diez o doce veces lo más y extiéndalo con el rodillo enharinado. Déle forma cuadrada de tamaño aproximado de 12 pulgadas de largo por 12 pulgadas de ancho.

7—Reserve los recortes para con ellos formar un borde más tarde.

8—Enharine levemente un papel parafinado. Colóquelo sobre la masa. Empezando de abajo hacia arriba, enróllela junto con el papel.

9—Engrase una lámina de aluminio para hornear (*aluminum sheet*) y desenrolle la masa sobre ésta. Quite el papel.

10—Pinche la masa con la punta de un tenedor por varios sitios para que el aire se escape y no se infle la masa.

11—Una los recortes de masa que reservó y amáselos con el rodillo. Recórtelos en tiritas de alrededor de *1 pulgada*. Déles forma de tirabuzón y colóquelas sobre la orilla de la masa en el molde, formando de esta manera un borde.

Relleno para la Pizza Sencilla
1 lata de 8 onzas de salsa especial para *espagueti*
1 lata de 10½ onzas de sopa de tomate (*Cream of Tomato Soup*)
½ cucharadita de orégano seco
½ libra de queso americano (*Cheddar*)
⅛ libra de queso parmesano (½ taza, rallado)

1—Usadas *sin diluír*, combine la salsa para *espagueti* y la sopa de tomate. Agréguele el orégano molido.

2—Ralle el queso americano (*Cheddar*) por el lado de "medias lunas" del rallo y por el cual lo rallado le saldrá en tiritas finas.

3—Añada este queso rallado a la mezcla de salsa y sopa.

4—Rellene con esta mezcla el pastelón.

5—Ralle el queso parmesano por el lado corriente del rallo (guayo).

6—Riegue este queso rallado sobre la mezcla.

7—Caliente anticipadamente el horno a una *temperatura moderada* de 375°F. y meta la *pizza* al horno durante *30 minutos*.

MACARRONES CON COSTILLITAS DE CERDO

A—1 libra de macarrones   1½ cucharada de sal
3½ litros (14 tazas) de agua   2 cucharaditas de aceite de oliva

B—2 onzas de jamón de cocinar } picaditos
1 onza de tocino

C—1 pimiento verde, fresco ⎫
1 cebolla, mediana   ⎬ picaditos
2 ajíes dulces   ⎭
1 cucharada de aceite ó manteca con achiote

D—½ taza de salsa de tomate
1 libra de costillitas de cerdo
1 cucharadita de sal

8 aceitunas rellenas
1 cucharada de alcaparras
1¾ taza de agua

E—1 lata de 1 libra 12 onzas de tomates al natural

F—½ taza de queso parmesano, rallado

1—En un caldero grande, combine los ingredientes incluídos en *B* y déjelos cocer a *fuego alto* hasta dorar. *Descarte* el tocino.

2—Agregue al caldero los ingredientes incluídos en *C* y sofría a *fuego moderado.* En seguida, agregue los ingredientes incluídos en *D.* Ponga el *fuego alto* hasta hervir.

3—Déjelo cocer *tapado* y a *fuego moderado* por *1 hora.*

4—*Media hora antes* de estar listo el contenido del caldero, combine en una olla el agua con la sal y el aceite incluídos en *A.* Póngalos a *fuego alto* y cuando hiervan, agregue los macarrones. Déjelos hervir por *20 minutos.*

5—Agregue al caldero los macarrones bien escurridos. Agregue la lata de tomates al natural, incluyendo el líquido en que vienen.

6—Cueza *tapado* y a *fuego bajo* por *15 minutos.* Agregue el queso rallado, mezcle bien y sirva caliente.

MACARRONES CON MAIZ A LA CREMA

¼ libra de macarrones
6 tazas de agua
2 cucharaditas de sal
1 cucharadita de aceite
   de oliva
2 onzas (4 cucharadas)
   de mantequilla

¼ taza de harina de trigo
1¼ cucharadita de sal
2 tazas de leche caliente
1 cucharada de azúcar
1 lata de maíz a la crema
¼ libra de queso americano
   (*Cheddar*)

1—Ponga a hervir el agua con la sal y el aceite. Cuando hierva, añada los macarrones y déjelos hervir *destapados* y a *fuego alto* durante *20 minutos.* Sáquelos y escúrralos bien.

2—Por separado, en una cacerola derrita a *fuego bajo* la mantequilla, agregue la harina y mueva por breves segundos.
Añada la sal y la leche caliente. Suba el *fuego a moderado* y mueva *continuamente* hasta que hierva y espese algo. Tan pronto hierva retírela del fuego.

3—Engrase con mantequilla un molde profundo de cristal para hornear.

4—Ralle el queso por el lado de "medias lunas" del rallo (guayo) y por el cual lo rallado le saldrá en tiritas finas.

5—Combine la cucharada de azúcar con el contenido de la lata de maíz.

6—Cubra el fondo del molde con un poco de la salsa blanca, distribúyale encima algunos macarrones y parte del maíz a la crema.
Cúbralos con otro poco de la salsa y espolvoréelos con parte del queso rallado.

7—Repita la operación hasta haber terminado con los ingredientes.

8—Anticipadamente a usarlo, caliente el horno a una *temperatura moderada* de 375°F.

9—*Tape* el molde y métalo al horno durante *20 minutos*.

MACARRONES CON QUESO

A—½ libra de macarrones	1½ cucharada de sal
3 litros de agua	1 cucharadita de aceite de oliva
B—¼ libra de mantequilla	2 cucharaditas de sal
½ taza de harina de trigo	4 tazas de leche

C—½ libra de queso americano (*Cheddar*)

1—Ponga a hervir el agua con la sal y el aceite. Cuando hierva agregue los macarrones y déjelos hervir durante *20 minutos* a *fuego alto*. Sáquelos y escúrralos.

2—Mientras los macarrones hierven, prepare la salsa en la siguiente forma:
En una cacerola derrita a *fuego bajo* la mantequilla, *agregue*

la harina y mezcle. Añada la leche y la sal. Mueva a *fuego moderado* hasta que hierva y espese un poco.

3—Coloque en un molde de hornear de cristal los macarrones combinados con la salsa y alterne con el queso cortado en rebanadas bien finas.

4—*Tape* el molde y hornée en horno de temperatura *moderada*, 350°F., durante *30 minutos*.

BUDIN DE MACARRONES CON SALMON O ATUN
(8 raciones)

Nota: Esta receta, acompañada por una sencilla ensalada y postre, constituye una comida completa. Use molde de cristal para hornear de 5½ x 10½ pulgadas.

½ libra de macarrones gruesos (½ paquete)
1 lata de 1 libra de salmón o de atún
1 lata de sopa de tomate (*Cream of Tomato Soup*)
1 lata de sopa de setas (*Cream of Mushroom Soup*)
2 cucharadas de *Catsup* o *Ketchup*
⅛ libra de queso parmesano (½ taza, rallado)
1 cebolla, mediana
2 huevos
1 cucharadita de sal

1—Ponga a hervir 3 litros de agua con 1½ cucharada de sal y ¼ cucharadita de aceite de oliva.
Cuando hierva, agregue los macarrones y déjelos **hervir** durante *20 minutos*.
Sáquelos y escúrralos muy bien.

2—Haga una salsa del modo siguiente:
Combine el contenido de las latas de sopa de tomate y de sopa de setas, tal cual vienen, sin diluírlas; añádales el *Catsup* o *Ketchup*, el queso rallado, la sal, la cebolla, previamente picada bien pequeña y finalmente los huevos, sin batir.
Mezcle todo bien.

3—Quite el pellejo y los huesitos al salmón y desmenúcelo.

4—Engrase el molde y coloque los ingredientes en el siguiente orden:

    1—⅓ de la salsa

    2—La mitad de los macarrones, escurridos

    3—El salmón desmenuzado

    4—El resto de los macarrones, escurridos

    5—El resto de la salsa

5—Diez minutos antes de usarlo, encienda el horno a una temperatura *moderada* de 375°F.

6—Meta el molde al horno durante 45 *minutos. No tape* el molde.

ESPAGUETI A BURRO

A—3 litros (12 tazas) de agua
    1½ cucharada de sal
    1 cucharadita de aceite

B—½ libra de espagueti
C—¼ libra de mantequilla

1—En una olla grande combine el agua, la sal y el aceite. Hierva, agregue los espaguetis y déjelos cocer a *fuego alto* durante *13 minutos.*

2—Sáquelos y escúrralos.

3—Derrita la mantequilla a *fuego bajo.*

4—Sirva los espaguetis con la mantequilla derretida.

ESPAGUETI CON SALCHICHAS

A—3 litros de agua
    1½ cucharada de sal

1 cucharadita de aceite
½ libra de espagueti

B—1 cucharada de aceite vegetal ó de manteca
    2 onzas de jamón de cocinar

C—1 cebolla, grande
    1 tomate, grande
    1 pimiento verde, mediano

2 ajíes dulces
8 aceitunas
1 cucharadita de alcaparras

D—1 lata de 10 onzas de salchichas o longanizas
  1 lata de 8 onzas de salsa de tomate
  1 cucharada de aceite vegetal ó manteca con achiote
E—⅓ taza de queso parmesano, rallado

1—En una olla grande, combine el agua con la sal y el aceite. Póngala a *fuego alto* y cuando hierva, agregue los espaguetis y déjelos cocer *destapados* por *13 minutos*.

2—Mientras éstos se cuecen, prepare el siguiente sofrito:
  En un caldero caliente la grasa incluída en *B*.
  Corte en pedacitos el jamón y dórelo a *fuego alto*.
  Corte en pedacitos los ingredientes incluídos en *C*, añádalos al caldero y cuézalos a *fuego moderado* por *5 minutos*.
  Abra la lata de salchichas ó longanizas y desbarátelas. Agréguelas al caldero junto con el líquido en que éstas vienen.
  Agregue la salsa de tomate y el aceite ó la manteca con achiote.

3—Tan pronto los espaguetis estén listos, sáquelos, escúrralos y añádalos al caldero. Mezcle bien. *Tápelo* y cueza a *fuego moderado* por *10 minutos*. Después retírelo del fuego, espolvoréelo con el queso parmesano rallado y sírvalo en seguida.

ESPAGUETI A LA REINA

½ libra de espagueti
3 litros (12 tazas) de agua
1½ cucharada de sal
1 cucharada de aceite
  de oliva
2 onzas de jamón de cocinar
¼ libra de cebollas
⅓ taza de aceite de oliva

1 lata de 1 libra 12 onzas de
  tomates al natural
⅓ taza de salsa de tomate
½ cucharadita de sal
¼ libra de queso parmesano
  (1 taza, rallado)
1 lata de 12 onzas de carne
  curada (*Corned-Beef*)

1—Ponga a hervir 3 litros de agua con 1½ cucharada de sal y 1 cucharada de aceite de oliva. Cuando hierva, añada los espaguetis y déjelos hervir *sin tapar* durante *13 minutos* a *fuego alto.* Después sáquelos y escúrralos bien.

2—Lave, escurra y corte en pequeños pedacitos el jamón de cocinar.

Por separado, lave, escurra y corte en pequeños pedacitos la cebolla. Ralle el queso.

3—En un caldero grande ponga a calentar el aceite de oliva. Añada el jamón picado y déjelo dorar a *fuego alto.*

4—Ponga el *fuego bajo,* agregue la cebolla picada y muévala ocasionalmente en lo que se amortigua, lo cual tardará alrededor de *10 minutos.*

5—Añada el contenido de la lata de tomates al natural, incluyendo el líquido en que éstos vienen.

6—Agregue la salsa de tomate, la sal, y la mitad del queso rallado. Mezcle todo bien.

7—Añada los espaguetis bien escurridos.

8—Inmediatamente añada el contenido de la lata de carne curada (*Corned-Beef*). Mezcle de nuevo bien.

9—*Tápelo* y déjelo a *fuego moderado* durante *15 minutos.*

10—Destápelo, muévalo y déjelo cocer a *fuego bajo* y *sin tapar* durante otros *15 minutos.*

11—Sírvalo caliente con el resto del queso rallado por encima.

BOLITAS DE QUESO

½ libra de queso suizo o de papa (*Cheddar*) o *Gouda*
2 cucharadas de maicena
1 huevo
Polvo de pan (*Bread Crumbs*)

1—Ralle el queso por el lado de "medias lunas" del guayo. Póngalo en el tazón pequeño de la batidora eléctrica y añádale el huevo y la maicena. Bata a la *velocidad máxima* hasta mezclar.

2—Coja la mezcla por cucharaditas y dele forma de bolitas con las manos. "*Envuélvalas*" en el polvo de pan y fríalas, hasta dorarlas, en abundante aceite vegetal o manteca. (Termómetro de freír — 350°F.)

3—Sáquelas y escurra sobre papel absorbente. Sirva caliente.

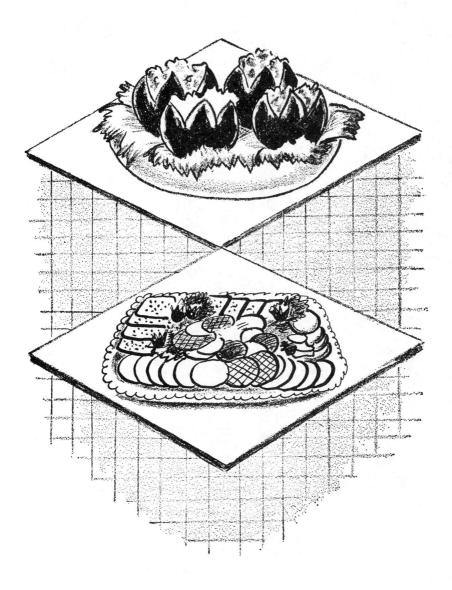

Ensaladas y Fiambres

ENSALADA ROSADA
(16 raciones)

3½ libras de papas
1 lata de 1 libra de guisantes (*Petit-Pois*)
1 lata de 1 libra de remolachas (Preferible remolachas picadas [*Diced Beets*] porque como vienen picaditas ahorran trabajo.)
3 manzanas
6 huevos duros

1—Lave las papas, pártalas en dos y sin mondar, póngalas a hervir en 2 litros de agua con 4 cucharadas de sal durante *45 minutos.*

2—Móndelas y espere que enfríen totalmente. Entonces córtelas en cuadritos pequeños.

3—Añádales el contenido de la lata de remolachas con el líquido en que vienen *incluído.*

4—Escurra bien la lata de guisantes (*Petit-Pois*). Reserve 4 cucharadas de los guisantes para adornar la ensalada más tarde y agregue el resto a la mezcla.

5—Corte en pedacitos 5 huevos duros y agréguelos a la mezcla. Reserve el huevo restante para adornar la ensalada.

6—Monde las manzanas, córtelas en cuadritos pequeños y viértalas en 1 litro de agua, a la que le habrá agregado 1 cucharadita de sal. Escúrralas bien y agréguelas a la mezcla.

7—Por separado, prepare la siguiente salsa que vertirá sobre la mezcla y lo unirá todo bien:

½ taza de aceite de oliva
¼ taza de vinagre
2 cucharadas de azúcar
1¼ cucharadita de sal

8—Agregue a la mezcla 3 cucharadas de mayonesa y mueva bien para que todo una.

9—Vierta la mezcla en una ensaladera y colóquele los guisantes (petit-pois) que reservó, a todo el rededor del borde.

10—Ponga la yema dura del huevo que reservó sobre un colador y oprímala con una cuchara para que adorne el centro. Haga lo mismo con la clara. Resultará muy decorativa.

ENSALADA BLANCA

(12 raciones)

A—6 huevos

B—3 libras de papas   4 cucharadas de sal
2 litros de agua

C—¾ libra de cebolla   1 lata de 1 libra de guisantes
2 tallos de apio (celery)   pequeños (petit-pois)
3 manzanas

D—½ taza de aceite de oliva   1 cucharada de azúcar
¼ taza de vinagre   (opcional)
2 cucharaditas de sal

E—3 cucharadas de mayonesa

1—Ponga a cocer los huevos duros. Déjelos enfriar y píquelos pequeñitos.

2—Lave, parta en dos y sin mondar ponga a hervir las papas en 2 litros de agua con 4 cucharadas de sal durante 45 minutos. Escúrralas, móndelas y déjelas enfriar. Después córtelas en cuadritos pequeños. Combínelas con los huevos picaditos.

3—Monde, lave y pique bien pequeñita la cebolla. Añádala.

4—Lave y pique pequeñitos los tallos de apio (celery). Añádalos.

5—Monde y corte en cuadritos pequeños, las manzanas. Lávelas en 1 taza de agua con 1 cucharadita de sal. Escúrralas y añádalas.

6—Añada el contenido de la lata de guisantes con el líquido en que éstos vienen incluído.

7—Por separado combine los ingredientes incluídos en D. Agréguelos a la mezcla.

8—Finalmente añada la mayonesa. Una todo bien y colóquelo en la nevera para comerlo bien frío.

ENSALADA MIXTA

(12 raciones)

4 huevos
3 libras de papas
½ libra de zanahorias
¼ libra de cebollas
1 lata de 1 libra de guisantes
 (*Petit-Pois*)
3 pepinillos dulces, grandes
 (*Sweet Pickles*)

2 cucharadas de aceite de oliva
1½ cucharadita de vinagre
½ cucharadita de sal
⅛ cucharadita de polvo de pimienta
1 taza de mayonesa

1—Ponga a cocer los huevos duros.

2—Lave las papas, córtelas en dos y póngalas a hervir *sin mondar*, en *2 litros de agua con 4½ cucharadas de sal* durante 45 minutos. Después sáquelas, escúrralas, móndelas y espere que se enfríen totalmente para cortarlas en cuadritos pequeños.

3—Corte en cuadritos pequeños los pepinillos dulces y tres de los huevos duros. Reserve el huevo restante para usarlo para decorar la ensalada.

4—Mezcle las papas, los huevos y los pepinillos.

5—Raspe y lave las zanahorias crudas.
Monde y lave las cebollas.
Pase las zanahorias crudas y las cebollas por la máquina de moler carne o procesador de alimentos.
Agréguelas a la mezcla de papas, huevos y pepinillos.

6—Añada el contenido de la lata de guisantes, incluyendo el líquido en que vienen.

7—Combine el aceite con el vinagre, la sal y el polvo de pimienta.
Viértalo sobre la mezcla y únalo todo bien.

8—Añada la mayonesa y mezcle bien.
Coloque la mezcla sobre ensaladera y adórnela con el huevo que reservó. Póngala en la nevera para comerla bien fría.

ENSALADA SENCILLA DE PAPAS

A—8 tazas de agua | 2 libras de papas
2 cucharadas de sal |

B—1 taza de apio (*Celery*)
1 cucharada de pimiento verde, fresco
½ taza de cebolla ⎫ muy bien picaditos
2 huevos duros ⎬
½ cucharadita de sal ⎭

C—Salsa francesa (receta en la página 289)

1—Ponga a hervir el agua con la sal. Lave las papas y quítele los retoños. Pártalas en dos y sin mondar, añádalas al agua hirviendo. Hierva *lentamente, tapado* por *40 minutos.* Sáquelas, móndelas y después de frías, córtelas en pedacitos.

2—Mezcle las papas con los ingredientes incluídos en *B*.

3—Combine bien con la salsa francesa y métala en la nevera para servirla bien fría, preferiblemente sobre hojas de lechuga.

Nota: Puede variar, omitiendo el apio (*Celery*) y el pimiento verde, sustituyéndolos con 6 pepinillos dulces (*Sweet Pickles*) grandes, picaditos.

ENSALADA DE COL (COLE SLAW)

A—3 tazas de col, rallada | 2 zanahorias crudas
1 pimiento verde, fresco |

B—¾ taza de mayonesa | ½ cucharadita de azúcar
2 cucharaditas de vinagre | (*opcional*)
½ cucharadita de sal | ⅛ cucharadita de polvo
| de pimienta

1—Lave la col y rállela usando el lado de "medias lunas" del rallo (guayo) por el cual lo rallado le saldrá en tiritas finas.

2—Lave y corte sumamente pequeño el pimiento.

3—Lave, raspe y corte sumamente pequeñas las zanahorias.

4—Combínelo todo. Por separado, mezcle los ingredientes que aparecen bajo *B*. Añádalos y mezcle. Sirva bien fría.

ENSALADA DE POLLO

A—2 libras de pechugas de pollo | 1 grano de ajo, grande
1½ cucharadita de aceite de oliva | 2 cucharaditas de sal
1 cucharadita de jugo de limón | 2 granos de pimienta

B—½ libra de cebollas, mondadas y cortadas en ruedas

C—1 libra de papas ⎫
2 litros de agua ⎬ *opcional*
1 cucharada de sal ⎭

D—1 lata de guisantes (*Petit-Pois*) de 1 libra
3 manzanas, mondadas ⎫
1 taza de apio (*Celery*) ⎬ picaditos
2 huevos, duros ⎭
1 cucharadita de jugo de limón | ¾ taza de mayonesa

1—Lave el pollo y adóbelo con el resto de los ingredientes incluídos en A, previamente molidos en el mortero. Colóquelo
en molde de cristal para hornear y agregue las ruedas de
cebolla. Cueza, *tapado,* en horno de *calor bajo* (325°F.) por
2 horas.

2—Lave las papas, pártalas en dos y hierva, *tapadas,* a fuego
moderado, en el agua con la sal por *40 minutos* Móndelas,
déjelas enfriar, córtelas en cuadritos y vierta en un tazón
grande.

3—Saque el pollo del molde, descarte las cebollas y vierta el
líquido rendido en el tazón.

4—Corte la carne de pollo en cuadritos y viértala en el tazón.
Añada los guisantes (*Petit-Pois*), **junto con el liquido en que
vienen** y agregue el resto do los ingredientes incluídos en *D,*
mezclando todo bien. Coloque en la nevera para servir bien
fría.

ENSALADA DE HABICHUELAS TIERNAS Y CHAYOTES

1 libra de habichuelas tiernas, hervidas y sazonadas
1 libra de chayotes, hervidos y sazonados
1 libra de tomates
Hojas de lechuga
Salsa francesa (receta en la página 289)

1—Monde los tomates y córtelos en lonjas finas.

2—Agregue las habichuelas tiernas y los chayotes picaditos.

3—Agregue la salsa francesa y déjelo reposar por 2 horas.

4—Desmenuce la lechuga, lávela y riéguele salsa francesa.

5—Coloque encima la ensalada fría, bien escurrida.

ENSALADA DE HUEVOS Y CEBOLLA

(6 raciones)

1 lechuga	⅓ taza de queso parmesano rallado
4 cebollas medianas	1 lata de punta de espárragos
8 huevos duros	(*asparagus tips*)

Salsa francesa (receta en la página 289)

1—Lave cuidadosamente la lechuga removiéndole las hojas. Desmenuce las hojas y envuélvalas en la salsa francesa.

2—Vaya colocando en una ensaladera las hojas de lechuga desmenuzadas alternándolas con las cebollas mondadas y cortadas en ruedas finas, con tajadas finas de huevo duro y con las puntas de espárragos.

Riegue entre éstos salsa francesa y queso rallado.

3—Meta en la nevera y sirva bien fría.

ENSALADA TROPICAL

½ col	6 cebollitas pequeñas
1 pepinillo	6 rábanos
1 pimiento verde, sin semillas	1 aguacate grande

Salsa francesa (receta en la página 289)

1—Lave y desmenuce la col.

2—Monde los vegetales y córtelos en ruedas finas.

3—Mezcle los ingredientes con la salsa francesa y métalos en la nevera para comerlos bien frío.

ENSALADA ILUSION

(6 raciones)

2 melones maduros (*Cantaloupes*)	6 hojas de lechuga fresca

½ taza de requesón (*Cottage Cheese*)
2 cucharaditas de mayonesa para cada platito
6 cerezas marrasquinas (guindas)

1—Lave los melones y córtelos en seis ruedas de alrededor de 1 pulgada de ancho.

2—Monde cada rueda y quítele las semillas.

3—Coloque una hoja de lechuga previamente lavada y escurrida, en cada platito individual de ensalada.

4—Ponga encima de cada hoja una rueda de melón.

5—Rellene el centro con parte del requesón.

6—Coloque sobre el queso, una cereza para adornar.

7—Sirva una cucharadita de mayonesa a cada lado del platito de ensalada.

8—Coloque los platitos en la nevera para servirlos bien frío.

ENSALADA DE AGUACATE

(6 raciones)

3 aguacates grandes, partidos por la mitad, a lo largo

SALSA:
   4 tomates mondados y picaditos
   1 cucharada cebolla muy bien picadita
   1 taza de mayonesa
   ⅛ cucharadita de sal
   ¹⁄₁₆ cucharadita de polvo de pimienta

1—Combine los ingredientes. Viértalos en una gaveta de hacer hielo y congélelos sin moverlos.

2—Sírva la mezcla en el centro de cada aguacate y adórnelo con perejil muy bien picado.

ENSALADA DE AGUACATE Y FRUTAS FRESCAS

(6 raciones)

3 aguacates | 1 taza de piña cortada en pequeños pedacitos

1 taza de uvas sin semillas, mondadas
2 chinas, mondadas y cortadas en gajos
12 cerezas frescas (*Cherries*)
Salsa francesa (receta en la página 289)

1—Parta los aguacates por la mitad. Cuidadosamente quíteles la semilla y saque la pulpa de los aguacates evitando romper la concha.

2—Combine la pulpa de los aguacates con las piñas cortadas y las uvas mondadas. Envuelva en salsa francesa y deje reposar por 30 minutos.

3—Coloque hojas de lechuga en platos individuales de ensalada. Ponga encima las conchas de los aguacates y rellénelas con la mezcla bien fría.

4—Adorne con cerezas sin semillas.

ENSALADA DE AGUACATE Y TOMATE

(6 raciones)

1 lechuga
3 aguacates grandes, maduros

3 tomates grandes, maduros

SALSA:

½ taza de crema espesa
½ taza de salsa *Chili*
½ taza de mayonesa

1 cucharadita de salsa inglesa
3 cucharadas de jugo de limón verde, fresco

1—Separe las hojas de la lechuga. Lávelas.
Coloque dos o tres hojas en cada plato individual de ensalada.

2—Monde los aguacates. Pártalos en dos y quíteles la semilla.

3—Coloque una mitad de aguacate sobre las hojas de lechuga en cada plato de ensalada.

4—Lave los tomates. Córtelos en ruedas finas y colóquelos en los distintos platos.

5—Prepare la salsa y viértala en el centro de cada mitad de aguacate.

6—Sirva la ensalada bien fría.

DELICIA DE PIÑA

1 piña, bien grande
2 tazas de ensalada de frutas
    de lata (bien escurridas)
1 toronja en gajos

2 chinas en gajos
Mayonesa
6 cerezas marrasquinas

1—Corte una tapa en la parte de arriba de la piña y cuidadosamente sáquele la pulpa. Córtela en pedacitos pequeños y combínelos con la ensalada de frutas, bien escurridas, y con los gajos de china y toronja.

2—Mezcle con mayonesa y rellene la piña de nuevo.

3—Adorne con cerezas y sirva bien fría.

ENSALADA DE MELON (CANTALOUPE)

2 melones maduros (*Cantaloupes*)
2 tazas de fresas frescas
1 lechuga
Mayonesa (1 taza)
½ taza de requesón (*Cottage Cheese*)

1—Parta los melones por la mitad. Quíteles las semillas.

2—Saque la pulpa a uno de los melones; si posible, en forma de bolitas pequeñas.

3—Corte el otro melón en ruedas de 1 pulgada y móndelas.

4—Coloque cada rueda sobre hojas de lechuga en platitos individuales de ensalada.

5—Rellene el centro con bolitas de melón, combinadas con las fresas frescas y con la mayonesa mezclada con el requesón.

6—Adorne con fresas frescas. Sirva helada.

ENSALADA DE FRUTAS CON SALMON O ATUN

3 guineos maduros, picaditos | 1 manzana, picadita
½ taza de piña en cuadros, bien pequeños
1½ taza de salmón o atún, bien escurrido
¼ taza de apio (*celery*) bien picadito
½ cucharadita de sal
1 cucharada de pepinillo dulce, picadito (*pickles*) | Mayonesa

1—Mezcle los guineos y la manzana con los cuadritos de piña.

2—Desmenuce el salmón o atún bien escurrido y agréguelo.

3—Agregue el resto de los ingredientes, mezcle con mayonesa y
    sirva bien frío.

ENSALADA DE ATUN

(8 raciones)

1 lata de 1 libra de atún
4 huevos
4 tallos de apio (*celery*)
6 pepinillos dulces (*sweet pickles*)
2 manzanas

½ taza de aceite de oliva
¼ taza de vinagre
½ cucharadita de sal
4 cucharadas de mayonesa

1—Ponga a cocer los huevos duros. Cuando enfríen, píquelos
    bien pequeñitos.

2—Desmenuce el atún en su propio aceite.

3—Lave y pique pequeñitos los tallos de apio (*celery*).

4—Pique pequeñitos los pepinillos dulces.

5—Monde y corte en cuadritos bien pequeños, las manzanas.
    Lávelas en 1 taza de agua con 1 cucharada de sal. Escúrralas
    bien.

6—Combine el atún, los huevos, el apio (*celery*), los pepinillos
    dulces y las manzanas.

7—Por separado combine el aceite de oliva con el vinagre y la
    sal. Añádalo a la mezcla.

8—Finalmente añada la mayonesa. Una todo bien y colóquela en la nevera para comerlo bien frío.

ENSALADA DE TOMATES Y SARDINAS

(8 raciones)

4 tomates
1 lata pequeña de sardinas
2 cebollitas cortadas en
 ruedas finas

2 cucharaditas de jugo de
 limón verde, fresco
1 lechuga
Mayonesa
1 yema de huevo duro

1—Monde los tomates y córtelos en ruedas de ¾ pulgadas de grueso. Enfríelos en la nevera.

2—Escurra las sardinas, quíteles el pellejo y las espinas.

3—Coloque hojas de lechuga bien lavadas en platitos individuales de ensalada.

4—Ponga encima las ruedas de tomate y coloque las sardinas encima.
Cubra con ruedas de cebolla y riéguele algunas gotas de jugo de limón.

5—Adórnelo con mayonesa y con la yema del huevo duro pasada a través de un colador.

PIÑA ESPECIAL

3 piñas de tamaño mediano (Escoja piñas dulces)
1 caja de 1 libra de fresas congeladas

SALSA:

2 yemas de huevo
¼ taza de azúcar
1 cucharada de jugo de
 limón verde, fresco
¼ taza del jugo que
 escurren las piñas y fresas

⅛ cucharadita de sal
1 frasco de 8 onzas de
 crema espesa
6 cerezas marrasquinas
 (Guindas)

1—Lave las piñas, quíteles el penacho y córtelas por la mitad. Sáqueles la pulpa y córtelas en pequeños pedacitos.

2—Combine los pedacitos de piña con el contenido de la caja de fresas. Mezcle bien y escúrralo. Mida ¼ taza del líquido escurrido y use el resto como refresco.

3—Prepare la salsa del modo siguiente:
Bata las yemas y el azúcar. Agregue los jugos y la sal. Cueza a fuego moderado hasta que hierva. Mueva todo el tiempo. Deje enfriar. Bata bien la crema. Agregue la mitad de la crema batida y envuélvala en la mezcla.

4—Mezcle la salsa con las frutas y rellene de nuevo las piñas.

5—Adorne con el resto de la crema batida y con las cerezas. Sirva bien frío.

ENSALADA DE FRUTAS FRESCAS

(6 raciones)

2 guineos grandes, maduros cortados a lo largo en lonjas
1 toronja grande, dividida en gajos
3 chinas, divididas en gajos
6 ruedas de piña
Salsa de cerezas (receta en la página 290)

1—Coloque las frutas en forma atractiva sobre platitos individuales de ensalada. Riégueles salsa de cereza y sirva bien frío.

ENSALADA DE LECHOSA MADURA

A—I lechosa madura, mondada y cortada en pedacitos
1½ taza de piña fresca, cortada en pedacitos
Salsa de requesón (*cottage cheese*) (receta en la página 290)

B—Lechuga fresca

1—Combine los ingredientes incluídos en A. Colóquelos sobre hojas de lechuga previamente lavadas y escurridas.

2—Sirva bien frío.

ENSALADA DE CAMARONES Y PIÑA

(4 raciones)

1 taza de camarones hervidos y sazonados
1 taza de piña en cuadritos
¼ cucharadita de sal
¼ taza de salsa francesa (receta en la página 289)

⅛ cucharadita de polvo de pimentón (*paprika*)
Hojas de lechuga

1—Combine los camarones después de haberles quitado la línea negra que les corre a lo largo del cuerpo, con la piña, la sal, y el polvo de pimentón. Mezcle bien y métalo a la nevera.

2—En el momento de servirlo, combine con la salsa francesa y colóquelo sobre hojas de lechuga bien lavadas y escurridas. Sírvalo bien frío.

ENSALADA DE CAMARONES Y GUISANTES (PETIT-POIS)

(8 raciones)

2 tazas de camarones hervidos y limpios
1 taza de apio (*celery*) muy bien picadito
4 huevos duros, picaditos
2 tazas de guisantes (*petit-pois*) bien escurridos
Salsa rusa (receta aparece en la página 290)
Hojas de lechuga lavadas y escurridas

1—Quite la línea negra que les corre a los camarones a lo largo del cuerpo.

2—Combine los camarones con el apio y los huevos duros picaditos. Agrégueles la mitad de los guisantes.

3—Mezcle con salsa rusa. Coloque sobre hojas de lechuga.

4—Adorne con el resto de los guisantes. Sirva frío.

ENSALADA DE CAMARONES Y ESPARRAGOS

16 camarones, hervidos, sazonados y limpios
18 puntas de espárragos
1 cabeza de lechuga

Salsa francesa (receta en la página 289)
Mayonesa
3 tomates

1—Combine los camarones con la salsa francesa y déjelos reposar por 2 horas, en la nevera.

2—Coloque las hojas de lechuga bien lavadas y escurridas en una ensaladera.
Ponga encima las puntas de espárragos escurridas y los camarones. Aderece con los tomates.

3—Adorne con mayonesa.

FIAMBRES

JAMON AL HORNO CON VINO TINTO

1 lata de jamón hervido, de 12 libras
2 libras de azúcar negra
2 tazas de vino tinto
1 lata de 12 onzas de jugo de piña
1 lata de 9 onzas de ruedas de piña

½ taza de azúcar negra
Clavos de especie
4 cerezas marrasquinas

1—Abra la lata de jamón. Saque el jamón y quítele la gelatina. Coloque el jamón en el molde donde vaya a hornearlo.

2—En la parte de arriba del jamón déle unos cortes de alrededor de ⅛ pulgada de profundidad y en forma de cuadros.

3—Coloque un clavo de especie en el centro de cada cuadro y coloque varios clavos de especie repartidos por los lados.

4—Aparte mezcle:

> 2 libras de azúcar negra
> 2 tazas de vino tinto
> El contenido de la lata de jugo de piña.
> El líquido escurrido de la lata de ruedas de piña.
> (Reserve las ruedas de piña para adornar el jamón más tarde.)

5—Riegue esto sobre el jamón.

6—Cubra la parte de arriba del jamón con ½ taza de azúcar negra.

7—Meta el molde al horno que habrá sido calentado anticipadamente, a una temperatura moderada de 350°F. y déjelo hornear durante 45 minutos. Durante este tiempo derrame ocasionalmente por encima del jamón el líquido, usando para esto una cuchara larga de cocinar.

8—Saque el molde del horno y coloque sobre el jamón ruedas de piña con cerezas al centro.
Riégueles por encima un poco de azúcar negra.

9—Suba la temperatura del horno a una temperatura alta de 450°F. y meta de nuevo el molde al horno para que dore por alrededor de 10 minutos.

10—Retire el molde del horno. Cuidadosamente pinche las extremidades del jamón con dos tenedores largos de cocinar y levante el jamón para colocarlo sobre una fuente.

11—Escurra el molde sobre un colador con paño húmedo encima y cuélelo en una olla o cacerola profunda.

12—Póngalo a hervir a fuego alto para que el almíbar espese algo. (Temperatura del termómetro de dulce 220°F.).

13—Después que haya espesado se retira del fuego y se coloca en recipiente de cristal.

14—El jamón y el almíbar deben meterse a la nevera para comerse bien fríos.

JAMON AL HORNO CON VINO BLANCO

1 lata de jamón hervido, de 12 libras	2 tazas de vino blanco
Clavos de especie	1 lata de 1¼ libra de *ruedas de piña*
1 libra de azúcar negra	1 frasco de 4 onzas de cerezas marrasquinas
2 cucharadas de mostaza	
2 onzas de jugo de china	

1—Abra la lata de jamón. Saque el jamón y quítele la gelatina. Coloque el jamón en el molde donde vaya a hornearlo.

2—En la parte de arriba del jamón déle unos cortes superficiales de alrededor de ⅛ pulgada de profundidad y en forma de cuadros.

3—Coloque un clavo de especie en el centro de cada cuadro y reparta algunos por los lados del jamón.

4—Aparte mezcle el azúcar negra con la mostaza, el jugo de china y el vino blanco.

5—Añada el líquido contenido en el frasco de cerezas y añada el líquido contenido en la lata de ruedas de piña. Reserve las cerezas para usarlas para adornar el jamón. Reserve 4 ruedas de piña para usarlas para adornar el jamón y agregue el resto de las ruedas a la mezcla.

6—Vierta la mezcla sobre el jamón en el molde.

7—Cubra la parte de arriba del jamón con ½ taza de azúcar negra.

8—Caliente el horno a una temperatura moderada de 350°F. Hornee el jamón durante 45 minutos y ocasionalmente viértale por encima del líquido contenido en el molde. Use para hacer esto una cuchara larga de cocina.

9—Saque el molde del horno y coloque sobre el jamón las ruedas de piña que reservó. Póngales en el centro una cereza. Riégueles por encima un poco de azúcar negra.

10—Suba la temperatura del horno a caliente (450°F.) y meta el molde para que el jamón dore alrededor de 10 minutos.

11—Saque el molde del horno y cuidadosamente pinche las extremidades del jamón con dos tenedores largos de cocinar. Levante el jamón y colóquelo sobre una fuente.

12—Saque las ruedas de piña del molde y escurra el molde sobre colador con paño húmedo encima.
Cuele el líquido en una olla o cacerola profunda y póngalo a hervir para que el almíbar espese un poco (temperatura del termómetro de dulce 220°F.). Retírelo del fuego y colóquelo en recipiente de cristal.

13—Coloque a los lados del jamón en la fuente, las ruedas de piña y póngales una cereza en el centro.

14—Meta el jamón y el almíbar a la nevera para comerlos bien fríos.

JAMON GLACEADO (ABRILLANTADO O CONFITADO)

(10 raciones abundantes)

1½ libra de jamón hervido	¼ cucharadita de polvo de pimienta
1 libra de carne de cerdo o de res	1 taza de polvo de galleta
1 cebolla pequeña	1 taza de leche
2 cucharaditas de sal	2 huevos ligeramente batidos.

1—Pase por la máquina de moler carne, el jamón hervido, la carne y la cebolla.

2—Combine el polvo de galleta con la sal y el polvo de pimienta.

3—Unalo a la carne molida.

4—Agréguele la leche.

5—Agréguele los huevos batidos ligeramente.

6—Métalo en molde engrasado y póngalo al horno a una temperatura moderada de 350°F. durante 1½ hora.

7—Cuando esté frío vuélquelo y póngale encima ruedas de piña de lata.

GLACEADO

1 lata de compota de arándano (*Cranberry Sauce*)
½ taza de sirop de maíz (*Light Corn Syrup*)
½ taza de agua

1—Mezcle todo a *fuego bajo* hasta que la salsa espese.

2—Enfríese, pero no deje que se convierta en jalea.

3—Cubra con esto el jamón.
(Un buen acompañante de este plato es ensalada blanca y remolachas enteras, frías.)

JAMON PLANCHADO Y ALMIBAR

A—1 lata de jamón hervido de 8 a 12 libras
   2 tazas de azúcar negra

B—½ libra de jamón de cocinar, con hueso
   5 tazas de azúcar negra
   3 rajas grandes de canela
   1 cucharada de clavos de especie
   ¾ cucharadita de sal
   2½ tazas de agua

1—Abra la lata de jamón, escúrralo y quítele la gelatina que lo cubre. Riegue su superficie con azúcar negra y pásele rápidamente una plancha de hierro, *caliente*, para dorarlo. (Si no tiene plancha, métalo en horno de *calor intenso* (500°F.) por algunos minutos, hasta dorarlo.) Sirva bien frío.

2—*Almíbar:* Combine los ingredientes incluídos en *B* y póngalo a *fuego alto* hasta que hierva. Reduzca el fuego a *moderado* y cueza hasta obtener almíbar liviana (222°F.), removiendo la espuma que se forma en los bordes del recipiente, según hierve. Cuélelo, enfríe y sirva acompañando el jamón.

EMBUTIDO DE POLLO

A—1½ libra de pechugas de pollo
   ½ libra de jamón hervido
B—¼ libra de hígados de pollo o 1 latita de trufas
C—4 huevos grandes
   ¼ cucharadita de polvo de nuez moscada
   ¼ cucharadita de polvo de pimienta
   ¾ cucharadita de sal
D—¾ taza de polvo de galleta

1—Lave rápidamente el pollo y después quítele el pellejo.

2—Separe la carne cruda de los huesos. Reserve los huesos.

3—La carne cruda, *sin* huesos, debe rendir de ½ libra a ¾ de libra.

4—Pase esta carne junto con el jamón hervido por la máquina de moler carne y use la cuchilla más fina de la máquina. Coloque este picadillo en un tazón.

5—Aparte ponga a hervir ¼ taza de agua con ¼ cucharadita de sal. Cuando hierva, añada los hígados y déjelos hervir a *fuego alto* por 5 *minutos*.

6—Después escúrralos y córtelos en pedacitos.

7—En un plato hondo desbarate con un tenedor 3 de los huevos *que no deben estar fríos*.

8—Añádales: la nuez moscada, el polvo de pimienta, la sal y el picadillo de los hígados. Si usa trufas, añádalas picaditas.

9—Muévalo todo bien y agréguelo al tazón que tiene el pollo y el jamón molido.

10—Agregue a la mezcla 3 cucharadas del polvo de galletas.

11—Mézclelo bien y colóquelo sobre papel parafinado para darle forma de embutido como un salchichón no muy grueso.

12—Riegue polvo de galleta sobre un papel parafinado largo.

13—Sobre otro papel parafinado largo coloque el huevo restante y desbarátelo con un tenedor y riéguelo por todo el papel.

14—Pase el embutido por el orden siguiente:
    1ro. Por el papel con polvo de galletas.
    2do. Por el papel con huevo desbaratado.
    3ro. Por el papel con polvo de galletas.

Nota: Probablemente notará que el embutido luce como si fuera a desbaratarse, pero no se desanime por esto, pues el procedimiento es así y al estar concluído quedará perfecto.

15—Extienda un paño suficientemente grande para envolver el embutido.
    A—Riegue el paño con polvo de galletas.
    B—Coloque el embutido cruzado sobre el paño.

C—Envuélvalo. Amárrele con un cordoncito las dos extremidades al paño y cósalo de extremo a extremo con puntada
larga. Agárrelo bien tirante por ambas puntas y llévelo al
recipiente donde va a cocerlo.

Nota: Previamente ha puesto a hervir 4 litros de agua con 5
cucharadas de sal. (Suficiente agua que cubra el embutido
en un recipiente rectangular y profundo.) A esta agua le
añade los huesos del pollo.

16—Coloque el embutido en el agua cuando ésta esté hirviendo y
déjelo hervir por *1 hora*. (A la media hora puede virarlo.)

17—Tan pronto esté listo, retírelo del agua, déjelo refrescar y después quítele el pañito y meta el embutido a la nevera para
comerlo bien frío al día siguiente.

Nota: Si desea usar trufas en sustitución de los hígados, incluya
1 cucharada del líquido en que vienen.

EMBUTIDO DE CERDO Y JAMON

(12 raciones)

¾ libra de carne de cerdo
(pesada sin grasa ni pellejos)
¾ libra de jamón de cocinar

5 onzas de galletas de soda,
molidas
¼ cucharadita de polvo de
nuez moscada
1 huevo

1—Lave y escurra la carne de cerdo y el jamón de cocinar. Páselos
por la máquina de moler, usando la cuchilla más fina de la
máquina.

2—Añádale las 5 onzas de galletas molidas y el polvo de nuez
moscada.

3—Amáselo bien y colóquelo sobre papel parafinado para darle
forma de embutido como un salchichón no muy grueso.

4—Extienda otro papel parafinado. Desbarate sobre éste el
huevo, coloque encima el embutido y cúbralo con el huevo
desbaratado.

5—Extienda otro papel parafinado. Riéguele por encima polvo
de galleta, coloque encima el embutido y cúbralo con el polvo
de galleta.

6—Riegue un poco de polvo de galleta sobre un paño largo y coloque sobre éste el embutido. Envuélvalo, amarre las puntas y cosa el paño.

7—Ponga al fuego un recipiente largo y profundo con ½ cucharadita de sal y agua suficiente para que cubra el embutido. Al hervir, añada el embutido y hierva por 2 *horas*. (*A la mitad del tiempo* añada más agua caliente al recipiente.)

8—Ya listo, lo saca y deja refrescar. Le quita el paño y lo coloca en la nevera para servirlo bien frío.

FIAMBRE ITALIANO

A—¼ libra de pan francés (de agua) ó 4 tajadas de pan de emparedados (*Sandwich*), sin la corteza
1 taza de leche

B—1 libra de carne de cerdo, molida
¼ taza de cebolla, molida
½ onza (1 cucharada) de mantequilla
1 cucharada de salsa inglesa (*Worcestershire Sauce*)
2 tazas de queso parmesano, rallado
5 huevos

1—Caliente el horno a una *temperatura moderada* de 350°F. Engrase un molde de cristal para hornear de tamaño 9″ x 5″ x 3″.

2—Quite la corteza al pan, pártalo en pedazos y remójelo en la leche. Desbarátelo bien con un tenedor. Escúrralo en un colador, *sin exprimirlo*. Ponga el pan escurrido en un tazón.

3—Añádale el resto de los ingredientes incluídos en *B* y mezcle *muy bien* cada vez que incorpore cada uno.

4—Vierta en el molde y hornée durante 45 *minutos*.

5—Saque del horno y escurra *bien* el molde para descartar la grasa que haya rendido. Deje refrescar por ½ *hora* y vuelque en platón. Coloque en la nevera para servirlo bien frío. (La receta no lleva sal, pues el queso la sazona.)

Nota: Muy apropiado para cortarse en pedacitos y servirse sobre galletitas.

SORPRESA DE MACARRONES

(Plato Frío)

(Debe hacerse de un día para otro)

A—4 tazas de agua | ½ cucharadita de sal
1 cucharadita de aceite vegetal ó de oliva
¼ libra de macarrones, gruesos y cortos

B—1 taza de leche | ¼ libra de mantequilla
¼ libra de jamón hervido, molido
⅔ taza de queso parmesano, rallado

C—4 huevos

D—2 latas de 10¾ onzas de sopa de tomate (*Tomato Soup*)
3 huevos duros | Ramitas de perejil
2 tomates | 1 taza de queso parmesano, rallado

1—En una olla grande ponga a hervir el agua con la sal y el aceite. Al hervir, añada los macarrones y hierva **destapado,** a *fuego moderado*, por *20 minutos*. Sáquelos y escúrralos.

2—Engrase con oleomargarina un molde de aluminio redondo, tamaño 8″ x 3″. Corte un papel de estraza del tamaño del fondo del molde. Cubra el fondo con éste papel y engráselo.

3—Ponga a hervir agua en un recipiente apropiado para poner el molde más tarde a *Baño de María*.

4—Caliente la leche en una cacerola. Al hervir, retire del fuego, y añada la mantequilla. Tan pronto se derrita, agregue el jamón molido y ⅔ taza de queso parmesano, rallado. Mezcle.

5—Desbarate los huevos y añádalos. Mezcle todo bien.

6—Vierta un poco de la lechada en el fondo del molde. Cubra con parte de los macarrones. Continúe en la misma forma hasta que lo use todo, *terminando* con la lechada.

7—Cubra el molde y ponga a *Baño de Maria*. Cueza con el fuego *medianamente-alto* durante *1 hora y 45 minutos*. A la mitad del tiempo, añada más agua caliente al recipiente.

8—Deje refrescar por ½ *hora*, pase un cuchillo alrededor del molde y vuelque en platón llano. Remueva el papel de estraza.

9—Ponga en nevera para servirse bien frío. Decórelo con los huevos duros, tomates y perejil. Sirva junto con la sopa de tomate, usada como salsa, *sin diluir* y bien fría. Acompañe con 1 taza de queso parmesano, rallado.

COL DANESA

1 col de hoja grande (3 a 4 libras)
4 cucharadas de sal
5 litros (20 tazas) de agua

1—Coloque la col, con el tallo hacia abajo, junto con el agua y la sal, en un recipiente grande. Póngala a *fuego alto, tapada,* alrededor de *15 minutos* ó lo necesario para amortiguar un poco las hojas. Saque la col y **reserve el agua.** Ponga la col *boca abajo* y hunda un cuchillo alrededor del tallo para desprender las hojas, *una por una.* Vire cada hoja por el revés y **cuidadosamente,** con un cuchillo, rebaje un poco la vena que divide la hoja en dos.

2—Humedezca un paño grande y colóquelo sobre un plato hondo de sopa. Coloque en el fondo del paño 2 *hojas grandes* de col y vaya poniendo sobre éstas, a la redonda, otras hojas de col hasta formar un círculo. (El tallo de las hojas debe quedar hacia el centro del plato.) *Reserve* unas cuantas hojas de col para cubrirla después de rellena.

RELLENO

¼ libra de mantequilla
1 libra de carne de res ó de cerdo, molida
¼ libra de pan francés (de agua) ó 4 rebanadas de pan de emparedados (*Sandwich*), sin la corteza
1 taza de leche
2½ cucharaditas de sal
¼ cucharadita de polvo de pimienta
1 cucharadita de polvo de nuez moscada
4 huevos, desbaratados

1—Saque la mantequilla de la nevera y póngala en un tazón, con anticipación, para que esté cremosa. Añada la carne y mezcle.

2—Corte el pan en pedacitos y remójelo bien en la leche. Desbarátelo y añádale la sal, polvo de pimienta y polvo de nuez moscada. Mezcle y agregue al tazón. Añada los huevos desbaratados. Mezcle bien y rellene la col.

3—Coloque encima las hojas de col que reservó. Recoja el paño bien apretado sobre la col y amárrelo fuerte, para evitar que penetre agua al cocerse.

4—Ponga a hervir el agua donde amortiguó la col. Al hervir, añada la col, *tape* y hierva a *fuego moderado-alto* por ½ *hora*. *Voltee* la col y déjela hervir por ½ *hora* más.

5—Sáquela, escúrrala **muy bien,** dejándola sobre colador de aluminio hasta que enfríe. Quítele el paño y coloque la col en la nevera para servir fría.

JAMON CON SALSA DE ALBARICOQUES

A—1 lata de 5 a 12 libras de jamón cocido
Clavos de especie

B—1 frasco de 12 onzas de mermelada de albaricoques (*Apricot Preserve*)
2 latas de 7 onzas de jugo de albaricoque (*Apricot Nectar*)
1½ taza de vino Jerez, seco (*Dry Sherry*)
2 tazas de azúcar

1—Caliente el horno a una *temperatura baja* (325°F.). Saque el jamón de la lata y remuévale la gelatina que lo cubre. Coloque el jamón en un molde grande de cristal para hornear.

2—Dele unos cortes **superficiales** en la parte de arriba del jamón, en forma de rejilla, como de *1 pulgada* de separación entre uno y otro corte.

3—Clave clavos de especie en la parte de arriba y de los lados del jamón, dejando una separación de *1 pulgada* entre uno y otro.

4—Mezcle los ingredientes incluídos en *B* y viértalos sobre el jamón.

5—Meta el jamón al horno durante *2 horas*. **Ocasionalmente,** riéguele por encima de la salsa en el molde.

6—Saque del horno, deje enfriar y conserve en la nevera. En el momento de servirlo, puede cortarlo en lonjas, volverlo a poner en el molde y cubrirlo con la salsa. También puede servirlo en una fuente, cortado en lonjas, y con la salsa en una salsera, para acompañarlo.

CAPITULO XIII *Salsas*

Salsas

SALSA PARA ALBONDIGUITAS

1 cebolla, pequeña (⅓ taza) ⎫
5 dientes de ajo, medianos ⎭ bien picaditos

1 cucharada de aceite de oliva | ½ cucharadita de sal
½ taza de *Catsup* o *Ketchup* | ½ cucharadita de orégano seco
¼ cucharadita de salsa inglesa (*Worcestershire*)
1½ cucharadita de jugo de limón verde, fresco
Gotas de salsa *Tabasco* (*opcional*)

Sofría en el aceite, hasta amortiguar, la cebolla y los ajos. Añada el resto de los ingredientes, dé un hervor y sirva caliente.

SALSA PARA MARISCOS

1 taza de *Catsup* o *Ketchup* | ¼ cucharadita de sal
¼ taza de salsa *Chili* | ⅛ cucharadita de polvo
2 gotas de salsa *Tabasco* | de pimienta
2 cucharaditas de *Horse-* | 1 cucharadita de perejil,
   Radish | picadito
1 cucharada de jugo de limón verde, fresco

Mezcle los ingredientes y sirva helada.

SALSA PARA CAMARONES

¼ taza de mayonesa | 1 cucharadita de jugo de
¼ taza de *Catsup* o *Ketchup* | limón verde, fresco
2 cucharadas de salsa *Chili* | ¼ taza de tomates y
  | pimientos frescos, picaditos

Mezcle los ingredientes y sirva helada.

SALSA PARA OSTRAS

¼ taza de *Catsup* o *Ketchup* | 1 cucharada de vinagre
2 cucharaditas de *Horse-Radish* | ⅛ cucharadita de salsa
2 cucharadas de jugo de | *Tabasco*
   limón verde, fresco | ⅛ cucharadita de sal

Mezcle los ingredientes y sirva helada.

Nota: Vea Salsa Aji-li-mójili (página 302).

SALSA PARA AGUACATE

¼ taza de mayonesa
2 cucharadas de salsa francesa
1 cucharada de aceitunas sin semillas, picadas
1 cucharada de pimientos verdes, picados
2 cucharadas de salsa *Chili*
⅛ cucharadita de sal
⅛ cucharadita de polvo de pimienta
1 cucharada de perejil picadito

Mezcle los ingredientes y sirva helado.

SALSA JEREZ

⅓ taza de salsa *Chili*
⅔ taza de mayonesa
2 cucharadas de Jerez
  dulce

2 cucharadas de jugo de
limón verde, fresco

Mezcle los ingredientes y sirva helado.

SALSA DE PIÑA Y CHINA

⅔ taza de sirop de piña de lata
⅓ taza de granadina

⅓ taza de jugo de china

Mezcle los ingredientes y sirva helado sobre frutas.

SALSA DE AGUACATE

¼ taza de mayonesa
1 taza de aguacate majado
  y colado
1 cucharada de jugo de
  limón verde, fresco

¼ taza de salsa *Chili*
¼ cucharadita de sal
¼ cucharadita de salsa inglesa
1 cucharada de perejil picado

Mezcle los ingredientes y sirva helado.

> ## SALAS PARA ENSALADAS

SALSA FRANCESA

½ taza de aceite de oliva
¼ taza de vinagre
½ cucharadita de sal
⅛ cucharadita de polvo de pimienta
1 cucharada de azúcar (*opcional*)

Unalo todo y sírvalo bien frío.

SALSA MAYONESA

(Aproximadamente 1 taza)

A—1 yema de huevo
   1½ cucharadita de azúcar
   1 cucharadita de mostaza
   ¼ cucharadita de sal
   Pizca de pimienta (*opcional*)

B—⅔ taza de aceite de oliva
   1 cucharada de jugo de limón, fresco

1—Ponga un tazón de medir, tamaño de 4 tazas, sobre una tohalla ó agarradera de olla. (Esto es para que quede firme y pueda revolver fácilmente, sin que se mueva.) Vierta en el tazón la yema de huevo, revuelva bien con una cuchara y agregue el resto de los ingredientes incluídos en A.

2—Comienze a añadir el aceite de oliva, **gota a gota,** al principio. Cuando note que comienza a cuajar, puede proceder a añadir un poco más lijero, pero siempre **poco a poco.** Trabaje en ésta forma hasta agregar **todo** el aceite, siempre revolviendo **contínuamente.** Añada **gradualmente** el jugo de limón.

Nota: Si se le corta la mezcla, ponga otra yema en un tazón, desbarátela y agréguele *lentamente* la mezcla cortada, revolviendo ***constantemente*** hasta que cuaje de nuevo.

SALSA RUSA (RUSSIAN DRESSING)

½ taza de mayonesa	2 cucharadas de *Catsup* o
1½ cucharada de jugo de limón,	*Ketchup*
fresco	¾ cucharada de salsa inglesa

Mézclelo todo bien y viértalo sobre lechuga con tomates o sobre la ensalada que desee.

SALSA PARA FRUTAS

4 tomates grandes, mondados y finamente picados
1 cucharadita de cebolla muy finamente picada
1 taza de mayonesa
¼ cucharadita de sal
2 cucharadas de *Catsup* o *Ketchup*
⅛ cucharadita de polvo de pimienta
1 cucharada de perejil muy finamente picado

Mezcle los ingredientes y sirva helado sobre aguacate o frutas frescas en general.

SALSA DE REQUESON

½ taza de requesón (*Cottage Cheese*)
½ taza de leche evaporada sin diluir
2 cucharadas de jugo de limón verde, fresco
1 cucharada de azúcar
⅛ cucharadita de pimentón (paprika)
6 cerezas marrasquinas (guindas), picaditas

Mezcle los ingredientes y sirva helado sobre ensalada de frutas.

SALSA DE CEREZAS

1 taza de mayonesa
⅓ taza de crema espesa *Whipping Cream*, bien batida
2 cucharadas de jugo de limón verde, fresco
8 cerezas marrasquinas (guindas), picaditas

Mezcle los ingredientes y sirva helado sobre ensalada de frutas.

SALSAS PARA HORTALIZAS Y HUEVOS

SALSA BLANCA BASICA

Salsa	Mantequilla	Harina	Leche	Sal
Ligera	1 cucharada (½ onza)	1 cucharada	1 taza	¼ cucharadita
Mediana	2 cucharadas (1 onza)	2 cucharadas	1 taza	¼ cucharadita
Gruesa	3 cucharadas (1½ onzas)	3 cucharadas	1 taza	¼ cucharadita

Ponga la mantequilla en una cacerola. Derrítala a *fuego bajo*.
Agréguele la harina y mueva por *breves segundos* para que una.
Añada poco a poco la leche tibia y la sal. Ponga el *fuego moderado* y mueva continuamente hasta que hierva y espese a la consistencia deseada.

Puede variar la salsa blanca añadiéndole ramitas de perejil bien picaditas o ½ taza de queso rallado. Esta salsa se usa mucho para acompañar vegetales hervidos, huevos duros, mariscos, etc.

Nota: Si sustituye la harina de trigo por maicena, use la mitad de la cantidad indicada.

SALSA DE QUESO

(Para servir sobre huevos duros, macarrones, papas hervidas y vegetales en general.)

1 onza (2 cucharadas) de mantequilla
4 cucharadas de harina de trigo
2 tazas de leche
½ cucharadita de sal
¼ libra de queso americano

1—Haga la salsa blanca mediana del modo siguiente:
   Derrita a *fuego bajo* la mantequilla.
   Agréguele la harina y la sal.

Agréguele la leche. Ponga el fuego moderado y mueva constantemente hasta que hierva y espese un poco.

2—Corte en pequeños pedacitos el queso. Ponga el fuego moderado, más bien bajo, y agregue el queso. Mueva continuamente hasta que el queso derrita y tome la salsa una consistencia suave y aterciopelada.

3—Sirva la salsa caliente sobre huevos o sobre el vegetal hervido que prefiera.

SALSA DE ESPARRAGOS Y HUEVOS

1 lata de 10½ onzas de sopa de espárragos (*Cream of Asparagus Soup*)
¾ taza de leche
¼ cucharadita de sal
2 cucharadas de queso parmesano rallado
2 huevos duros picaditos
2 lonjas de tocineta frita, picadita

Combine los ingredientes menos la tocineta y póngalos a fuego bajo hasta que el queso derrita. Agregue la tocineta y sirva caliente.

SALSA DE GUISANTES Y SETAS

1 cucharadita de mantequilla
¼ taza de apio (*celery*), finamente picadito
2 cucharadas de cebolla, finamente picadita
¼ taza de setas (*Mushrooms*) picaditas
1 lata de 10½ onzas de sopa de guisantes (*pea soup*)
¾ taza de leche
¼ cucharadita de sal
⅛ cucharadita de polvo de nuez moscada

Derrita la mantequilla. Agregue el apio, la cebolla y las setas y cueza a fuego bajo por 10 minutos.

Agregue la sopa de guisantes diluída con la leche.
Agregue la sal y la nuez moscada.
Mezcle a *fuego moderado* hasta que hierva.
Sirva caliente.

SALSA DE HUEVOS DUROS

A—6 huevos duros, picaditos

B—2 onzas (4 cucharadas) de mantequilla
¼ taza de harina de trigo
1¼ cucharadita de sal
2 tazas de leche
⅛ cucharadita de polvo de nuez moscada

C—¼ taza de pimiento verde, picadito
¼ taza de perejil, picadito

1—Ponga a cocer los huevos duros. Cuando estén fríos, córtelos en pedacitos pequeños.

2—Prepare la salsa combinando en una cacerola la mantequilla y la harina de trigo. Mezcle y agregue la sal, la leche y el polvo de nuez moscada.

3—Cueza *moviéndolo constantemente* hasta que hierva y espese un poco.

4—Agregue los huevos duros, el pimiento y el perejil picaditos. Déjelos dar un hervor y retire la salsa del fuego. Sirva caliente.

SALSA DE JAMON Y TOCINETA

A—2 cucharadas de aceite de oliva
1 grano de ajo, bien picadito
1 cebolla mediana, picadita

B—¾ taza de jamón hervido, picadito
1 lata de sopa de tomate (*Cream of Tomato Soup*)
1 cucharadita de azúcar

C—2 lonjas de tocineta frita, picaditas

1—Caliente el aceite y dore el ajo y la cebolla a fuego bajo por 15 minutos.

2—Agregue el resto de los ingredientes incluídos en B y cueza a fuego bajo por 10 minutos.

3—Agregue la tocineta frita y picadita y sirva caliente.

SALSA DE TOMATE CON HUEVOS

A—1 cucharada de mantequilla derretida
  ½ cucharada de cebolla, finamente picadita
  1 cucharada de apio (*celery*), finamente picadito
  ¼ pimiento verde, finamente picadito
  ½ ajo, finamente picadito

B—1 taza de sopa de tomate (*Cream of Tomato Soup*)
  ½ cucharadita de sal
  ⅛ cucharadita de polvo de pimienta
  ⅛ cucharadita de polvo de nuez moscada
  4 huevos duros
  1 cucharada de queso parmesano, rallado

1—Derrita la mantequilla. Agregue el resto de los ingredientes incluídos en A y cueza a fuego bajo por 15 minutos.

2—Agregue los ingredientes incluídos en B y cueza a fuego moderado hasta que hierva.

3—Sirva caliente sobre vegetales hervidos.

SALSAS PARA PESCADO Y MARISCOS

SALSA TARTARA

A—1 cucharadita de cebolla bien picada
  2 cucharaditas de pepinillos dulces (*pickles*) bien picados
  1 cucharadita de aceitunas bien picadas
  1 cucharada de perejil bien picado

B—¾ taza de mayonesa | C—1 cucharada de vinagre

1–Combine los ingredientes incluídos en A.

2–Añádalos a la mayonesa.

3–Añada el vinagre y mezcle bien.

SALSA HOLANDESA

(6 raciones)

1 cucharadita de maicena	2 cucharaditas de jugo de limón
3 cucharadas de leche	⅛ cucharadita de sal
2 yemas de huevo	⅛ cucharadita de polvo de
11 cucharadas de mantequilla	pimienta

1–Mezcle la maicena y la leche. Añádale las yemas de huevo y 2 *cucharadas* de la mantequilla y hierva la mezcla durante 3 ó 4 minutos, moviendo continuamente.

2–Separe del fuego y agregue poco a poco el resto de la mantequilla, moviendo constantemente. (Si la salsa se espesa demasiado, añádale un poco más de leche.)

3–Agréguele el jugo de limón, la sal y la pimienta, mezcle bien y sirva caliente acompañando pescado a la minuta.

SALSA VINAGRETA

4 huevos duros picaditos	1 cebolla mediana picadita
½ taza de aceite de oliva	1 pimiento verde, fresco,
⅓ taza de vinagre	picadito
1 cucharadita de sal	1 rama de perejil picadita

1–Combine los ingredientes y métalos a la nevera para servirse bien frío.

SALSAS PARA CARNES Y AVES

SALSA O "GRAVY" para SERVIR CON CARNES O AVES HORNEADAS

La salsa o "gravy" para servir con carnes o aves horneadas se prepara usando la grasa y el líquido que rinden éstas al hornearse y combinándolo con un poco de harina de trigo para que espese la salsa.

Cantidades requeridas:

3 tazas de líquido	¼ taza de harina de trigo
¼ taza de grasa	

Cómo obtener la grasa y el líquido:

1—Sobre un recipiente de cristal, escurra el molde que usó para hornear.

2—Si el líquido escurrido tuviere grasa, notará que en breves segundos ésta se viene hacia la parte de arriba del recipiente, separándose del resto del líquido.

3—Cuidadosamente saque esta grasa usando una cuchara. Mida ¼ taza de esta grasa y si le sobra más grasa, métala en la nevera para ser usada en otra ocasión.

4—En algunos casos lo horneado le rinde muy poca o ninguna grasa. En estos casos use mantequilla para completar o substituir el ¼ taza de grasa requerida.

5—Mida el líquido restante después de haberle sacado la grasa. Si le falta líquido para completar la medida de las 3 tazas requeridas complete con agua.

(En casos en que lo horneado no le rinda grasa ni líquido en absoluto, proceda a hacer la receta de Salsa (*Gravy*) de Emergencia que aparece en la página 297.)

Cómo preparar la salsa o "gravy":

1—Vierta las 3 tazas de líquido sobre el molde en el cual horneó la carne o el ave.

Coloque el molde a *fuego alto* para que el líquido hierva y limpie el molde absorbiendo de este modo todo el gusto de la carne o ave que horneó allí.

Después que haya hervido, pase el líquido a un recipiente que sea más manuable.

2—Combine en una cacerola el ¼ taza de grasa con el ¼ taza de harina de trigo. Mezcle bien y póngala a *fuego bajo* por *breves segundos*.

3—Ponga el *fuego moderado* y agregue poco a poco el líquido caliente.

Continue moviendo continuamente hasta que hierva y espese un poco. Pruébelo y si fuere necesario, sazónelo de sal.

4—Retírelo del fuego, cuélelo y sírvalo caliente.

SALSA O "GRAVY" DE EMERGENCIA

(Acompaña carnes o aves horneadas que no le hayan rendido grasa ni líquido.)

½ ajo grande
2 onzas (4 cucharadas) de mantequilla
2 cucharadas de harina de trigo
1½ taza de "Consommé" o de "Bouillon" de lata o de Caldo Básico

1—Machaque el ajo y páselo por el fondo de una cacerola. Retire el ajo de la cacerola.

2—Coloque en esta cacerola la mantequilla y derrítala a fuego bajo.

3—Agregue la harina de trigo y mueva hasta unirla.

4—Aparte caliente el Consommé, Bouillon o caldo básico.

5—Agréguelo poco a poco a la mezcla de harina y mantequilla y mueva continuamente a fuego moderado hasta que hierva y espese un poco.

6—Retírelo del fuego, cuélelo y sírvalo caliente.

Nota: Puede variar la salsa agregándole salsa inglesa, vino, pimienta, etc., etc.

SALSA DE MENUDILLOS

(3 tazas de salsa)

El hígado, el corazón y la molleja de un pollo.

3½ tazas de agua
¾ cucharadita de sal
⅛ cucharadita de polvo de pimienta
¼ taza de grasa en la que se cueza el pollo o si no, ¼ libra de mantequilla
¼ taza de harina de trigo

1—Lave y limpie el hígado, el corazón y la molleja. Quite la membrana que cubre la molleja.

2—Combine el corazón y la molleja con las 3½ tazas de agua, la sal y el polvo de pimienta. Tápelos y cuézalos a *fuego bajo* por *20 minutos.*

3—Añada el hígado y cueza por *20 minutos* más.

4—Retírelo del fuego, escúrralo y reserve **3 tazas** del caldo.

5—Corte el hígado bien menudito.

6—Derrita la grasa, agregue la harina y mezcle a *fuego bajo,* moviéndo **constantemente.**

7—Añada el caldo y mueva **constantemente**, a *fuego moderado,* por *5 minutos.*

8—Añada el hígado, el corazón y la molleja picaditos. Muévalo hasta que hierva.

SALSA DE PASAS

(Para servir sobre fiambres)

1 taza de pasas, sin semillas
2 tazas de agua
10 clavos de especie
1½ taza de azúcar negra
2 cucharaditas de maicena
½ cucharadita de sal
2 cucharadas (1 onza) de mantequilla
1 cucharada de vinagre

1—Cubra las pasas con el agua. Añada los clavos y cueza a *fuego moderado* por *10 minutos.*

2—Combine el azúcar, la maicena y la sal y agréguelos. Muévalo hasta espesar un poco por alrededor de *10 minutos.*

3—Agregue la mantequilla y el vinagre.

4—Ponga a hervir a *fuego alto* hasta que la almibar espese a su gusto. (Termómetro de Dulce − *220°F.*). Retire del fuego, deje enfriar y coloque en la nevera.

SALSAS PARA MANTECADOS Y OTROS POSTRES

SALSA DE MANTEQUILLA

A—¼ taza de mantequilla
    1 taza de azúcar negra
    2 yemas de huevo
    ½ taza de crema

B—¼ cucharadita de vainilla
    2 claras de huevo
    ⅛ cucharadita de sal

1—Ponga cremosa la mantequilla y el azúcar.

2—Agregue el resto de los ingredientes incluídos en A y cueza por *45 minutos*, o lo necesario hasta espesar. Retire del fuego y agregue la vainilla.

3—Bata las claras con la sal y agréguelas a la mezcla "envolviéndolas".

4—Sirva la salsa fría sobre mantecado.

SALSA PARA BUDINES

⅓ taza de mantequilla
1 taza de azúcar pulverizada
¾ cucharadita de vainilla
1 cucharada de crema

1—Ponga cremosa la mantequilla.

2—Agregue *poco a poco* el azúcar y mezcle hasta que esté bien esponjosa y suave.

3—Agregue la vainilla y la crema.

4—Métala en la nevera para servirla helada.

SALSA DE CARAMELO

1 taza de azúcar
½ taza de agua hirviendo
2 cucharadas de crema
¼ cucharadita de vainilla

1—Derrita el azúcar a *fuego bajo* moviéndola hasta que tome un bonito color dorado claro.

2—Agregue el agua hirviendo y mueva poco a poco, hasta que derrita el azúcar en el agua.

3—Retire del fuego, agregue la crema y la vainilla.

4—Espere que enfríe y sirva sobre mantecado.

SALSA DE MARSHMALLOW

La cáscara de 1 limón verde, fresco
1 taza de azúcar
½ taza de agua
2 claras de huevo
18 *marshmallows*

1—Combine la cáscara de limón con el agua y el azúcar. Póngalo a hervir por 5 *minutos*. Saque la cáscara.

2—Corte 16 *marshmallows* en pequeños pedacitos y agréguelos al sirop caliente. Mueva y mezcle hasta disolverlos.

3—Bata bien las claras y agréguele lentamente el sirop.

4—Corte dos *marshmallows* en pedacitos y agréguelos al sirop en el momento de servirlo. Sirva frío sobre mantecado de chocolate.

SALSA DE CHOCOLATE
(*Hot Fudge Sauce*)

2 onzas de chocolate soso
½ taza de leche
¼ cucharadita de sal
2 tazas de azúcar

1 cucharada de mantequilla
(½ onza)
1 cucharadita de vainilla

1—Ralle el chocolate.

2—Combine en una cacerola pequeña el chocolate rallado, la sal y la leche.

3—Colóquela a *fuego alto* y mueva constantemente en lo que derrite el chocolate y espesa un poco, lo cual tardará alrededor de 5 minutos.

4—Agregue el azúcar toda de una vez, y continúe moviendo continuamente hasta que todo hierva lo cual tardará alrededor de 5 minutos.

5—Agregue la mantequilla y la vainilla. Mueva solamente hasta que todo una. Retire la cacerola del fuego y colóquela dentro de otra cacerola que tenga agua caliente. Déjela allí hasta el momento de servirla.

6—Sirva sobre mantecado.

Nota: En caso que tarde en servirse puede calentarlo de nuevo al fuego.

SALSA DE VINO TINTO

⅓ taza de mantequilla
1¼ taza de azúcar pulverizada
3 claras de huevo
⅔ taza de vino tinto
⅔ taza de agua hirviendo
¼ cucharadita de ralladura de limón verde, fresco
½ cucharadita de nuez moscada

1—Ponga cremosa la mantequilla con el azúcar.

2—Bata las claras a punto de nieve y agréguelas "envolviéndolas".

3—Minutos antes de servir agregue el vino, el agua hirviendo, la ralladura de limón y el polvo de nuez moscada.

4—Caliente y bata para servir bien espumoso.

> ## SALSA AJI-LI-MOJILI

A—2 granos grandes de ajo
3 ajíes dulces, sin semillas $\quad\vert\quad$ 2 granos de pimienta

B—¼ taza de aceite de oliva $\quad\vert\quad$ 2 cucharadas de vinagre
2 cucharadas de jugo de limón verde, fresco
1 cucharadita de sal

1—Muela en el mortero los ingredientes incluídos en A. Agregue los ingredientes incluídos en B y mezcle. (Esta salsa es apropiada para servir con lechón asado, jueyes y mariscos.)

> ## APERITIVOS EN AJI-LI-MOJILI

GUINEOS VERDES EN SALSA AJI-LI-MOJILI

8 a 10 guineos verdes

1—Corte las puntas a los guineos y déles dos cortes **a lo largo,** a **cada lado,** que solamente divida la cáscara. **No los monde.** Colóquelos en una olla que tenga agua hirviendo que los cubra. Hierva **lentamente** por *15 minutos, tapados.* Escúrralos y móndelos.

2—Aparte ha puesto a hervir 8 tazas de agua con 2 cucharadas de sal. Añada al agua hirviendo los guineos mondados y *tape.* Hierva **lentamente** por *10 minutos.* Añádale 1 taza de agua y hierva por *5 minutos* más. Escurra y deje enfriar.

3—Córtelos en rueditas de un poco menos de *1 pulgada.* Póngalos en recipiente de porcelana ó cristal y viértales encima la salsa *Aji-li-mójili.* **Ocasionalmente** voltéelos para que se marinen bien. Sírvalos, cogiéndolos con palillos de coctel. (Es preferible prepararlos con horas de anticipación y no debe meterlos a la nevera, pues se endurecen mucho.)

LERENES EN SALSA AJI-LI-MOJILI

1—Siga la receta de lerenes en la página 200. Móndelos, déjelos enfriar y sirva, acompañados por la salsa *Aji-li-mójili.*

CAPITULO XIV *Cereales*

$\mathscr{C}$ereales

ARROZ BLANCO

(6 raciones)

1 libra (2 tazas) de arroz	4 cucharadas de aceite vegetal ó
3 tazas de agua	½ cuarta (2 onzas), manteca,
2 cucharaditas de sal	de mantequilla u oleo

1—Combine el agua, sal y grasa en un caldero y póngalo a *fuego mediano-alto* para que hierva.

2—Escoja el arroz, colóquelo sobre un colador grande y lávelo directamente bajo el agua, hasta que salga limpia.

3—Tan pronto el agua que combinó con la sal y la grasa comience a hervir, agréguele el arroz bien escurrido. Muévalo **una sola vez** para que combine agua y grano.

4—Déjelo a *fuego moderado, sin taparlo ni moverlo,* hasta que seque.

5—Tan pronto seque, ponga el *fuego bajo,* cambie de posición el arroz, haciendo que el que estaba abajo quede arriba. (Esto se hace introduciendo un tenedor ancho por los lados del caldero y sacando el arroz para voltearlo.)

6—*Tápelo* y déjelo cocer a *fuego bajo* alrededor de *20 a 30 minutos.* (A la mitad del tiempo, muévalo en la forma arriba indicada.) Sírvalo inmediatamente.

Nota: Si usa arroz de **grano largo,** use **4 tazas** de agua. Es muy importante mover el arroz en la forma arriba descrita y no con más frecuencia de la indicada. Así evitará que le quede amogollado. Si usa arroz de **grano corto,** debe lavarlo **muy bien.**

ARROZ GUISADO BASICO

(6 raciones)

SOFRITO:

A—1 onza de tocino, lavado y cortado en tajaditas que queden unidas por abajo

2 onzas de jamón, lavado y picadito

B—1 pimiento verde, mediano, sin semillas ⎫
   1 cebolla mediana
   2 ajíes dulces, sin semillas   ⎬ muy bien picadito
   3 hojas de culantro, lavadas   ó molido
   3 ramitas de culantrillo, lavadas
   1 grano de ajo, mondado ⎭

C—3 cucharadas de aceite vegetal ó manteca con achiote
   2 cucharadas de salsa de tomate
   6 aceitunas, rellenas con pimientos morrones
   2 cucharaditas de alcaparras
   2 cucharaditas de sal

Nota: La cantidad de sal puede variar de acuerdo con el ingrediente para preparar el arroz guisado.

D—El ingrediente con el cual vaya a preparar el arroz

E—2¼ tazas de arroz
   2¼ tazas de agua caliente (3¼ tazas, si usa arroz de grano largo)

1—En un caldero dore **rápidamente** a *fuego alto* el tocino y el jamón. Saque el tocino, reduzca el fuego a *bajo* y agregue los ingredientes incluídos en B. Mezcle **ocasionalmente** alrededor de 5 *minutos*.

2—Añada los ingredientes incluídos en C, mezcle y añada el ingrediente en D. Añada el arroz, lavado y escurrido. Sofría por *dos o tres minutos*.

3—Añada el agua caliente. Mezcle todo bien y cueza a *fuego moderado* hasta secar. Voltée el arroz, *tape* y cueza a *fuego bajo* alrededor de 30 *minutos*. A la mitad del tiempo, voltée el arroz.

ARROZ CON POLLO

(8 raciones)

A—**Pollo:**

El pollo puede comprarse entero y limpio, tamaño de 3 libras ó preferiblemente, en presas y limpio, en cuyo caso debe comprar 2½ libras de presas, preferible muslos, caderas y pechugas.

B—**Adobo:**

2 granos de ajos, mondados | 2 granos de pimienta

1 cucharadita de orégano seco
4½ cucharaditas de sal
2 cucharaditas de aceite de oliva
1 cucharadita de vinagre ó jugo de limón

C—Sofrito:
1 cucharada de aceite vegetal ó manteca
1 onza de tocino
2 onzas de jamón de cocinar
1 cebolla ⎫
1 pimiento verde   picadillo ó 2 cucharadas
1 tomate   de *Sofrito,*
3 ajíes dulces   páginas 338 ó 339
3 hojas de culantro
3 ramitas de culantrillo ⎭
½ cucharadita de sal
10 aceitunas rellenas
1 cucharada de alcaparras
2 cucharadas de aceite vegetal ó manteca con achiote
¼ taza de salsa de tomate

D—3 tazas de arroz
2½ tazas de agua (incluye el líquido de los guisantes)
Nota: Si usa arroz de grano largo (**Long Grain**) aumente 1 taza de agua.

E—1 lata de 1 libra de guisantes (*Petit-Pois*)

F—1 lata de 4 onzas de pimientos morrones

1—Ponga el pollo en presas. *No le quite el pellejo.* Lave bien el pollo y escúrralo.
2—Muela en el mortero los ingredientes incluídos en *B* y adobe el pollo.
3—Caliente en un caldero grande el aceite o manteca. Dore *rápidamente* el tocino y el jamón de cocinar, previamente picadito.
4—Agregue las presas de pollo y sofríalas a *fuego moderado.*
5—Agregue los ingredientes incluídos en el picadillo y sofría. Añada la sal.

6—Muévalo ocasionalmente en lo que se amortigua la cebolla.

7—Mientras la cebolla se está amortiguando, aparte abra la lata de guisantes (*Petit-Pois*). Escúrrala y mida el líquido escurrido. Complete con agua hasta medir 2½ tazas de líquido. Ponga a calentar este líquido. Reserve los guisantes escurridos para agregarlos más tarde al arroz.

8—Después que la cebolla esté amortiguada añada las aceitunas, las alcaparras, el aceite vegetal ó la manteca con achiote y la salsa de tomate. Mézclelo todo bien.

9—Aparte, coloque las 3 tazas de arroz sobre un colador grande y lávelo directamente bajo el agua, hasta que salga limpia. Escúrralo bien y agréguelo al caldero. Mézclelo bien y sofría por *2 ó 3 minutos*.

10—Agregue el líquido caliente y mezcle todo bien.

11—Ponga el *fuego moderado* y deje hervir con el caldero *sin tapar* y sin mover el arroz en lo que seca.

12—Tan pronto seque *baje el fuego* y cambie de posición el arroz, haciendo que el que estaba abajo quede arriba. (Esto se hace introduciendo un tenedor de cocinar por los lados del caldero y volteando el arroz, evitando moverlo mucho.)

13—*Tape* el caldero y cueza alrededor de *40 minutos*. Durante este tiempo cambie de posición el arroz una vez más únicamente.

14—Destape el caldero, agregue los guisantes (*Petit-Pois*) escurridos y mézclelos con el arroz.

15—*Tape* de nuevo el caldero y cueza por *15 minutos* más.

16—Sirva el arroz inmediatamente en una fuente rodeado de las presas de pollo y adórnelo con pimientos morrones calientes y bien escurridos.

ARROZ CON MANTEQUILLA Y VEGETALES

1 lata de 1 libra de zanahorias en cuadritos
1 lata de 1 libra 1 onza de guisantes (*Petit-Pois*)
3 tazas de líquido
2 cucharaditas de sal
2 onzas (4 cucharadas) de mantequilla u oleomargarina
2 tazas de arroz

1—Escurra las latas y combine el líquido con agua hasta medir 3 tazas. Viértalo en un caldero, con la sal y la mantequilla. Póngalo a *fuego alto* hasta que hierva. Tan pronto hierva, lave y escurra el arroz. Agréguelo, moviéndolo **una vez** bien, para que todo una. Déjelo a *fuego moderado* y *sin tapar* en lo que seca.

2—Agréguele las zanahorias y los guisantes (*Petit-Pois*) y muévalo **una vez** bien, para que todo una. Ponga el *fuego bajo, tápelo* y cueza durante *30 minutos.* En este tiempo voltéelo **una** sola vez.

ARROZ APASTELADO
(8 raciones)

A—1 libra de carne de cerdo, sin la grasa, lavada y cortada en pedacitos
1 litro (4 tazas) de agua
1 cebolla, partida en dos
1½ cucharadita de sal
1 hueso de jamón de cocinar

B—1 cucharada de manteca ó aceite vegetal
¼ libra de jamón de cocinar, lavado y cortado en pedacitos
1 tomate
1 cebolla
1 grano grande de ajo
3 ajíes dulces, sin semillas
1 pimiento verde, sin semillas
6 hojas de culantro, lavadas
} picado ó molido

C—8 aceitunas, rellenas con pimientos morrones
1 cucharadita de alcaparras
1 cucharadita de orégano seco
¼ taza de salsa de tomate
3 cucharadas de manteca ó aceite vegetal con achiote

D—2½ tazas de arroz

E—1 lata de 1 libra 4 onzas de garbanzos
2 cucharadas de pasas, sin semillas
¼ taza de jugo de **naranja agria**
3½ cucharaditas de sal

F—1 hoja de plátano

1—En una olla, combine los ingredientes incluídos en A y hierva, *destapado*, por *30 minutos*. Cuele y **reserve** el líquido. Descarte el hueso de jamón y la cebolla. **Reserve** la carne.

2—En un caldero de 11 pulgadas, caliente la grasa incluída en B y dore a *fuego alto* el jamón de cocinar. Ponga el *fuego bajo*, añada el resto de los ingredientes incluídos en B y la **carne reservada**. Sofría alrededor de *10 minutos*, moviéndolo **ocasionalmente**.

3—Añada los ingredientes incluídos en C y mezcle.

4—Lave el arroz, escurra, agregue y mezcle, a *fuego moderado*, por *2 minutos*.

5—Agregue el contenido de la lata de garbanzos, incluyendo el líquido, y mezcle.

6—Agregue el líquido caliente reservado, mezcle y hierva, *destapado*, a *fuego moderado*, hasta que seque.

7—Voltée el arroz y ponga el *fuego bajo*. Cubra con pedazos de la hoja de plátano, lavados y escurridos. Coloque la tapa del caldero encima y cueza por *30 minutos*. (A la mitad del tiempo, voltée el arroz.)

ARROZ APASTELADO CON PERNIL

Receta usando el hueso y los pedacitos de carne que sobren de un pernil hecho al horno.

1—Separe la carne del hueso del pernil.

2—Ponga a hervir a *fuego alto* el *hueso* del pernil en 1 litro de agua con 1 cucharada de sal durante *15 minutos*. Después saque el hueso y **reserve** el agua.

3—Mientras tanto, vaya preparando el siguiente sofrito en un caldero grande:

Caliente a fuego bajo:
  1 cucharada de manteca ó aceite vegetal

Agréguele:
  1 onza de tocino, lavado y cortado en pedacitos, que
    queden unidos abajo
  2 onzas de jamón de cocinar, lavado y cortado en pedacitos.
    Fríalos hasta dorar el jamón.

Agréguele:
  2 granos de ajo
  1 tomate, cortado en 4
  1 pimiento verde, sin semillas, cortado en 8
  3 ajíes dulces, sin semillas, cortados en 2
  6 hojas de culantro, lavadas
  1 ramita de culantrillo
  6 aceitunas, rellenas con pimientos morrones
  1 cucharadita de alcaparras
  1 cebolla, lavada y cortada en ruedas
  1 cucharadita de orégano seco

4—A *fuego bajo,* muévalo todo de cuando en cuando, hasta que
  se amortigue la cebolla. Agréguele los pedacitos de carne que
  separó del pernil.

5—Agregue y mueva **ocasionalmente** por 5 *minutos:*
  3 cucharadas de salsa de tomate
  2 cucharadas de aceite vegetal ó manteca con achiote

6—Coloque 1½ taza de arroz sobre un colador grande y lávelo
  directamente bajo el agua, hasta que salga limpia. Escúrralo
  bien y agréguelo, mezclando con el sofrito.

7—Agregue el agua que reservó y en la cual había hervido el
  hueso del pernil. Mézclelo para que una el agua, el arroz y el
  sofrito. Ponga el *fuego moderado* y déjelo *sin tapar* y **sin
  mover** en lo que seca.

8—Cuando seque, voltée el arroz **una vez,** ponga el *fuego bajo,*
  tápelo y déjelo cocer durante *30 minutos.* (Si posible, use
  hoja de plátano para taparlo.) Durante éste intérvalo, voltée
  el arroz **una vez.**

ARROZ CON COSTILLITAS DE CERDO

A—2 onzas de tocino
   2 onzas de jamón de cocinar
   1½ libras de costillitas de cerdo, partidas en dos

B—1 cebolla
   1 tomate
   2 ajíes dulces, sin semillas
   1 pimiento verde, sin semillas
   } picaditos

C—1 cucharada de manteca ó aceite vegetal con achiote
   1 cucharada de alcaparras
   8 aceitunas rellenas con pimientos morrones
   1 cucharadita de orégano seco, desbaratado
   ½ taza de salsa de tomate

D—1 lata (1 libra 4 onzas) de garbanzos

E—2½ tazas de arroz
   2½ tazas de agua caliente
   1 cucharada de sal

1—En un caldero grande, ponga a dorar a *fuego alto* el jamón de cocinar y el tocino, ambos picaditos.

2—Lave bien y seque las costillitas de cerdo. Añada al caldero y sofría a *fuego moderado*, hasta que suelten gran parte de su grasa. Escurra un poco de la grasa.

3—Agregue los ingredientes incluídos en B y sofría, a *fuego bajo*, alrededor de *10 minutos*, moviendo **ocasionalmente**.

4—Añada los ingredientes incluídos en C y mezcle. *Tape* y cueza a *fuego moderado* por *1 hora*.

5—Añada la lata de garbanzos, **incluyendo** el líquido en que vienen, y cueza a *fuego alto* hasta hervir. Reduzca el fuego a *moderado* y cueza, *tapado*, por *15 minutos*.

6—Lave bien el arroz y mezcle. Añada el resto de los ingredientes incluídos en E. Ponga el *fuego alto* hasta hervir. Reduzca el fuego a *moderado* y cueza, *destapado*, hasta que seque.

7—Tan pronto seque, ponga el *fuego bajo*, cambie el arroz de posición, *tápelo*, y déjelo cocer por *30 minutos* más.

ARROZ CON JUEYES

A—8 jueyes hervidos (Vea receta en la página 163)
Los carapachos de los jueyes

B—2 cucharadas de manteca ó aceite vegetal
1 onza de tocino
2 onzas de jamón de cocinar } picaditos

C—1 tomate
1 cebolla
3 ajíes dulce, sin semillas
6 hojas de culantro, lavadas
1 pimiento verde, sin semillas
1 ramita de culantrillo, lavada
6 aceitunas, rellenas con pimientos morrones
1 cucharadita de alcaparras
2 cucharadas de sal

} picados

D—2 cucharadas de manteca ó aceite vegetal con achiote
¼ taza de salsa de tomate

E—3 tazas de arroz

F—5 tazas de agua caliente

1—Tenga listo el tazón con la carne y el resto del contenido de
los jueyes que reservó al hacer los jueyes hervidos.

2—Enjuague los carapachos en 5 tazas de agua caliente. **Reserve**
el agua y los carapachos para ser agregados al arroz.

3—En un caldero grande, coloque los ingredientes incluídos en
B y déjelos dorar a *fuego alto*. Agregue los ingredientes incluídos en C y sofríalos a *fuego bajo*. Agregue los ingredientes
incluídos en D y mezcle bien.

4—Lave y escurra bien 3 tazas de arroz y agréguelo al caldero.
Mezcle y cueza a *fuego moderado* por *5 minutos*.

5—Agregue al caldero la carne y el resto del contenido de los
jueyes y mezcle.

6—Agregue las 5 tazas de agua caliente en que se enjuagaron los carapachos. Mezcle todo bien y póngalo a cocer, *destapado*, a *fuego moderado*, hasta que el arroz seque.

7—Voltée el arroz. Ponga el *fuego bajo, tape*, y cueza alrededor de *30 minutos*. (A la mitad del tiempo, voltée el arroz y agregue algunos carapachos.)

ARROZ CON GANDULES

A—1 libra de gandules, frescos, escogidos y limpios
   2 litros (8 tazas) de agua | 4 cucharaditas de sal

B—½ onza de tocino
   1 onza de jamón de cocinar
   1 cebolla, mediana, mondada
   1 ají dulce, sin semillas
   1 pimiento verde, sin semillas } picaditos
   1 tomate, mediano
   3 hojas de culantro, lavadas
   3 ramitas de culantrillo, lavadas

C—3 cucharadas de aceite vegetal ó manteca con achiote
   3 aceitunas rellenas | ¼ taza de salsa de tomate
   ½ cucharadita de alcaparras |

D—2¼ tazas de arroz
   3 tazas de agua (en que hirvieron los gandules)

1—Enjuague bien los gandules y escúrralos. Combínelos con los 2 litros (8 tazas) de agua y póngalos a *fuego alto*. Cuando hierva, *tape* y cueza por *30 minutos*. Agregue la sal y cueza *15 minutos* más. Escurra y **reserve** 3 tazas del líquido.

2—Mientras tanto, en un caldero, dore el tocino y el jamón. Añada el resto de los ingredientes incluídos en *B* y sofría a *fuego bajo*. Añada los ingredientes incluídos en *C* y mezcle. Lave bien el arroz, escurra y añada, mezclándolo bien. Agregue los gandules al arroz y sofría por *unos minutos*.

3–Añada las 3 tazas de líquido que reservó y cueza a *fuego moderado* hasta que seque. Voltée el arroz. Tape el caldero y cueza *30 minutos a fuego bajo.* A mitad del tiempo voltée el arroz.

ARROZ CON GARBANZOS

Proceda como con la receta de Arroz con Gandules, *página 314,* pero remoje los garbanzos la **noche anterior** en 2 litros de agua y 2 cucharadas de sal. Siga el resto de la receta, comenzando desde la Instrucción 1. Después que agregue la sal, hierva por *45 minutos* y al final, cueza, *tapado,* por *45 minutos.*

PAELLA
(12 raciones)

A–2 libras de presas de pollo
2 cucharaditas de sal
1 cucharadita de jugo de limón verde, fresco

B–3 latas (4¼ onzas cada una) de mejillones (*Mussels*)
2 latas (4¼ onzas cada una) de berberechos (*Cockles*)
2 latas (10 onzas cada una) de almejas (*Clams*)
3 litros (12 tazas) de agua (*incluyendo el líquido escurrido de las latas incluídas en B*)
3 cucharadas de sal
2 libras de colas de camarones congelados, de tamaño *mediano,* con su carapacho

C–1 taza de aceite de oliva
2 granos de ajo, grandes, mondados y machacados
3 latas (5 onzas cada una) de chorizos, cortados en pedazos

D–2 cebollas, mondadas
2 pimientos verdes, sin semillas
2 tomates
6 granos de ajo, grandes, mondados
} muy bien picaditos

E—1/16 onza (½ cucharadita) de azafrán (*Saffron*)
2 cucharadas de pimentón (*Paprika*)
½ libra de habichuelas tiernas, sin fibras y cortadas en pedazos de ½ pulgada

F—4 tazas de arroz de grano largo (*Long Grain*)

G—1 libra de colas de langosta, sin carapacho, congeladas
1 caja (10 onzas) de guisantes (*Green Peas*) congelados
1 caja (10 onzas) de alcachofas (*Artichoke Hearts*) congeladas

H—2 limones verdes, frescos

I—1 lata (7 onzas) de pimientos morrones
1 lata (10½ onzas) de punta de espárragos (*Asparagus Tips*)

1—Divida cada presa de pollo en dos, lávelas, séquelas y adóbelas con la sal y el jugo de limón incluídos en A.

2—Escurra las latas incluídas en B. **Reserve** el contenido de las latas y mida el líquido escurrido. Complete con agua hasta medir 3 litros (12 tazas) de líquido.

3—Vierta este líquido en una olla. Agréguele la sal incluída en B, y ponga a *fuego alto* hasta hervir. Lave **cuidadosamente** los camarones, añádalos al agua hirviendo, tape y cueza por 5 *minutos* a *fuego bajo*. Escurra la olla, **cuele** el líquido y **resérvelo. Reserve** los camarones.

4—Ponga sobre dos hornillas de la estufa una paellera de 20 *pulgadas*. Viértale el aceite y caliéntelo. Añada los ajos y revuelva hasta que doren bien. Descarte los ajos.

5—Agregue las presas de pollo y los pedazos de chorizos y sofría a *fuego moderado*, moviendo **ocasionalmente,** por 10 *minutos*.

6—Añada el picadillo incluído en D, mezcle y sofría a *fuego bajo* por 10 *minutos*, moviendo **ocasionalmente.**

7—En una sartén pequeña, tueste **ligeramente** el azafrán a *fuego moderado*. Tritúrelo, con las palmas de las manos, sobre la paellera. Agregue el pimentón y las habichuelas tiernas.

8—Caliente el líquido que reservó, añádalo a la paellera, mezcle y cueza a *fuego moderado* por 45 *minutos*. (Durante este período de cocción, aproveche para quitar los carapachos a los camarones y removerles la vena que corre a lo largo de los camarones.)

9—Añada el arroz, mezcle y cueza a *fuego moderado* por *30 minutos.*

10—Corte en pedazos de 1½ pulgada la carne de langosta y agréguela junto con los ingredientes incluídos en G. Mezcle y cueza hasta que el arroz seque. (En este proceso, es conveniente sacar cucharadas de las partes màs líquidas y volcarlas en las partes que van secando.)

11—Voltée el arroz, añada los camarones y el contenido de las latas que reservó. Mezcle y cueza a *fuego bajo* por *20 minutos.*

12—Apague las hornillas y deje *reposar* la paellera por *10 minutos.*

13—Riegue encima el jugo de ½ limón verde.

14—Caliente en su jugo los pimientos morrones y los espárragos, escúrralos y decore la paellera, junto con el resto de los limones, cortados en cuatro. Sirva **inmediatamente.**

ASOPAO BASICO

A—1 taza de arroz

B—**Sofrito:**
   1 cucharada de aceite vegetal ó manteca
   2 onzas de jamón de cocinar
   1 onza de tocino
   1 cebolla, mondada
   1 pimiento verde, sin semillas ⎫
   3 ajíes dulces, sin semillas ⎪
   3 hojas de culantro   ⎬ molido ó picado ó
   3 ramitas de culantrillo ⎪ 2 cucharadas de *Sofrito,*
   2 granos de ajo   ⎪ *páginas 338 ó 339.*
   ½ cucharadita de orégano, seco ⎭
   2 cucharadas de aceite vegetal ó manteca con achiote

C—1 tomate, cortado en pedacitos
   1½ cucharadita de alcaparras
   ½ taza de salsa de tomate
   6 aceitunas rellenas con pimientos morrones
   1 lata (4 onzas) de pimientos morrones (usará la **mitad** de los pimientos morrones, bien picaditos, y la **mitad** del líquido)

D—1 libra del ingrediente que escoja para hacer el *asopao*. (Puede ser fresco, congelado ó enlatado: almejas, butifarras, calamares, camarones, salchichas, granos cocidos y escurridos, granos enlatados y escurridos, etc.)

E—1½ cucharadita de sal (La sal puede variar al usar determinados productos enlatados. Se recomienda usar su discreción para sazonar.)

F—4 tazas de agua, caliente

1—Ponga a remojar el arroz en abundante agua por *1 hora*.

2—En un caldero mediano, ponga a hacer el *Sofrito*, calentando el aceite a *fuego mediano-alto* y poniendo el tocino a que rinda parte de su grasa. Añada el jamón y dórelo. Descarte el tocino. Ponga el *fuego moderado* y agregue los ingredientes molidos o picados. Sofría hasta amortiguar. Añada el aceite vegetal o manteca con achiote y mezcle.

3—Añada los ingredientes incluídos en *C* y mezcle todo bien.

4—Agregue el ingrediente escogido para hacer el *asopao*. Añada la sal, mezcle y al empezar a hervir, *tape*, ponga el *fuego bajo* y cueza por *15 minutos*. Añada el agua caliente y mezcle. Ponga el *fuego alto* hasta que hierva.

5—Escurra bien el arroz, añádalo y mezcle. *Tape*, ponga el *fuego moderado* y cueza por *10 minutos*. Reduzca el fuego a *bajo* y hierva, *tapado*, hasta que el *asopao* tome la consistencia que prefiera. (Algunos lo comen más *asopao* que otros.) Ocasionalmente voltée el arroz para determinar su consistencia. Sirva *inmediatamente*.

ASOPAO DE POLLO

(6–8 raciones)

A—1 pollo entero de 3 libras, limpio

ADOBO:

2 granos grandes de ajo	⅛ cucharadita de pimentón
2 granos de pimienta	(*Paprika*)
1 cucharadita de orégano, seco	1¼ cucharadita de aceite de oliva
2½ cucharaditas de sal	½ cucharadita de vinagre

B—2½ tazas de arroz

C—9 tazas de agua | 1 cucharada de sal

D—SOFRITO:
   3 cucharadas de aceite de oliva | 1 onza de tocino
   2 onzas de jamón de cocinar, picado |
   1 pimiento verde, sin semillas ⎫
   3 ajíes dulces, sin semillas   ⎪
   1 cebolla, grande   ⎬ molido ó bien picado
   4 hojas de culantro   ⎪
   4 ramitas de culantrillo   ⎭
   2 cucharadas de aceite vegetal o manteca con achiote

E—1 cucharada de alcaparras | 8 aceitunas, rellenas
   1 tomate, picado | 1 chorizo, cortado en ruedas
   1 lata de 8 onzas de salsa de tomate
   1 lata de 4 onzas de pimientos morrones, incluyendo su líquido
   (*reserve un pimiento para decorar*)

F—1 lata de 1 libra de guisantes (*Petit-Pois*), escurridos
   1 lata de 10½ onzas de punta de espárragos

1—Divida el pollo en presas. Separe los muslos de las caderas y parta la pechuga en dos. Separe el muslito de las alas. Lave bien el pollo y los menudillos. Coloque en un platón los muslos, caderas, pechugas y muslitos de las alas. Coloque en otro platón el carapacho del pollo, el pescuezo, el extremo de las alas y los menudillos. Muela en un mortero los ingredientes del **Adobo** y adobe bien el contenido de cada platón.

2—Ponga a remojar el arroz en abundante agua por *1 hora.*

3—En una olla de 6 cuartillos combine, para hacer un caldo, los ingredientes incluídos en *C*, con el carapacho del pollo, el pescuezo, los menudillos y el extremo de las alas. Ponga el *fuego moderado-alto, tape* y cueza por *15 minutos.* Reduzca el fuego a *moderado* y cueza, *tapado,* por *30 minutos* más.

4—Mientras tanto, en un caldero grande o en una olla, proceda a hacer el **Sofrito** con los ingredientes incluídos en *D* y en *E*. Añada las presas de pollo y sofría, a *fuego moderado,* hasta que hierva. *Tape* y cueza a *fuego moderado* por *30 minutos.*

5—Cuando el caldo esté listo, cuélelo y añádalo al caldero u olla donde se cuece el pollo. Separe la carne del carapacho y las alas y junto con los menudillos, agréguelo al recipiente. **Descarte** los huesos.

6—Mezcle todo y cueza a *fuego mediano-alto* hasta que hierva.

7—Escurra **bien** el arroz, mezcle y *tape.* Cueza a *fuego moderado* hasta que comienze a hervir. Reduzca el fuego a *bajo,* agregue los guisantes y siga cociendo, *tapado.* Ocasionalmente voltée el arroz para determinar su consistencia. Cueza hasta obtener la que prefiera, pues unos lo comen más *asopao* que otros.

8—Sirva **inmediatamente** en fuente honda y decore con el pimiento morrón que reservó y con los espárragos calientes.

PAELLITA

(6 raciones)

A—1 libra de muslos y caderas pequeñas de pollo

ADOBO:

Muela en un mortero:

1 grano de ajo	¾ cucharadita de aceite
1 grano de pimienta	de oliva
½ cucharadita de orégano, seco	¼ cucharadita de vinagre
1 cucharadita de sal	ó jugo de limón, fresco

B—½ taza de aceite de oliva
 2 granos de ajo ⎫
 1 cebolla   ⎬ bien picaditos
 1 tomate   ⎭

C—½ sobrecito de azafrán

D—1 cucharada de pimentón (*Paprika*) | 1 cucharada de sal
 5 tazas de agua, caliente

E—2 tazas de agua, caliente
 2 tazas de arroz, de grano largo (*Long-Grain*)

F—1 libra de colas de camarones, con su carapacho
 ½ paquete de 10 onzas de guisantes, congelados (*Sweet Green Peas*)

G—1 lata de 4 onzas de pimientos morrones
1 lata de 10½ onzas de puntas de espárragos
1 limón, verde

1—Separe los muslos de las caderas. Lave, escurra y adobe las presas de pollo. (Si posible, con anticipación)

2—En una *paellera* de 14 a 15 pulgadas de diámetro, medida de borde a borde, sin incluír las asas (podría usar una sartén de 12 pulgadas, de borde a borde), ponga a calentar el aceite a *fuego mediano-alto.* Tan pronto comienze a *humear,* reduzca el fuego a *moderado* y agregue el picadillo de ajo, cebolla y tomate. Amortigue la cebolla. Añada el pollo y sofría.

3—Mientras el pollo se sofríe, ponga el azafrán en una sartén pequeña a *fuego moderado* para que se tueste, *sin quemarse.* Tan pronto esté tostadito, póngalo en la palma de la mano y tritúrelo sobre el pollo.

4—Agregue los ingredientes incluídos en *D,* mezcle y cueza a *fuego mediano-alto, destapado, por 30 minutos.*

5—Añada a la *paellera* 2 tazas de agua caliente y mezcle. Agregue 2 tazas de arroz, mezcle y hierva por *5 minutos.*

6—Lave bien los camarones (con su carapacho) y distribúyalos por la *paellera.* Distribuya los guisantes también.

7—Cueza *destapado* a *fuego mediano-alto* hasta que hierva. Baje a *fuego moderado* y cueza hasta que seque. (En el proceso de secar, es conveniente coger, con una cuchara de cocinar, las partes que tengan más líquido y volcarlas sobre las partes que van secando ó viceversa.) Ponga el *fuego bajo* y cueza por *20 minutos.* Apague la hornilla, pero **no** retire la *paellera* del fuego. Déjela *reposar* por *10 minutos.* Mientras tanto, saque los camarones y quíteles el carapacho. Voltée el arroz y distribúyale los camarones por encima.

8—Decore con los pimientos morrones y las puntas de espárragos, los cuales deberán estar calientes.

9—Divida el limón en 4 porciones. Coloque tres en la *paellera* y riegue el jugo del restante sobre la *paellera* al servirla.

ASOPAO DE GANDULES

(6 raciones)

½ libra de gandules frescos
2½ litros (10 tazas) de agua
1 cucharada de sal
1 taza de arroz
2 tazas de agua
1 cucharada de manteca ó aceite vegetal
1 onza de jamón de cocinar, lavado, escurrido y cortado en pedacitos
½ onza de tocino, lavado y cortado en pedacitos que queden unidos por abajo
1 cebolla mediana, pelada ⎫
1 pimiento verde, fresco ⎪
1 tomate   ⎪
1 hoja de culantro   ⎬ picaditos
1 ramita de culantrillo   ⎪
3 aceitunas, sin semillas ⎪
1 ají dulce   ⎭
½ cucharadita de alcaparras
4 cucharadas de salsa de tomate
2 cucharadas de manteca ó aceite vegetal con achiote

Nota: Entre el tiempo que tardan los gandules en ablandarse, que es **1 hora** (a menos que sean ablandados en olla especial, donde se cuecen en el mínimo de tiempo) y el tiempo que tarda el asopao en hacerse, que es **50 minutos**, debe calcular empezar a cocer el plato con **2 horas** de anticipación a la hora de la comida, de modo que lo coma acabado de hacer, que es como resulta más sabroso. **El asopao se hace todo el tiempo destapado.**

1—Lave los gandules y póngalos a hervir a *fuego alto* en 2½ litros de agua y 1 cucharada de sal. Cuando hiervan, *tápelo* y cueza a *fuego moderado* por *1 hora.*

2—En lo que se cuecen los gandules, vaya midiendo y teniendo listos los otros ingredientes de modo que no pierda tiempo en incorporarlos cuando llegue el momento.

3—Mientras los gandules hierven, aparte ponga 1 taza de arroz a remojar en 2 tazas de agua.

4—Cuando estén listos los gandules, retírelos del fuego y escúrralos, **reservando el líquido escurrido** para agregarlo al asopao más tarde.

5—En un caldero ponga a *fuego alto:*

    1 cucharada de manteca ó aceite vegetal
    1 onza de jamón de cocinar
    ½ onza de tocino

Muévalo **ocasionalmente** en lo que dora algo el jamón.

6—Ponga el *fuego bajo* y agregue:
La cebolla, el pimiento, el tomate, el culantro, el culantrillo, las aceitunas, el ají dulce y las alcaparras.

7—Muévalo **ocasionalmente** durante *10 minutos* en lo que amortigua la cebolla.

8—Agréguele la salsa de tomate, la grasa con achiote y los gandules escurridos. Mueva **ocasionalmente** durante *5 minutos.*

9—Agregue el arroz que estuvo remojándose y que previamente habrá escurrido bien.

10—Muévalo todo para que una bien el arroz con el sofrito.

11—Agregue el agua que escurrió a los gandules y mezcle todo una vez bien.

12—Póngalo a *fuego alto* hasta que hierva. Reduzca el fuego a *moderado* y cueza por *10 minutos.*

13—Muévalo y cueza por *10 minutos* más.

14—Retírelo del fuego y sírvalo inmediatamente.

QUESO RELLENO CON ARROZ CON POLLO

Queso:

1 queso de bola grande *Edam holandés*

1—Corte una tapita cuadrada en la parte de arriba del queso y

cuidadosamente saque el queso con una cucharita, para evitar romper la corteza.

2—Pele el queso por afuera para quitarle toda la parafina roja. Use para pelar el queso, preferiblemente, el cuchillo especial de pelar vegetales.

3—Después de pelado el queso, colóquelo en un recipiente de cristal con agua que lo cubra y déjelo remojar durante la noche, para que ablande.

4—Al próximo día escúrralo bien.

5—Cubra el fondo de un caldero con pedazos de hoja de plátano previamente lavadas y amortiguadas.

6—Coloque el queso sobre las hojas, listo para ser relleno.

Relleno: Arroz con pollo

A—1½ libra de presas de pollo limpio

B—ADOBO:

2 granos de pimienta	3¼ cucharaditas de sal
1 cucharadita de orégano seco	2 cucharaditas de aceite de oliva
1 grano de ajo	1 cucharadita de vinagre

C—SOFRITO:

1 cucharada de aceite vegetal ó manteca	3 hojas de culantro
1 onza de tocino	3 ramitas de culantrillo
1 onza de jamón de cocinar	6 aceitunas, rellenas con pimientos morrones
1 cebolla mediana	1 cucharadita de alcaparras
1 pimiento verde, fresco	2 cucharadas de aceite vegetal con achiote
1 tomate	¼ taza de salsa de tomate
2 ajíes dulce	

D—2¼ tazas de arroz

E—3 tazas de agua

1—Ponga el pollo en presas. **No les quite el pellejo.** Lave el pollo bien y escúrralo.

2—Muela en el mortero los ingredientes incluídos en *B*.

3—Adobe con esto el pollo.

4—Ponga un caldero grande al fuego. Agréguele el aceite, caliéntelo y dore el tocino y el jamón picadito.

5—**Inmediatamente** agregue las presas de pollo y dórelas ligeramente a *fuego mediano-alto*, virándolas de uno y otro lado.

6—Baje el *fuego* a *moderado* y agregue lo siguiente:
La cebolla mondada, lavada y partida en ruedas.
El pimiento verde y los ajíes dulce, lavados, sin semillas y picados.
El tomate, la hoja de culantro y la ramita de culantrillo, lavados y picados.
Las 6 aceitunas y la cucharadita de alcaparras.

7—Muévalo **ocasionalmente** en lo que se amortigua la cebolla.

8—Aparte, ponga a calentar el agua.

9—Después que la cebolla esté amortiguada, añádale el aceite con achiote y la salsa de tomate. Mezcle bien.

10—Aparte, coloque las 2¼ tazas de arroz sobre un colador y lávelo directamente bajo el agua, hasta que salga limpio. Escúrralo bien y agréguelo al caldero.

11—Mezcle bien y agregue el agua que tenía hirviendo.

12—Ponga el *fuego moderado* y déjelo **sin tapar** en lo que seca.

13—Tan pronto seque, muévalo una vez y en tal forma que cambie el grano que estaba abajo para que quede arriba.

14—Ponga el *fuego bajo, tápelo*, y déjelo cocer durante *15 minutos*. (Durante este tiempo muévalo **únicamente una vez** y en la forma arriba indicada.)

15—Retire el caldero del fuego.

16—Saque las presas de pollo del arroz. Quíteles el pellejo y el hueso y corte la carne en pedacitos. Agréguela al caldero y mezcle bien.

17—Rellene el queso con este arroz y coloque el queso relleno sobre las hojas de plátano en el caldero. (El arroz que sobra colóquelo a los lados del queso.)

18—Cubra con hojas de plátano. **Tape** y hornée por *45 minutos* en horno pre-calentado a *350°F.*

19—Sírvalo en el mismo caldero en seguida.

ARROZ CON LECHE "MAMACITA"

Nota: Este arroz con leche es muy sabroso pues no queda seco, sino asopao y cremoso.

1 litro (4 tazas) de agua	1½ cucharadita de
2 cucharaditas de sal	oleomaragarina o manteca
1 taza de arroz grano corto	1 litro (4 tazas) de leche
	½ taza de azúcar

La cáscara de 1 limón verde, fresco

1—En un caldero, ponga a hervir a *fuego alto* el agua con la sal.

2—Coloque el arroz sobre un colador grande y lávelo bien directamente bajo el agua. Tan pronto hierva el agua, agréguele el arroz **bien** escurrido.

3—Añada la grasa y mezcle todo **una vez.** Ponga el *fuego alto* y no lo **tape.** Cuando hierva, ponga el *fuego moderado* en lo que seca. Durante este tiempo **no lo mezcle.**

4—Tan pronto seque, voltée el arroz. Aparte, combine la leche con el azúcar, agregue y mezcle **una sola vez.** Añada la cáscara de limón.

5—Ponga de nuevo el *fuego alto* y tan pronto hierva, ponga el *fuego bajo* y cueza hasta tomar una consistencia cremosa. Mezcle **ocasionalmente** para evitar que se pegue. Al mezclarlo, hágalo en forma que no sea circular, sino de tal modo que cambie la posición del arroz, haciendo que el que antes estaba abajo, quede arriba. Retire del fuego y sirva **inmediatamente.**

ARROZ A LA REGENTA

A—Caldo:

6 tazas de agua

2 granos de ajo

2½ cucharaditas de sal

1 cebolla

2 granos de pimienta

2 libras de presas de pollo

B—Arroz:

1 libra de cebollitas blancas

½ taza de queso parmesano rallado

2½ tazas de arroz de grano corto

3¾ tazas de caldo de pollo

¼ libra de mantequilla

4¾ tazas de caldo, si usa arroz de grano largo

C—Salsa:

¼ libra de mantequilla

2 cucharadas de harina de trigo

⅛ cucharadita de polvo de pimienta blanca

¼ cucharadita de sal

1 taza del caldo de pollo

½ taza de vino blanco

D—2 pimientos morrones │ 1 lata de guisantes (*Petit-Pois*)

1—En una olla, ponga a hervir los ingredientes incluídos en A, exceptuando el pollo. Cuando hierva, agregue el pollo. Al hervir de nuevo, ponga el *fuego moderado* y cueza tapado por *45 minutos*. Escurra y **reserve el caldo.** Aparte, desmenuce el pollo y **resérvelo** también.

2—Pique menudita las cebollas. En un caldero derrita la mantequilla. Añada las cebollas y amortíguelas. Añada el arroz bien lavado y sofríalo. Añada el queso rallado y el caldo de pollo incluído en B. Cueza a *fuego moderado* hasta que seque. Ponga el *fuego bajo, tape* y cueza por *20 minutos*.

3—En una cacerola derrita a *fuego bajo* la mantequilla incluída en C. Agréguele la harina, la sal y el polvo de pimienta. Mueva por *unos segundos* para que una. Añada, **poco a poco,** 1 taza del caldo de pollo y ½ taza de vino. Ponga el *fuego moderado* y mueva **contínuamente** hasta que hierva y espese. Añada el pollo desmenuzado y deje hervir por *unos minutos*.

4—Coloque el arroz, apisonándolo bien, en molde de anillo, tamaño 9½″ x 3½″ x ½″ y vortéelo en fuente redonda y llana. Vierta.

5—Caliente los pimientos morrones, corte en tiras finas y decore el arroz. Caliente los guisantes (*Petit-Pois*), escúrralos y colóquelos alrededor del arroz.

TORTA DE MAIZ TIERNO

(Horno moderado, 375°F. — Molde de cristal para hornear tamaño 8″ x 8″ x 3″)

A—1½ taza de maíz tierno, rallado
¼ libra de mantequilla
1 cucharadita de sal
¾ taza de azúcar
1 cucharadita de vainilla

B—3 huevos
1¼ taza de leche

1—Limpie bien el maíz, quitándole las pajitas. Lávelo, escúrralo y séquelo bien. Rállelo y mida 1½ taza.

2—Derrita la mantequilla y añádala al maíz.

3—Agréguele la sal, el azúcar y la vainilla.

4—Desbarate los huevos, sin batirlos y agréguele la leche *poco a poco.* Mézclelo bien y agréguelo al maíz.

5—Vierta la mezcla sobre un molde engrasado y métalo al horno a una *temperatura moderada* de 375°F. Hornee *destapado* alrededor de *1 hora.*

TAMALES

(Salen 16)

MASA

6 mazorcas bien grandes de maíz u 8 medianas. (Como el tamal se envuelve en la hoja, deben escogerse mazorcas de hoja grande y el grano debe estar medianamente tierno, propio para rallarse.)

1–Pele las mazorcas. (Corte la parte de arriba un poco para permitir que las hojas se desprendan con facilidad.)

2–De cada mazorca sale un promedio de 8 hojas, de las cuales podrá usar las 4 más grandes.

3–Después de peladas las mazorcas, lávelas y proceda a quitarle muy bien las fibras.

4–Ralle las mazorcas una por una, colocando el rallo (guayo) sobre un molde donde vaya cayendo el maíz rallado. (Debe obtener 2½ tazas de maíz rallado.)

5–Combine las 2½ tazas de maíz rallado con:
 1 cucharada de sal
 ¼ taza de leche
 2 onzas (4 cucharadas) mantequilla, derretida previamente al fuego.

6–Mézclelo todo bien.

RELLENO

1–Ponga a cocer 2 huevos duros.

2–Adobe 1 libra de carne de cerdo ó de res molida con el siguiente adobo:
 Muela en el mortero:
  1 grano mediano de ajo
  ½ cucharadita de orégano seco
  2 granos de pimienta
  1 cucharadita de sal
 Agregue sin moler más:
  1½ cucharadita aceite de oliva
  1 cucharadita de vinagre
 Mézclelo bien y adobe con ello la carne.

3–Aparte, combine:
 1 cebolla mediana bien picadita
 ½ pimiento verde, fresco, picadito
 ½ tomate picadito

4–Aparte, en un caldero, ponga a calentar:
 1 cucharada de manteca ó aceite vegetal, si el relleno es
  de carne de res ó
 ½ cucharadita, si el relleno es de carne de cerdo

5—Agréguele la combinación de cebolla, etc., etc.

6—Déjelo a *fuego moderado* moviéndolo **ocasionalmente** en lo que amortigua la cebolla, lo cual tarda alrededor de *5–10 minutos.*

7—Agréguele la carne adobada. Mézclelo todo bien y déjelo dorar a *fuego alto* durante 5 *minutos* moviéndolo **ocasionalmente.**

8—Corte en pedacitos:
>   10 aceitunas rellenas
>   6 ciruelas negras, secas, sin semillas
>   Agréguelo a la mezcla.

9—Agregue 2 cucharadas de pasas, sin semillas.

10—Agregue los huevos duros picaditos.

11—Agregue ¼ taza de salsa de tomate.

12—Agregue 1 cucharada de alcaparras.

13—Agregue 2 cucharadas de manteca ó aceite vegetal con achiote.

14—Ponga el *fuego bajo* y déjelo cocer por 5 *minutos.* Retírelo del fuego.

MODO DE FORMAR LOS TAMALES

1—Coja una hoja grande de maíz y riéguele por dentro 1 cucharadita de manteca ó aceite vegetal con achiote.

2—Colóquele en el centro 1 cucharada colmada de la masa. Extiéndala.

3—Colóquele en el centro de la masa 1 cucharada colmada del relleno. Extiéndala hacia los lados.

4—Envuelva la hoja y póngale otra hoja encima.

5—Amarre ambas puntas y el centro, cruzado.

6—Ponga a hervir 5 litros de agua con 3 cucharadas de sal. Cuando el agua hierva, eche en ésta los tamales. Baje el fuego a *moderado* y déjelos hervir por *1 hora.*

7—Cómalos calientes.

HAYACAS

(Salen alrededor de 40 hayacas.)

Ingredientes:

A—2¼ libra de maíz blanco pilado
8 litros de agua
6 cucharadas de sal

B—2¼ libras de presas de pollo
4 libras de carne de masa de cerdo
2 cabezas de ajo
10 ajíes dulces
1 libra de pimientos verdes, frescos

C—½ libra de manteca ┃ ¼ libra de achiote

D—2 latas de 8 onzas de salsa de tomate ┃ 3 cucharadas de sal

E—2 huevos duros

F—1 libra de jamón de cocinar
¼ libra de tocino
¼ libra de almendras
1 onza de alcaparras
⅔ taza de pasas sin semillas
1 frasco pequeño de aceitunas rellenas
½ libra de cebollas pequeñas
1 lata de 4 onzas de pimientos morrones
F—15 paquetes de hojas de plátano

Preparativos:

1—La noche antes de cocer las hayacas, ponga una olla grande con 8 litros de agua y 6 cucharadas de sal y el maíz blanco pilado. Colóquelo *tapado* a cocer a *fuego alto* por *2 horas.*

2—Después se retira del fuego y se deja el maíz en esa agua hasta el día siguiente.

3—Al día siguiente, notará que el maíz habrá absorbido parcialmente el agua y la que aún reste en la olla será una agua blanca y espesa. Escurra el maíz y **reserve** 2½ tazas de este líquido espeso para agregarlo de nuevo al maíz en su momento oportuno.

4—Pase el maíz por la máquina de moler carne, usando la cuchilla más fina de la máquina y si es posible páselo también por un molinillo para asegurarse de que la masa quede bien molida y fina.

5—Agregue a este maíz molido las 2½ tazas de líquido espeso que reservó. Mezcle bien.

6—En un caldero ponga a derretir ½ libra de manteca, junto con ¼ libra de achiote, previamente lavado y bien escurrido. Déjelo a *fuego bajo* por 5 minutos y después cuélelo a través de colador con pañito encima. Mida ½ *taza* de ésta manteca de achiote colada y agréguela a la mezcla de maíz. Revuélvalo todo bien y reserve la mezcla para preparar con ésta las hayacas tan pronto haya hecho el siguiente relleno.

Relleno:

1—Quite el pellejo al pollo, sáquele la carne y córtela en pedazos. No use los huesos.

2—Córte en pedacitos bien pequeños la carne de cerdo.

3—Pase por la máquina de moler carne, los ajos mondados, los ajíes dulces, sin semillas, y los pimientos verdes, frescos, sin semillas.

4—Coloque en un caldero bien grande ¼ taza de manteca de achiote derretida. Póngala a calentar y agregue los pedazos de carne de pollo y de cerdo. Cuézalos a *fuego alto* por *10 minutos.*

5—Agregue los ajos, los ajíes dulces y los pimientos molidos. Agregue la salsa de tomate y la sal. Mezcle bien y cueza *destapado* y a *fuego moderado* alrededor de *30 minutos.* Mueva ocasionalmente. Retírelo del fuego y resérvelo para rellenar las hayacas.

ORDEN EN LA MESA DONDE PREPARARA LAS HAYACAS

Coloque sobre la mesa:

1—La masa de maíz molido.

2—El relleno.

3—Las hojas de plátano lavadas y cortadas en pedazos de alrededor de 10–12 pulgadas.

4—Las almendras peladas. (Para que las almendras pelen fácilmente debe ponerlas por 3 *minutos* en agua hirviendo. Sáquelas y pélelas en seguida.)

5—Distintos recipientes con:
Alcaparras y pasas.
Pedacitos pequeños de jamón de cocinar.
Pedacitos pequeños de tocino.
Aceitunas rellenas, cortadas en ruedas finas.
Huevos duros, cortados en ruedas finas.
Cebolla cruda, cortada en ruedas finas.
Pimientos morrones, cortados en tiritas finas.

Modo de preparar las hayacas:

1—Pase un poco de manteca de achiote derretida sobre una hoja de plátano.

2—Coloque 3 cucharadas de la masa sobre la hoja de plátano. Extiéndala hasta casi cubrir la hoja y haciendo que la masa quede bien fina, casi transparente.

3—Vierta en el centro de esta masa 2 cucharadas del relleno y extiéndalo hacia los lados.

4—Colóquele encima lo siguiente:

Un pedacito de jamón de cocinar	Una tirita de pimiento
Un pedacito de tocino	morrón
Una ruedita de aceituna	Dos almendras
Una ruedita de huevo duro	Tres pasas
Una ruedita de cebolla	Tres alcaparras

5—Doble la hayaca en tal forma que la base de la masa descanse sobre el borde de la masa, formando de este modo el fondo y la tapa de la hayaca.

6—Déle un segundo doblez. Doble hacia el centro los lados izquierdo y derecho de las hojas.

7—Envuelva en una segunda hoja, esta vez en forma diagonal.

8—Coloque las hayacas de dos en dos quedando hacia el centro los lados que han sido doblados. Amárrelas bien.

9—Ponga a hervir un recipiente bien grande con 10 litros de agua y 7 cucharadas de sal. Cuando esté hirviendo, agregue la mitad de las hayacas y cueza *tapado* por *1 hora.*

10—**Inmediatamente,** sáquelas y hierva el resto de las hayacas en la misma forma. Tan pronto estén listas, sáquelas de la olla.

AVENA

(2 raciones)

2 tazas de leche   3 cucharadas de azúcar
½ taza de avena *Instantánea*   ¼ cucharadita de sal

1—Combine todos los ingredientes en una cacerola y colóquelos a *fuego alto*, moviéndolo **contínuamente** hasta que hierva.

2—Ponga el *fuego bajo* y mueva sólo lo necesario hasta espesarlo a su gusto.

3—Sírva caliente.

Nota: Si lo prefiere, puede servirla colada.

FUNCHE DE MAIZ "FILO"

1 taza de harina de maíz, cernida
¾ cucharadita de sal
½ taza de azúcar
¼ cucharadita de polvo de canela
1 litro (4 tazas) de leche
2 cucharadas (1 onza) de mantequilla

1—Combine la harina de maíz con la sal, el azúcar y el polvo de canela.

2—Agregue la leche y la mantequilla. Mezcle bien.

3—Póngalo a *fuego alto*, moviéndolo **contínuamente** en lo que cuaja, lo cual tardará alrededor de 5 a 7 *minutos.* (El punto es cuando comienza a hervir.)

4—Ponga el *fuego bien bajo* y muévalo **ocasionalmente** durante *15 mintuos* más.

5—Sírvalo caliente. No hay necesidad de agregarle leche en la mesa.

CAPITULO XV *Granos o Legumbres*

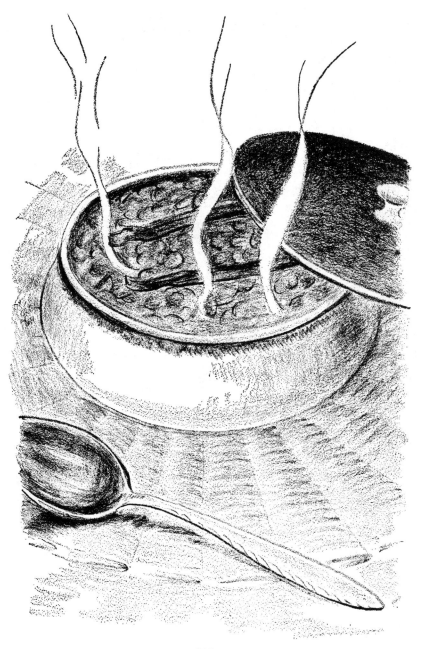

Granos o Legumbres

Las legumbres ó granos, como comúnmente les llamamos en nuestro país, constituyen, combinados con el arroz blanco, una de las fuentes alimenticias básicas en la dieta puertorriqueña.

Hay granos frescos y granos secos. Los primeros, al cocerse, consumen menos agua y ablandan más rápidamente que los segundos.

Lave los granos secos en distintas aguas. Cúbralos con agua y remójelos durante varias horas. NO les agregue sal al remojarlos, **exceptuando** a los garbanzos. Descarte el agua en que se remojaron y cuézalos en agua fresca. Agrégueles la sal cuando los granos estén casi blandos.

Ciertos granos espesan menos que otros y para contribuír a espesarlos se les agrega, al cocerlos, calabaza ó papa.

Al cocer los granos, se les añade un *sofrito*, que contribuye a darles su agradable sabor.

Siempre ablande los granos primero y después espéselos. Use la olla *tapada* para ablandar los granos y la olla *destapada* para espesarlos.

Los granos estarán cocidos y listos cuando estén blandos y su salsa haya espesado.

Debido a diferentes factores, algunas veces los granos varían en el tiempo que tardan en cocerse, por lo cual se recomienda seguir las recetas básicas que se dan a continuación y determinar el tiempo de acuerdo con cada caso especificado.

SOFRITO BASICO PARA AÑADIR A LOS GRANOS

A—1 cucharada de aceite vegetal
   1 onza de tocino, 1 lonja de tocineta ó 1 cucharada de aceite vegetal
   2 onzas de jamón de cocinar, picadito

B—1 cebolla, pequeña ⎫
    1 pimiento verde, sin semillas ⎪
    3 ajíes dulces, sin semillas ⎬ bien picaditos ó molidos
    3 hojas de culantro ⎪
    3 ramitas de culantrillo ⎭
    ¼ cucharadita de orégano seco
    2 granos de ajo, medianos, machacados

C—2 cucharadas de salsa de tomate
    2 cucharadas de aceite vegetal ó manteca con achiote

1—En un caldero, caliente el aceite y dore **rápidamente** el tocino y el jamón de cocinar. Agregue los ingredientes incluídos en *B* y cueza a *fuego bajo* por *10 minutos*.

2—Agregue los ingredientes incluídos en *C*, mezcle y **dé un** hervor a *fuego moderado*. Añádalo a los granos, que estarán previamente ablandados.

SOFRITO PRACTICO

A—1½ tazas de aceite vegetal
    2 cucharadas de granos de achiote, limpios

B—½ libra de jamón de cocinar, lavado y cortado en pedazos
    2 libras de pimientos verdes ⎫
    ½ libra de ajíes dulces ⎭ (remueva las semillas)
    2 libras de cebollas ⎫
    ¼ libra de ajos ⎭ (móndelos)
    1 mazo de culantro ⎫ alrededor de 30 hojas grandes,
    1 mazo de culantrillo ⎭ lavadas y escurridas
    2 cucharadas de orégano seco

1—En un caldero pequeño, caliente el aceite vegetal a *fuego alto*. En seguida, ponga el *fuego bajo*, añada los granos de achiote y cueza por *5 minutos*, mezclando *ocasionalmente*. Deje enfriar **totalmente** y vierta en caldero grande, colándolo a través de colador con papel absorbente dentro.

2—Muela en una máquina de moler carne o en un procesador
de alimentos los ingredientes incluídos en B, usando **todo**
el líquido que rindan.   Agréguelo al caldero y cueza a *fuego
alto* hasta hervir.   Reduzca el fuego a *moderado* y cueza por
30 minutos, mezclando **ocasionalmente.**

3—Deje enfriar **totalmente** y distribúyalo en cubetas de hielo
(reservadas para este uso solamente).   Vierta en cada cubito
de las cubetas 2 *cucharadas* del *sofrito*.   Coloque las cubetas
en la congeladora (*Freezer*) hasta quedar congelado el *sofrito*.
Remueva los cubitos de *sofrito* de las cubetas y colóquelas
en sacos plásticos (*Freezer Bags*).   Consérvelos en la congeladora (*Freezer*) para ser usados según se requiera.   (Los
cubitos quedarán como cubitos de hielo y no se pegarán unos
con otros.   Puede usarlos directamente de la congeladora
(*Freezer*), sin necesidad de descongelarlos.)

Nota: Cada cubito de *sofrito* equivale a **2 cucharadas** de *sofrito.*

SOFRITO EN LA LICUADORA ELECTRICA

A—¼ taza de aceite vegetal

B—½ libra de pimientos verdes
⅛ libra de ajíes dulces
½ libra de cebollas, mondadas
6 granos de ajo, medianos
8 hojas de culantro
8 ramitas de culantrillo
1 cucharada de orégano seco

C—½ taza de aceite vegetal con achiote (vea página 7)
½ libra de jamón de cocinar, picadito

1—Vierta el aceite vegetal en el tazón de la licuadora eléctrica.

2—Quite las semillas a los pimientos verdes y a los ajíes dulces.
Monde los ajos y las cebollas.   Córtelo todo en pedacitos
pequeños y muélalos en la licuadora.

3—Lave y corte en pedacitos las hojas de culantro y las ramitas de culantrillo. Agréguelos a la licuadora, junto con el orégano seco y muélalos bien.

4—Aparte, en un caldero, caliente el aceite vegetal con achiote. Sofría el jamón a *fuego moderado-alto*. Añada los ingredientes molidos y sofría a *fuego moderado* alrededor de *15 minutos*.

5—Espere a que enfríe y viértalo en envases **pequeños** de cristal ó de plástico hasta llenar ¾ partes. *Tápelos* y consérvelos en la congeladora (*Freezer*). Pase uno a la vez a la nevera y póngalo en uso en seguida.

Nota: Si prefiere, puede seguir el método para congelar el *sofrito*, siguiendo la **instruccion 3** de la *página* **339**.

HABICHUELAS ROSADAS SECAS

A—1 libra de habichuelas rosadas, secas
2 litros (8 tazas) de agua
¾ libra de calabaza, pesada, mondada y en pedazos

B—**Sofrito:** Use el *Sofrito Básico* para añadir a los granos, *página 337*, ó uno de los que aparecen en las *páginas 338 y 339*.

C—2¾ cucharaditas de sal
¼ taza salsa de tomate (*opcional*)

1—*La noche anterior* a hacer las habichuelas, escójalas y lávelas **muy bien** en *distintas* aguas. Escúrralas y póngalas en una olla grande (6 cuartillos), junto con abundante agua. *Al día siguiente*, escúrralas y añada a la olla 2 *litros* (8 tazas) de agua. Agregue la calabaza y ponga a cocer a *fuego alto*. Al hervir, *tápelas*, ponga el *fuego moderado* y hierva por *1 hora*, ó lo necesario hasta que el grano esté casi blando.

2—Maje la calabaza. (Puede usar la licuadora con un poco del líquido de la olla.) Añada el *Sofrito*, la sal y la salsa de tomate. Cueza, *destapado* y a *fuego moderado*, alrededor de *1 hora*, ó lo necesario para que la salsa espese a su gusto. Puede espesar más la salsa majando, si fuere necesario, un poco de los granos. (Debido a distintos factores, los granos pueden variar en el tiempo de cocción y en la cantidad de líquido que consuman. Por lo tanto, se recomienda usar su discreción. El *fuego* puede graduarse según lo estime conveniente y la olla puede *taparse* o *destaparse*, según se requiera.)

HABICHUELAS ROJAS GRANDES SECAS
(Marca "Diablo")

Proceda como con la receta de Habichuelas Rosadas Secas, página 340. Si se desea una sazón dulce, agregue 1 plátano maduro, cortado en pedazos.

HABICHUELAS BLANCAS SECAS

Proceda como con la receta de Habichuelas Rosadas Secas, página 340. Agregue 1 cucharadita de vinagre junto con el *Sofrito*.

GARBANZOS SECOS

A—1 libra de garbanzos, secos
    2½ litros (10 tazas) de agua
    2 cucharadas de sal

B—2½ litros (10 tazas) de agua
    1¼ libra de calabaza, mondada y cortada en pedazos
    1 lata de 5 onzas de chorizos, sin los pellejos y partidos en dos
    1 hueso de jamón, pequeño (*opcional*)

C—½ libra de col, cortada en cuatro pedazos
    ¼ taza de salsa de tomate
    1 cucharada de sal
    ¼ cucharadita de orégano seco
    1 cebolla
    1 onza de jamón de cocinar
    2 granos grandes de ajo ⎬ picado
    1 pimiento verde, sin semillas
    3 ajíes dulces, sin semillas
    6 hojas de culantro, lavadas

1—La **noche anterior,** escoja los garbanzos y remójelos en el agua y sal incluídas en *A*.

2—Al *día siguiente*, escúrralos, enjuáguelos y combínelos en una olla grande con los ingredientes incluídos en B. Ponga el *fuego alto* hasta hervir. *Tape*, reduzca el fuego a *moderado* y cueza por *1½ hora*.

3—*Destape*, maje la calabaza, agregue los ingredientes incluídos en C y cueza, *destapado* y a *fuego moderado*, por *1 hora*. (Para espesar la salsa a su gusto, puede graduar el fuego según lo crea conveniente.)

GANDULES FRESCOS

(6 raciones)

1 libra de gandules, frescos
6 tazas de agua
½ libra de calabaza
2 cucharaditas de sal
El *Sofrito* propio para granos que aparece en la página 337 ó 2 cucharadas del *Sofrito*, páginas 338 ó 339.

1—Escoja y lave los gandules. Combínelos con las 6 tazas de agua y colóquelos a *fuego alto* junto con la calabaza, mondada y cortada en pedazos. Tan pronto hiervan, reduzca el *fuego a moderado*. Déjelos cocer, *tapados*, alrededor de *1 hora* o lo necesario hasta ablandar.

2—Añada la sal y el *Sofrito*.

3—Maje la calabaza. Déjelos cocer, *destapados*, durante *30 minutos* o lo necesario hasta que espese la salsa.

Nota: Si los gandules no son completamente frescos pueden tardar bastante más tiempo en ablandar. En este caso debe aumentar la cantidad de agua indicada de acuerdo con su criterio.

HABAS FRESCAS

Proceda como con la receta de GANDULES FRESCOS.

CAPITULO XVI

Bizcochos

Bizcochos

BIZCOCHO IDEAL

Molde de bizcocho con hoyo al centro.
Tamaño del molde: 9 a 10 pulgadas de diámetro.

6 huevos
1½ cuarta (6 onzas) de mantequilla
1⅓ taza de azúcar
1⅓ taza de harina de trigo especial para bizcocho
1½ cucharadita de polvo de hornear (*Baking Powder*)

Nota: Si usa harina de trigo corriente debe reducir la cantidad a
1¼ taza y reducir la cantidad de azúcar a 1¼ taza también.
El resto de los ingredientes no se reduce.

Preparativos:

1—Saque los huevos y la mantequilla de la nevera con anticipación, de modo que no estén fríos al hacer el bizcocho.

2—Derrita la mantequilla a *fuego bajo* y resérvela para cuando
la necesite.

3—Cierna la harina de trigo, mídala y ciérnala con el polvo de
hornear **dos** veces y déjelos en el cernidor para cernirlos
directamente sobre la mezcla en el momento oportuno.

4—*Diez minutos* antes de usarlo, encienda el horno a una *temperatura moderada* de 350°F.

5—Engrase con mantequilla un molde de bizcocho, con hoyo al
centro, tamaño 10″ x 3″ y espolvoréelo **levemente** con harina.

6—Separe las yemas de las claras de los huevos.

Método:

1—Mezcle las yemas de huevo con el azúcar durante *20 minutos*
usando cuchara de madera. En caso que use batidor eléctrico,
bátalas únicamente lo necesario hasta blanquearlas y dejarlas
cremosas.

2—En un tazón grande bata las claras a *punto de nieve*. El secreto para que este bizcocho le quede sabroso estriba en el batido de las claras. Si las bate de más, el bizcocho le quedará reseco. Por lo tanto, tan pronto note que las claras se sostienen erguidas, deje de batir y en seguida añádalas a la mezcla de yemas y azúcar *"envolviéndolas"* en la mezcla.

3—Cierna sobre esta mezcla, la combinación de harina de trigo y polvo de hornear que tenía colocada en el cernidor.

4—Agregue *lentamente* la mantequilla derretida. Bata únicamente lo necesario para que todo una. *No bata de más.*

5—Vierta la mezcla sobre el molde y métalo al horno alrededor de *35 a 40 minutos.*

Nota: Este bizcocho, sin cubrir, es muy sabroso. Espolvoréele azúcar pulverizada por encima, para adornarlo. Para cubrirlo, use el azucarado esponjoso **(Fluffy Icing)**, cuya receta aparece a continuación.

AZUCARADO ESPONJOSO PARA CUBRIR BIZCOCHO

(*Fluffy Icing*)

4 claras	½ taza de agua
1½ taza de azúcar	Cáscara de 1 limón verde

1—Ponga a *fuego alto* el agua, el azúcar y la cáscara de limón.

2—Introdúzcale el termómetro de dulce y cuando éste marque 240°F., saque la cáscara y agregue *lentamente* el sirop a las claras, previamente batidas a *punto de nieve*.

3—Siga batiéndolas hasta que cojan punto propio para derramarlo sobre el bizcocho. (Esta cubierta no endurece y por eso se llama esponjosa.)

4—Si desea, riéguele grajeas encima y esto le da un bonito colorido o puede ponerle gotas de color vegetal.

UPSIDE-DOWN CAKE

1½ onza (3 cucharadas) de mantequilla

½ taza de azúcar negra (firmemente aplastada al medirla en la taza)

1 lata de ruedas de piña (tamaño 1 libra 2 onzas)

9 cerezas marrasquinas

3 onzas (6 cucharadas) de mantequilla

½ taza de azúcar granulada

1 huevo entero

1 cucharadita de vainilla

1¼ taza de harina de trigo (ciérnala una vez y después mídala)

2 cucharaditas de polvo de hornear (*baking powder*)

¼ cucharadita de sal

½ taza del líquido que se escurre de las piñas

1—Encienda el horno a una *temperatura moderada* de 350°F.

2—Coloque en un molde de aluminio, tamaño 8 pulgadas por 8 pulgadas por dos pulgadas de alto, 1½ onza de mantequilla.

3—Póngala a derretir a *fuego bajo.*

4—Retírela del fuego y riéguele encima ½ taza de azúcar negra.

5—Escurra muy bien la lata de ruedas de piña. Reserve el líquido escurrido para usarlo más tarde.

6—Corte cada rueda de piña lo necesario para que el círculo quede más pequeño y pueda acomodar 9 ruedas en el fondo del molde.

7—Coloque una cereza en el centro de cada rueda de piña. Fíjese que la base de la cereza quede hacia arriba.

8—Saque con anticipación de la nevera la mantequilla para que esté cremosa. Añada a estas 3 onzas de mantequilla la ½ taza de azúcar granulada corriente. Mezcle hasta dejarlo suave.

9—Añada la cucharadita de vainilla y el huevo entero.

10—Aparte, cierna la harina con el polvo de hornear (*baking powder*) y la sal.

11—Del líquido que escurrió a las piñas mida ½ taza.

12—Agregue a la mezcla, alternando, la harina con la media taza de líquido. Empiece y termine con la harina y agréguelo en tal forma que en tres tandas haya concluído.

13—No bata de más. Mezcle *únicamente* lo necesario para que todo una.

14—Vierta esta mezcla sobre el molde en el cual haya colocado las ruedas de piña.

15—Meta el molde al horno a una temperatura *moderado* de 350°F. alrededor de *35* a *45 minutos* o hasta dorar.

16—Pasado este tiempo retírelo del horno. Espere que transcurran *10 minutos*. Pase el cuchillo *rápidamente* por las orillas y vuélquelo sobre platón llano.

BIZCOCHO ESPONJOSO DE CHOCOLATE

BIZCOCHO

A—2 tazas de harina de trigo especial para bizcocho y medida después de cernida
1 cucharadita de soda de hornear (*Baking Soda*)
¾ cucharadita de sal

B—2 tazas de azúcar negra, medida bien apretada
½ taza de mantequilla u oleomargarina (4 onzas)
1 cucharadita de vainilla

C—1 taza de leche
1 cucharada de jugo de limón verde, fresco

D—¾ taza de huevos, enteros
2 cuadrados de chocolate soso, derretido (2 onzas)

1—Cierna los ingredientes incluídos en A.

2—Añada los ingredientes en B.

3—Mezcle la leche con el jugo de limón para que se corte y añádala.

4—Bata en el batidor eléctrico, velocidad *moderada* por *2 minutos*.

5—Añada los ingredientes incluídos en D y bata por *2 minutos* más.

6—Vierta la mezcla en dos moldes de bizcocho, redondos y

llanos, previamente engrasados y espolvoreados *levemente* de harina.

7—Hornéelos durante *30 a 35 minutos* en horno de calor *moderado,* 350°F. (El horno debe ser calentado anticipadamente.)

8—Espere que enfríen los bizcochos para poner uno sobre el otro. Prepare el siguiente azucarado de chocolate, que usará para relleno entre ambos bizcochos y para cubrirlos.

AZUCARADO ESPONJOSO DE CHOCOLATE

6 cuadrados (6 onzas) de chocolate soso
¼ libra de mantequilla u oleomargarina
2⅔ taza de azúcar pulverizada, cernida
⅛ cucharadita de sal
1 huevo, mediano
¼ taza de leche
2 cucharaditas de vainilla

1—Derrita el chocolate en la parte alta de un *Baño de María.*

2—Ponga cremosa la mantequilla en el tazón pequeño de la batidora eléctrica. Agréguele el chocolate derretido y el resto de los ingredientes y bata. Coloque la mezcla en la congeladora hasta endurecerla un poco.

3—Sáquela y bátala (en el batidor eléctrico alrededor de 5 *minutos*) y vierta parte del azucarado entre ambos bizcochos. Cúbralos con el resto.

BIZCOCHO DE CHOCOLATE

3 onzas de chocolate soso
¼ libra (4 onzas) de mantequilla
   (Debe estar fuera de la nevera para que esté cremosa)
2 huevos enteros
2 tazas de harina de trigo especial para bizcocho, cernidas
2½ cucharaditas de polvo de hornear (*Baking Powder*)
¼ cucharadita de soda de hornear (*Baking Soda*)

½ cucharadita de sal	1 taza de leche
1¼ taza de azúcar	1 cucharadita de vainilla

1—Derrita a "baño de María" el chocolate.

2—Cierna la harina. Mídala. Añádale el polvo de hornear, la soda de hornear y la sal y ciérnala tres veces.

3—Aparte ponga cremosa la mantequilla. Añádale el azúcar poco a poco y después los dos huevos. Bata bien después de unir cada uno.

4—Añada el chocolate soso derretido.

5—Añada 1 cucharadita de vainilla a la leche.

6—Agregue la harina alternando con la leche.

7—Engrase 2 moldes llanos de 9" de diámetro y vierta la mezcla en ellos.

8—Hornee a horno moderado, 350°F. durante media (½) hora.

RELLENO PARA EL BIZCOCHO DE CHOCOLATE
(Crema)

A—½ taza de azúcar	¼ cucharadita de sal
4 cucharadas de harina de trigo	

B—1½ taza de leche | 2 yemas de huevo batidas

C—1 cucharadita de vainilla

1—Ponga a hervir agua en la parte baja de un baño de María.

2—Combine en la parte alta los ingredientes incluídos en A.

3—Añádale los ingredientes incluídos en B.

4—Muévalo continuamente durante 10 minutos.

5—Retírelo del fuego y cuando enfríe un poco, agregue 1 cucharadita de vainilla.

Si lo prefiere, puede preparar la siguiente crema:

1 cajita de pudín de vainilla (*Vanilla Pudding*)
2 tazas de leche

1—Combine el contenido de la cajita con la leche poco a poco. Muévalo constantemente sobre fuego bajo durante 5 minutos, o hasta que espese.

AZUCARADO (ICING) DE CHOCOLATE I

1—Ponga la parte baja de un baño de María con agua a hervir.

2—Coloque en la parte alta 2 onzas de chocolate soso.

3—Permita que se derrita.

4—Después de derretido el chocolate agréguele una (1) lata de leche condensada, usada sin diluír.

5—Muévalo para que una.

6—Déjelo al fuego por 10 minutos más.

7—Muévalo ocasionalmente.

8—Retírelo y cubra con esto el bizcocho.

AZUCARADO (ICING) DE CHOCOLATE II

3 onzas de mantequilla (6 cucharadas)
¾ taza de azúcar pulverizada previamente cernida
1½ cucharadita de vainilla
4 cucharadas de chocolate *soso*
¼ cucharadita de sal
3 claras
1¼ taza de azúcar pulverizada previamente cernida

1—Derrita el chocolate a baño de María.

2—Ponga cremosa la mantequilla. Agréguele el azúcar y bata bien.

3—Agréguele la vainilla, el chocolate derretido y la sal. Bata bien.

4—Aparte bata bien, a punto de nieve las 3 claras. Agréguele el azúcar, dos cucharadas cada vez hasta terminarla.

5—Bata hasta que la mezcla se sostenga en picos.

6—Agréguele la mezcla de chocolate derretido, etc. y mueva sólo lo necesario para que todo una.

AZUCARADO (ICING) DE CHOCOLATE III

(QUEDA CON LA CONSISTENCIA DE *Fudge* SUAVE)

2 tazas de azúcar
2 onzas de chocolate
2 cucharadas de sirop de maíz blanco (*White Corn Syrup*)
¾ taza de leche
2 cucharadas (½ onza) de mantequilla
1 cucharada de vainilla

1—Combine el azúcar, el chocolate, el sirop de maíz (*Corn Syrup*) y la leche. Póngalo a *fuego moderado* hasta que el azúcar se disuelva. Muévalo **continuamente.**

2—Deje de moverlo y continúe cociéndolo a *fuego bajo* hasta que forme sirop espesito. (Termómetro 238°F.)

3—Añádale la mantequilla, retire del fuego y coloque la cacerola dentro de otra con agua.

4—Cuando esté algo tibio, agregue la vainilla y bata hasta que note que toma consistencia y empieza a endurecer un poco.

5—Debe quedarle suave y cremoso.

BIZCOCHO DE DATILES

(DELICIOSO SI SE SIRVE CON CREMA BATIDA
[*Whipped Cream*] POR ENCIMA.)

1 libra de dátiles, sin semillas (2 paquetes)
3 onzas (6 cucharadas) de mantequilla
1⅓ taza de azúcar moscabada (morena)
1¾ taza de harina de trigo especial para bizcocho
1 cucharada de polvo de hornear (*Baking Powder*)
½ cucharadita de polvo de canela
½ cucharadita de polvo de nuez moscada
½ cucharadita de sal
½ taza de leche
2 huevos

1—Saque con anticipación la mantequilla de la nevera para que esté cremosa al usarla.

2—Engrase un molde de aluminio con hoyo al centro y espol-voréelo levemente con harina.

3—Encienda el horno a *350°F.* Corte los dátiles en pedacitos, envuélvalos en harina y viértalos en colador para que descarte la harina sobrante.

4—Ponga cremosa la mantequilla y combínela con el azúcar hasta dejarla suave.

5—Aparte, cierna la harina, el polvo de hornear, el polvo de canela, el polvo de nuez moscada y la sal por *3 veces.*

6—A la mezcla de mantequilla y azúcar añada la harina *alternán-dola* con la leche. Empiece y termine con la harina.

7—Añada los dátiles y mezcle.

8—Bata los huevos (yema y clara juntos) y agréguelos a la mezcla, *"envolviéndolos."*

9—Vierta la mezcla en el molde y hornée alrededor de *1 hora.*

BIZCOCHO DE CHINAS FRESCAS

½ libra de mantequilla
1½ taza de azúcar
5 huevos (usará 5 yemas y 2 claras)
2 cucharadas de cáscara de china, rallada
⅔ taza de jugo de china
2½ tazas de harina de trigo especial para bizcocho (cernida antes de medirla)
4 cucharaditas de polvo de hornear (*Baking Powder*)
¼ cucharadita de sal

1—Saque con anticipación la mantequilla de la nevera para que esté cremosa. Encienda el horno a *325°F.*

2—Engrase un molde de bizcocho con hoyo al centro y después espolvoréelo levemente con harina.

3—Ralle las chinas, después de lavadas, hasta obtener 2 cuchara-das de ralladura de china.

4—Exprima las chinas y cuele el jugo hasta obtener ⅔ taza de jugo de chinas.

5—Cierna la harina de trigo, el polvo de hornear (*Baking Powder*) y la sal.

6—Bata la mantequilla junto con el azúcar.

7—Agregue a este batido las yemas de los huevos, *una a una.*

8—Agregue la ralladura de china.

9—Agregue **lentamente** el jugo de china, **alternándolo** con lo cernido.

10—Aparte, bata a punto de nieve *2 claras.* (No las bata de más, para que no se le resequen.) Añádalas, "**envolviéndolas**" en la mezcla.

11—Vierta la mezcla en el molde y hornéelo alrededor de *45 minutos* a *1 hora.*

BIZCOCHO DE CHINAS

¼ libra de mantequilla u oleomargarina
1½ taza de azúcar
3 tazas de harina de trigo especial para bizcocho (cernida antes de medirla)
1 taza de jugo de chinas
3 huevos
1 cucharada de polvo de hornear (*Baking Powder*)
1 cucharadita de sal

1—Encienda el horno a una *temperatura moderada* de 375°F.

2—Engrase dos moldes de bizcochos de "capas" de 9 pulgadas de diámetro.

3—Cierna los ingredientes secos y **resérvelos.**

4—Ponga cremosa la mantequilla y agréguele el azúcar.

5—Agregue los huevos **enteros,** batiendo bien después de agregar cada uno.

6—Añada los ingredientes secos a la mezcla, *alternándolos* con el jugo de chinas, debiendo **empezar** y **concluír** con los ingredientes secos.

7—Vierta la mezcla en los moldes y hornée durante *30 minutos.*

AZUCARADO DE CHINAS PARA CUBRIR BIZCOCHOS
(*Icing de Chinas*)

4 cucharadas (¼ taza) de jugo de china
4 cucharadas (¼ taza) de mantequilla, derretida
1 cucharada de cáscara de china, rallada
3 tazas de azúcar pulverizada, cernida

Combine bien todos los ingredientes. Ponga **un poco** de la mezcla entre los dos bizcochos y cubra con el resto.

BIZCOCHO SABROSO

6 onzas (12 cucharadas) de mantequilla
6 huevos, grandes
1⅓ taza de azúcar
1⅓ taza de harina de trigo especial para bizcocho (cernida antes de medirla)
1½ cucharadita de jugo de limón, fresco
¼ cucharadita de ralladura de limón (*opcional*)

1—Derrita la mantequilla a *fuego bajo*. Engrase un molde de hoyo al centro, de 10 pulgadas de diámetro por cuatro pulgadas de alto, con oleomargarina y espolvorée con harina. Cierna **3 veces** la harina de trigo. Caliente el horno a una temperatura *moderada* de 350°F.

2—En el tazón grande de la batidora eléctrica, bata los huevos a *máxima* velocidad por 5 *minutos*. Reduzca la velocidad a *baja* y añada, **lentamente**, el azúcar. Aumente la velocidad a *máxima* y bata por 5 *minutos*.

3—Retire el tazón de la batidora. Agregue, **lentamente,** la mantequilla derretida y mezcle. Añada el jugo y la ralladura de limón. Añada la harina "**envolviéndola**" bien. Vierta la mezcla en el molde y hornée alrededor de 45 *minutos*.

4—Retírelo del horno, separe las orillas con un cuchillo y vuélquelo sobre platón llano. (Debido a la consistencia esponjosa del bizcocho, se recomienda cortarlo con cuchillo serrado.)

BIZCOCHO BLANCO

¼ libra de mantequilla | 1¼ taza de azúcar
1 cucharadita de vainilla ó extracto de almendra
1½ taza de harina de trigo especial para bizcocho (cernida antes
   de medirla)
2½ cucharaditas de polvo de hornear (*Baking Powder*)
½ taza de leche | ⅔ taza de claras de huevo

1—Ponga cremosa la mantequilla. Añada **poco a poco** el azúcar
   y bata bien. Añada la vainilla y mezcle.

2—Cierna la harina con el polvo de hornear. Añada a la mezcla,
   alternándola con la leche. (Empiece y termine con la harina.)

3—Bata a punto de nieve las claras y **"envuélvalas"** en la mezcla.

4—Vierta la mezcla en un molde de aluminio con hoyo al centro,
   previamente engrasado y espolvoreado con harina. Hornée
   a *350°F.* durante *45 minutos.*

PONQUE

A—1 libra de mantequilla

B—3 tazas de harina de trigo (cernida antes de medirla)
   1 cucharadita de polvo de hornear (*Baking Powder*)
   ½ cucharadita de sal

C—12 huevos grandes (usará *8 yemas* y *12 claras*)

D—2 tazas de azúcar

E—1 cucharada de jugo de limón, fresco
   ½ cucharadita de ralladura de limón (*opcional*)

Nota: Puede substituir el jugo y la ralladura de limón por 2 cucharaditas de extracto de almendras ó de vainilla

Preparativos:

Coloque con anticipación la mantequilla en el tazón grande
de la batidora eléctrica para que esté **un poco** blanda al
usarse. Encienda el horno a una temperatura *moderada* de
350°F. Engrase con mantequilla un molde de aluminio con
hoyo al centro, tamaño 10″ diámetro por 4″ alto. Espolvoréelo
ligeramente con harina de trigo. Cierna **tres veces** los in-

gredientes en B y **resérvelos**. Separe las yemas de las claras de los huevos. Ponga 8 yemas en una taza de medir. (Reserve las 4 yemas restantes para otro uso.) Ponga las 12 claras en un tazón grande, apropiado para ser batidas.

Método:

1—Bata la mantequilla en la batidora eléctrica a velocidad *moderada* por *1 minuto*. Reduzca la velocidad a *baja* y añada **lentamente** el azúcar. Bata a velocidad *moderada* por *10 minutos* más.

2—A la misma velocidad, agregue **una a una** las 8 yemas de huevos. Espere que cada yema mezcle bien, antes de agregar la próxima.

3—Agregue el jugo y la ralladura de limón y mezcle.

4—Ponga la velocidad *baja* y agregue **lentamente** la harina. Tan pronto haya unido, ponga a *máxima* velocidad y bata por *1 minuto*. Retire de la batidora.

5—Aparte, bata las 12 claras a punto de nieve y **"envuélvelas"** en la mezcla. Vierta en el molde y hornée por *1 hora*. Saque del horno, deje refrescar por *5 minutos* y vierta en platón.

BIZCOCHO DE ESPECIES

A—1¾ taza de harina de trigo | ⅛ cucharadita de sal
1 cucharada de polvo de hornear (*Baking Powder*)
¾ cucharadita de polvo de canela
¼ cucharadita de polvo de clavos
¼ cucharadita de polvo de nuez moscada

B—1½ taza de azúcar negra | ¼ libra de mantequilla,
½ taza de agua fría | derretida
2 huevos

C—1 taza de pasas, sin semillas

1—Cierna los ingredientes incluídos en A. Reserve ½ taza para **"envolver"** las pasas.

2—Agregue los ingredientes incluídos en B y bata por *5 minutos*.

3—**"Envuelva"** las pasas en la harina que reservó y agréguelas. Mezcle y vierta en molde rectangular (9" x 5" x 2¾") engrasado y espolvoreado con harina. Hornée a una *temperatura moderada (350°F.)* durante *45 minutos* a *1 hora*.

BIZCOCHO DE FRUTAS ABRILLANTADAS

A—¼ libra de mantequilla | 2 huevos
    1 taza de azúcar

B—2 tazas de harina de trigo
    1 cucharada de polvo de hornear (*Baking Powder*)
    1 cucharadita de sal
    ¾ cucharadita de polvo de nuez moscada
    ¾ cucharadita de polvo de canela

C—¾ taza de leche
    1 libra de frutas mixtas, abrillantadas ó cristalizadas

1—Saque con anticipación la mantequilla de la nevera. Engrase un molde de aluminio con hoyo al centro y espolvoréelo *levemente* con harina. Encienda el horno a *350°F.*

2—Ponga cremosa la mantequilla con el azúcar. Agréguele los 2 huevos enteros y mezcle bien.

3—Aparte, cierna la harina con el polvo de hornear, la sal, el polvo de nuez moscada y el polvo de canela *por tres veces*. Saque ½ taza y "*envuelva*" bien en ello las frutas abrillantadas.

4—Agregue a la mezcla de mantequilla y azúcar el resto de la harina cernida *alternándola* con la leche, empezando y terminando con la harina. Por último, agregue las frutas "*envueltas*" en harina y mezcle bien, *sin batir de más.*

5—Vierta la mezcla en el molde y hornée a *350°F.* durante *1 hora.*

BIZCOCHO ESPONJOSO

(*Sponge Cake*)

5 huevos | 1 taza de azúcar
1 taza de harina de trigo especial para bizcocho
1 cucharadita de polvo de hornear (*Baking Powder*)

1—Bata las yemas con el azúcar hasta dejarlas cremosas.

2—Añada la mitad de las claras batidas, "*envolviéndolas*".

3—Agréguele la harina que previamente ha cernido tres (3) veces con el polvo de hornear (*Baking Powder*).

4—Por último, agréguele la mitad restante de las claras batidas.

5—Vierta la mezcla sobre un molde de aluminio con hoyo al centro, engrasado y métalo al horno, a una temperatura baja de 325°F. por *30 minutos*. Súbalo a 350°F. y déjelo *15 minutos* más.

BIZCOCHO ESPONJOSO CON CREMA HELADA

1 bizcocho esponjoso de ½ libra
½ litro (2 tazas) de leche
½ cucharadita de ralladura de limón verde, fresco
1 cucharadita de maicena
¼ cucharadita de sal
2 yemas de huevo
3 cucharadas de azúcar
1 cucharadita de vainilla

1—Este postre se hace en una cubeta de hielo corriente.

2—Ponga a hervir la leche con la ralladura de limón, dejando aparte un poquitín de la leche para diluír la maicena.

3—Diluya la maicena. Aparte, desbarate las dos yemas y agrégueles la maicena diluída. Añádale la sal, el azúcar y la vainilla. Mezcle bien.

4—Cuando la leche hierva, añada esta mezcla, poco a poco, mezclando **rápidamente**, hasta que hierva de nuevo y espese un poquito.

5—Vierta la mitad de la crema en el fondo del molde, cúbrala con el bizcocho cortado en rebanadas y vierta sobre el bizcocho el resto de la crema.

6—Métalo en el compartimiento de hacer hielo (*Freezer*) de la nevera. Media hora antes de servirlo, sáquelo de este compartimiento y póngalo en la otra parte de la nevera, para comerse helado.

BIZCOCHO DE FRESAS CON CREMA BATIDA

(10 raciones)

A—2 cajitas de fresas en sirop, refrigeradas, de 1 libra cada cajita
¼ taza azúcar

B—1 bizcocho de 12 onzas (puede usar el que viene ya hecho en cajitas, tamaño 8″ x 4″)

C—2 frascos de crema espesa (*Whipping Cream*) de ½ pinta, o sea, 1 taza, cada uno

1—Escurra las fresas. Combine el líquido escurrido y mézclelo bien con el ¼ taza de azúcar. Póngalo a hervir a *fuego moderado* por *15 minutos.* Déjelo enfriar. Mientras tanto, quite las orillas y la capa de encima del bizcocho y córtelo en *10 rebanadas.* Colóquelas una al lado de la otra para cubrir el fondo de un molde de cristal para hornear, tamaño 7½″ x 12″ x 2″.

2—Bata la crema hasta espesar. Si tiene batidora eléctrica, póngala en la velocidad *moderada* durante *2 minutos.*

3—Vierta el sirop sobre el bizcocho, distribuyéndolo por igual.

4—Cúbralo con la mitad de la crema batida.

5—Coloque encima, distribuyéndolas por igual también, las fresas escurridas.

6—Termine cubriéndolo con el resto de la crema.

7—Métalo a la nevera para comerlo helado.

BIZCOCHO CON FRUTITAS SURTIDAS DE LATA

A—½ taza de azúcar (*para acaramelar el molde*)
1 bizcocho esponjoso (*Sponge Cake*) de 1 libra
1 lata de frutitas surtidas (*Fruit Cocktail*) de 1 libra 14 onzas

B—3 tazas de leche   ½ taza de azúcar
1 cucharadita de maicena   ½ cucharadita de sal
3 yemas de huevo

C—1 cucharadita de vainilla

1—Acaramele el molde de aluminio, tamaño 8″ x 8″ x 2″, colocándole adentro ½ taza de azúcar y poniéndolo a *fuego moderado* hasta que el azúcar derrita y tome un bonito color *dorado claro*. En seguida, **cuidadosamente**, haga que ésta cubra el fondo y los lados del molde.

2—Coloque en una cacerola los ingredientes incluídos en *B*. Póngala a *fuego moderado* y mueva **continuamente** hasta que hierva y forme una crema ligera. Agregue la vainilla.

3—Abra y escurra la lata de frutitas surtidas. Reserve las frutitas y el líquido.

4—Corte el bizocho en rebanadas finas.

5—Distribúyalo todo en el molde acaramelado en el siguiente órden:

a—Bizcocho cubriendo el fondo y los lados	e—Crema
b—Crema	f—Frutitas escurridas
c—Frutitas escurridas	g—Bizcocho
d—Bizcocho	h—Crema

6—Meta el molde al horno durante *1 hora* a una *temperatura moderada* de 350°F. Retírelo del horno, espere que enfríe un poco, separe las orillas con un cuchillo y vuélquelo sobre platón algo hondo.

7—En este molde que usó para hornear, ponga a *fuego alto*, hasta que hierva, el líquido de las frutitas que reservó. Derrámelo sobre el bizcocho.

8—Métalo a la nevera para servirlo bien frío.

BROWNIES

Horno *Moderado* — 350°F.   Molde 8″ x 8″ x 2″

2 onzas de chocolate soso	¼ cucharadita de sal
¼ libra de mantequilla	½ taza de nueces, en trocitos
⅔ taza de harina de trigo	2 huevos enteros, bien batidos
½ cucharadita de polvo de hornear (*Baking Powder*)	1 taza de azúcar
	1 cucharadita de vainilla

1—Derrita el chocolate en la parte alta de un *"baño de María"*. Cuando haya derretido, agréguele la mantequilla y déjelo al fuego sólo lo necesario para que derrita y una.

2—Cierna la harina. Después mídala y ciérnala de nuevo con el polvo de hornear (*Baking Powder*) y la sal. Agréguele los trocitos de nueces y envuélvalos bien en la harina.

3—Aparte, bata los huevos y agrégueles *poco a poco* el azúcar. Después de bien unida, agréguele el chocolate derretido con la mantequilla. Añada la vainilla. Mezcle bien. Agregue la harina con las nueces, batiendo sólo lo necesario para que todo una.

4—Viértalo sobre un molde engrasado y métalo al horno a una *temperatura moderada* de 350°F. por *35 minutos*. Espere que enfríe y viértalo sobre platón. Córtelo en 16 cuadritos.

BIZCOCHO DE BATATA "BORINQUEN"

A—4 tazas de agua | 2 libras de batatas blancas
1 cucharada de sal

B—¾ libra de mantequilla ó 2 latas de 6¼ onzas de mantequilla *Danesa*

C—1 taza de harina de trigo | 2 tazas de leche
½ cucharadita de sal

D—2¼ tazas de azúcar

E—8 huevos

1—En una olla, ponga a hervir el agua y la sal incluídos en A. Lave bien las batatas. *No las monde.* Córtelas en pedazos grandes. Al romper a hervir el agua, agregue las batatas, *tape* y hierva a *fuego moderado* por *30 minutos*.

2—Mientras tanto, ponga a derretir la mantequilla a *fuego bajo*. (Si usa mantequilla *Danesa, no la derrita.*) Engrase con mantequilla u óleo un molde de aluminio, *sin* hoyo al centro, de 9" x 3½". Encienda el horno a una *temperatura moderada* (350°F.). Ponga la harina de trigo y la sal en una cacerola y agregue un poco de la leche. Mezcle y siga añadiendo el resto de la leche hasta diluir la harina y formar una lechada.

3—Tan pronto la batata está cocida, retírela del fuego. Con tenedor largo de cocina saque un pedazo de batata, monde y maje bien en un tazón grande. Añádale un poco de la lechada y mezcle. Saque otro pedazo de batata y proceda en la misma forma, hasta haber combinado toda la batata con la lechada.

4—Añada la mantequilla y mezcle. Agregue **lentamente** el azúcar y mezcle. Aparte, desbarate los huevos para que unan bien yemas y claras, *sin* batirlos. Añádalos a la mezcla y combine todo. Vierta sobre colador grande y cuele. Maje lo que quede en el colador hasta que no quede nada en éste. Vierta en el molde y hornée por *1¾ hora* o lo necesario hasta que dore bien. **Deje enfriar,** pase un cuchillo por las orillas del molde y vuelque sobre platón.

Nota: La Instrucción 3 puede hacerse en licuadora eléctrica. Ponga la mitad de la lechada en la licuadora y **gradualmente** licúe parte de las batatas mondadas. Vierta a un tazón grande. Ponga el resto de la lechada en la licuadora y licúe el balance de las batatas en la misma forma. Vierta en el tazón y proceda con la Instrucción 4.

BIZCOCHO DE CALABAZA

A—1 taza de azúcar (para acaramelar el molde)
B—1½ libra de calabaza, pesada después de mondada
    4 tazas de agua | 1 cucharadita de sal
C—1 onza (2 cucharadas) de mantequilla
    ½ taza de harina de trigo | 1 cucharadita de sal
    2 tazas de leche | ½ cucharadita de vainilla
    1 taza de azúcar
D—4 huevos

1—Derrita a *fuego moderado* 1 taza de azúcar en un molde hondo, de aluminio, de 9 pulgadas de diámetro hasta tomar color dorado. Cubra el fondo y los lados del molde.

2—Ponga a hervir la calabaza, partida en pedazos, en el agua y sal incluída en *B,* durante *30 minutos.* Sáquela, escúrrala y májela bien. Añada la mantequilla y mezcle.

3—Diluya bien la harina de trigo en un poco de la leche. Combine con el resto de la leche y con los otros ingredientes incluídos en *C.* Añada **gradualmente** los huevos a la mezcla, **alternando** con la lechada. Cuele y vierta sobre el molde acaramelado. Colóquelo sobre un recipiente con agua y hornéelo a *Baño de María* por 2 *horas* en horno calentado anticipadamente a *temperatura moderada* de 350°F.

BRAZO DE GITANA

Molde 18" x 12" x 1"

(Sale un Brazo de Gitana largo o puede cortarse en dos, de 9" cada uno)

A—1⅓ taza de harina de trigo (cernida antes de medirla)
2 cucharaditas de polvo de hornear (*Baking Powder*)
½ cucharadita de sal

B—⅓ taza de agua helada
½ cucharadita de vainilla
½ cucharadita de jugo de limón

C—4 huevos
1⅓ taza de azúcar

1—Encienda el horno a una *temperatura moderada* de 350°F. Corte un papel de estraza del tamaño del fondo del molde. Engrase el molde con oleomargarina y cubra el fondo del molde con el papel de estraza. Engrase el papel con abundante oleomargarina.

2—Cierna los ingredientes secos y resérvelos. Agregue la vainilla y el jugo de limón al agua helada y resérvela.

3—En el tazón pequeño del batidor eléctrico, bata los huevos, *uno a uno*, a *máxima velocidad*. Déjelos batir por ½ *minuto*. Reduzca la velocidad a *moderada* y añada *gradualmente* el azúcar.

4—Ponga la batidora a una velocidad *bien baja*. Añada *lentamente* el agua con la vainilla y el jugo de limón. Añada los ingredientes secos y bata *únicamente* hasta que todo una.

5—Vierta la mezcla en el molde, procurando dejarla bien pareja.

6—Hornee durante 20 minutos. (Mientras el bizcocho se hornea, prepare el relleno.) Saque el molde del horno y pásele un cuchillo por las orillas. Humedezca *bien* un paño y póngalo sobre una mesa. Espolvoréelo con azúcar pulverizada y vuelque el bizcocho sobre este. *Inmediatamente* quite el papel de estraza que cubre el bizcocho. Corte las orillas al bizcocho.

Cúbralo con el relleno y *rápidamente* comienze a enrollarlo en forma de rolo, empezando de abajo para arriba, bien apretadito. Corte el bizcocho en dos, por el centro, para obtener dos Brazos de Gitana. (Cuando desee hacer uno de mermelada y otro de crema, corte el bizcocho en dos antes de rellenarlo.)

7—Levante cada bizcocho usando dos espátulas de metal y colóquelos en bandejas individuales. Cuando estén fríos, espolvoréelos bien con azúcar pulverizada.

RELLENOS PARA BRAZO DE GITANA

El relleno que aparece en la *página 429* es delicioso. También puede usar los siguientes rellenos:

Relleno I:

¼ taza de harina de trigo	1 cucharadita de vainilla
1½ taza de leche	½ cucharadita de sal
2 yemas de huevo	½ taza de azúcar

1—Con una espátula de goma diluya *muy bien* la harina de trigo en un poco de la leche. Añada las yemas y mezcle bien. Agregue el resto de los ingredientes. Cueza a *baño de María,* moviendo *constantemente* hasta que hierva y espese.

Relleno II:

2 cajitas de pudín de vainilla o chocolate (*Vanilla* o *Chocolate Pudding*)

3 tazas de leche

1—Combine el contenido de las cajitas con la leche. Póngalo a *fuego moderado* y mueva *constantemente*, hasta que hierva y cuaje.

Nota: Puede usar cualquier mermelada como relleno.

REGLAS GENERALES PARA HACER BIZCOCHO DE ANGEL

1—Use azúcar bien fina.

2—Use crémor tártaro (*Cream of Tartar*) bien fresco.

3—Use los huevos *sin estar helados,* pues de este modo baten mejor.

4—Mientras bata mantenga el batidor bajo la superficie.

5—Bata hasta que las claras se sostengan erguidas. Deje de batir para evitar que se le resequen.

6—Invierta el molde del bizcocho tan pronto lo retire del horno y déjelo en el molde hasta que se enfríe (alrededor de 1½ hora).

7—No engrase el molde donde hace el bizcocho.

8—Encienda el horno con 10 minutos de anticipación.

REGLAS GENERALES PARA BATIR EL BIZCOCHO DE ANGEL EN EL BATIDOR ELECTRICO

1—Bata en el tazón grande las claras con la sal a velocidad alta por *1 minuto*.

2—Añada crémor tártaro (*Cream of Tartar*) y bata por *3 minutos*.

3—Ponga a velocidad baja y añada el azúcar por 2 cucharadas a la vez hasta terminar con ella.

4—Añada vainilla y almendra y bata por ½ *minuto* más.

5—Retírelo del batidor y añada la harina distribuyéndola en cuatro porciones. *Envuelva* la harina en las claras. *NO LO BATA.*

6—Coloque la mezcla en molde sin engrasar y que tenga hoyo al centro.

7—Métalo al horno a una temperatura baja de 325°F. durante *1 hora*.

8—Tan pronto esté listo, retírelo del horno, invierta el molde y déjelo enfriar por 1½ hora antes de sacarlo.

BIZCOCHO DE ANGEL

(*Angel Cake*)

1¼ tazas de claras (requiere alrededor de 10 a 12 huevos)
1 taza de harina de trigo

1½ taza de azúcar, bien fina
⅛ cucharadita de sal
1 cucharadita de crémor tártaro (*Cream of Tartar*)
1 cucharadita de vainilla
½ cucharadita de extracto de almendras

(Use molde de aluminio, con hoyo al centro, 10″ x 4½″. No se debe engrasar.)

10 minutos antes de estar listo el bizcocho para meterse al horno, encienda el horno a una *temperatura baja* de 325°F.

1—Cierna la harina con ½ *taza* de azúcar por cuatro veces.

2—Coloque las claras en un tazón grande y añádales la sal. Bátalas hasta que estén espumosas pero *no* resecas. (El *punto de nieve* se obtiene tan pronto las claras se sostienen erguidas.)

3—Añada el crémor tártaro (*Cream of Tartar*). Bata un momentito y añada *poco a poco* el azúcar, batiendo bien, hasta incorporarla.

4—En seguida añada la vainilla y el extracto de almendras.

5—Cierna sobre lo batido la harina, añadiéndola una cuarta parte cada vez. Unala en un movimiento envolvente, esto es, sin batir, sino *envolviéndola* en las claras.

6—Vierta el batido *en seguida* en el molde, que estará sin engrasar.

7—Métalo al horno a una *temperatura baja* de 325°F. durante *1 hora*.

8—Tan pronto esté listo, lo saca del horno y lo pone boca abajo y lo deja en el molde *1½ hora* antes de sacarlo.

BIZCOCHO DELICIOSO

A—½ libra de mantequilla

B—1½ taza de harina de trigo (medida después de cernirla)
   2 cucharaditas de polvo de hornear (*Baking Powder*)
   ¼ cucharadita de sal

C—9 huevos

1 cucharadita de ralladura de limón | 1½ taza de azúcar

1—Engrase con mantequilla un molde de aluminio con hoyo al centro. Encienda el horno a *temperatura moderada* (350°F.). Derrita la mantequilla a *fuego bajo*. Cierna *tres* veces los ingredientes incluídos en B. Separe las claras de las yemas de los huevos.

2—En un tazón grande bata a punto de nieve las claras combinadas con la mitad del azúcar.

3—En otro tazón combine las yemas con la ralladura de limón y bátalas bien con el resto del azúcar.

4—Unalas a las claras, "envolviéndolas."

5—Agregue los ingredientes cernidos, "envolviéndolos."

6—Finalmente, añada la mantequilla derretida. Bata sólo lo necesario para que una.

7—Vierta sobre el molde y hornée por *45 minutos.*

HOJALDRE

A—½ libra de mantequilla | 6 huevos
2 tazas de azúcar negra |

B—3 tazas de harina | 2 cucharaditas de polvo de canela
  de trigo | 1 cucharadita de polvo de clavos
¼ cucharadita de sal |
2 cucharaditas de polvo de nuez moscada
1 cucharada de polvo de hornear (*Baking Powder*)

C—1 taza de leche | ⅓ taza de vino dulce

1—Ponga cremosa la mantequilla, añada el azúcar y mezcle. Agregue los huevos *gradualmente* y mezcle bien.

2—Cierna por *tres veces* los ingredientes incluídos en B y añádalos a la mezcla, alternando con los ingredientes incluídos en C.

3—Engrase y espolvorée *levemente* con harina un molde de aluminio. Vierta la mezcla y hornée en horno a *calor moderado* (350°F.) por *1 hora* o hasta que esté cocido.

4—Espere a que enfríe y vierta sobre platón llano. Espolvorée con azúcar pulverizada.

CAPITULO XVII Pasteles Dulces, Flanes y Cremas

Pasteles Dulces, Flanes y Cremas

PASTEL (PIE) DE MANZANA

RELLENO DE MANZANA

Es *sumamente importante* escoger las manzanas adecuadas en la confección de este postre. La variedad de manzana color amarillo o verdoso *no* es la indicada; ni la variedad de manzanas rojas, grandes y dulces, pues son tan dulces y pulposas que al hacer el postre se desbaratan, formando una compota. Escoja la manzana roja, de tamaño mediano, pesada y un poco agria.

A—3 libras de manzanas
    1 litro (4 tazas) de agua
    1 cucharada de sal

B—2 tazas de agua
    2½ tazas de azúcar

C—2 onzas de mantequilla

1—Lave y monde cada manzana *individualmente*. Divídala en 12 tajadas, en forma de gajos de china (naranja), y quítele el corazón. Vierta las tajadas *inmediatamente* en un recipiente, junto con el agua y la sal incluídos en *A*.

2—Escurra *bien* las tajadas de manzana y póngalas en un olla, junto con los ingredientes incluídos en *B*. Introduzca el Termómetro de Dulce en la olla. Ponga el *fuego alto, sin tapar*. Cuando hierva, baje el fuego a *moderado* y cueza, *sin moverlo*, hasta que forme un almíbar un poco espesa y casi seque (Termómetro de Dulce — 220°F.).

371

3—Agregue 2 onzas de mantequilla y déjelo a *fuego moderado* solo hasta que derrita la mantequilla. Mezcle bien.

4—Retírelo del fuego y resérvelo para rellenar el Pastel Dulce (*Pie*).

MASA

(Fondo y Cubierta)

(Molde de cristal para hornear, sin engrasar, redondo, tamaño 9½″ a 10″)

3 tazas de harina de trigo
1½ cucharadita de sal
1 taza de manteca vegetal ⎱ en nevera, hasta el momento
½ taza de leche ⎰ de usarlas

1—Caliente el horno a una *temperatura moderada* de 350°F.

2—Cierna la harina de trigo con la sal sobre un tazón.

3—Añádale la manteca vegetal fría, usando para mezclarla, un *"Dough Blender"*, o sinó, dos cuchillos, con los cuales cortará la manteca, uniéndola con la harina de trigo hasta dejarla del tamaño de pequeños guisantes (*Petit-Pois*). (Es esencial que trabaje rápido para evitar que la grasa se derrita.)

4—Cuando haya mezclado debidamente la harina de trigo y la manteca, agregue la leche fría.

5—Mezcle usando un tenedor, hasta que note que en el fondo del tazón no queda harina suelta y la mezcla despega *totalmente* del tazón.

6—Vierta la mezcla sobre una tabla *levemente* enharinada. Amontónela con las manos en forma de bola y divídala con un cuchillo en dos.

7–Trabaje la *mitad* de la masa primero. Amásela con las manos 5 *veces*. Dele forma circular con un rodillo *levemente* enharinado hasta extenderla al tamaño apropiado para cubrir holgadamente el fondo del molde. Donde fuera necesario, puede "*remendar*" con pedacitos de la misma masa.

8–Colóquele encima un papel parafinado y enrolle la masa junto con el papel. Desenrolle sobre el molde y quítele el papel. Acomode la masa para que no quede tirante.

9–Con un tenedor, pinche la masa en el fondo y los lados; oprima las orillas. Corte con un cuchillo la masa que sobre de las orillas.

10–Rellene el molde con el relleno de manzana.

11–Trabaje la otra mitad de la masa en la misma forma y cubra con ella el molde.

12–Con un tenedor, pinche la superficie por distintas partes. Oprima la orilla con la punta del tenedor, mojado en leche. Píntele *levemente* con leche la superficie de la masa.

13–Métalo al horno por 45 *minutos* ó hasta dorar.

PASTEL (PIE) DE CHOCOLATE

MASA

(Suficiente para cubrir el fondo y los lados del molde)

(Molde de cristal para hornear, sin engrasar, redondo, tamaño 9½″ a 10″)

1½ taza de harina de trigo
¾ cucharadita de sal
½ taza de manteca vegetal ⎫ en nevera, hasta el momento
¼ taza de leche ⎭ de usarlas

1—Caliente el horno a una *temperatura moderada* de 350°F.

2—Cierna la harina de trigo con la sal sobre un tazón. Añádale la manteca vegetal fría, usando para mezclarla, un *"Dough Blender"*, o sinó, dos cuchillos, con los cuales cortará la manteca, uniéndola con la harina de trigo, hasta dejarla del tamaño de pequeños guisantes (*Petit-Pois*). (Es esencial que trabaje rápido, para evitar que la grasa se derrita.)

3—Agregue la leche fría. Mezcle, usando un tenedor, hasta que note que en el fondo del tazón no queda harina suelta y la mezcla despega *totalmente* del tazón.

4—Vierta la mezcla sobre una tabla *levemente* enharinada. Amontónela con las manos en forma de bola. Amásela con las manos 5 *veces*. Dele forma circular con un rodillo *levemente* enharinado hasta extenderla al tamaño apropiado para cubrir holgadamente el molde. Donde fuera necesario, puede *"remendar"* con pedacitos de la misma masa.

5—Colóquele encima un papel parafinado y enrolle la masa junto con el papel. Desenrolle sobre el molde y quítele el papel. Acomode la masa para que no quede tirante.

6—Con un tenedor, pinche la masa en el fondo y los lados; oprima las orillas. Corte con un cuchillo la masa que sobre de las orillas.

7—Hornée durante *30 minutos*, ó hasta dorar. Retire del horno, deje enfriar y rellene.

RELLENO

2 onzas de chocolate soso

2 tazas de leche

1 taza de azúcar

⅓ taza de harina de trigo

⅛ cucharadita de sal

3 yemas de huevo grandes (**reserve** las claras para el *merengue*)

½ cucharadita de vainilla

1—En una cacerolita, derrita el chocolate.

2—Ponga agua a hervir en la parte baja de un *baño de María*. Caliente la leche en la parte alta.

3—En un tazón, cierna el azúcar, la harina de trigo y la sal. Añádalo a la leche y mezcle con cuchara de madera a *fuego moderado* hasta espesar.

4—Añádale el chocolate derretido, mezcle y cueza *tapado*, a *fuego moderado*, por *15 minutos*.

5—Bata las yemas y agrégueles la mezcla, batiendo *constantemente*. Colóquela de nuevo a *baño de María* y cueza por *5 minutos, destapado*.

6—Retírelo del fuego, añada la vainilla y mezcle bien. Rellene con la mezcla la masa del pastel (*Pie Crust*) que ya ha sido horneada.

MERENGUE

A—1 taza de azúcar
¼ cucharadita de polvo de hornear (*Baking Powder*)
½ cucharadita de jugo de limón

B—3 claras de huevos grandes

1—Encienda el horno a 350°F., *10 minutos* antes de usarlo. Mezcle el azúcar con el polvo de hornear.

2—En el tazón grande de la batidora eléctrica, vierta las claras y bata a *máxima velocidad* por *2 minutos*. Reduzca la velocidad a *baja* mientras agrega **lentamente** el azúcar. En seguida, bata a *máxima velocidad* por *2 minutos*. Añada el jugo de limón y bata por *2 minutos* más. Cubra con este *Merengue* el relleno del pastel dulce (*Pie*). (Cubra **únicamente** la parte del relleno y **NO** el borde de la masa.)

3—Hornée por *10 minutos*. Retire del horno, deje refrescar y coloque en la nevera hasta el momento de usarlo.

PASTEL (*PIE*) DE MANTEQUILLA

MASA
(Suficiente para cubrir el fondo y los lados del molde)

1½ taza de harina de trigo
¾ cucharadita de sal
½ taza de manteca vegetal, bien fría
¼ taza de leche, bien fría

1—Siga las instrucciones iguales que al hacer la masa para el pastel (*Pie*) de chocolate. (Véase *página 374.*)

RELLENO
(Crema de Mantequilla)

A—4 cucharadas de maicena
2 tazas de leche
4 yemas de huevo grandes
(**Reserve tres claras** requeridas
para el *Merengue.*)

½ taza de azúcar
¼ cucharadita de sal
½ libra de mantequilla

1—Caliente el horno a 325°F.

2—En una cacerola, diluya la maicena en un poco de la leche. Añada las yemas y mezcle. Agregue el resto de la leche y combine. Añada el azúcar y la sal.

3—Cueza a *fuego moderado,* moviéndolo *continuamente* con cuchara de madera, hasta que hierva y espese. Cuando haya cuajado y la crema despegue bien del fondo y los lados de la cacerola, retire del fuego.

4—Divida la mantequilla en 4 porciones y añada una porción a la crema. Mezcle *vigorosamente* hasta que quede *totalmente* incorporada. Agregue otra porción y proceda del mismo modo hasta usar toda la mantequilla. Rellene con la mezcla la masa del pastel (*Pie Crust*) que ya ha sido horneada.

MERENGUE

1—Siga la receta de *Merengue* en la página 375.

PASTEL (PIE) DE COCO

MASA

(Suficiente para cubrir el fondo y los lados del molde)

1½ taza de harina de trigo | ½ taza de manteca vegetal helada
¾ cucharadita de sal | ¼ taza de leche helada

1—Siga las instrucciones iguales que al hacer la masa para el Pastel (*Pie*) de Chocolate. (Véase *página 373*.)

RELLENO
(Crema de Coco)

½ taza de leche de coco pura | 2 yemas de huevo
6 cucharadas de maicena | ¾ taza de azúcar
1¾ taza de leche de vaca | ¼ cucharadita de sal

1—Obtenga la ½ taza de leche de coco pura, rallando un coco bien grande, sin quitarle la corteza a la tela ó pulpa y exprimiéndolo después de rallado ó pasándolo por un prensa puré. (En caso que el coco rallado no le rindiera exactamente la ½ taza de leche de coco pura requerida, puede agregar al coco rallado algunas cucharadas de agua caliente y volverlo a exprimir ó pasar por el prensa puré hasta obtener la ½ taza de leche de coco requerida.)

2—Ponga a hervir agua en la parte baja de un *baño de María*.

3—Sin ponerlo al fuego, en la parte alta del *baño de María*, diluya la maicena en un poco de la leche de vaca. Añada las yemas y mezcle bien. Agregue el resto de la leche de vaca, la leche de coco, el azúcar y la sal. Mezcle todo bien.

4—Colóquelo sobre la parte baja del *baño de María* y mezcle *constantemente* con cuchara de madera hasta que hierva y espese.

5—Retírelo del fuego y déjelo enfriar. Rellene con la mezcla la masa del pastel (*Pie Crust*) que ya ha sido horneada.

MERENGUE

A—¾ taza de azúcar
¼ taza de agua

B—4 claras de huevo

1—Siga la receta de *Merengue* en la página 375.

PASTEL (PIE) DE LIMON

MASA

(Suficiente para cubrir el fondo y los lados del molde)

1½ taza de harina de trigo	½ taza de manteca vegetal, helada
¾ cucharadita de sal	¼ taza de leche, helada

1—Siga las instrucciones iguales que al hacer la masa para el Pastel (*Pie*) de Chocolate. (Véase *página 374.*)

RELLENO

A—¾ taza de maicena
2½ tazas de agua
4 yemas de huevo grandes (**reserve tres claras** requeridas para el *Merengue*)
¼ taza de jugo de limón verde, fresco
2 tazas de azúcar
1½ cucharadita de sal

B—2 onzas (4 cucharadas) de mantequilla

1—Disuelva la maicena en un poco del agua. Añada las yemas y mezcle bien. Agregue el resto de los ingredientes incluídos en A y mezcle.

2—Agréguele la mantequilla y póngalo a cocer a *fuego moderado* hasta que hierva y espese. Muévalo *contínuamente* con cuchara de madera. Rellene con la mezcla la masa del pastel (*Pie Crust*) que ya ha sido horneada.

MERENGUE

1—Siga la receta de *Merengue* en la página 375.

FLAN DE LECHE EVAPORADA

A—1 taza de azúcar *(para acaramelar el molde)*

B—5 huevos grandes
   1 lata de 13 onzas de leche evaporada, **sin diluir**
   1 cucharadita de vainilla
   1¼ tazade azúcar

1—En la parrilla del centro del horno, coloque un molde de aluminio con 1 pulgada de agua, apropiado para que le sea colocado sobre éste el molde donde se horneará el flán a *"Baño de María."* Encienda el horno a *350°F., 10 minutos* antes de usarlo.

2—Acaramele un molde de aluminio de 8 pulgadas por 6 pulgadas; o redondo, de 8 pulgadas de diámetro, echándole una taza de azúcar y siguiendo la instrucción en la página 8 de cómo dorar o acaramelar un molde.

3—Aparte, desbarate los huevos, **sin batirlos,** y agréguele el resto de los ingredientes incluídos en *B.* Mezcle y cuele.

4—Vierta sobre el molde acaramelado.

5—Coloque el molde acaramelado sobre el recipiente con agua en el horno. Hornée a *"Baño de María"* por *1 hora 15 minutos,* o hasta que al introducirle un palillo en el centro, salga seco.

6—Saque del horno, deje enfriar, *tape* y coloque en la nevera. Vuelque en platón en el momento de servirlo.

FLAN DE PIÑA

Nota: Escoja piña ácida pues si es muy dulce no le resultará bien el postre. Se requieren 9 huevos por **cada taza** de jugo de piña que se use.

1—Se pela la piña, se parte en pedazos sacándole el corazón y después se pasa por la máquina de moler carne.

2—Pase la piña molida por colador que tenga un pañito encima.

3—Mida el jugo colado y por cada medida de jugo usará una medida igual de azúcar. Por ejemplo:

        2 tazas de jugo de piña
        2 tazas de azúcar

4—Lo une bien y lo pone a cocer a fuego alto. Le introduce el termómetro de dulce.

5—Cuando hierva, lo pone a fuego moderado. Lo deja hasta que se forma un sirop espesito, pero no de hebra (tarda alrededor de quince (15) minutos). Estará listo cuando el termómetro de dulce marque 222°F.

6—Lo retira del fuego y espere a que enfríe *totalmente,* lo cual tarda una (1) hora.

7—Acaramele un molde en el cual, después pondrá a hacer el flan a baño de María.

8—Lo acaramelará echando en el molde ½ taza de azúcar y poniéndolo sobre el fuego bajo. Cuando el azúcar esté derretida y haya cogido un color ámbar bonito, con cuidado la retira del fuego y la deja que cubra el fondo y los lados del molde. Esto lo hará rápido y con mucho cuidado para no quemarse, pues el azúcar se acaramela en seguida.

9—Cuando el sirop ya esté totalmente frío, proceda del siguiente modo:

10—En una olla o cacerola va uniendo el sirop con los huevos, tratando de que queden bien unidos y sin levantar espuma, alternando el sirop con las yemas en la siguiente forma:

2 cucharadas de sirop	2 cucharadas de sirop
1 huevo completo	1 huevo completo
(yema y clara)	2 cucharadas de sirop
2 cucharadas de sirop	1 yema solamente, y
1 yema solamente	

así sucesivamente prosigue hasta terminar con el sirop recordando que debe siempre alternar las 2 cucharadas de sirop una vez con huevo completo y otra con yema sola y que debe terminar con huevo. (Los huevos requeridos dependerán de la cantidad de sirop que se prepare.)

11—Lo cuela a una cacerola y de ella lo vuelve a colar al molde que previamente ha de acaramelarse.

12—Lo pone en la hornilla a baño de María, que debe estar hirviendo y le ha bajado el fuego para que se mantenga caliente sin volver a hervir.

13—Lo deja allí media (½) hora.

14—Pasada la media hora lo mete a baño de María también, al horno que previamente habrá calentado a una *temperatura moderada* de 350°F. Allí lo deja una (1) *hora más.*

15—Lo retira del horno y al ratito lo pone a la nevera donde lo dejará hasta quedar bien frío.

16—Después con un cuchillo cuidadosamente le despega las orillas y rápidamente lo vuelca sobre platón que colocará a la nevera para comer bien frío.

FLAN CARAQUEÑO

¼ libra de almendras (se ponen a hervir por 3 minutos y entonces se pelan)

13 galletas de soda	2 onzas de mantequilla
8 huevos enteros	(4 cucharadas)
½ cucharadita de sal	1½ taza de azúcar
1 litro de leche	1 cucharada de vainilla

1—Pase por la máquina de moler las almendras, después las galletas.

2—Póngalas en un tazón y agregue los huevos enteros uniendo bien todo. Derrita la mantequilla y agregue la sal, el azúcar, la leche y la vainilla. Vierta sobre la mezcla.

3—Aparte acaramele un molde de bizcocho sin hoyo al centro, echándole 1 taza de azúcar y poniéndolo sobre el *fuego bajo* hasta que derrita y tome un bonito color dorado. Cubra con esto el fondo y los lados del molde. Vierta la mezcla en este molde acaramelado.

4—Póngalo a *baño de María* en agua que ya estaba hirviendo y lo mete al horno a una *temperatura moderada* de 350°F. durante *1 hora* ó hasta que cuaje y dore.

5—Cuando esté frío totalmente, se vuelca en un platón.

CREMA DE HUEVO

4 yemas de huevo	5 cucharadas de maicena
1 litro de leche	½ cucharadita de sal
7 cucharadas de azúcar	1 cucharadita de vainilla

1—Diluya la maicena en un poco de la leche. Ponga a hervir el resto de la leche.

2—A la maicena diluída, agréguele las yemas **bien desbaratadas.**

3—Tan pronto hierva la leche, agréguele la sal y el azúcar. Muévalo bien y retírelo del fuego. Combínelo con la mezcla de leche, maicena y huevos.

4—Cuélelo, añádale 1 cucharadita de vainilla y póngalo de nuevo al fuego, moviéndolo **continuamente.** Tan pronto hierve, se retira y se vierte en platitos hondos individuales.

CREMA DE CHOCOLATE

(8 raciones)

2 onzas de chocolate dulce	½ cucharadita de sal
10½ cucharaditas de maicena	½ taza de azúcar
1 litro de leche	1 cucharadita de vainilla

1—Ralle el chocolate por el lado de "lunas llenas" del rallo (guayo).

2—Agréguele la maicena y mezcle.

3—Añada la leche, la sal, el azúcar y la vainilla.

4—Póngalo a *fuego moderado* y mueva **continuamente** hasta que hierva y cuaje. (Alrededor de *20 a 25 minutos.*)

5—Vierta en platitos hondos individuales y sirva bien frío.

CREMA DE CARAMELO

A—½ litro de leche | 3 cucharadas de maicena

B—⅓ taza de azúcar (para dorar en la cacerola)

C—2 cucharadas de azúcar | 1 cucharadita de vainilla

1—Combine un poquito de la leche con la maicena para diluírla.

2—Coloque en una cacerola el ⅓ taza de azúcar. Póngala a *fuego bajo* y permita que ésta se derrita y se ponga de un color dorado bonito. Agregue la leche y déjela que hierva.

3—Después que hierva, agregue la mezcla de maicena diluída y las 2 cucharadas de azúcar incluídas en C.

4—Muévala **continuamente** hasta que espese y cuando vaya a estar lista, le agrega la vainilla.

LECHE COSTRADA

1 litro (4 tazas) de leche	4 huevos (de los cuales
⅓ taza de azúcar	no se usará 1 clara)
½ cucharadita de sal	1 cucharadita de vainilla

1—Encienda el horno a una *temperatura moderada* de 350°F.

2—Hierva la leche con el azúcar y la sal. Después retírela del fuego.

3—Separe la clara de uno de los huevos y *no la use.* Desbarate la yema junto con el resto de los huevos con un tenedor. **No las bata.**

4—Agregue a los huevos desbaratados parte de la leche hervida. Muévela **rápidamente** y agréguele el resto de la leche hervida. Añada la vainilla y cuélelo sobre moldes individuales, sin engrasar, de cristal para hornear.

5—Hornée por *30 minutos* y sirva bien frío.

FLAN DE PIÑA SENCILLO

(Molde de aluminio, redondo, 8″ x 3″)

1 piña grande, madura
2 tazas de azúcar
8 huevos
1 taza de azúcar (para acaramelar el molde)

1—Monde la piña, divídala *a lo largo* en cuatro y rállela. Exprímala en un paño hasta obtener *2 tazas de jugo de piña*.

2—En una cacerola grande, combine el jugo de piña con *2 tazas de azúcar*. Póngalo al fuego, **sin moverlo**, hasta formar un sirop liviano. (Termómetro de dulce—222°F.) Saque la espuma que se forma mientras hierve. Déjelo enfriar.

3—Para acaramelar el molde, vierta en éste *1 taza de azúcar* y póngalo a *fuego moderado*, hasta que el azúcar derrita. Retírelo del fuego. Cubra **rápidamente** el fondo y los lados del molde, antes de que se acaramele el sirop.

4—Ponga a calentar agua en un recipiente apropiado para que le sea colocado encima el molde y pueda hornear el flán a *"baño de María."* Encienda el horno a una temperature de *350°F.*

5—Cuando el sirop de piña esté frío, combínelo con los huevos, previamente desbaratados con un tenedor, **sin formar espuma**. Cúelelo y vierta sobre el molde acaramelado. Coloque el molde sobre el recipiente con agua caliente y métalo al horno alrededor de *1 hora* ó hasta cuajar y dorar.

6—Retírelo del horno y al refrescar, colóquelo en la nevera para cuando esté **totalmente frío** volcarlo sobre platón.

FLAN DE LECHE "PUERTORIQUEÑO"

(Molde de aluminio, redondo, 9″ x 3½″)

A—6 tazas de leche	¼ cucharadita de sal
1 taza de azúcar	Cáscara de 1 limón verde

B—7 huevos

C—1 taza de azúcar (para acaramelar el molde)

1—En una olla grande combine los ingredientes en A. Mezcle **ocasionalmente** a *fuego alto* hasta notar que va a hervir.

Reduzca el fuego a *moderado* y cueza *15 minutos* moviéndolo *ocasionalmente*. Retírelo del fuego, cuélelo y déjelo enfriar.

2—Proceda con el resto de la receta siguiendo instrucciones exactas a las indicadas en los números 3, 4, 5 y 6 de la receta anterior, titulada FLAN DE PIÑA SENCILLO, sustituyendo el sirop de piña por la leche.

DULCE DE LECHE "MENEAO"

1 litro de leche | 2¼ tazas de azúcar
1 cucharadita de vainilla

1—Mezcle bien la leche con el azúcar en una cacerola grande.

2—Póngala a *fuego alto* y muévala **contínuamente** con una cuchara de madera hasta que espese y tome un color amarillo claro. Tardará alrededor de *40 a 50 minutos* en el fuego, dependiendo de cuan espeso le guste el dulce. Mientras el líquido hierve debe, por momentos, bajar el fuego para impedir que se derrame.

3—Tan pronto esté listo, añádale 1 cucharadita de vainilla, mézclelo y retírelo **inmediatamente** del fuego.

DULCE DE LECHE EVAPORADA

A—1 lata de 13 onzas de leche evaporada
   1 cucharadita de jugo de limón, verde
   La cáscara de 1 limón, verde

B—1½ taza de azúcar

1—Ponga en una cacerola la leche evaporada tal cual viene, **sin diluir.** Añádale el jugo de limón. Lave la cáscara de limón y agréguela. Mezcle y deje reposar por *10 minutos.*

2—Añada el azúcar y mezcle con una espátula de goma hasta que se disuelva. Ponga la cacerola a *fuego moderado* y al hervir, ponga el *fuego bajo* y cueza por *1½ hora.*

3—Mientras el dulce se hace, **ocasionalmente** pase una cuchara de madera por los lados y por el fondo de la cacerola en forma que **no sea violenta,** para no romper los *"grumos"* que empiezan a formarse. *Mueva lo menos posible.*

4—Remueva la cáscara de limón, deje enfriar, vierta en dulcera y ponga en la nevera.

ISLA FLOTANTE
CREMA

6 tazas de leche	⅔ taza de azúcar
2 rajas de canela o 1 cucharadita	2 cucharadas de maicena
de extracto de vainilla	4 yemas de huevo
½ cucharadita de sal	

1—Diluya la maicena y las yemas en *2 tazas* de la leche usando una espátula de goma para mezclar.

2—Combine el resto de la leche con la sal, el azúcar y las rajas de canela o cucharadita de vainilla. Póngala a *fuego alto, sin moverla,* hasta que hierva. Agregue la mezcla de leche, maicena y yemas. Ponga el *fuego moderado-alto.*

3—Muévala **contínuamente** con una cuchara de madera hasta que hierva. Retírela del fuego y cuélela, preferiblemente sobre recipientes individuales. Cubra con merengue.

MERENGUE

4 claras de huevo	1 taza de azúcar
1 cucharada de jugo de limón verde, fresco	

1—Bata las claras a *punto de nieve.* Agrégueles, *poco a poco,* el azúcar y después el jugo de limón. Bata hasta que queden con la consistencia adecuada para colocarse sobre la crema y quedar en cucuruchos.

Nota: Si usa batidor eléctrico, bata a alta velocidad por *5 minutos.* Reduzca la velocidad, añada el azúcar poco a poco y el jugo de limón. Bata hasta tener consistencia adecuada.

FLAN DE LECHE CONDENSADA
(Molde de aluminio, redondo, 9″ x 3½″)

8 huevos	1 cucharadita de vainilla
2 latas de leche condensada	¼ cucharadita de sal
(14 onzas cada una)	

1 taza de azúcar (para acaramelar el molde)

1—Con una espátula de goma desbarate los huevos **sin formar espuma.** Diluya la leche en igual cantidad de agua. Mezcle con los huevos, **sin batir.** Añada la vainilla y la sal. Cuele sobre molde acaramelado, según instrucción 3 en la página 384. Hornee a 350°F. en *Baño de María* por *1 hora.* Viértalo después de frío.

CAPITULO XVIII

Dulces con Coco

Dulces con Coco

LECHE DE COCO

Con leche de coco preparamos muy sabrosos postres. Algunos se confeccionan con la leche de coco pura y otros agregándole al coco rallado un poco de agua caliente para así hacer la leche menos espesa y dar mayor rendimiento.

La cantidad de leche de coco pura que rinde un coco seco depende de cuan seco esté el coco y por supuesto, de su tamaño.

Como cálculo aproximado puede considerarse que un coco seco de tamaño grande deba rendir alrededor de ½ taza más a menos de leche de coco pura.

Rendimiento aproximado de un coco seco grande:

1 coco seco grande – 1 libra de tela o pulpa de coco
1 libra de tela o pulpa de coco – 5 tazas de coco rallado
5 tazas de coco rallado – ½ taza más o menos de leche de coco pura

Cómo obtener leche de coco pura:

1—Abra un coco seco.

2—Saque la tela o pulpa.

3—No le quite la corteza a menos que la receta a hacerse así lo indique.

4—Lávela, séquela y después rállela.

5—Pásela por un majador o prensa puré y exprímala hasta extraerle el máximo de su leche pura.

6—Cuélela y mídala.

Nota: Después de sacada la leche de coco pura, si desea que el coco le rinda mayor cantidad de leche de coco, puede agregar lo que le falte en agua caliente y regarla sobre el coco rallado y de nuevo volverlo a pasar por el majador o prensa puré. Cuélelo y combínelo con la leche de coco pura que antes extrajo.

CAZUELA

2 onzas (4 cucharadas) de mantequilla
1 coco seco, grande (1 taza de leche de coco)
3 libras de batatas *blancas*
3 libras de calabaza

Especies siguientes:
  1 pedazo de jengibre, machacado
  1 raja de canela grande
  ¼ cucharadita de granos de anís
  5 clavos de especie
3 huevos enteros
2 tazas de azúcar
1 cucharadita de sal
4 cucharadas de harina de trigo

1—Saque anticipadamente la mantequilla de la nevera para que esté cremosa cuando la necesite.

2—Abra el coco seco y extraiga la leche de coco hasta obtener 1 taza de leche de coco. Hágalo en la siguiente forma:

A—Ralle el coco, sin quitarle la corteza a la tela ó pulpa.

B—Páselo por un majador ó prensa puré y exprímalo bien para sacarle la leche de coco pura. Cuélelo y mídalo.

C—Aparte, caliente agua en la cantidad que le falte a la leche de coco pura para medir 1 taza. Riegue esta agua caliente sobre el coco rallado.

D—Páselo de nuevo por el majador ó prensa puré y vuelva a exprimirlo para sacar bien la leche de coco.

E—Cuélelo y combínelo con la leche de coco pura que antes había sacado, hasta obtener 1 taza de leche de coco en total.

3—Lave, monde y corte en pedazos las batatas. Péselas y use 2¼ libras.

4—Escoja calabaza que no sea aguachosa. La conocida comúnmente como "calabaza rompe olla" es muy aceptable para este postre. Móndela, córtela en pedazos y pésela. Use 2¼ libras.

5—Ponga a hervir 8 tazas de agua con 1 cucharada de sal. Tan pronto hierva añada los pedazos de batata y calabaza y déjelos hervir a *fuego moderado* durante *45 minutos*.

6—Aparte, combine las especies con ½ taza de agua y póngalas a *fuego moderado, tapadas,* durante *5 minutos*. Cuélelo y **reserve** el líquido para usarlo más tarde.

7—Engrase bien una cazuela de tamaño alrededor de 9½ pulgadas de diámetro. Cubra bien su fondo y sus lados con pedazos de hojas de plátano previamente lavados y engrasados con mantequilla u óleo.

8—Diez minutos antes de usar el horno enciéndalo a una *temperatura moderada* de 400°F.

9—Diluya la harina de trigo en la taza de leche de coco. Tan pronto la batata y la calabaza estén listas, sin pérdida de tiempo, páselas por un majador ó prensa puré y agréguele en seguida, mezclando bien después de agregar, cada uno de los siguientes ingredientes:

La mantequilla cremosa, los 3 huevos enteros, la taza de leche de coco con la harina diluída, las 2 tazas de azúcar, la cucharadita de sal y el líquido en el cual hirvió las especies.

10—Vierta la mezcla en la cazuela y métala al horno alrededor de *2 horas* ó hasta que esté cocida.

11—Después de lista espere un poco a que enfríe y viértala sobre platón grande, llano.

Nota: En ausencia de una cazuela puede hacerlo en molde de cristal para hornear bien engrasado.

NISPEROS DE BATATA

1 coco seco, bien grande	3 tazas de aúzcar
2 libras de batata *blanca*	1 yema de huevo

1—Abra el coco seco y extraiga la leche de coco hasta obtener ¾ taza de leche de coco. Hágalo en la siguiente forma:

A—Ralle el coco, sin quitarle la corteza a la tela ó pulpa.

B—Páselo por un majador o prensa puré y exprímalo bien para sacarle la leche de coco pura. Cuélelo y mídalo.

C—Si no le ha rendido ¾ taza entonces haga lo siguiente: Caliente agua en la cantidad que le falte a la leche de coco pura para medir las ¾ taza requeridas. Riegue esta agua caliente sobre el coco rallado.

D—Páselo de nuevo por el majador o prensa puré y vuelva a exprimirlo para sacar bien la leche de coco.

E—Cuélelo y combínelo con la leche de coco pura que antes había sacado hasta obtener las ¾ taza requeridas.

2—Lave bien las batatas con un cepillito de lavar vegetales. *No las monde.* Pártalas en pedazos y póngalas a hervir en 1½ litro de agua con 1 cucharadita de sal durante *40 minutos.*

3—Después de cocida la batata se escurre y se monda en caliente y en seguida se pasa por el majador o prensa puré.

4—Añádale inmediatamente la leche de coco, el azúcar y la yema de huevo y póngalo a *fuego alto,* preferiblemente en un caldero.

5—Muévalo continuamente con una cuchara de madera y no lo mueva en forma circular, sino trayendo la cuchara hacia adelante y hacia detrás.

6—Cuando comience a hervir puede bajar un poco el fuego. Algunas veces este postre chisporrotea un poco. Sea cuidadosa al hacerlo.

7—Debe tardar alrededor de *30 minutos* en el fuego. El punto lo conocerá cuando el postre despegue bien del caldero.

8—Después de listo déjelo enfriar y entonces échelo por cucharaditas colmadas en la palma de las manos y déle forma circular.

9—Páselo ligeramente por polvo de canela y colóquele en el centro de cada uno un clavito de especie. Parecerán pequeños nísperos.

10—Para variarlo puede pasar las bolitas por azúcar granulada, a la cual le ha agregado algunas gotas de color vegetal en distintos colores. Después se ponen al sol para que sequen bien. Resultan muy decorativas.

11—Si lo prefiere, simplemente puede comerlo tal cual está y es muy sabroso.

TURRONCITOS DE COCO

1 coco seco bien grande | 3 tazas de azúcar

1—Abra el coco seco y extráigale la leche de coco hasta obtener 2 tazas de leche de coco. Hágalo en la siguiente forma:

A—Ralle el coco sin quitarle la corteza a la tela o pulpa.

B—Páselo por un majador o prensa puré y exprímalo bien para sacarle la leche de coco pura. Cuélelo y mídalo.

C—Aparte caliente agua en la cantidad que le falte a la leche de coco pura para medir 2 tazas. Riegue esta agua caliente sobre el coco rallado.

D—Páselo de nuevo por el majador o prensa puré y vuelva a exprimirlo para sacar bien la leche de coco.

E—Cuélelo y combínelo con la leche de coco pura que antes extrajo hasta obtener las 2 tazas de leche de coco requeridas.

2—Combine estas 2 tazas de leche de coco con las 3 tazas de azúcar y mézclelo bien.

3—Póngalo a fuego alto, sin moverlo ni taparlo. Cuando hierva baje el fuego a moderado. Déjelo así alrededor de 40 minutos. (Si usa termómetro de dulce introduzca éste en el dulce al empezar a hacerlo y estará listo cuando el termómetro marque 258°F.)

4—Engrase un mármol y vierta la mezcla en él.

5—Espere breves minutos a que enfríe un poco.

6—Cuando tenga consistencia para poderla manejar, levántela como si fuera una sábana y empiece a estirarla a todo lo largo de los brazos. Dóblela y repita la operación hasta blanquearla un poco.

7—Colóquela rápidamente sobre la mesa de nuevo pero esta vez póngala en tiritas como de 1 pulgada de ancho.

8—Rápidamente pásele la palma de las manos por encima para aplanarlo y darle brillo.

9—Córtelo en turroncitos como de *1 pulgada* de largo.

10—Envuélvalos en papel parafinado, ó si lo prefiere, en papel de seda de distintos colores.

Nota: Deben salirle alrededor de 60 turroncitos. Cuando esté estirándolo no lo haga en exceso, pues puede azucarársele.

TEMBLEQUE

1 coco seco, bien grande
3½ tazas de agua caliente
  Use el agua del coco y complete con agua corriente.

½ taza de maicena	½ cucharadita de sal
⅔ taza de azúcar	1 cucharada de agua de azahar

1—Abra el coco. Saque la tela o pulpa. *Quítele la corteza negra.* Lávelo, séquelo y *rállelo.*

2—Agregue a este coco rallado 3½ tazas de agua caliente. Mezcle bien y pase por un majador ó prensa puré para exprimirlo hasta sacarle toda la leche de coco.

3—Cuélelo y mida *4 tazas* de esta leche de coco. (En caso que le faltara leche, agregue un poquitín más de agua al coco rallado.)

4—En una cacerola bien grande mezcle la maicena, el azúcar, la sal y el agua de azahar. Añada *poco a poco* la leche de coco y mezcle bien.

5—Póngalo a *fuego moderado-alto* y muévalo *continuamente* con una *cuchara de madera* hasta que empiece a tomar consistencia. Reduzca a *fuego moderado* y mueva hasta que espese y hierva.

6—Retírelo del fuego y *rápidamente* viértalo sobre un molde redondo de 6″ diámetro y 3″ de alto que debe estar *mojado y escurrido.*

7—Espere a que enfríe y vírelo sobre un platón llano.

Nota: Si desea un sabor más concentrado a coco, puede usar 2 cocos grandes para sacar las 4 tazas de leche de coco requeridas.

MAMPOSTIAL

1½ taza de coco rallado (Según va echando en la taza el coco rallado, para medirlo, vaya apretándolo con una cuchara.)
1½ taza de melao

1—Mezcle en un *caldero* el coco rallado y el melao.

2—Póngalo a *fuego moderado* y muévalo *contínuamente* con una *cuchara de madera* hasta que despegue bien del caldero.

3—Retírelo del fuego y viértalo sobre una mesa ó mármol engrasado.

4—Cuando enfríe, córtelo con un cuchillo en cuadros. (Quedará amelcochado.)

ARROZ CON COCO

A—1½ tazas de arroz

B—1 coco seco, bien grande
¼ taza de agua caliente (para sacar la leche de coco **pura**)
3½ tazas de agua caliente (para sacar la leche de coco **diluida**)

C—1½ cucharaditas de sal
3 rajas de canela
2 onzas de gengibre fresco, lavado, cortado en pedazos y machacados
6 clavos de especie
Una pizca de nuez moscada } (*opcional*)

D—2¼ tazas de azúcar
½ taza de pasas, sin semillas (remojadas por *15 minutos*)

1—Remoje el arroz en agua, que lo cubra generosamente, alrededor de *1½ horas.*

2—Ralle el coco, añádale ¼ taza de agua caliente y exprímalo a través de un paño. Reserve la leche de coco **pura** que obtenga.

3—En una cacerola, mezcle la cachispa de coco que exprimió con 3½ tazas de agua caliente. Vuelva a exprimir de nuevo a través del paño, para obtener la leche de coco **diluída.**

4—En un caldero, combine la leche de coco **diluída** con los ingredientes incluídos en *C*. Ponga el *fuego alto* hasta hervir. Reduzca el fuego a *moderado, tape* y hierva por *15 minutos.*

5—Escurra bien el arroz, añada y mezcle. Ponga el *fuego moderado* hasta hervir. Reduzca el fuego a *bajo, tape* y cueza hasta que el arroz esté cocido.

6—Añada los ingredientes incluídos en *D*, mezcle y cueza, *destapado* y a *fuego bajo*, por *15 minutos.*

7—Agregue la leche de coco **pura** que reservó, mezcle y cueza, *destapado* y a *fuego moderado,* hasta secar. *Ocasionalmente,* voltée el arroz.

8—Saque las especies y vierta el arroz en platón llano. Sirva a temperatura del ambiente.

BESITOS DE COCO

(Salen alrededor de 24 Besitos)

1 coco seco, grande
8 cucharadas de harina de trigo
4 yemas de huevo
1 taza de azúcar negra
¼ cucharadita de sal

2 onzas (4 cucharadas) de mantequilla
Ralladura de 1 limón verde
ó ½ cucharadita de vainilla

1—Saque anticipadamente la mantequilla de la nevera, para que cuando la necesite, esté cremosa.

2—Abra el coco seco. Sáquele la tela ó pulpa. **No le quite la corteza.** Lávelo y rállelo.

3—Mida 3 tazas del coco rallado, apisonándolo bien en la taza y combínelo con el resto de los ingredientes.

4—Engrase un molde de cristal para hornear 13 x 9 x 2-pulgadas.

5—Forme bolitas con la mezcla y colóquelas en el molde.

6—Encienda previamente el horno a una *temperatura moderada* de 350°F.

7—Métalo al horno hasta cocer y dorar (alrededor de *30 a 40 minutos*). Para usar dos de las claras que le sobran puede hacer Bolitas de Nieve (página 430.)

ARROZ CON COCO MODERNO

A—2 tazas de arroz de grano corto

B—3 tazas de agua | 2 cucharaditas de sal
  3 pedazos de jengibre de 1 pulgada, lavados y machacados

C—¼ taza de pasas, remojadas en agua por *15 minutos* y escurridas

D—2 latas de 15 onzas de "Crema de Coco" (*Cream of Coconut*)

E—1 onza (2 cucharadas) de mantequilla, cortada en trocitos
  ¼ taza de azúcar negra

1—Remoje el arroz en abundante agua que lo cubra por *1½ hora.*

2—En un caldero de 11 pulgadas de diámetro, combine los ingredientes incluidos en B. Ponga el *fuego alto* y al hervir, reduzca el fuego a *moderado.* Escurra el arroz y añádalo al caldero. Mezcle y cueza a *fuego bajo* hasta que seque. Voltee el arroz y cueza a *fuego bajo* por *30 minutos.* Voltee el arroz, añada las pasas y la crema de coco, mezcle y cueza destapado a *fuego bajo por 30 minutos* o hasta secar.

3—Voltee el arroz, descarte el jengibre y envuelva en el arroz la mitad de la mantequilla. Vierta en platón llano, apisónelo con cuchara de cocina, para que quede unido al servirlo. Distribuya sobre el arroz el resto de la mantequilla. Espolvoree el azúcar sobre la superficie del arroz. Sirva a temperatura del ambiente.

DULCE DE COCO DORADO

1 coco seco, grande | 2⅔ tazas de azúcar
1⅓ taza de agua | 2 huevos

1—Abra el coco seco. Sáquele la tela o pulpa y pésela *sin haberle quitado* la corteza. *Use 1 libra.*

2—*Quítele* la corteza y ralle el coco.

3—Combine el coco rallado con el agua y el azúcar.

4—Póngala a *fuego alto* durante 5 *minutos*. Ponga el fuego *bajo* y déjelo así alrededor de *1 hora* en total. *No lo tape* y únicamente muévalo dos o tres veces. (Si usa termómetro de dulce estará listo cuando marque 222°F.)

5—Desbarate entonces con un tenedor los dos huevos evitando batirlos y *rápidamente* agréguelos al dulce moviendo *contínuamente* mientras los agrega para evitar que se cuajen.

6—Deje el dulce al fuego 5 *minutos* más sin moverlo.

7—Retírelo y sírvalo en dulcera.

DULCE DE COCO EN ALMIBAR

A—1 coco seco, grande | La cáscara de un limón verde, fresco
4 tazas de agua |

B—5⅓ tazas de azúcar

1—Abra el coco. Saque la tela o pulpa y móndele la corteza. Ralle el coco y mida *3 tazas de coco rallado*.

2—Coloque las 3 tazas de coco rallado en una olla junto con 4 tazas de agua y la cáscara del limón.

3—Póngalo a *fuego alto* hasta que hierva.

4—Cuando hierva, agregue el azúcar. Mezcle y cueza a *fuego alto* hasta que hierva de nuevo.

5—Tan pronto hierva, ponga el *fuego bajo* y cueza alrededor de *1 hora* o lo necesario hasta que el almíbar espese a su gusto. (Se recomienda el uso del termómetro de dulce. Introdúzcalo en el dulce cuando agregue el azúcar. Cuando el termómetro marque 220°F. puede retirar el dulce del fuego en la confianza de que el almíbar tendrá un punto muy aceptable.)

BIEN ME SABE

2 cocos secos, grandes | 6 yemas de huevo
3⅓ tazas de azúcar |

1—Abra los cocos secos y extraiga la leche de coco hasta obtener 2 tazas en total. Hágalo en la siguiente forma:

A—*Quite* la corteza a la tela o pulpa del coco.

B—Rállelo y después páselo por un majador o prensa puré para sacarle bien la leche de coco pura.

C—Cuélelo y mídalo.

D—Aparte caliente agua en la cantidad que le falte a la leche de coco pura para medir 2 tazas. Riegue esta agua caliente sobre el coco rallado y vuelva a exprimirlo pasándolo de nuevo por un majador o prensa puré.

E—Cuélelo y combínelo con la leche de coco pura, hasta obtener 2 tazas de leche de coco en total.

2—Combine estas 2 tazas de leche de coco con el azúcar y mézclelo bien. Póngalo a fuego alto sin volver a moverlo. Tan pronto hierva baje el fuego a moderado.

3—Déjelo así hasta que forme un almíbar algo espesita. Tarda alrededor de 8 a 10 minutos. (Si usa termómetro de dulce, introduzca éste en el dulce al empezar a hacerlo y estará listo cuando marque 220°F.)

4—Retírelo del fuego y deje enfriar el almíbar alrededor de 1 hora.

5—Pasado este tiempo, aparte desbarate bien las yemas en una cacerola.

6—Agréguele poco a poco el almíbar fría y únalo todo bien.

7—Póngalo de nuevo a fuego moderado, moviéndolo continuamente hasta que de un hervor.

8—Retírelo y cuélelo. Sírvalo en dulcera con bizcochitos o plantillas dentro.

Nota: Este postre resulta muy sabroso y decorativo servido en platitos hondos individuales en la siguiente forma:

(Salen 10 platitos)

1—Coloque en cada platito algunos pedacitos de bizcocho o plantillas.

2—Cúbralos con *bien me sabe.*

3—Bata 3 claras a punto de nieve y agrégueles 3 cucharadas de azúcar. Bata bien.

4—Colóquela en cucuruchos sobre el *Bien me Sabe.*

5—Si desea, en el momento de servirlo, riéguele encima a las claras batidas grajeas en distintos colores.

CUADRITOS DE COCO AMELCOCHADOS

(Salen 48)

PRIMERA COMBINACION:

¼ libra de mantequilla

½ taza de azúcar negra

1 taza de harina de trigo

SEGUNDA COMBINACION:

1 taza de azúcar negra

2 cucharaditas de harina de trigo

½ cucharadita de sal

2 huevos

1 cucharadita de vainilla

2 cucharadas de melao

1½ taza de coco rallado ó 1 lata de 3½ onzas de *Baker's Angel Flake Coconut Sweetened*

Preparativos:

A—Saque con anticipación la mantequilla de la nevera para que esté cremosa cuando la necesite.

B—Abra el coco seco. Saque la tela ó pulpa. Quítele la corteza y rállelo. Use *1½ taza* de coco rallado ó la lata de coco rallado.

C—Engrase un molde llano de aluminio, tamaño 8″ x 12″ ó 9″ x 10″. Encienda el horno a una *temperatura moderada* de 350°F.

Método:

1—Mezcle la *Primera Combinación* y espárzala por el fondo del molde. Hornéela durante *12 minutos.*

2—Mientras tanto, vaya mezclando la *Segunda Combinación.*

3—Transcurridos los *12 minutos*, saque el molde del horno y viértale encima la *Segunda Combinación.* Vuelva a meterlo al horno durante *20 a 30 minutos*, ó hasta quedar dorado.

4—Retírelo del horno, déjelo enfriar por *10 minutos* y estando aún en el molde, córtelo en 48 cuadritos. Sáquelos y colóquelos en un platón llano.

BUDIN - FLAN DE COCO

A—1 taza de azúcar (*para acaramelar el molde*)

B—1 lata de 1 libra 2 onzas de Dulce de Coco Rallado en Almíbar

1 lata de 14 onzas de leche condensada (*sin diluir*)

½ taza de agua

¼ cucharadita de sal

½ cucharadita de vainilla

C—4 huevos

1—Encienda el horno a 350°F. Acaramele un molde de aluminio, sin tubo, de 8 pulgadas por 3 pulgadas con el azúcar incluída en *A*. En una cacerola, combine y mezcle los ingredientes incluídos en *B*.

2—En otra cacerola, desbarate bien los huevos, uniendo claras y yemas, **sin batirlos.** Agréguele el contenido de la primera cacerola, mezcle y vierta sobre el molde acaramelado.

3—Colóquelo sobre molde de aluminio con agua y hornée a *Baño de María* por *1 hora 15 minutos* ó hasta cuajar y dorar. Sáquelo, déjelo enfriar y colóquelo en la nevera. Al servirlo, viértalo sobre platón.

TEMBLEQUE DE MAIZ

2½ tazas de leche de coco

1 taza de azúcar

½ cucharadita de sal

1 cucharadita de anís en granos

1¼ taza de harina de maíz

bien fina

1—Combine los ingredientes y cuézalo a fuego *moderado,* moviéndolo **continuamente,** hasta que hierva y cuaje. Conocerá el punto cuando despega la mezcla bien de la cacerola.

2—Viértalo **inmediatamente** en un molde y cuando enfríe totalmente, vuélquelo sobre platón llano.

BUDIN DE BATATA

1¾ libra de batata blanca

¾ libra de mantequilla

2 tazas de leche de coco

8 huevos

2¼ tazas de azúcar

½ cucharadita de sal

1 taza de harina de trigo

1—Lave bien las batatas con el cepillo de lavar hortalizas. **No las monde.** Córtelas en pedazos.

2—Ponga a hervir 4 tazas de agua en una olla con 1 cucharada de sal. Cuando rompa a hervir agregue los pedazos de batata, *tape* la olla y déjelos cocer por *30 minutos* a *fuego alto*.

3—Mientras la batata se cuece, saque la leche de coco. (Véase como sacar leche de coco en la página 389.)

4—Derrita a *fuego bien bajo*, ½ taza de azúcar en un molde hondo de aluminio para acaramelar totalmente el fondo y los lados de molde.

5—Aparte, derrita la mantequilla a *fuego bajo*.

6—Tan pronto la batata esté cocida, se saca y se monda **inmediatamente**. En seguida se maja y se le agrega la leche de coco, que debe poner un poco tibia.

7—Combine los huevos con el azúcar y la sal y agréguelos a la batata majada.

8—Agregue la mantequilla derretida y finalmente, agregue la harina de trigo.

9—Mezcle todo bien y cuélelo a través de un colador fino, haciendo que pase totalmente la mezcla y sin dejar nada en el colador. Vierta en el molde.

10—Caliente el horno a una temperatura *moderada* de *350°F.* y hornée, a *Baño de María,* alrededor de *2 horas,* hasta que al introducir un palillo en el centro, salga seco.

11—Retire del horno y deje enfriar **totalmente** antes de volcarlo sobre platón llano.

POLVO DE AMOR

1 coco seco | 1 libra de azúcar

1—Abra el coco, sáquele la tela ó pulpa y rállela.

2—Pásela por un prensa puré o majador y exprímala para extraerle la leche de coco. Reserve la leche de coco para preparar cualquiera de las otras recetas que aparecen en este capítulo.

3—En un caldero combine el azúcar con la cachispa de coco exprimida.

4—Mueva a *fuego alto* por *5 minutos.* Reduzca el fuego a *moderado* y continúe moviendo alrededor de *10 minutos* más, hasta que el coco tueste un poco y tome un bonito color dorado.

CAPITULO XIX *Otros Postres*

403

Otros Postres

JALEA DE GUAYABA

OBSERVACIONES:

1—En la confección de jalea de guayaba es esencial que la fruta contenga pectina. Las guayabas ácidas son las que mayor cantidad de pectina contienen, por lo tanto, escoja una combinación de guayabas ácidas y algunas dulces para mejorar el sabor de la jalea.

2—Para cocer la jalea la fruta no debe estar muy madura y debe sentirse firme al tacto.

3—La jalea puede cocerse usando únicamente la cáscara de la fruta, pero quedará mucho más sabrosa si se usan también las semillas.

4—Use para mondar las guayabas el cuchillo especial de mondar vegetales y frutas, pues de este modo le quedarán las guayabas más finamente mondadas. Use para sacar las semillas una cucharita pequeña corriente.

5—Cueza la jalea *sin moverla ni taparla.*

6—Para permitir que el líquido hierva libremente, sin derramarse, debe cocer la jalea en un recipiente bien grande.

7—La jalea debe cocerse todo el tiempo a *fuego bien alto.*

8—Haga pequeñas cantidades de jalea a la vez. Por ejemplo, 3 tazas de líquido y 3 tazas de azúcar es una cantidad apropiada para cocerse de una vez.

9—Si usa termómetro de dulce, la jalea estará lista cuando el termómetro marque 222°F. o si lo prefiere, 224°F.

10—Tan pronto el dulce esté listo, viértalo en frascos de cristal lavados y bien escurridos. Introduzca en cada frasco una cucharita de metal mientras vierte el líquido para evitar que el calor excesivo pueda romper el cristal. Tan pronto haya vertido el líquido, saque las cucharitas.

11—Al enfriar *totalmente*, el líquido se convertirá en jalea.

RECETA:

(SALEN 2 FRASCOS DE JALEA DE 10 ONZAS CADA UNO)

A—3 libras de guayabas que no estén muy maduras.
6 tazas de agua

B—3 tazas de líquido colado | 3 tazas de azúcar

1—Escoja la mayor parte de las guayabas *ácidas*. Combínelas con algunas dulces para mejorar el sabor de la jalea. Lave y monde las guayabas. Reserve las cáscaras.

2—Divida las guayabas por la mitad y cuidadosamente sáqueles las semillas. Reserve las semillas. (Haga dulce de guayabas en almíbar con los casquitos.)

3—En una *olla bien grande* combine 6 *tazas de agua* con las cáscaras y semillas que reservó.

4—Coloque la olla a *fuego moderado* y cueza por *1 hora*. Muévalo ocasionalmente.

5—Retire la olla del fuego y cuele el contenido de la olla a través de un colador al que le habrá colocado un pañito fino encima.

6—Mida 3 tazas de este líquido colado.

7—En una *olla bien grande* combine las 3 *tazas de líquido colado* con 3 *tazas de azúcar*. Mezcle bien.

8—Coloque la olla a *fuego bien alto* y deje hervir libremente, sin moverlo, hasta que tome punto de jalea, lo cual tardará alrededor de *15 minutos*. Para probar el punto, sumerja una cuchara en la olla y ésta debe quedar cubierta por una lámina de jalea que al caer formará dos gotas. Se recomienda, sin embargo, para mayor exactitud el uso del termómetro de dulce con el cual obtendrá el punto exacto de la jalea. Simplemente introduzca el termómetro en la olla al empezar a cocer la jalea. Cuando el termómetro marque 224°F. retire la olla del fuego, pues el dulce tendrá el punto adecuado de jalea.

9—Lave y escurra dos frascos de cristal de 10 onzas cada uno. Introduzca en cada frasco una cucharita de metal.

10—Tan pronto el dulce esté listo, viértalo en los frascos. Retire la cucharita de los frascos.

11—Cuando el dulce enfríe totalmente se convertirá en jalea.

DULCE DE CASQUITOS DE GUAYABA EN ALMÍBAR

OBSERVACIONES:

1—El dulce de casquitos de guayaba queda mucho más sabroso si se cuece con guayabas *dulces y grandes*.

2—Las guayabas no deben estar muy maduras y deben sentirse firmes al tacto.

3—Mientras el dulce se cuece no debe moverse, únicamente debe pasar la cuchara de cocinar por el fondo de la olla, ocasionalmente.

4—Cueza el dulce todo el tiempo *destapado*.

5—Se recomienda el uso del termómetro de dulce para determinar exactamente el punto adecuado del almíbar. Simplemente introduzca el termómetro en la olla al comenzar a cocer el dulce. Cuando el termómetro marque 220°F. el almíbar tendrá un punto muy aceptable. Si le gusta el almíbar un poco más espesa, puede dejar el dulce al fuego hasta que el termómetro le marque 222°F.

RECETA:

3 libras de guayabas dulces y grandes | 4 tazas de azúcar
7 tazas de agua

1—Lave y monde las guayabas. Use para mondarlas el cuchillo especial de mondar vegetales y frutas, pues así le quedarán más finamente mondadas.

2—Divídalas por la mitad y cuidadosamente, usando una cucharita corriente, sáqueles las semillas.

3—En una olla grande combine los casquitos con *7 tazas de agua*. Coloque la olla a *fuego alto* y cueza sin moverlo ni taparlo, por *25 minutos*.

4—Agregue el azúcar, mezcle y cueza a fuego alto sin moverlo hasta que hierva.

5—Tan pronto hierva, ponga el *fuego moderado-alto* y déjelo cocer, hasta que el dulce esté listo y el almíbar haya espesado a gusto. Generalmente, tarda alrededor de *1½ horas* después que se ha agregado el azúcar. Sin embargo, algunas veces, dependiendo de muchos factores, puede cocerse antes del tiempo estipulado. Por lo tanto, se recomienda el uso del termómetro de dulce, con el cual puede determinar exactamente el punto adecuado del almíbar. Introduzca el termómetro en la olla y cueza hasta que marque 222° *F.*

6—Deje enfriar y vierta en dulcera.

PASTA DE GUAYABA

OBSERVACIONES:

1—Para que la pasta de guayaba cuaje, es esencial que la fruta contenga pectina. Las guayabas ácidas son las que mayor cantidad de pectina contienen; por lo tanto, debe escoger guayabas ácidas, **bien maduras**, combinadas con algunas dulces, para mejorar el sabor de la pasta. Lávelas bien y quíteles las partes inservibles. **No monde** las guayabas. Córtelas en pequeños pedacitos.

2—En una olla, ponga ¼ taza de agua y 1 cucharadita de jugo de limón. Agregue las guayabas, *tape,* y *cueza* a *fuego moderado* por *5 minutos.* Retire del fuego, y en la misma olla, maje **muy bien** las guayabas con el majador de papas. Cuélelo a través de un colador fino.

3—Mida la pulpa colada y use en la confección de la pasta una proporción de **1 taza de azúcar** por **1 taza de pulpa colada.**

4—La pasta de guayaba debe cocerse en un caldero bien grande, de aluminio ó de cobre.

5—Para mover el dulce, use una cuchara grande de **madera**. No mueva el dulce en forma circular. Muévalo en forma recta, esto es, hacia adelante y hacia atrás.

6—Conocerá el punto adecuado del dulce, cuando al pasar la cuchara por el fondo del caldero, deja un surco bien ancho que permite ver libremente el fondo del caldero. La mezcla en este momento debe despegarse de los lados del caldero.

7—Tan pronto el dulce haya tomado punto, viértalo en molde llano que haya sido humedecido, escurrido, pero no secado. No raspe el fondo del caldero, pues el dulce puede azucarársele.

8—Espere varias horas a que el dulce esté *totalmente* frío para virarlo. Así las pasta no se romperá.

Nota:

Puede usar la licuadora eléctrica para desbaratar y majar las guayabas; pero la pasta no le quedará fina y suave, sinó granosa. Coloque en la licuadora algunos pedacitos de guayaba y permita que se desbaraten hasta quedar como una crema. Añada otros pedazos hasta llenar parcialmente la licuadora. Bata hasta dejarlos como una crema. No bata de más; *medio minuto* de batido es suficiente.

Cuele lo molido, dejando en la licuadora un poco para que sirva como base. Siga añadiendo los pedacitos de guayaba y procediendo del mismo modo hasta concluír.

Cuele lo molido y mida por tazas para cocer la pasta de guayaba.

4 tazas de pulpa molida y colada es el máximo recomendable para cocer de una vez.

RECETA:

4 tazas de pulpa colada
4 tazas de azúcar

1—Combine la pulpa y el azúcar en un caldero bien grande.

2—Colóquelo a *fuego alto* y mueva *contínuamente* con una cuchara de madera y en forma recta, esto es, moviendo hacia adelante y hacia atrás.

3—Cuando al pasar la cuchara por el fondo del caldero nota que deja un surco ancho que permite ver libremente el fondo del caldero y a la vez la mezcla se despega de los lados del caldero, será un indicio de que el dulce ha tomado punto. (Tardará alrededor de *45 minutos* desde que se coloca el dulce al fuego.) Debe tener precaución y observar bien el punto, pues si deja el dulce al fuego más tiempo del debido, la pasta le quedará muy dura y si lo deja menos tiempo del debido, la pasta no le cuajará.

4—Tan pronto el dulce esté listo, viértalo en un molde que haya humedecido, escurrido, pero no secado. El tamaño adecuado del molde para esta receta es uno llano de 5½ pulgadas de ancho por 9½ pulgadas de largo.

6—Espere varias horas a que la pasta enfríe totalmente antes de tratar de virarla, pues de lo contrario se le puede partir.

7—Después de bien fría la pasta, pásele un cuchillo fino alrededor de las orillas y cuidadosamente vire la pasta sobre platón llano. Debe resultarle una atractiva pasta de guayaba.

MERMELADA DE GUAYABA

OBSERVACIONES:

1—Escoja guayabas *dulces* y *bien maduras.*

2—Lave bien las guayabas, quíteles las partes inservibles. *No monde* las guayabas.

3—Córtelas en pedacitos pequeños y desbarátelos y májelos bien. Cuélelos a través de un colador fino.

4—Mida esta pulpa colada y use en la confección de la mermelada una proporción de *1 taza de* azúcar para *1 taza de pulpa colada.*

Nota Importante:

Se recomienda el uso de la licuadora eléctrica para desbaratar y majar las guayabas. Después deben colarse. Coloque en la licuadora algunos pedacitos de guayabas y permita que se desbaraten hasta quedar como una crema. No bata de más. Probablemente ½ minuto de batido es suficiente. Cuele lo molido dejando en la licuadora un poco para que sirva como base. Siga añadiendo los pedacitos de guayaba y procediendo del mismo modo hasta concluir. Cuele lo molido y mida por tazas para cocer la mermelada de guayaba.

RECETA:

4 tazas de pulpa de guayaba colada
4 tazas de azúcar

1—Combine la pulpa con el azúcar en un caldero bien grande.

2—Coloque el caldero al fuego alto y mueva continuamente usando una cuchara de madera y en forma recta, esto es, moviendo hacia adelante y hacia atrás.

3—Cueza por 35 minutos.

4—Coloque una cuchara de metal dentro de un frasco grande de cristal. Vierta la mezcla inmediatamente en el frasco. No raspe el caldero. Saque la cuchara tan pronto haya concluído de vertir la mezcla.

5—Cuando enfríe, la mezcla se convertirá en mermelada.

REGLAS GENERALES PARA HACER DULCES
DE LECHOSA

1—Es sumamente importante que escoja bien la lechosa. Si está muy nueva no tendrá mucho sabor, y si está vieja se pasma y se deshidrata y el dulce no le queda bien.

2—Haga el dulce **sin** agregarle agua, exceptuando cuando la lechosa ha rendido muy poco líquido. La lechosa al cocerse suple su propio líquido. Sin embargo, debido a distintos factores, hay lechosas más aguachosas que otras y el tiempo que tarda el dulce en hacerse depende de la cantidad de líquido que le haya rendido cada lechosa.

3—Para *cada libra* de lechosa mondada y sin semillas, debe usar 2¼ tazas de azúcar.

4—El dulce resulta más agradable con su sabor natural, pero si lo prefiere, puede añadirle 2 rajas de canela o 1 cucharadita de extracto de vainilla.

5—*Tape* la olla al principio durante *30 minutos* para permitir a la lechosa rendir el líquido debido.

6—Continúe después con la olla *destapada* hasta que la lechosa dore algo y el almíbar espese a su gusto. (Termómetro de dulce — 222°F.) Si la lechosa ha rendido el líquido debido, el dulce tardará en cocerse, por lo menos, *1 hora en total.* Si nota al destapar el dulce que ya el almíbar ha espesado (222°F.), es señal de que la lechosa no rindió suficiente líquido. En éste caso, debe añadirle un poco de agua y continuar hirviendo, *destapado,* lentamente hasta que el dulce termine de cocer y el almíbar espese de nuevo.

DULCE DE LECHOSA EN ALMIBAR

(Véase Reglas Generales en las páginas 411–412.)

2 libras de lechosa — pesada después de mondada y sin semillas
2 litros (8 tazas) de agua
2 chucharadas de polvo de hornear (*Baking Powder*)
4½ tazas de azúcar
2 rajas de canela ó 1 cucharadita de extracto de vainilla (opcional)

1—Corte a lo largo la lechosa en tajadas. La parte más ancha de la tajada debe medir alrededor de 2 pulgadas.

2—Divida cada tajada en pedazos de alrededor de 1 pulgada.

3—Combine el agua con el polvo de hornear y mezcle bien.

4—Agréguele los pedazos de lechosa y déjelos remojar durante 1 hora.

5—Sáquelos, escúrralos y lávelos en agua fresca.

6—Después de escurridos de nuevo, colóquelos en una olla grande y riégueles por encima el azúcar.

7—*Tape* la olla y póngala a *fuego bajo* durante *30 minutos.*

8—*Destape* la olla. Si desea usar rajas de canela o extracto de vainilla, agréguelo entonces. Si usa termómetro de dulce introdúzcalo en el dulce en este momento.

9—Continúe haciendo el dulce al mismo *fuego bajo* y *destapado* hasta que la lechosa dore un poco y el almíbar espese a su gusto. Probablemente tardará alrededor de *1 a 1½ horas en total.* Si usa termómetro de dulce, un punto aceptable es 222°F.

10—Mientras el dulce se está haciendo, una que otra vez debe cambiar de posición los pedazos de lechosa.

DULCE DE LECHOSA RALLADO

(Véase Reglas Generales en las páginas 411 y 412.)

2 libras de lechosa verde, fresca – pesada después de mondada
  y sin semillas
4½ tazas de azúcar
2 rajas de canela ó 1 cucharadita de vainilla (opcional)

1—Ralle la lechosa.

2—Colóquela en una olla junto con el azúcar y la canela o la
  vainilla.

3—*Tápela* y hierva a *fuego bajo* durante *30 minutos*.

4—*Destápela* y continúe cociendo el dulce al mismo *fuego bajo*
  hasta que dore algo la lechosa y espese el dulce a su gusto.
  Este dulce queda con poca almíbar y debe tardar alrededor
  de *1 hora en total* en cocerse.

5—Si usa termómetro de dulce, estará listo cuando éste marque
  222°F.

6—Mueva ocasionalmente el dulce mientras se está cociendo.

DULCE DE CIRUELAS NEGRAS SECAS

1 libra de ciruelas negras, secas | 1¼ taza de azúcar

1—Remoje de un día para otro las ciruelas en agua que las cubra.

2—Escúrralas y reserve *1 taza* del líquido escurrido.

3—Coloque las ciruelas escurridas en una olla y añádales *¼ taza*
  de azúcar. Tape la olla y póngala a cocer a *fuego bajo* por *15*
  minutos.

4—Destápela, agréguele el resto del azúcar y la taza del líquido
  escurrido.

5—Déje cocer *destapada* y a *fuego alto* hasta que el almíbar
  espese un poco, lo cual tardará alrededor de *20 minutos*.
  (Termómetro de dulce – 222°F.)

CABELLO DE ANGEL

2 o 3 chayotes grandes
2¼ tazas de azúcar
½ cucharadita de vainilla (opcional)

1—Lave los chayotes, móndelos y córtelos en lonjas muy finas. (Si prefiere, rállelos por el lado de "lunas" del guayo.)

2—Coloque las lonjitas en una cacerola y mezcle con el azúcar. Cueza *tapado*, a *fuego bajo*, durante *30 minutos. Destape* y cueza al mismo fuego, moviéndolo ocasionalmente hasta que el almíbar espese a su gusto (Termómetro de Dulce — 222°F.). Cuando casi esté listo, añádale la vainilla y mezcle bien. Sirva frío.

Nota: El tiempo de cocción depende del líquido que rindan los chayotes.

DULCE DE MANZANAS GLACEADAS

8 manzana rojas (Preferiblemente agrias. Las grandes y dulces no sirven para este postre pues se desbaratan.)
3 tazas de agua
2½ tazas de azúcar
1 cucharadita de vainilla

1—Lave las manzanas, móndelas como chinas (naranjas) y ponga las cáscaras a hervir en 3 tazas de agua.

2—Después que las cáscaras hiervan, cuélelas poniendo un pañito sobre el colador.

3—Añada el azúcar al agua colada y mezcle bien.

4—Coloque en esta agua las manzanas. *Tápelas* y déjelas a *fuego alto* sin moverlas.

5—Cuando hiervan, *reduzca* un poco el fuego y cueza por *20 minutos.*

6—*Destápelas* y déjelas cocer a *fuego moderado* alrededor de *1½ hora* o lo necesario hasta que el Termómetro de Dulce marque 230°F. Añada la vainilla casi al terminar.

7—El tiempo que tarda este dulce en hacerse varía, dependiendo de la calidad, grado de madurez, etc., de las manzanas. Puede tardar *1 hora* ó quizás un poco más. El punto se conoce cuando, al hervir, se forma una que otra burbuja *del tamaño de una peseta.* (Termómetro de dulce — 230°F.)

8—Coloque las manzanas en molde de cristal para hornear grande ó en moldes individuales y riégueles por encima el almíbar que, después de frío, se convertirá en jalea. Puede colocarlo en la nevera y servirlo con crema batida (*Whipped Cream*) encima.

Nota: Este postre queda muy sabroso también combinando: 6 tazas de agua, 4 tazas de azúcar, y 2 cucharaditas de jugo de limón con 8 manzanas, mondadas, sin corazón y divididas en 8 tajadas. Se cuece, ***destapado,*** a ***fuego moderado*** alrededor de ***2 horas.*** (Termómetro de dulce—230°F.)

DULCE DE PAJUIL

| 24 a 30 pajuiles | 4 tazas de azúcar |
| 3 tazas de agua | |

1—Corte los pajuiles en dos **a lo largo** y póngalos en agua, con bastante sal, de un día para otro.

2—Al día siguiente, escúrralos y móndelos. Cúbralos con agua y póngalos a hervir. Tan pronto hiervan, escúrralos de nuevo.

3—Combínelos con 3 tazas de agua y 4 tazas de azúcar. Póngalos a *fuego alto* hasta que hiervan. Reduzca el fuego y hierva **lentamente** hasta que el almíbar espese a su gusto (Termómetro de dulce — 220°F. a 222°F.). Debe tardar alrededor de *3 horas.*

DULCE DE MAMEY

| 1 mamey, grande | 5½ tazas de azúcar |
| 3 tazas de agua | |

1—Escoja un mamey que no esté muy maduro y que pese alrededor de 3½ libras.

2—Monde el mamey y córtelo en pedacitos. Remójelo en 1 litro de agua con 1 cucharada de sal durante 30 minutos.

3—Escúrralo. Colóquelo en una olla junto con 3 tazas de agua y póngalo a fuego alto hasta que hierva. Cuando hierva, ponga el fuego bajo y cueza por *10 minutos*.

4—Agréguele el azúcar. Cueza a fuego alto hasta que hierva. Tan pronto hierva ponga el fuego moderado y cueza alrededor de *1 hora*, o lo necesario hasta que el almíbar espese a su gusto. (Si usa termómetro de dulce, introdúzcalo en el dulce cuando agregue el azúcar y retire el dulce del fuego cuando el termómetro marque 220°F.)

5—Vierta el dulce en una dulcera y espere que enfríe para servirlo.

Nota: Según el dulce se cuece, quite la espuma que se forma en las orillas de la olla.

DULCE DE MANGO

Nota Importante:

Escoja mangó que no sea fibroso sino *pastoso*. La variedad más aceptable para este dulce es aquella en la cual el mangó es de forma redonda y su color en el exterior es verde, a pesar de que la fruta en su interior esta algo madura.
El mangó no debe estar muy maduro sino *pintón*.

1½ libra de mangó mondado y cortado en pedazos
3 tazas de agua
2 libras de azúcar

1—Combine los pedazos de mangó con las 3 tazas de agua y póngalo a fuego alto hasta que hierva. Cuando hierva, ponga el fuego bajo y cueza por *10 minutos*.

2—Agregue el azúcar, mezcle y cueza a fuego alto hasta que hierva. Ponga el fuego moderado y cueza hasta que el almíbar tome punto a su gusto. (Si usa termómetro de dulce, 220°F. es un punto aceptable para el almíbar.) Según el dulce se cueza, quite la espuma que forma en las orillas de la olla.

DULCE DE HICACOS

2 libras de hicacos maduros
3 tazas de agua
4 tazas de azúcar

1—Para facilitar mondar los hicacos, ponga a hervir un poco de
agua. Cuando hierva, retírela del fuego y agregue los hicacos.
Déjelos en el agua caliente por 5 *minutos.* Escúrralos y páselos
por agua fresca. Móndelos **inmediatamente.**

2—Combine los hicacos mondados con 3 tazas de agua y 4 tazas
de azúcar. Colóquelos a *fuego alto* hasta que hiervan y
reduzca entonces el fuego a *moderado.*

3—Déjelos cocer, *sin tapar,* hasta que el almíbar espese a su gusto.
Si usa termómetro de dulce, estarán listos cuando el termómetro marque 222°F. (El dulce tardará en cocerse alrededor
de *40 minutos* desde que se coloca al fuego.)

FLAN DE JUGO DE PIÑA ENLATADO

A—1 taza de azúcar (*para acaramelar el molde*)

B—2 cucharaditas de maicena
¼ cucharadita de sal
2 latas de 7½ onzas de jugo de piña
2 tazas de azúcar
8 huevos

1—Caliente el horno a una *temperatura moderado* de 350°F.

2—Acaramele un molde de aluminio de 6 pulgadas por 8 pulgadas
ó redondo, de 8 pulgadas de diámetro, echándole 1 taza de
azúcar y poniéndolo sobre el *fuego bajo* hasta que derrita el
azúcar y tome un color dorado claro. **Inmediatamente** cubra
con el acaramelado el fondo y los lados del molde.

3—Coloque la maicena y la sal en una cacerola. Agregue 2 cucharadas del jugo de piña, y usando una espátula de goma mezcle
bien hasta diluir la maicena.

4—Agregue los huevos enteros y desbarátelos, **sin batirlos,** aña-
diéndolos **de dos en dos,** y mezclando con la espátula **sólo** lo
necesario para que combine la yema con la clara.

5—En otra cacerola, coloque el resto del jugo de piña, agregue el azúcar y *dilúyala bien* con espátula de goma. Vierta *lentamente* sobre los huevos y mezcle. Cuele y vierta en el molde.

6—Coloque el molde sobre un recipiente con *agua caliente* y hornéelo a *Baño de María* alrededor de *1 hora* ó hasta que cuaje.

7—Saque del horno y deje enfriar. Vuelque en platón y coloque en la nevera.

TOCINO DEL CIELO

(Molde redondo de aluminio de 6″ diámetro)

A—½ taza de azúcar (para acaramelar el molde)

B—2 huevos completos (claras y yemas)
   Yemas (las necesarias hasta que, combinadas con los 2 huevos completos, midan 1½ taza, alrededor de 15 a 16 huevos grandes)

C—2½ tazas de azúcar │ 1 rajita de canela, bien fina
   1 taza de agua │ La cáscara de ½ limón, verde

1—Encienda el horno a una *temperatura moderada* de 350°F.

2—Acaramele el molde, echándole el azúcar y poniéndolo a *fuego moderado* hasta que derrita y tome color dorado cristalino. *Inmediatamente,* cubra el fondo y los lados del molde.

3—Vierta 2 huevos completos en una taza grande de medir. Desbarátelos con espátula de goma, combinando muy bien las claras y las yemas, evitando batir. Añada y mezcle bien las yemas, una a una, hasta completar 1½ taza.

Nota: Dependiendo del tamaño de los huevos que use, requerirá un número menor o mayor de las yemas indicadas en los ingredientes incluídos en B.

4—Aparte, en una cacerola, combine los ingredientes incluídos en C. Introduzca el Termómetro de Dulce y hierva a *fuego alto* hasta llegar a 230°F. Retire del fuego, saque la canela y la cáscara de limón.

5—Vierta *lentamente* sobre los huevos y mezcle *rápidamente.* Cuele y vierta sobre el molde acaramelado. Cubra con papel de aluminio (*Aluminum Foil*) y colóquelo sobre un recipiente con *agua caliente.* Hornée a *Baño de María* por *2 horas.*

6—Quítele el papel de aluminio y deje enfriar *totalmente.* Vuelque sobre platón y coloque en la nevera.

BUÑUELOS DE VIENTO

BUÑUELOS:

A—1 taza de agua
¼ libra de mantequilla
½ cucharadita de sal

B—1 taza de harina de trigo

C—4 huevos

1—Combine el agua, la mantequilla y la sal. Póngalo al fuego a hervir. Tan pronto rompa a hervir se retira del fuego y se agrega la harina, **toda de una vez.** Mezcle bien.
2—Agregue los huevos **uno a uno** y mezcle bien.
3—Fría la mezcla por cucharadas en abundante manteca ó aceite vegetal.

SIROP:

4 tazas de agua
3 tazas de azúcar

½ cucharadita de vainilla ó la
cáscara de ½ limón verde

1—Combine el agua y el azúcar y póngalo a *fuego alto* hasta que tenga punto de almíbar liviano. (Termómetro de Dulce — 220°F.)

2—Cuando vaya a estar listo, agréguele la vainilla. Viértalo sobre los buñuelos al momento de servirlos.

TROCITOS DEL CIELO

½ libra de mantequilla
1½ taza de azúcar
2 tazas de harina de trigo

4 huevos
½ cucharadita de vainilla

2 cucharaditas de polvo de hornear (*Baking Powder*)
½ taza de nueces, bien picaditas
1 cajita de ½ libra de dátiles, sin semillas, cortados en trocitos

1—Saque con anticipación la mantequilla de la nevera para que esté cremosa. Mezcle la mantequilla con el azúcar y las yemas. Agregue la vainilla.
2—Aparte, bata las claras y agréguelas, **envolviéndolas.**
3—Cierna la harina con el polvo de hornear.
4—Envuelva las nueces y los dátiles en un poco de lo cernido y agregue a la mezcla junto con el resto de lo cernido.
5—Engrase y espolvorée levemente de harina un molde 9″ x 13″.
6—Vierta la mezcla en el molde y hornée a una *temperatura moderada* de 350°F. alrededor de *35 minutos* ó hasta dorar.
7—Sáquelo, déjelo enfriar y córtelo en cuadritos de *1 pulgada*.

SOPA BORRACHA

A—2½ tazas de azúcar ┃ 2 tazas de agua

B—1 bizcocho esponjoso de ½ libra

C—1½ taza de vino Moscatel

D—2 claras de huevo ┃ ½ taza de azúcar

E—1 cucharada de grajeas de colores

1—Combine el azúcar y el agua y ponga a hervir hasta obtener un sirop bien espeso. (Termómetro de dulce — *240°F.*)

2—Retírelo del fuego, agregue el vino y mezcle.

3—Divida el bizcocho en 8 porciones y colóquelos en recipientes pequeños, individuales.

4—Riégueles por encima el sirop hasta empaparlos bien.

5—Bata las claras a punto de nieve, agrégueles el azúcar y bata hasta que tengan consistencia adecuada para colocarlas en cucuruchos sobre los bizcochos.

6—Métalos a la nevera para servirlos bien fríos. En el momento de servirlos, decórelos con las grajeas.

BUDIN DE PASAS

1 libra de pan fancés (de agua)	½ cucharadita de polvo de canela
3 onzas (6 cucharadas) de mantequilla	½ cucharadita de polvo de clavos
4 huevos	1 taza de leche
1 coco seco	¼ taza de almendras
1¼ taza de agua	½ taza de pasas, sin semillas
1½ taza de azúcar	
¾ cucharadita de sal	

1—Quite la corteza al pan y remójelo en agua que lo cubra hasta que se ablande. Exprímalo bien.

2—Páselo por la máquina de moler ó desbarátelo bien con un tenedor y con los manos.

3—Agregue la mantequilla y mezcle bien.

4—Añada los huevos, **uno a uno.**

5—Ralle el coco. Agréguele al coco rallado 1¼ taza de agua y exprímalo. Agregue la leche de coco a la mezcla. Añada el azúcar, la sal, el polvo de canela, el polvo de clavos y la leche.

6—En un poco de agua, hierva las almendras por *3 minutos*. Sáquelas y móndelas. Muela la mitad de las almendras y añádalas. Agregue el resto de las almendras enteras. Agregue las pasas.

7—Acaramele un molde redondo, de tamaño aproximado de 9 pulgadas de diámetro por 3 pulgadas de alto. (Echele ½ taza de azúcar y póngalo a *fuego bajo*. Tan pronto tome un bonito color dorado, riéguela para que cubra el molde.)

8—Vierta la mezcla en el molde acaramelado y hornéela a *Baño de María*. Tarda *2 horas* del modo siguiente:

Hornée a *fuego moderado* de 375°F. por *1 hora*. Continúe horneando a *fuego alto* de 400°F. alrededor de *1 hora* más.

BUDIN DE PAN SENCILLO

Nota: El contenido de ésta receta tiende a salirse un poco del molde al hornearse. Para evitar que se ensucie el horno, coloque un molde grande de aluminio en la parrilla que queda debajo de la parrilla en que colocó el molde de cristal para hornear.

1½ libra de pan francés (de agua)	2½ tazas de azúcar
2 litros de leche	½ cucharadita de sal
¼ libra de mantequilla	1 cucharada de vainilla
	4 huevos

1—Quite la corteza al pan y remójelo en la leche hasta que ablande bien. Desbarátelo con un tenedor.

2—Derrita a *fuego bajo* la mantequilla.

3—Encienda el horno a una *temperatura moderada* de 375°F.

4—Engrase con mantequilla un molde rectangular, de cristal para hornear, tamaño 13″ × 9″ × 2″.

5—Agregue a la mezcla de leche y pan, el azúcar, la sal, la vainilla y la mantequilla derretida.

6—Desbarate bien los huevos, evitando batirlos y agréguelos a la mezcla. Unalo todo bien y viértalo sobre el molde engrasado. Hornéelo durante *1½ hora.*

MANJAR BLANCO

1 taza de harina de arroz
1 litro (4 tazas) de leche
1 taza de azúcar
½ cucharadita de sal
1½ cucharadas de agua de azahar
1 onza (2 cucharadas) de mantequilla

1—Mezcle bien los ingredientes en un caldero. Póngalo a fuego *moderado-alto,* mezclando **contínuamente** con cuchara de madera, hasta que hierva.

2—**En seguida,** ponga el *fuego moderado* y mezcle por *1 minuto* más. Retírelo del fuego y vierta en fuente llana, engrasada con mantequilla. Deje enfriar y coloque en la nevera.

MAJARETE

A—5 tazas de leche
  1 taza de harina de arroz
  1 cucharadita de sal
  1½ taza de azúcar
  3 rajas finas de canela (*opcional*)

B—3 hojas de renuevo de naranjo ó 3 cucharadas de agua de azahar
  1 onza (2 cucharadas) de mantequilla ó manteca

1—Combine en un caldero los ingredientes incluídos en A. Póngalo a *fuego moderado-alto* y mezcle con cuchara de madera hasta hervir. **Inmediatamente** reduzca el fuego a *moderado.* Agregue los ingredientes incluídos en B y mezcle por *2 minutos.*

2—Retírelo del fuego, sáquele los renuevos y las rajas de canela. Viértalo en fuente llana ó en platitos hondos individuales, engrasados con mantequilla. (Si es de su gusto, espolvoréele con polvo de canela.) Deje enfriar y coloque en la nevera.

TURRONCITOS DE CHOCOLATE DULCE
(Fudge)

¼ libra de chocolate dulce	3 tazas de leche
3 tazas de azúcar	⅛ libra de mantequilla

1—Ralle el chocolate, únalo a la leche y el azúcar y póngalo a *fuego alto*. Cuando hierva, ponga el *fuego moderado*.

2—Muévalo ocasionalmente alrededor de *1 hora*. Conocerá el punto, cuando al echar un poco de la mezcla en una taza con agua, ésta coge la forma de una bolita perfecta. (Si usa termómetro de dulce, el punto será cuando éste marque 238°F.)

3—Agregue entonces la mantequilla y déjelo al fuego únicamente en lo que ésta se disuelve.

4—Retírelo del fuego y continúe moviéndolo por *2 minutos* más, hasta que comienza a enfríar y̆ toma un poco de consistencia.

5—Previamente engrase un molde de cristal o de aluminio, con mantequilla y vierta rápidamente la mezcla en éste.

6—Después que enfríe totalmente, córtelo en cuadritos.

TURRONCITOS DE CHOCOLATE SOSO
(Fudge)

7 onzas de leche	1 cucharada de mantequilla
2 onzas de chocolate soso	(½ onza)
2½ tazas de azúcar	1 cucharada de vainilla

1—Engrase un molde o una fuente.

2—Ponga en una cacerola a *fuego alto* la leche con el azúcar y los cuadritos de chocolate.

3—Muévalo lentamente en lo que el chocolate se derrite y la mezcla comienza a hervir. (Alrededor de *4 minutos*.)

4—No lo mueva de más y déjelo al mismo *fuego alto* hasta que tome punto. Puede conocer cuando haya tomado punto, si al sacar un poquito y verterlo en una taza con agua forma una bolita suave. Si usa termómetro de dulce, estará listo cuando el termómetro marque *238°F.*

5—Retírelo *inmediatamente* del fuego, agréguele la mantequilla y la vainilla. Muévalo *constantemente* alrededor de *4 minutos,* hasta que empieza a tomar consistencia.

6—Rápidamente se vierte sobre molde ó fuente engrasado.

7—Después que enfría, se corta en cuadritos.

Nota: Salen alrededor de 24 cuadritos de I pulgada.

MANTECADITOS

½ taza de mantequilla (¼ libra)
½ taza de manteca vegetal (¼ libra), fría
½ taza de azúcar
1 cucharadita de extracto de almendras
2¼ tazas de harina de trigo
5 cerezas marrasquinas (guindas) (*Cherries*)

1—Encienda el horno a una temperatura *moderada* de *350°F.*

2—Use como utensilio una lámina de aluminio (*Aluminum Sheet*), *sin* engrasar.

3—En un tazón, ablande la manteca y la mantequilla con una cuchara grande.

4—Agréguele *poco a poco* el azúcar.

5—Agréguele el extracto de almendras, y mezcle bien.

6—Añada la harina de trigo y mezcle hasta que haya unido. *No mezcle de más.*

7—Coja la mezcla por cucharaditas. Colóquelas en la palma de la mano y déle forma de bolitas.

8—Póngalas sobre la lámina de aluminio.

9—Aplástelas con la palma de la mano.

10—Corte cada cereza en ocho partes. Coloque un pedacito de cereza sobre cada mantecadito.

11—Meta el molde al horno alrededor de *20 a 25 minutos* o hasta dorar.

YEMAS REALES ESPAÑOLAS

8 yemas de huevo

1—Consiga un papel blanco de 11″ x 8½″. (Un papel de escribir en maquinilla resulta muy conveniente.) Forme con este papel un molde, doblando hacia arriba como *1 pulgada* a todo alrededor y dándole una puntada en las cuatro esquinas. Meta este molde dentro de uno de aluminio, para que lo sostenga.

2—Encienda el horno a una *temperatura baja* de 325°F.

3—Bata *muy bien* las yemas hasta ponerlas esponjosas y blancas. (Si usa batidor eléctrico, no las bata de más, pues se le encojerán.)

4—Después de batidas las yemas, viértalas sobre el molde de papel. El molde **NO** estará engrasado.

5—Meta el molde al horno durante *20 minutos.*

6—Tan pronto esté listo, sáquelo, quítele el molde de papel y corte las orillas al bizcocho.

7—Divida el bizcocho en 16 cuadritos o yemitas. Colóquelas en una *rejilla* en lo que prepara la siguiente almíbar:

ALMIBAR

2½ tazas de azúcar | Cáscara de medio limón verde, fresco
1¾ taza de agua

1—Combine los ingredientes y póngalos a *fuego alto, sin moverlo.* Cuando el almíbar comienze a espesar (Termómetro de Dulce — 218°F.) reduzca el fuego y vaya echando las yemitas de *cuatro en cuatro,* para que hiervan *lentamente* por ambos lados por *1 minuto.* Sáquelas y colóquelas en una dulcera.

2—Permita que el almíbar espese un poco más (Termómetro de Dulce — 220°F. a 222°F.) y viértala sobre las yemitas.

YEMAS REALES SABROSAS
(Molde de cristal para hornear de 12″ x 7½″ x 2″)

A—2 claras de huevo
  12 yemas de huevo

B—¼ cucharadita de sal
  2 cucharaditas de maicena
  ½ cucharadita de polvo de hornear (*Baking Powder*)

1—Encienda el horno a una *temperatura baja* de 300°F. Corte un papel de estraza del tamaño del fondo del molde y que sobresalga como ¼″ a los lados que miden 7½″. Engrase el molde con oleomargarina, cubra el fondo y los lados indicados del molde con el papel y engrase el papel.

2—En el batidor eléctrico y usando el tazón pequeño, bata a *toda velocidad* las yemas y claras por *1 minuto*. Reduzca la velocidad a *moderada* y agregue los ingredientes incluídos en *B*. De nuevo, bata a *toda velocidad* por *5 minutos*.

3—Vierta la mezcla en el molde y métalo al horno por *25 minutos*.

4—Retírelo del horno, pase un cuchillo por las orillas que **no** tienen papel y levántelo por el papel que sobresale por los bordes. Quite el papel y usando un cuchillo de emparedados, corte las orillas y divídalo en 32 *cuadritos* o yemas.

5—Sáquelas con una espátula de metal y hiérvalas por *1 minuto* en la siguiente almíbar:

ALMÍBAR
4 tazas de azúcar
3 tazas de agua
Cáscara de 1 limón, verde

1—Combine los ingredientes y póngalos a *fuego alto* hasta que el almíbar comience a espesar un poco (Termómetro de Dulce — 218°F.). Reduzca el fuego a *moderado-alto* y vaya echando las yemas de *ocho en ocho*. Hiérvalas por *1 minuto*, escúrralas y sáquelas. Póngalas en una dulcera.

2—Permita que el almíbar espese un poco más (Termómetro de Dulce — 222°F.) y viértalo sobre las yemas.

MERENGUES

1 taza de agua
2¼ tazas de azúcar
1 cáscara de limón verde
⅔ taza de claras de huevo

1–Combine el agua, el azúcar y la cáscara del limón y cueza a *fuego alto* hasta que el almíbar tenga **punto de caramelo.** (Termómetro de dulce – 270°F.) Saque la cáscara.

2–Bata las claras a punto de nieve y agrégueles gradualmente el sirop. Bata hasta enfriar bien. (Si usa batidora eléctrica, bata por *20 minutos* a la velocidad máxima.)

3–Humedezca una tabla de madera (que no sea recinosa) y vierta la mezcla por cucharaditas, para formar las mitades de los merengues.

4–Hornée en horno de *temperatura baja* (325°F.) alrededor de *20 minutos*, hasta dorar los merengues. **Immediatamente,** sáquelos y póngalos boca arriba. Combínelos de dos en dos, presionándolos ligeramente con los dedos, para formar cada merengue.

TORREJAS GALLEGAS

½ libra de pan francés (de agua), preferiblemente viejo
1 taza de leche
½ taza de vino dulce
½ cucharadita de polvo de canela
3 huevos

1–Quite la corteza al pan. Córtelo en rebanadas de ½ pulgada de espesor.

2–Combine le leche con el vino. Pase rápidamente las rebanadas de pan por la leche con vino para que se remojen.

3–Espolvoréelas con la canela.

4–Ponga a calentar 1 taza de manteca o aceite vegetal.

5–Aparte, bata las claras con las yemas y pase el pan por ellos.

6–Cuando la grasa esté caliente eche a freír las rebanadas.

de pan primero por un lado y después por el otro. Tan pronto doren, sáquelas y póngalas sobre papel absorbente para que chupe la grasa.

7—Después, colóquelas en un molde de cristal para hornear hondo o en una fuente profunda.

8—Prepare el siguiente sirop y viértaselo por encima cuando haya enfriado un poco:

SIROP

2 tazas de azúcar	¼ cucharadita de sal
1 taza de agua	1 raja de canela o la cáscara de 1 limón verde

1—Combine los ingredientes. Póngalos a *fuego alto, sin moverlo,* hasta que el sirop espese a su gusto. (Termómetro de dulce — 222°F.)

PALITOS DE JACOB

(*Eclairs*)

A—1 taza de harina de trigo   ¼ cucharadita de sal
B—1 taza de agua   ¼ libra (4 onzas) de mantequilla
C—4 huevos

1—Cierna la harina junto con la sal.

2—En una cacerola, ponga a hervir a *fuego alto* el agua, junto con la mantequilla, hasta que se derrita *totalmente.* Baje el fuego a *moderado* y agregue *toda de una vez* la harina que cirnió junto con la sal. Mezcle *rápidamente* con una cuchara de madera. (Casi al momento notará que se forma una especie de pelota que despega totalmente del fondo y los lados de la cacerola.) *Inmediatamente* retírela del fuego y termine de unirla y mezclarla bien. Déjala reposar por *5 minutos.*

3—Añada 1 huevo y mezcle *vigorosamente.* Notará que la mezcla trata de separarse en distintas porciones y debe mezclar hasta dejarla *bien* unida y suave. Continúe agregando *uno a uno* el resto de los huevos, procediendo en la misma forma. Deje reposar la mezcla por *15 minutos* y mientras tanto, encienda el horno a una *temperatura moderada* de 375°F. y engrase con mantequilla una lámina de aluminio.

4—Para formar los *éclairs,* coloque la mezcla, con una cuchara de sopa, sobre la lámina de aluminio. Distribúyalo en *éclairs* de *4 pulgadas* de largo, *1 pulgada* de alto y *1 pulgada* de ancho. Deje *1 pulgada* entre *éclairs.* (Puede hacerlos redondos.)

5—Hornéelos por *40 minutos.* (Para hacerlos más pequeños, fórmelos con una cucharita, y tardarán alrededor de *35 minutos* en hornearse.) Obsérvelos bien, pues es importante que tengan un color dorado atractivo y estén bien cocidos; de lo contrario, se bajarán al sacarlos del horno.

6—Tan pronto estén horneados, sáquelos y póngalos a enfriar sobre una *rejilla.* Después de fríos, déles un corte en la parte superior, adecuado para poder rellenarlos.

RELLENO DE CREMA

⅓ taza de maicena	¾ taza de azúcar
2 tazas de leche	¼ cucharadita de sal
2 yemas de huevo	Cáscara de ½ limón verde

1—Ponga la maicena en una cacerola. Vaya agregándole un poco de la leche y mezcle hasta diluir *bien* la maicena. Añada las yemas, mezcle bien y agregue el resto de la leche y demás ingredientes. Cueza a *fuego moderado* y muévalo *constantemente,* con cuchara de madera, hasta que cuaje y hierva. Retire *enseguida* del fuego y usando una cucharita, rellene inmediatamente los *éclairs.* Déjelos sobre la *rejilla* para glacearlos. (Ponga debajo de la *rejilla* un papel de estraza o de periódico para que recoja el glaceado que chorrée.)

GLACEADO

1 taza de azúcar

1—Ponga el azúcar sobre una sartén pesada y colóquela a *fuego moderado-bajo,* hasta que el azúcar derrita *totalmente* y tome un color dorado atractivo. *Inmediatamente,* con un cucharita, distribuya el glaceado sobre los *éclairs.* Tan pronto endurezca, levante los *éclairs,* córteles las puntas de glaceado que sobresalgan y colóquelos sobre un platón.

Si prefiere, en lugar de glaceado puede usar el siguiente azucarado (*Icing*), que mezclará y distribuirá por encima:

AZUCARADO (*ICING*)

2 tazas de azúcar pulverizada, cernidas
2½ cucharadas de leche evaporada, sin diluir
¼ cucharadita de vainilla

BOLITAS DE NIEVE

2 claras	2¼ tazas de azúcar
½ taza de agua	Cáscara de 1 limón verde, fresco

1—Combine el agua con el azúcar y la cáscara del limón verde. Póngalo al fuego *sin moverlo* hasta que forme un sirop a punto de caramelo. (Si usa termómetro de dulce, introdúzcalo al empezar a hacer el dulce y estará listo cuando el termómetro marque 265°F.)

2—Bata bien las claras y agrégueles *poco a poco* el sirop. Siga batiendo hasta darles consistencia para poder formar bolitas con la palma de las manos. (Se recomienda el uso de batidora eléctrica para hacer éste postre.)

Nota: Puede agregar color vegetal al batido y formar bolitas de diferentes colores. Si prefiere, puede dejarlas blancas y envolverlas en papel de seda de distintos colores.

MANTECADO DE VAINILLA

10 tazas de leche	1 cucharadita de sal
10 cucharadas de maicena	3 tazas de azúcar
8 yemas de huevo	2 cucharaditas de vainilla

1—Saque un poco de la leche y disuelva la maicena y desbarate las yemas. Añada el resto de la leche y mezcle. Agregue el azúcar y la sal.

2—Ponga a *fuego moderado* y mueva *continuamente* con cuchara de madera, hasta que hierva.

3—Retire del fuego, agregue la vainilla y déjelo enfriar.

4—Colóquelo en una garrafa y póngalo a cuajar. Cubra alrededor de la garrafa con hielo y sal en grano. (Si usa garrafa eléctrica, tardará alrededor de 45 minutos en cuajar.)

Nota: Puede usar 3 latas de leche evaporada, de 14½ onzas cada una, diluídas en igual cantidad de agua.

MANTECADO DEL ABUELO

A—8 tazas de leche
¾ cucharaditas de sal
2½ tazas de azúcar
1 raja de canela
Cáscara de ½ limón verde, fresco, enjuagada y escurrida

B—¼ taza de maicena

C—6 yemas de huevo
3 claras de huevo

1—Separe 1 taza de leche y ponga a hervir el resto, junto con los ingredientes incluídos en A. Muévalos *ocasionalmente*, hasta que la leche hierva. Retire del fuego.

2—Diluya la maicena en la taza de leche y desbarate las yemas. Júntelas y agréguelas a la leche hervida.

3—Ponga al fuego y mueva **continuamente**, hasta que hierva. Retire del fuego. Cuele la mezcla y déjela enfriar.

4—Bata las claras a *punto de nieve* y agrégueles a la mezcla, *envolviéndolas*.

5—Coloque la mezcla en una garrafa y póngala a cuajar. Cubra alrededor de la garrafa con hielo y sal en grano. (Si usa garrafa eléctrica, tardará alrededor de *45 minutos* en cuajar.)

HELADO DE GUAYABAS FRESCAS

Guayabas, bien maduras
3 tazas de agua

3½ tazas de azúcar

1—Lave las guayabas y quíteles las partes inservibles. Desbarate bien las guayabas hasta dejarlas como una crema. Páselas a través de un colador. Mida esta pulpa colada y use 4 tazas.

2—Combine las 4 tazas de pulpa colada con 3 tazas de agua y 3½ tazas de azúcar.

3—Métala en una garrafa a cuajarse. Cubra los alrededores de la garrafa con hielo y sal en grano. (Si usa garrafa eléctrica, tardará alrededor de *45 minutos* en cuajarse.)

Nota: Para desbaratar las guayabas puede usar la licuadora eléctrica. Vea detalles en la receta de Pasta de Guayaba
(página 409).
Puede hacer un helado de guayaba sumamente fino usando
únicamente las semillas de las guayabas pasadas a través de
un colador y descartando los casquitos y las cáscaras.

HELADO DE COCO

2 cocos secos, grandes
2 litros (8 tazas) de agua
¼ cucharadita de sal

3 tazas de azúcar
La ralladura de ¼ limón
verde, fresco

1—Abra los cocos. Combine el agua de los cocos con el agua.

2—Saque la tela ó pulpa de los cocos. Quítele la corteza y ralle
los cocos.

3—Caliente el agua y agréguela a los cocos rallados. Mezcle bien.

4—Páselo por un prensa puré para exprimirlo hasta sacarle toda
la leche a los cocos rallados. Cuélelo.

5—Agréguele la sal, el azúcar y la ralladura de limón. Mezcle
bien.

6—Ponga a cuajar el helado en una garrafa. Cubra alrededor de
la garrafa con hielo y sal en grano. (Si usa garrafa eléctrica,
tardará alrededor de *45 minutos* en cuajarse el helado.)

HELADO DE PERA

2 latas de 1 libra 14 onzas de peras
4 latas de 12 onzas de jugo de peras

2 tazas de azúcar

1—Escurra las latas de peras y combine el líquido escurrido con
el jugo de peras y el azúcar.

2—Corte en pedacitos las peras y agréguelas.

3—Cóloquelo en una garrafa para cuajarlo. Cubra alrededor de
la garrafa con hielo picado y sal en grano. (Si usa garrafa
eléctrica, tardará alrededor de *45 minutos* en cuajarse el
helado.)

HELADO DE MELOCOTON

Usando melocotones, haga la receta exacta a *Helado de Pera*.

CAPITULO XX Panes, Emparedados, Refrescos y Bebidas

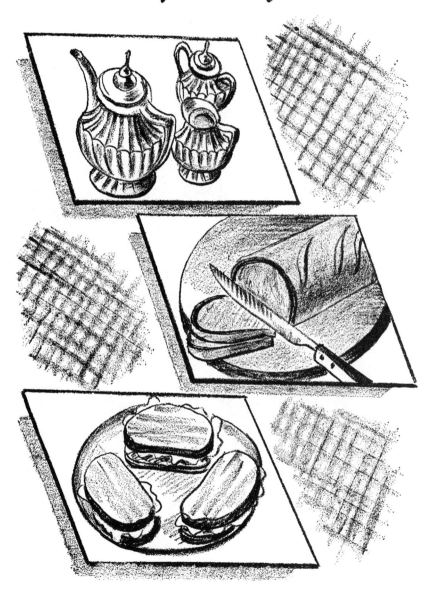

Panes, Emparedados, Refrescos y Bebidas

PANECITOS INDIVIDUALES

(*Soft Rolls*)

(18 panecitos)

½ taza de agua	1 onza (2 cucharadas) de
1 cucharadita de azúcar	mantequilla
1 sobre de levadura seca de 7½	1 cucharada de azúcar
gramos (Debe estar bien fresca.)	1 cucharadita de sal
1 taza de leche	1 huevo entero, crudo
	4 tazas de harina de trigo

Nota Importante:

Precaución al preparar la levadura: El agua excesivamente caliente destruye el efecto de la levadura. El agua muy fría retarda su acción. De modo que se recomienda usar el agua tibia, esto es, a una temperatura entre 98°F.–115°F.

1—Coloque en una cacerolita ½ *taza de agua* y póngala al fuego a tibiar (115°F.).

2—Retírela del fuego. Añádale *1 cucharadita de azúcar* y muévala bien para que se disuelva.

3—Inmediatamente riéguele por encima el contenido del *sobre de levadura*. Déjelo reposar por *10 minutos*. Después bátalo bien con un tenedor.

4—Por separado, coloque en una cacerola *1 taza de leche*. Póngala a la candela hasta que casi hierva (160°F.). Retírela del fuego y añádale en seguida la onza (2 cucharadas) de mantequilla, la cucharada de azúcar y la cucharadita de sal. Muévalo bien. Espere a que tibie un poco (110°F.).

5—Agréguele el huevo *entero*.

6—Agréguele la levadura que previamente batió bien con el tenedor.

7—Mézclelo todo y agréguele *1½ taza de harina.* Bátalo vigorosamente durante 2 minutos. (Si usa batidor eléctrico, bátalo a velocidad mediana, y después retírelo del batidor.)

8—Agregue la harina restante (2½ tazas). Muévalo sólo lo necesario para que todo una. *No mezcle de más.*

9—Engrase moldes de panecitos individuales preferiblemente de tamaño de 2¾ pulgadas de diámetro.

10—Coloque en estos moldes la mezcla, poniendo tres cucharaditas medianamente llenas en cada uno y colocadas una al lado de la otra.

11—Déjelo reposar por 2 horas para que la levadura actúe y los panecitos suban.

12—Diez minutos antes de usar el horno enciéndalo a una temperatura alta de 425°F.

13—Después que el pan haya reposado las 2 horas, meta los moldes al horno durante *12–15 minutos.*

14—Si desea, puede guardar algunos panecitos sin hornear en la nevera. Sáquelos de la nevera con 2 horas de anticipación al horneo. Hornéelos en la forma arriba indicada.

PANECILLOS

A—1 taza de agua
  2 onzas (4 cucharadas) de mantequilla

B—1 cuadro de levadura bien fresca (*yeast*)
  ½ cucharadita de azúcar

C—¼ taza de azúcar | 2 huevos
  1 cucharada de sal | 4 tazas de harina de trigo

1—Caliente el agua con la mantequilla y déjela tibiar (110°F.).

2—Por separado derrita el cuadro de levadura combinado con la ½ cucharadita de azúcar.

3—Agregue el agua tibia a la levadura derretida.

4—Agregue el azúcar y la sal.

5—Bata los huevos y añádalos.

6—Añada la harina taza por taza y mezcle.

7—Métalo a la nevera hasta el día siguiente.

8—Sáquelo de la nevera con *3 horas* de anticipación al horneo y póngalo en sitio resguardado del aire.

9—Engrase moldes de panecitos individuales y coloque la mezcla en bolitas de tres en tres en cada moldecito.

10—Diez minutos antes de usar el horno caliéntelo a una *temperatura moderada* de 350°F.

11—Meta los moldecitos al horno de *30–45 minutos* según lo creyere necesario.

MOLLETES (MUFFINS)

(12 Molletes)

2 onzas (4 cucharadas) de mantequilla
2 tazas de harina de trigo (medida después de cernirla)
4 cucharaditas de polvo de hornear (*Baking Powder*)

| ½ cucharadita de sal | 1 huevo entero |
| ¼ taza de azúcar | 1 taza de leche |

1—Engrase los moldes de panecitos individuales, preferiblemente de 2¾ pulgadas de diámetro.

2—Encienda el horno a una *temperatura moderada* de 400°F.

3—Coloque las 2 onzas (4 cucharadas) de mantequilla en una cacerolita y póngala a derretir a *fuego bajo*. Después déjela a un lado hasta necesitarla.

4—Cierná los ingredientes secos, esto es: la harina de trigo, el polvo de hornear, la sal y el azúcar.

5—Por separado bata bien el huevo y agréguele la taza de leche y la mantequilla que previamente derritió. Bátalo todo bien.

6—Combínelo con la mezcla de los ingredientes secos y únalo "envolviéndolo" y tratando de *batir lo menos posible*.

7—Viértalo en los moldecitos engrasados y métalo al horno durante 25 a *30 minutos*.

8—Son muy sabrosos si se comen calientes con mantequilla y jalea o mermelada.

PAN DE MAIZ

½ taza de harina de maíz
½ taza de harina de trigo
½ taza de azúcar
½ cucharadita de sal
2 cucharaditas de polvo de hornear (*Baking Powder*)

½ taza de leche
2 onzas (4 cucharadas) de mantequilla
½ cucharadita de esencia de vainilla
1 huevo

1—Combine la harina de maíz, la harina de trigo, el azúcar, la sal y el polvo de hornear.

2—Agregue poco a poco la leche.

3—Agregue la mantequilla previamente derretida al fuego.

4—Agregue la esencia de vainilla.

5—Agregue el huevo batido.

6—Engrase los moldes de panecitos individuales de 2¾″ diámetro y coloque la mezcla en éstos.

7—Diez minutos antes de usarlo, encienda el horno a una *temperatura moderada* de 375°F.

8—Meta los moldecitos al horno durante *20 a 25 minutos*.

TOSTADAS DE CANELA

(Cinnamon Toasts)

12 rebanadas de pan de emparedados (*Sandwich*)
¼ libra (4 onzas) de mantequilla
3 cucharadas de azúcar
1 cucharada de polvo de canela

1—Saque con anticipación la mantequilla de la nevera para que esté cremosa al usarla.

2—Encienda el horno a una temperatura caliente de 400°F. diez minutos antes de usarlo.

3—Coloque las rebanadas de pan sobre una lámina de aluminio que esté sin engrasar. (*Aluminum Sheet*)

4—Meta la lámina al horno para que se doren las rebanadas de pan durante 5 *minutos por cada lado.*

5—Retire la lámina del horno. Cubra las rebanadas de pan con la mantequilla.

6—Por separado combine el azúcar y el polvo de canela.

7—Espolvoree cada rebanada con una cucharadita de esta combinación.

8—Vuelva a meter la lámina al horno y déjela durante 2 *minutos,* únicamente en lo que derrite el azúcar.

9—Sírvalo acabado de hacer.

PAN DE NUECES Y PIÑA

2 huevos
⅓ taza de azúcar
⅓ taza de mantequilla derretida
2 tazas de harina de trigo
1 cucharada de polvo de hornear (*baking powder*)
1 cucharadita de sal
1 taza de nueces desbaratadas
1 taza de piñas trituradas (*crushed pineapple*) de lata, incluyendo su líquido

1—Bata los huevos. Agregue el azúcar poco a poco y añada la mantequilla derretida.

2—Cierna la harina, la sal y el polvo de hornear. Añádalos a la mezcla.

3—Agregue 1 taza de nueces desbaratadas y 1 taza de piñas trituradas, incluyendo el líquido en que éstas vienen. Mezcle sólo lo necesario para que todo combine.

4—Engrase un molde de 4 pugladas por 8 pulgadas. Vierta la mezcla en el molde y hornée en horno de calor *moderado, 350°F.*, durante *1 hora 10 minutos.*

PAN DE ALBARICOQUES

1 taza de albaricoques secos
1 taza de azúcar
1 onza (2 cucharadas) de mantequilla, derretida
1 huevo
¼ taza de agua
½ taza de jugo de china
2 tazas de harina de trigo, cernida
2 cucharaditas de polvo de hornear (*Baking Powder*)
¼ cucharadita de soda de hornear (*Baking Soda*)
1 cucharadita de sal
½ taza de nueces, desbaratadas

1—Remoje los albaricoques en agua de un día para otro. Sáquelos, escúrralos y córtelos en pedacitos de ¼ pulgada.

2—En un tazón, combine el azúcar, la mantequilla derretida y el huevo.

3—Agregue el agua y el jugo de china.

4—Cierna la harina, el polvo de hornear, la soda de hornear y la sal y agréguelo.

5—Agregue las nueces, bien desbaratadas.

6—Agregue los pedacitos de albaricoques.

7—Engrase un molde tamaño 9½ x 5¼ x 2¾ pulgadas. Colóquele encima un papel y engráselo bien.

8—Vierto sobre el molde la mezcla y déjela descansar por *20 minutos.*

9—Hornéela en horno de calor *moderado 350°F.* alrededor de *55 a 65 minutos* ó hasta que al introducirle un palillo en el centro, salga seco.

10—Sáquelo del molde y quítele el papel en seguida.

ROSCA

(Coffee Ring)

A—2 sobres de levadura seca de 7½ gramos
(Debe estar bien fresca.)
1 taza de leche tibia (110°F.)
½ taza de azúcar
¾ cucharadita de sal

B—2 huevos

C—4 tazas de harina de trigo

D—¼ libra de mantequilla

E—2 tazas de azúcar moscabada (morena)
¼ libra de mantequilla

1—En un tazón grande coloque el contenido de los sobres de levadura. Agrégueles la leche *tibia* (110°F.). Mezcle bien hasta que la levadura quede bien disuelta. Agregue el azúcar y la sal.

2—Bata los huevos y agréguelos.

3—Agregue la mitad de la harina de trigo y una todo bien. Agregue el resto de la harina de trigo y mezcle bien.

4—Derrita ¼ libra de mantequilla y añádala a la mezcla. Combínelo bien.

5—Cierna sobre la mezcla ¾ taza de harina, para permitir sacar fácilmente la mezcla y colocarla sobre una tabla o mármol donde la amasará suavemente por *dos o tres minutos*. Después de amasada se vuelve a colocar la masa en el tazón. (Debe colocar este tazón dentro de otro con agua caliente.) *Tape* la masa con un paño y déjela subir hasta que esté el doble o más de su tamaño original.

6—Saque la masa y amásela de nuevo por *2 minutos*.

7—Divida la masa en dos partes iguales. Estire una de las mitades con una brilla hasta que quede de ¼ pulgada de espesor. Untele 2 cucharadas de mantequilla derretida por encima y espolvoréele ¾ taza de azúcar moscabada. Envuelva la masa en forma de rolo como si fuera brazo de gitana.

8—Engrase con mantequilla el fondo y los lados de un molde y espolvoréelo bien con azúcar negra, y sobre el azúcar coloque pedacitos de mantequilla.

9—Corte el rolo en rosquitas de alrededor de 1¼ pulgada y coloque las rosquitas en el molde hasta llenarlo.

10—Ponga el molde dentro de otro recipiente con agua caliente. Tápelo y déjelo subir un rato.

11—Después hornéelo en horno de *fuego alto* 400°F. durante 15 a 20 minutos.

12—Con la otra mitad de la masa puede repetir esta operación o si lo prefiere, puede preparar la rosca sueca que se hace como sigue:

Estire la masa hasta que quede de ¼ *pulgada de espesor*. Untele 2 cucharadas de mantequilla derretida. Espolvoréelo con ½ taza de azúcar negra combinada con ½ cucharadita de polvo de canela. Riéguele encima 2 cucharadas de almendras o nueces muy bien picaditas. Envuelva en forma de rolo y una las dos puntas para que quede como una corona. Colóquelo sobre una lámina de aluminio engrasada. Con una tijera dele unos cuantos cortes alrededor, tápelo con un paño y déjelo subir un rato. Luego hornée como la rosca anterior.

EMPAREDADOS DE POLLO

10 panes de emparedado de 1 libra cada uno
1 pollo de 2½ libras o preferiblemente 1 libra de presas de pechugas de pollo
1 litro (4 tazas) de agua
2 cucharaditas de sal
1 cebolla mediana
½ libra de habichuelas tiernas
½ libra de zanahorias
2 latas de 8 onzas cada una de *puntas de espárragos* (*Asparagus Tips*)
3 huevos duros
4 pepinillos dulces
2 manzanas
1 lata de 1 libra de guisantes (*Petit-Pois*)

½ taza de mayonesa
1 libra de mantequilla

1—Saque la mantequilla de la nevera anticipadamente para que esté cremosa al usarla. Ponga a cocer los huevos duros.

2—Divida el pollo en presas. Lávelo y escúrralo.

3—Colóquelo en una olla junto con las 4 tazas de agua y las 2 cucharaditas de sal.

4—Agréguele las habichuelas tiernas a las cuales previamente les habrá quitado las fibras laterales.

5—Agregue las zanahorias que previamente habrá raspado y cortado en pedazos.

6—Monde, parta en dos, lave y agregue la cebolla.

7—*Tápelo* y déjelo a *fuego alto* durante *15 minutos*.

8—Baje el *fuego* a *moderado* y déjelo siempre tapado *30 minutos* más.

9—Saque el pollo, deshuéselo y pase la carne por la máquina de moler carne o el procesador de alimentos, así como también la cebolla, las habichuelas tiernas y las zanahorias. (**Reserve** el líquido para agregar ¼ taza de éste a la mezcla. El resto puede utilizarlo en su comida.)

10—Abra y escurra muy bien los espárragos. Muélalos también y combínelo con la mezcla.

11—Aparte, pique en tamaños sumamente pequeñitos:
Las manzanas previamente mondadas y tan pronto las pique lávelas en una taza de agua con 1 cucharadita de sal. Escúrralas y agréguelas a la mezcla.

12—Pique igualmente pequeñísimos los pepinillos dulces y los huevos duros. Agréguelos a la mezcla.

13—Escurra muy bien la lata de guisantes (*petit-pois*) y agréguelos a la mezcla.

14—Agregue la ½ taza de mayonesa y la libra de mantequilla. Revuélvalo todo bien.

15—Quite la corteza al pan y úntele mayonesa a cada rebanada. Rellénelo bien con la mezcla.

16—Corte el pan en triángulos, o en dos, a lo largo o en cuatro.

17—Coloque los emparedados en una bandeja y para evitar que se resequen, cúbralos con paño o papel absorbente húmedo. (Si necesario, humedézcalo **ocasionalmente.**) Colóquelos en la nevera hasta el momento de servirlos.

Nota: Si desea simplificar el trabajo, puede preparar el día anterior las instrucciones indicadas hasta el 9 inclusive y reservarlo en la nevera para proseguir al día siguiente con el resto de las instrucciones.

EMPAREDADOS DESCUBIERTOS

4 panes de emparedados de 1 libra cada uno
½ libra de mantequilla (a temperatura ambiente)
4 huevos
1 lata de 7 onzas de pimientos morrones
1 frasco pequeño de aceitunas rellenas
2 latas (2¼ onzas cada una) de jamón picado (*Deviled Ham*)
2 frascos de aderezo de queso y pimiento (*Pimiento Cheese Spread*)
2 cucharaditas de mayonesa
Color vegetal

1—Ponga a cocer los huevos duros y déjelos enfriar.

2—Abra los frascos de aderezo de queso y pimiento (*Pimiento Cheese Spread*) y agrégueles 2 cucharaditas de mayonesa. Mézcle bien y divida su contenido en cuatro platillos. A tres de ellos, agrégueles unas gotas de color vegetal para darle distintos tonos. Deje el restante a color natural.

3—Abra las latas de jamón picado y añádale 1 onza de mantequilla para suavizarlo.

4—Abra la lata de pimientos morrones, escúrrala y corte bien finos los pimientos, en forma de tiritas.

5—Abra el frasco de aceitunas rellenas, escúrralas y córtelas en rueditas bien finas.

6—Quítele la cortaza al pan. Unte las tajadas con mantequilla y cubra con las distintas mezclas; unas con el aderezo de queso y pimiento en los distintos colores y otras con el jamón picado.

7—Espolvoréelas con las yemas de los huevos duros, pasadas a través de un colador.

8—Divida las rebanadas por la mitad, a lo largo o en triángulos. Colóquelas en bandejas y adórnelas con las rueditas de aceitunas, los pimientos morrones y con las claras de huevos duros, pasadas por un colador.

EMPAREDADOS DE QUESO AMERICANO Y
PIMIENTOS MORRONES

5 panes de emparedados de 1 libra cada uno
½ libra de mantequilla (a temperatura ambiente)
1 queso americano de ½ libra
1 lata de pimientos morrones de 7 onzas
8 huevos
2 cucharadas de vinagre
1 cucharadita de sal
2 cucharadas de mayonesa

1—Ponga a cocer los huevos duros y enfriar. Coloque en la nevera el queso hasta que lo vaya a usar.

2—Pase por la máquina de moler carne o el procesador de alimentos el queso, los pimientos morrones bien escurridos y los huevos duros. Combine el vinagre con la sal y añádalo a la mezcla. Añada la mayonesa y mezcle.

3—Quite la corteza al pan y unte cada rebanada con olemargarina. Rellénelas con la mezcla y divida en dos, a lo largo. Coloque los emparedados en una bandeja y para evitar que se resequen, cúbralos con paño o papel absorbente húmedo. (Si necesario, humedézcalo **ocasionalmente**.) Colóquelos en la nevera hasta el momento de servirlos.

EMPAREDADOS DE QUESO AMERICANO DERRETIDO

2 panes de emparedados de 1 libra cada uno
¼ libra de mantequilla (a temperatura ambiente)
½ libra de queso americano en tajadas (*American Slices*)

1—Encienda el horno a 350°F., *10 minutos* antes de usarlo.

2—Quite la corteza al pan y unte cada rebanada con olemargarina.

3—Coloque sucesivamente entre cada dos rebanadas de pan una tajada de queso.

4—Coloque los emparedados sobre una lámina de aluminio (*Aluminum Sheet*) y métalos al horno durante *20 minutos*. Sírvalos acabados de hornear.

EMPAREDADOS DE VEGETALES DE LATA

A—2 panes de emparedados de 1 libra cada uno
B—1 lata de 1 libra 4 onzas de vegetales mixtos (*Mixed Vegetables*)
   ¼ cucharadita de sal
   2 cucharaditas de vinagre
   1 cucharada de mayonesa
   1 cuarta (4 onzas) de mantequilla (a temperatura ambiente)

1—Abra y escurra muy bien la lata de vegetales. Páselos por la máquina de moler carne o por el procesador de alimentos.

2—Agréguele la sal, el vinagre, la mayonesa y la mantequilla. Mézclelo todo bien.

3—Quite la corteza al pan y unte cada rebanada con oleomargarina. Rellénelo con la mezcla. Córtelos en dos, a lo largo, o en triángulos.

4—Coloque los emparedados en una bandeja. Cúbralos con un paño o papel absorbente húmedo. (Si necesario, humedézcalo **ocasionalmente.**) Colóquelos en la nevera hasta el momento de servirlos.

EMPAREDADOS DE HIGADO DE GANSO (*LIVERWURST*)

4 panes de emparedados de 1 libra cada uno
¼ libra de queso suizo (*Gruyère*)
½ libra de hígado de ganso (*Liverwurst*)
½ libra de jamón hervido
¼ libra de mantequilla (a temperatura ambiente)
2 cucharadas de vinagre
2 cucharadas de mayonesa

1 — Pase por la máquina de moler carne o el procesador de alimentos el queso suizo (*Gruyère*), el hígado de ganso (*Liverwurst*) y el jamón hervido. Agréguele ¼ libra de mantequilla y mezcle. Añada 2 cucharadas de vinagre y 2 cucharadas de mayonesa y mezcle bien.

2 — Quite la corteza al pan y unte cada rebanada con oleomargarina y rellénelo con la mezcla. Corte los emparedados en dos, a lo largo, o en triángulos.

3 — Coloque los emparedados en una bandeja y cúbralos con un paño o papel absorbente húmedo. (Si necesario, humedézcalo **ocasionalmente.**) Colóquelos en la nevera hasta el momento de servirlos.

EMPAREDADOS DE ESPARRAGOS

3 panes de emparedados de 1 libra cada uno
4 huevos
2 latas de 10½ onzas de punta de espárragos (*Asparagus Tips*)
¼ libra de mantequilla (a temperatura ambiente)
1 cucharada de vinagre
¼ cucharadita de sal
2 cucharadas de mayonesa

1—Ponga a cocer los huevos duros y déjelos enfriar. Coloque la mantequilla en un tazón.

2—Escurra bien los espárragos. Desbarátelos y píquelos muy bien.

Nota: Puede usar la licuadora eléctrica, en cuyo caso vierta en la misma el contenido de las latas de espárragos, incluyendo su líquido. Licúe a *alta velocidad* por unos segundos. Vierta sobre un colador y escurra, sin exprimirlos.

3—Agregue al tazón los espárragos escurridos, 1 cucharada de vinagre, ¼ cucharadita de sal y 2 cucharadas de mayonesa. Mezcle bien.

4—Pique menuditos los huevos duros, agregue al tazón y mezcle.

5—Quite la corteza al pan y unte cada rebanada con mayonesa. Rellénelos con la mezcla y pártalos en dos, a lo largo, o en triángulos.

6—Coloque los emparedados en una bandeja y cúbralos con paño o papel absorbente húmedo. (Si necesario, humedézcalo **ocasionalmente**.) Colóquelos en la nevera hasta el momento de servirlos.

APERITIVO DE HIGADOS DE POLLO

1 libra de hígados de pollo
1 taza de agua
1 limón verde, fresco
1 cucharada de aceite de oliva
1 cucharadita de salsa de tomate
2 onzas de mantequilla (a temperatura ambiente)
5 cucharadas de queso parmesano, rallado

ADOBO:

½ cucharadita de orégano seco	1 ramita de perejil
2 granos de ajos medianos	1 cucharadita de sal
1 cebolla pequeña, picadita	⅓ taza de vinagre
1 ají dulce, sin semillas, picadito	

1—En un mortero, muela bien los ingredientes incluidos en el *Adobo* y reserve.

2—Quítele los pellejos a los hígados, límpielos y pártalos en pedazos. Lávelos rápidamente en el agua, a la cual le habrá agregado el jugo de limón. Escúrralos bien y viértalos en un tazón. Agregue el *Adobo,* mezcle y deje reposar por *15 minutos.*

3—En un caldero, caliente a *fuego alto* la cucharada de aceite de oliva. Vierta el contenido del tazón y la cucharadita de salsa de tomate. Tan pronto hierva, reduzca el fuego a *moderado,* tape y cueza por *30 minutos.* Retire del fuego y deje enfriar totalmente.

4—Escurra los hígados y **reserve** la salsa. Pase los hígados por la máquina de moler carne o por el procesador de alimentos. Viértalo en un tazón, añádale la salsa reservada y mezcle. Agregue la mantequilla y el queso parmesano, mezclando según los va añadiendo.

5—Unalo todo bien para formar una pasta. Viértala en envase de cristal y coloque en la nevera hasta el momento de servirlo. Sirva acompañado con galletitas.

MABI

(Rinde 4 litros (16 tazas))

A—1 onza de cáscara de mabí
1 onza de gengibre fresco, después de mondado
1 raja de canela | 1½ tazas de agua

B—3 litros (12 tazas) de agua
2½ tazas de azúcar corriente ⎫ ó 5 tazas de azúcar corriente,
2½ tazas de azúcar negra   ⎭ ó 5 tazas de azúcar negra

C—2 tazas de mabí previamente preparado (*para base*)

1—Lave y escurra la cáscara de mabí. Colóquela en una olla grande (12 cuartillos), para evitar que se desborde en el proceso de hervir libremente.

2—Lave y monde el gengibre con el cuchillito de mondar vegetales. Divídalo en pedazos y macháquelos. Añádalos a la olla.

3—Agregue la raja de canela y el agua incluída en A. Ponga a *fuego alto* hasta hervir. Reduzca a *fuego moderado* y hierva por 5 *minutos.* Cuele y deje enfriar **totalmente.**

4—En una olla grande (12 cuartillos), mezcle bien los ingredientes incluídos en *B.* Añada el líquido **totalmente** frío y mezcle bien. Agregue las 2 tazas de mabí incluídas en *C* y mezcle. Cuele a través de un colador con pañito encima.

5—Con una cacerolita, bata el contenido de la olla, llenándola de líquido y dejándola caer, tantas veces como fuere necesario, hasta que el mabí se ponga bien espumoso. Vierta en botellas de cristal, llenándolas ¾ partes **solamente.** Ponga un papel **suelto,** en forma de cono, sobre la boca de la botella. (**Nunca** ponga tapa al mabí.) Déjelo reposar por 3 *días* a la temperatura del ambiente, para permitir que el mabí fermente adequadamente.

6—Coloque las botellas con el mabí en la nevera, **sin cubrir.** Sirva bien frío.

AGUA LOJA

1 onza de jengibre	5 tazas de agua
¼ onza de rajas de canela	1½ taza de melao

1—Lave el jengibre y macháquelo.

2—Combínelo con el agua y las rajas de canela y póngalo a hervir por 15 *minutos.* Cuélelo.

3—Después de frío, agréguele el melao y sirva bien frío.

BIÈRE PANACHÉE

1 botella ó lata de 10 onzas de cerveza
1 botella ó lata de 12 onzas de limonada gaseosa
1 cucharadita de jugo de limón verde, fresco
2 cucharadas de azúcar

Hielo

1—Combine los ingredientes y sirva bien frío.

REFRESCO DE TAMARINDO

1 libra de tamarindo, sacado de la vaina, pero con las semillas
1 litro (4 tazas) de agua | 2 tazas de azúcar

1—En una cacerola grande, mezcle el tamarindo con el agua, estrujándolo con las manos, hasta dejar las semillas lo más limpias posible.

2—Póngalo a *fuego alto* hasta hervir. Retire del fuego y páselo a través de un colador.

3—Agréguele 2 tazas de azúcar. Mezcle y sirva bien frío.

Nota: Si lo cree conveniente, dilúyalo más y sazónelo a gusto.

REFRESCO DE GUANABANA

1 guanábana madura de 2 libras	2 tazas de agua ¾ taza de azúcar

1—Monde la guanábana. Abra en dos y sáquele el corazón.

2—Exprima la guanábana a través de un colador.

3—Coloque en una cacerola las semillas que sobran en el colador.

4—Agréguele 1 taza de agua y mézclelo bien. Páselo a través del colador.

5—Repita esta operación agregando otra taza de agua.

6—Añada ¾ taza de azúcar. Mezcle y sirva bien frío.

Nota: Si lo cree conveniente, dilúyalo más y sazónelo a gusto.

CHAMPOLA DE GUANABANA

Se hace siguiendo las instrucciones para Refresco de Guanábana, sustituyendo el agua por leche.

TISANA DE HUEVO

La cáscara de 1 limón grande, verde
2 claras de huevo
1 taza de azúcar
5 tazas de agua helada

1—Combine las claras de huevo con la cáscara del limón y bátalas bien.

2—Continúe batiendo mientras le añade, poco a poco, el azúcar. Agregue el agua helada, bátalo y sírvalo bien frío.

REFRESCO DE COCO TIERNO

6 tazas de agua de coco tierno ½ taza de azúcar	14 bloques de hielo (1 gaveta) La tela ó pulpa de los cocos

1—Escoja cocos tiernos, que tengan tela ó pulpa blanda.

2—Combine la tela de los cocos con las 6 tazas de agua de coco y con ½ taza de azúcar. Agregue el hielo, mezcle y sirva bien frío.

REFRESCO DE COCO SECO

(1 vaso)

¼ taza de coco rallado | 1 cucharada de azúcar
¾ taza de agua tibia

1—Ralle el coco y agréguele el agua tibia. Exprímalo para extraerle toda la leche.

2—Añádale el azúcar y sirva bien frío.

REFRESCO DE LIMON

(1 vaso)

¾ onza de jugo de limón verde, fresco | 2 cucharadas de azúcar
½ vaso de agua | Hielo

Unalo todo y sírvalo helado.

REFRESCO DE CEBADA

(1 vaso)

1½ taza de agua | 1 cucharada de azúcar
1 cucharada de cebada en polvo | Cáscara de ¼ limón verde

1—Combine la cebada con el agua, la cáscara de limón y el azúcar. Póngalo a hervir por unos minutos, moviéndolo continuamente.

2—Cuélelo y sírvalo bien frío.

REFRESCO DE AVENA

(1 vaso)

2 cucharadas de avena | Cáscara de ¼ limón verde
1 taza de agua | 2 cucharadas de azúcar

1—Remoje la avena junto con la cáscara de limón en la taza de agua, durante 30 minutos.

2—Cuélelo, agréguele el azúcar y sirva bien frío.

REFRESCO DE PERAS

(6 vasos)

1 botella de cerveza	5 cucharadas de azúcar
1 botella de cerveza de jengibre	2 cucharadas de jugo de limón
(*Ginger Ale*) de 12 onzas	verde, fresco
1 lata de jugo de peras	Hielo

Combínelo todo y sírvase helado.

HORCHATA DE AJONJOLI

(1 vaso)

¼ taza de ajonjolí	½ taza de agua tibia
1 taza de agua	2 cucharadas de azúcar

1—Lave el ajonjolí y remójelo en la taza de agua por varias horas. Escúrralo bien.

2—Licúe el ajonjolí junto con el agua tibia. Exprima bien, para extraerle la leche y deje enfriar.

3—Agregue el azúcar y sirva con hielo picado.

HORCHATA DE ALMENDRAS

(1 vaso)

2 onzas de almendras	1 taza de agua tibia
½ taza de agua caliente	2 cucharadas de azúcar

1—Combine las almendras con el agua caliente y déjelas hervir durante 3 minutos. Retírelas del fuego, escúrralas y móndelas.

2—Licúe los almendras junto con el agua tibia. Exprima bien, para extraerle la leche y deje enfriar.

3—Agregue el azúcar y sirva con hielo picado.

BUL

1 botella de cerveza	2 cucharadas de jugo de limón
2 botellas de limonada gaseosa	verde, fresco
4 cucharadas de azúcar	Hielo

1—Combine los ingredientes abriendo las botellas en el momento en que se va a tomar el bul.

2—Agréguele hielo, mézclelo bien y sírvalo **inmediatamente.**

PONCHE PARA FIESTA

(30 vasos de 6 onzas)

A—1 botella de 1½ pinta (24 onzas) de jugo de uvas
¼ taza de jugo de limón verde, fresco
2 tazas de azúcar
6 tazas de jugo de china fresco ó 2 latas de 6
onzas de jugo de china concentrado, diluído en 4½
tazas de agua

B—4 botellas ó latas de 10 onzas de cerveza
1 botella ó lata de 12 onzas de agua de soda

C—Hielo

1—Combine con anticipación los ingredientes incluídos en A.

2—Al momento de servirlo, agregue los ingredientes incluídos en B y mezcle. Añada hielo para enfriar.

SANGRIA

(12 vasos)

A—1 botella de 4/5 cuartillo de vino tinto
1 taza de ron oscuro de Puerto Rico
1 taza de jugo de china
½ taza de jugo de limón, fresco
1 taza de azúcar

B—1 lata de 16 onzas de melocotones en
tajadas, en almíbar (*opcional*)

1—En un recipiente grande, combine los ingredientes incluídos en A. Mezcle con espátula de goma hasta que el azúcar se disuelva.

2—Agregue el contenido de la lata de melocotones y mezcle bien.

3—Vierta en jarro de cristal y coloque en la nevera. **Al momento de servir,** añada cubitos de hielo al jarro y mezcle bien. Descarte el hielo y sirva **inmediatamente.**

Nota: Puede colocar la Sangría en la congeladora y servir evitando usar al hielo.

COQUITO

Ron con Coco
(Sirve 16)

2 cocos secos, grandes	4 yemas
2 tazas de ron blanco de Puerto Rico	

1 lata (14 onzas) de leche condensada, **sin diluir**
Polvo de nuez moscada ó de canela

1—Abra los cocos y saque la tela ó pulpa. Quítele la corteza negra. Lávelos y rállelos.

2—Vierta en una licuadora eléctrica *1 taza* del ron. Agréguele parte del coco rallado y licúe.

3—Coloque un colador, con un paño encima, sobre una cacerola y viértale lo licuado. Recoja el paño y retuérzalo bien para exprimir la leche de coco. **Descarte** la cachispa. Vierta el líquido exprimido en la licuadora, añádale más coco rallado, licúe y **repita la operacion** hasta obtener **2 tazas.**

4—Viértalas en la licuadora, añada las yemas y la leche condensada. Licúe y vierta en un recipiente grande. Añada *la taza* de ron restante y combine bien. Coloque la bebida en botellas y conserve en la nevera. Sáquelo **1 hora** antes de servir. Agite bien y sirva en copitas, espolvoreadas *ligeramente* con polvo de nuez moscada ó de canela.

PIÑA COLADA

(La proporción de ésta receta es: **1 parte** de Crema de Coco, **2 partes** de ron blanco y **3 partes** de jugo de piña.)

1 lata de 15 onzas de Crema de Coco (*Cream of Coconut*)
Ron blanco de Puerto Rico
Jugo de piña, enlatado, sin endulzar

1—En una cacerola grande, vierta el contenido de la lata de Crema de Coco.

2—Usando la misma lata como medida, llénela **2 veces** con ron blanco y viértalo en la cacerola.

3—Llene la lata **3 veces** con jugo de piña y vierta en la cacerola. Mézclelo todo, vierta en envase de cristal, **tape** y conserve en la nevera.

4—En el momento de usarlo, agite bien el envase y sirva la bebida en vasos de alrededor de 8 onzas (*Old Fashioned*) con unos cubitos de hielo. (Puede servirlo *frappé*, virtiendo la bebida en licuadora eléctrica y batiendo con hielo picado. Sírvalo en vaso alto, decorado con lonja fina de piña fresca.)

TE

3 saquitos de té	Azúcar a gusto
1 (4 tazas) litro de agua	Rueditas de limón fresco

1—Coloque los 3 saquitos de té en una tetera.

2—Coloque el agua en una cacerola y póngala a hervir. Ten pronto hierva, agréguela a la tetera. **Tápela** y déjela reposar por *15 minutos*.

3—El té puede servirse frío ó caliente. Si lo sirve *frío*, use vasos altos y coloque en el borde de cada vaso una ruedita de limón. Endúlcelo a su gusto. Si lo sirve *caliente*, use tazas y acompáñelo con azúcar, para ser endulzado a gusto y con leche ó crema, para agregarle, si así lo prefiere.

TE DE HOJAS DE NARANJA AGRIA

(1 vaso)

2 hojas de **naranja agria** de cohoyos ó cogollos
1 taza de agua
1 cucharadita de azúcar

1—Lave las hojas, desmenúcelas y póngalas a hervir en el agua. Cuando hiervan, agregue el azúcar y sirva caliente. **Tápelo,** para que no pierda el aroma.

TE DE JENGIBRE

1 taza de agua
1 pedazo de jengibre
1 cucharadita de azúcar

1—Lave el jengibre, macháquelo y póngalo en el agua a hervir. Cuando hierva, agregue el azúcar y sirva caliente. **Tápelo,** para que no pierda el aroma.

CAFE TINTA

(Extracto de café)

1 taza de café en polvo (medida bien apretada)
1½ taza de agua hirviendo

1—Coloque el polvo de café en la parte superior de una greca. *Apriételo bien,* usando la base de un vaso.

2—Vierta sobre este polvo de café, ¼ parte del agua hirviendo. Espere que el agua se absorba bien para agregar otra ¼ parte del agua hirviendo. Tan pronto se haya absorbido, continúe agregando el resto del agua en la misma proporción y en la misma forma.

3—El café colado caerá sobre la parte inferior de la greca. Inmediatamente páselo a un recipiente de cristal y **manténgalo bien tapado,** para que no pierda su delicado aroma.

4—Obtendrá ½ taza de café tinta; esto es, **extracto de café.**

Nota: Si prefiere el café más aguado, simplemente vierta sobre el polvo de café más cantidad de agua hirviendo que la indicada en esta receta.

CHOCOLATE

6 tazas de leche
½ libra de chocolate dulce

1—Parta el chocolate en pedacitos y combínelo con la leche. Póngalo a *fuego alto* y muévalo bien, hasta que el chocolate se derrita y mezcle totalmente con la leche. Continúe batiendo con un cucharón hasta que hierva bien por *unos minutos.*

2—Puede servirlo con un *marshmallow* dentro de cada taza.

Nota: Si lo prefiere más dulce, puede agregarle dos cucharadas de azúcar cuando lo esté batiendo.

Índice Alfabético